Marketing für Außenwerbeträger

Europäische Hochschulschriften

Publications Universitaires Européennes
European University Studies

Reihe V

Volks- und Betriebswirtschaft

Série V Series V

Sciences économiques, gestion d'entreprise
Economics and Management

Bd./Vol. 802

PETER LANG
Frankfurt am Main · Bern · New York · Paris

Guido Korff

Marketing für Außenwerbeträger

PETER LANG
Frankfurt am Main · Bern · New York · Paris

CIP-Kurztitelaufnahme der Deutschen Bibliothek

Korff, Guido:

Marketing für Aussenwerbeträger / Guido Korff. –
Frankfurt am Main ; Bern ; New York ; Paris : Lang,
1987.
(Europäische Hochschulschriften : Reihe 5, Volks-
und Betriebswirtschaft ; Bd. 802)
ISBN 3-8204-0960-2
NE: Europäische Hochschulschriften / 05

ISSN 0531-7339
ISBN 3-8204-0960-2

Druck und Bindung: Weihert-Druck GmbH, Darmstadt

MARKETING FÜR AUSSENWERBETRÄGER

ABBILDUNGSVERZEICHNIS

TABELLENVERZEICHNIS

ABKÜRZUNGSVERZEICHNIS

Abb.	Abbildung
Abs.	Absatz
AGB	Allgemeine Geschäftsbedingungen
AG.MA	Arbeitsgemeinschaft Media-Analyse e.V.
AWI	Außenwerbung Information (Zeitschrift des FAW)
AWK	Aussenwerbungskontor GmbH
BauO NW	Bauordnung des Landes Nordrhein-Westfalen
BGH	Bundesgerichtshof
CVW	Commerciale Verkehrsmittel-Werbung GmbH
DB	Deutsche Bundesbahn
DEGESTA	Deutsche Gesellschaft für Stadtverkehrsanlagen mbH
DSR	Deutsche Städte-Reklame GmbH
EDV	Elektronische Datenverarbeitung
EKZ	Einkaufszentrum
ERG	Deutsche Eisenbahn-Reklame GmbH
Fa.	Firma
FAW	Fachverband Außenwerbung e.V.
FVL	Fachverband Lichtwerbung e.V.
GWA	Gesellschaft Werbeagenturen
IVTW	Internationale Verkehrsmittel-Werbung Thomes GmbH
IVW	Informationsgesellschaft zur Feststellung der Verbreitung von Werbeträgern e.V.
LKW	Lastkraftwagen
MA	Media-Analyse der Arbeitsgemeinschaft Media-Analyse e.V.
M-Faktor	Mobilitätsfaktor (Infratest)
o.J.	ohne Jahr
o.O.	ohne Ort
o.V.	ohne Verfasser
PA	Plakatanschlagstellen Analyse
PKW	Personenkraftwagen
PRS	Perception Research Services
S.	Seite
SCW	Shopping-Center-Werbung GmbH
Sp.	Spalte
Tab.	Tabelle

TV	Television
Verf.	Verfasser
vgl.	vergleiche
vs.	versus
ZAW	Zentralausschuß der Werbewirtschaft e.V.

0. Problemstellung und Aufbau der Arbeit

Mit dem Slogan **"werben hilft verkaufen"** hoffen mehrere Vermieter von Werbeflächen an Verkehrsmitteln[1], die Aufmerksamkeit der werbungtreibenden Unternehmen auf ihre Angebote zu lenken. Der Werbebranche schreibt man gemeinhin das Wissen um die "Kunst des Verkaufens" zu, doch garantiert die Erkenntnis, daß unsere Wirtschaft auf die Werbung als Absatzhelfer für Sachgüter und Dienstleistungen nicht verzichten kann, keineswegs allen Werbefirmen eine auskömmliche Existenz. Ein Blick auf die Statistiken des **Zentralausschusses der Werbewirtschaft (ZAW)** verdeutlicht, daß die **Außenwerbung**, zu der die Verkehrsmittelwerbung zählt, am Wachstum der Werbeträgerumsätze deutlich weniger teilgenommen hat als alle anderen ausgewiesenen Medien (Abb. 1). Während sich die Werbeaufwendungen der Industrie und des Handels von 1975 bis 1984 verdoppelten[2], konnte die Außenwerbung im gleichen Zeitraum nur einen Umsatzzuwachs von 58% für sich verbuchen. Führende Vertreter der betroffenen Firmen beklagen, daß ihr Medium vor allem bei den großen, bundesweit tätigen Sachgüter- und Dienstleistungsanbietern an Bedeutung eingebüßt habe[3].

Dies könnte Ausdruck der Tatsache sein, daß das relativ alte Medium Außenwerbung heute nicht mehr als zeitgemäß angesehen wird. Möglicherweise konkurrieren aber auch die Werbeträger-Angebote der sog. "Neuen Medien" überdurchschnittlich stark mit der Außenwerbung. Schließlich - und nicht zuletzt - kommt ein veraltetes Marketing als Ursache für den Bedeutungsverlust in Frage.

----

1) Mit dieser Beschriftung auf den Seitenflächen von Omnibussen warb z.B. die Deutsche Städte-Reklame in Bochum und Wuppertal (1984/85).
2) Vgl. o.V. (1985), Werbeaufwendungen haben sich verdoppelt.
3) Das Plakat verlor laut FRIEDRICH (1977), S. 584, "seinen Rang als Basismedium"; der Außenwerbebranche bescheinigt er eine "Zurückentwicklung ihres medialen Stellenwertes", dem sie (zunächst) keinen Einhalt gebieten konnte. LEIMBACH (1984), S. 42ff., geht der Frage nach, "warum heute Verkehrsmittelwerbung ... selten für überregionale Kampagnen eingesetzt wird." Schließlich stellt BECKMANN (1982), S. 198, fest, daß sich in den letzten Jahren eine Entwicklung vollzogen habe, "die einen deutlichen Rückzug großer Unternehmen aus der Lichtwerbung außerhalb ihres Unternehmensstandortes erkennen läßt."

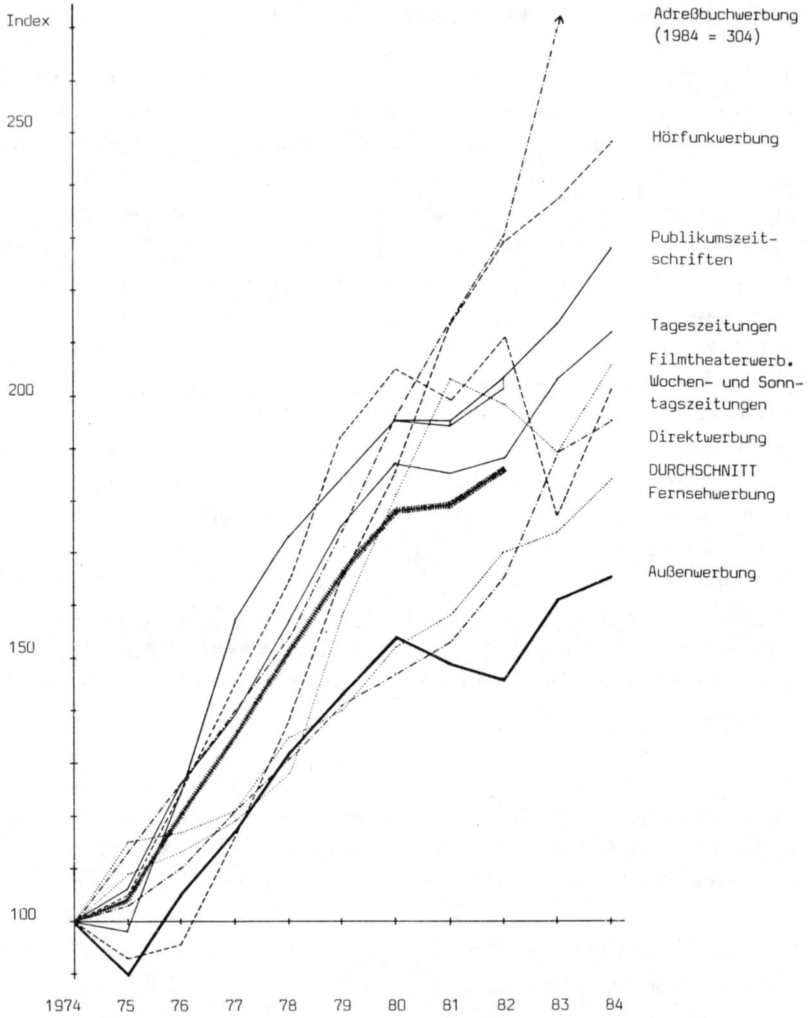

Abb. 1: Netto-Werbeumsätze ausgewählter Werbeträger nach ZAW für 1974 bis 1984, dargestellt als Indexzahlen auf der Basis der Werte für 1974 (= 100).
Die Durchschnittskurve endet 1982 wegen einer Veränderung des Erhebungsmodus bei den Publikumszeitschriften. Die Umsätze der Fachzeitschriften konnten nicht berücksichtigt werden, da hierfür erst seit 1979 Daten vorliegen. Von 1970 bis 1974 erhöhen sich die Ergebnisse der Außenwerbung nur um insgesamt 4,3%.
Quelle: Verschiedene ZAW-Jahrbücher "Werbung", ZAW (1975 - 1985)
Eine Übersicht der absoluten Werte befindet sich auf S. 63.

Erst seitdem die Umsätze auch in absoluten Zahlen nicht mehr oder nur noch geringfügig wachsen, sehen sich die betroffenen Unternehmer bemüßigt, die Effektivität ihrer absatzpolitischen Bemühungen zu überprüfen[1]. Die vorliegende Arbeit setzt sich zum Ziel, hierzu aus der Sicht der Marketing-Wissenschaft einen Beitrag zu leisten. Dabei will sie es nicht bei der Analyse bewenden lassen, sondern bietet eine Übersicht über die denkbaren Maßnahmen gegen die beobachtete Stagnation. Die Berücksichtigung spezieller Unternehmenssituationen mündet in die Entwicklung von Strategiemustern, die anschließend im Hinblick auf ihre Erfolgsaussichten beurteilt werden.

Will man zur Lösung des angesprochenen Problems auf den Fundus der Marketing-Wissenschaft zurückgreifen, muß man zunächst Fehlanzeige vermelden. In der werbewissenschaftlichen Literatur findet die Außenwerbung allenfalls beiläufig Erwähnung, eine systematische Untersuchung fehlt völlig. Versuche, diese Lücke zu füllen, sind von Anbeginn zum Scheitern verurteilt, solange die Überlegungen nicht bereits bei der traditionellen Definition des Begriffes der Außenwerbung ansetzen. Der gegenwärtige Sprachgebrauch ist von einer institutionenbezogenen Sichtweise geprägt, die - grob vereinfacht - zur Außenwerbung diejenigen Werbeträgerangebote zählt, die von den Mitgliedsfirmen des **Fachverbandes Außenwerbung e.V. (FAW)** bereitgestellt werden. Ausschließlich von Nichtmitgliedern des FAW vertretene Werbeformen (z.B. Taxiwerbung) finden in die Definitionen und Statistiken von FAW und ZAW ebensowenig Eingang wie die Daten der Anbieter, die einem eigenen Verband angehören (Lichtwerbung).

Außerdem darf nicht übersehen werden, daß - im Gegensatz zu den meisten anderen Medien - zahlreiche Firmen über ein erhebliches Potential an Außenwerbeträgern im eigenen Unternehmen (z.B. Auslieferungsfahrzeuge) verfügen, die nicht von

---

1) An weitsichtigen Beurteilungen der Entwicklungen hat es nicht gefehlt. Vgl. z.B. die Analysen von WÜNDRICH (1967) und (1973).

kommerziellen Vermittlern zugekauft werden müssen. Daneben decken einige werbungtreibende Unternehmen ihren Bedarf an Außenwerbeträgern direkt bei den ursprüglichen Anbietern, wobei die Mitgliedsfirmen des FAW umgangen werden. Der wirtschaftliche Wert der letztgenannten Beschaffungsprozesse schlägt sich in der anbieterorientierten Statistik nicht nieder. Das Medium erscheint daher weniger bedeutend als es eigentlich ist.

Der erste Teil der vorliegenden Arbeit legt das begriffliche Fundament für die nachfolgenden marketingbezogenen Abschnitte. Zugleich umfaßt er die Analyse des relevanten Marktes und der dort tätigen Unternehmen. Dies liefert den ersten "Baustein" für die Ableitung der angestrebten Marketing-Strategien[1]. Ein Überblick über die Ergebnisse der Werbewirkungsforschung auf dem Gebiete der Außenwerbung und die kurze Herausstellung einiger Besonderheiten der Beschaffungsvorgänge, die für die Gestaltung der absatzseitigen Marketing-Instrumente der in dieser Arbeit betrachteten Unternehmen Bedeutung erlangen können, ergänzen den deskriptiven Teil.

Da ein Anbieter kaum erwarten darf, mit einer einzigen standardisierten Leistung allen potentiellen Abnehmern und deren vielfältigen Bedürfnissen gerecht zu werden, kann sich die gezielte Abstimmung der Absatzbemühungen auf Untergruppen von Abnehmern, die untereinander ein sehr ähnliches Beschaffungsverhalten zeigen, als lohnend erweisen. Daher widmet das zweite Kapitel der Zielgruppenentscheidung ("Marktsegmentierung") breiten Raum. Die Bearbeitung der auf diese Weise gebildeten Teilmärkte stützt sich auf ein breites Spektrum von Maßnahmen, die in der Literatur nach ihren inhaltlichen Schwerpunkten zu absatzpolitischen Instrumenten zusammengefaßt werden. Das dritte Kapitel behandelt die Aktionsmöglichkeiten, die sich nicht bereits bestimmten Vermarktungskonzepten eindeutig zuordnen lassen.

---

1) Vgl. das Schaubild bei ENGELHARDT/PLINKE (1980), S. 14.

Dagegen löst sich das vierte Kapitel von Einzelmaßnahmen und versucht, die Befunde zur Marktsituation der Anbieter von Außenwerbeträgern in längerfristig gültige Handlungsvorschläge umzusetzen, die den betrachteten Firmen als Leitfaden bei der Gestaltung ihrer Unternehmenspolitik dienen können. Diese "Strategiemuster" berücksichtigen jedoch nicht nur das Marktumfeld und die eigenen Stärken und Schwächen der Anbieter, sondern auch die Zielsetzungen, die die Geschäftsleitung eines Außenwerbeunternehmens vernünftigerweise verfolgen könnte. Die Beurteilung der Erfolgsaussichten der Strategiemuster beschließt die Arbeit.

Die Ergebnisse einer empirischen Erhebung, die im Frühjahr 1984 durchgeführt wurde, begleiten die Ausführungen. Zwei Fragebogen sehr ähnlichen Inhalts richteten sich an Werbeagenturen und bundesweit tätige Unternehmen verschiedener Branchen (überwiegend Konsumgüter und Dienstleistungen). Die Zitate der Ergebnisse werden im folgenden mit den Begriffen **"AGENTUR"** und **"NATIONAL"** gekennzeichnet. Der Anhang dokumentiert die Fragen, so daß in den Fußnoten nur auf die entsprechende Fragennummer verwiesen wird.

Daneben wandte sich eine vom Umfange her wesentlich knapper gehaltene Befragung an örtlich begrenzt tätige Unternehmen in drei Städten unterschiedlicher Größe, zumeist Einzelhändler diverser Branchen. Die zitierten Antworten tragen die Bezeichnung **"LOKAL"**. Auch hier liefert der Anhang nähere Auskünfte über Fragenkatalog und Vorgehensweise.

In den drei Erhebungsabschnitten war ein Teil der Fragen in Thesenform gehalten, zu denen die Befragten ihre Zustimmung oder Ablehnung auf einer sechsstufigen Skala zum Ausdruck bringen sollten. Die Berechnung der angegebenen Durchschnittsgrößen erfolgte durch die Zuordnung von Zahlenwerten zu den verbalen Urteilsbeschreibungen. Völliger Ablehnung entspricht der Wert 1; starke Zustimmung gibt der Wert 6 wieder. Daraus folgt, daß ein arithmetischer Mittelwert von 3,5 weder Zustimmung noch Ablehnung zum Ausdruck bringt.

Erhebungsteil	Stichprobenumfang	Rücklauf absolut	Rücklauf in Prozent
AGENTUR	100	36	36
NATIONAL	100	31	31
LOKAL	250	72	28,8
- Bochum	100	41	41
- Remscheid	100	21	21
- Schwelm	50	10	20

Tab. 1: Rücklauf der empirischen Erhebung

1. Die Außenwerbung im Spektrum der Medien

1.1. Zum Begriff der Außenwerbung

Der Oberbegriff **Außenwerbung** vereint in der Praxis sehr viele, höchst verschiedenartige Werbeformen, deren Gemeinsamkeiten sich nur schwerlich auf eine knappe Formel reduzieren lassen. Zunächst werden einige Beispiele für die traditionelle **enumerative Definitionsweise** angeführt, bei der eine Aufzählung von Beispielen den Geltungsbereich des Begriffes umreißen soll[1]. In der Form eines kurzen historischen Abrisses zeigen sie die Zersplitterung des Mediums und einige seiner Marketing-Probleme. Im Gegensatz dazu lösen sich die **abstrakten Definitionen** von den Einzelfällen und wollen die allen Außenwerbeformen gemeinsamen Merkmale herausarbeiten.

Die Summe der unter eine dieser Begriffsbestimmungen zu fassenden Werbeformen vermittelt gleichzeitig eine erste Vorstellung von dem hier abzusteckenden **relevanten Markt**, da für die verschiedenen Außenwerbeformen untereinander vielfältige Substitutionsmöglichkeiten aus der Sicht der Nachfrager angenommen werden dürfen[2]. Selbstverständlich steht die Außenwerbung daneben auch im Wettbewerb mit anderen Medien. Die Beiträge verschiedener Medien zu einer bestimmten Kommunikationsaufgabe können jedoch so unterschiedlich ausfallen, daß eine direkte Austauschbarkeit nicht immer besteht. Häufig ergänzen sich die Werbeformen bei der Zielerreichung gegenseitig, so daß sie sogar komplementär nachgefragt werden. Die Konkurrenzsituation erwächst in diesem Falle vorrangig aus der Aufteilung eines beschränkten Werbebudgets auf die beteiligten Medien.

----

1) Vgl. das Vorgehen von CORSTEN (1984), S. 253, für den Begriff der "Dienstleistung".

2) Bei der Bestimmung der als austauschbar empfundenen Werbeformen soll in dieser Arbeit das Konzept der subjektiv empfundenen ("perzipierten") Substituierbarkeit zugrundegelegt werden. Vgl. DICHTL/ANDRITZKY/SCHOBERT (1977), S. 290ff.

1.1.1. Enumerative Definitionen

Die Definitionen durch Aufzählung bleiben angesichts der Fülle der Erscheinungsformen zwangsläufig unvollständig und tragen, wie die Beispiele noch zeigen werden, bisweilen eher zur Verwirrung denn zur Klärung bei. Dennoch kann auf sie im Rahmen dieser Arbeit nicht verzichtet werden, befinden sie sich doch heute noch in Gebrauch und veranschaulichen das Selbstverständnis der Außenwerbeunternehmer. Das besondere Gewicht, das dabei immer wieder dem Plakatanschlag beigemessen wird, erklärt sich aus der geschichtlichen Entwicklung des Mediums. Daher sei hier ein kleiner Exkurs eingefügt.

Die Wurzeln der Außenwerbung als vergleichsweise altem Medium reichen weit zurück, ihre Vorläufer kennt man in Gestalt der **"Affichen"**[1] bereits im Mittelalter[2]. Dabei handelt es sich um einfache, oft handgeschriebene Mitteilungszettel, die an Hauswänden und Mauern angeklebt wurden[3]. Verbesserte und billigere Drucktechniken führten im vergangenen Jahrhundert zu einer großen Beliebtheit dieser Werbeform, deren Allgegenwärtigkeit auf den Straßen und Plätzen in der Bevölkerung teilweise auf heftige Kritik stieß. Es blieb nicht aus, daß Klagen über die Verschandelung des Stadtbildes in die Forderung nach Einschränkung der Plakatierungsfreiheit mündeten. Versuche in England, den Bogenanschlägern bestimmte Flächen gebührenfrei zuzuweisen, die wahllose Beklebung anderer Häuser und Mauern dagegen zu untersagen, führten jedoch nicht zum erhofften Erfolg[4].

----

1) frz. "Anschlagzettel"
2) Vgl. ROTH (1975), S. 532
3) Berühmtes Beispiel ist der Anschlag der "95 Thesen" durch Martin Luther an die Tür der Wittenberger Schloßkirche. Diese Bekanntmachung erfolgte nicht nur an der genannten Stelle, sondern wurde in einer Auflage von mindestens 500 Exemplaren zur gleichen Zeit auch in anderen wichtigen Orten des Landes verbreitet. Vgl. BRANDIS (1973), S. 995.
4) Vgl. REDLICH (1935), S. 21. BARTLSPERGER (1975), S. 49, berichtet von der Einführung der polizeilichen Erlaubnispflicht für Außenwerbemaßnahmen in Berlin 1849.

Diese Situation machte sich der Berliner Drucker **Ernst Litfaß** im Jahre 1855 zunutze. Er erwarb von der Stadt Berlin die Konzession zur Aufstellung der heute in Deutschland nach ihm benannten runden Plakatsäulen, die er englischen und französischen Vorbildern nachgestaltete[1]. Für ihn verband sich damit das alleinige Recht zur Plakatierung innerhalb des Stadtgebietes, zugleich aber auch die Pflicht, im Rahmen der Möglichkeiten von jedermann Anschlagaufträge entgegenzunehmen. Hiermit begann in Deutschland die kommerzielle Bereitstellung und Nutzung von Außenwerbeträgern. Die Belehnung mit einem örtlichen Quasi-Monopol durch eine staatliche Institution galt im folgenden lange Zeit als charakteristisches Merkmal eines Außenwerbeunternehmens. Dies änderte sich erst durchgreifend in den fünfziger Jahren unseres Jahrhunderts durch die verstärkte Beschaffung von Plakatstandorten auf Privatgrundstücken[2].

Die älteste Definition durch Aufzählung, die an dieser Stelle erwähnt werden soll, stammt aus dem Jahre 1910. MATAJA zählt zur "Außenreklame" - in dieser Reihenfolge - den öffentlichen Ausruf, die Austeilung von gedruckten Ankündigungen, Schaustellungen, Sandwichmen, Reklamefahrzeuge sowie Mauer- und Wandanzeigen. Zu letzteren gehören bei ihm die Werbetafeln und Plakate, aber auch die Innenwerbung in Straßenbahnwagen und in Bahnhöfen oder sonstigen öffentlichen Örtlichkeiten[3].

Eine sehr ähnliche Definition steuert ein anderer "Klassiker" der Werbeliteratur bei. Seyffert überschreibt 1929 das betreffende Kapitel mit "Plakate" und unterscheidet die "kurzlebigen Papierplakate" von den "Dauerplakaten"[4]. In

----

1) Zahlreiche Autoren würdigen diese Pioniertat, eine relativ ausführliche Schilderung bietet REDLICH (1935), S. 90f.

2) So sieht z.B. die "Neunte Bekanntmachung des Werberates der Deutschen Wirtschaft" vom 1. Juni 1934 in Ziffer 19 vor, in einer Ortschaft nur einem einzigen Anschlagunternehmer die Genehmigung zur Wirtschaftswerbung durch Bogenanschlag an festangebrachten Stellen zu erteilen. Vgl. BRAUNMÜHL/ZWECK (1934), S. 43.

3) Vgl. MATAJA (1910), S. 49ff.

4) Vgl. SEYFFERT (1929), S. 396f.

der Neufassung seines Standardwerkes von 1966 erscheinen unter dem Oberbegriff "Werbekünder" die "plakativen Werbemittel"[1]. Sie zerfallen in die folgenden vier Untergruppen: "Die Affiche (Anschlagplakat)", "Das Werbeschild und das Dauerplakat" sowie "Die Lichtwerbung" und "Die Luftwerbung". Seyffert ersetzt dabei "Außenwerbung" durch die Bezeichnung "Verkehrswerbung". Er begründet diesen Namenswechsel damit, daß die plakativen Werbemittel "zumeist gegenüber dem Verkehr eingesetzt werden und daher in ihrer Ausstattung mehr oder weniger auf Fernwirkung eingestellt sind"[2]. "Der typische Vertreter dieser Werbemittel gegenüber dem Verkehre" ist für ihn das Plakat[3].

Diese Heraushebung des Plakats setzt sich auch in jüngeren Lehrbüchern zum Marketing und zur Werbung fort. In den Aufzählungen der verschiedenen Werbemedien findet man sehr häufig nur das Plakat - und gelegentlich einige andere Außenwerbeformen - verzeichnet, ohne daß überhaupt der Begriff der Außenwerbung genannt wird[4]. Andere Autoren lösen das Plakat aus dem Umfeld der übrigen Außenwerbeformen heraus und führen es als eigenständiges Medium neben der Außenwerbung[5].

Bei der Durchsicht der englischen und amerikanischen Literatur stößt man fast nur auf enumerative Definitionen. Üblicherweise gliedern sie das **"outdoor advertising"** in "posters" (Plakate), "painted bulletins" (Werbeschilder) und "spectaculars" (Lichtwerbung)[6]. Daneben steht gleichberechtigt die Verkehrsmittelwerbung als **"transit advertising"** mit den Erscheinungsformen "car cards" (Innenwerbung), "trave-

---

1) Vgl. SEYFFERT (1966), S. 865ff.
2) SEYFFERT (1966), S. 865. An dieser Stelle durchbricht er bereits das Prinzip der enumerativen Definition und unternimmt den Versuch, eine grundlegende Eigenschaft des Mediums in Worte zu fassen.
3) SEYFFERT (1966), S. 865.
4) Als Beispiele seien hier herausgegriffen: GUTENBERG (1979), S. 380, KAISER (1980), S. 4, MEFFERT (1978), S. 441, und NIESCHLAG/DICHTL/HÖRSCHGEN (1983), S. 360.
5) So z.B. bei MICHLIGK (1974), S. 203ff., und AUTORENKOLLEKTIV (1968), S. 309ff.
6) Vgl. MANDELL (1968), S. 366.

ling displays" (Aufschriften an den Außenseiten der Fahrzeuge) und "station posters" (Haltestellenwerbung)[1].

Diese Arbeit darf neben den Versuchen, das Feld der Außenwerbung zum Zwecke wissenschaftlicher Betrachtung abzustecken, nicht außer Acht lassen, wie die Unternehmen der Außenwerbebranche den Begriff im Rahmen ihrer praktischen Geschäftstätigkeit gebrauchen. Der FAW hat als Interessenvertretung dieser Firmen im Jahre 1968 in Zusammenarbeit mit dem ZAW den Versuch einer Begriffsbestimmung unternommen und das Ergebnis in Form einer ZAW-Richtlinie seinen Mitgliedern zur Anwendung empfohlen[2]. Eine Definition ist darin zwar nicht ausdrücklich enthalten, kann aber aus dem Titel der Veröffentlichung und ihren Gliederungspunkten abgeleitet werden. Demnach wären unter Außenwerbung nur Plakatanschlag und Verkehrsmittelwerbung zu verstehen. Die näheren Erläuterungen zu "Begriffen im Anschlagwesen"[3] und die Dreiteilung der Verkehrsmittelwerbung in "innen", "außen" und "sonstige Objekte"[4] legen aber den Schluß nahe, daß es den Verfassern dieser Schrift weniger um eine möglichst vollständige Abdeckung der Erscheinungsformen ging als vielmehr um eine Beschreibung der Tätigkeit der FAW-Mitglieder. Leitmotiv war dabei die mit der Vereinheitlichung verbundene Erleichterung der Buchungen für die Abnehmer.

Als wesentlicher Nachteil dieser Definition erweist sich die Beschränkung auf die Geschäftsinteressen der FAW-Mitglieder. Ein weiterer liegt in der relativ engen Festlegung auf die von diesen Firmen bereits angebotenen Formen. Die Fortentwicklung bestehender Werbeträger und -mittel wird hierbei ebensowenig berücksichtigt wie die denkbare Ausweitung der Aktivitäten der Mitgliedsfirmen auf das Gebiet neugeschaffener Werbeformen.

----

1) Vgl. KIRKPATRICK (1964), S. 280. Ähnliche Einteilungen finden sich bei BARTON (1964), S. 308ff., HOBSON (1968), S. 102ff. und SANDAGE (1971), S. 514ff.
2) Durch ein Vorwort des damaligen FAW-Vorsitzenden, Vgl. ZAW (1969).
3) ZAW (1969), S. 6.
4) ZAW (1969), S. 20.

1.1.2. Abstrakte Definitionen

Die abstrakten Inhaltsbestimmungen stellen nicht auf Einzelfälle ab, sondern benennen allgemeine Kriterien, die die Einordnung möglichst vieler oder aller Erscheinungsformen der Außenwerbung erlauben. Daneben sollten sie eine ausreichend klare Abgrenzung von anderen Medien vornehmen und definitorischen Freiraum für zukünftige Fortentwicklungen der Außenwerbung bieten.

Als erstes Beispiel für eine abstrakte Definition dient hier §15(1) der nordrhein-westfälischen Bauordnung. Er lautet:

> "Anlagen der Außenwerbung (Werbeanlagen) sind alle örtlich gebundenen Einrichtungen, die der Ankündigung oder Anpreisung oder als Hinweis auf Gewerbe oder Beruf dienen und vom öffentlichen Verkehrsraum aus sichtbar sind. Hierzu zählen insbesondere..."[1].

Diese Formulierung hebt die örtliche Bindung der Werbeanlagen hervor, Verkehrsmittelwerbung wird hiervon nicht erfaßt. Dieses Versäumnis erklärt sich aus dem Zuschnitt des Gesetzes auf seinen speziellen Zuständigkeitsbereich - das Baurecht. Verkehrsmittelwerbung unterliegt dem Straßenrecht, eine Legaldefinition fehlt jedoch in den entsprechenden Vorschriften[2]. SCHMIDT-TOPHOFF betont sogar die Ortsgebundenheit als besonderes Unterscheidungsmerkmal der Außenwerbung von der Verkehrsmittelwerbung[3]. Die "Sichtbarkeit der Werbeanlage vom öffentlichen Verkehrsraum aus" erfordert nicht, daß sich die Vorrichtung selbst im öffentlichen Verkehrsraum befinden muß. Der ZAW wünscht daher die Klarstellung, daß sich Träger von Außenwerbung nur außerhalb "umschlossener" Räume befinden können[4]. Vom öffentlichen Verkehrsraum aus sichtbar sind insbesondere auch Schaufensterauslagen[5].

----

1) §15 BauO NW zitiert nach: GÄDTKE/TEMME (1979), S. 128.
2) Vgl. ROELLECKE (1971), S. 25f.
3) Vgl. SCHMIDT-TOPHOFF (1965), S. 17.
4) Vgl. ZAW (1960), S. 23f.
5) Aus §15(6) BauO NW kann der Schluß gezogen werden, daß auch die Präsentation von Waren in Schaufenstern für den Gesetzgeber zur Außenwerbung zählt. Vgl. auch: o.V. (1961), Der Begriff "Stätte der eigenen Leistung", S. 922ff.

HUTH/PFLAUM verstehen unter Außenwerbung "alle Werbemittel, die dem Werbesubjekt auf öffentlichen Straßen und Plätzen begegnen".[1] Dieser Definition genügt es wie zahlreichen weiteren, daß sich sowohl Werbemittel als auch Umworbener im öffentlichen Raum befinden. Dies bringt auch KOPPELMANN zum Ausdruck, wenn er schreibt: "Außenwerbung ist im wesentlichen durch den Beeinflussungsort gekennzeichnet. Sie findet außerhalb der 'vier Wände' statt."[2] Demnach zählte zur Außenwerbung jeder Kontakt eines Werbesubjektes mit einem Werbemittel außerhalb der Privatsphäre des Angesprochenen. Dagegen sind zwei Einwände geltend zu machen:

- Einige Werbeformen, die allgemein der Außenwerbung zugerechnet werden, erreichen ihre Adressaten auch in deren Wohnung. So findet Werbung bei Sportveranstaltungen zwar unter freiem Himmel statt, der größere Teil des Publikums verfolgt aber häufig das Geschehen am Fernsehbildschirm oder in den Sportzeitschriften und soll gerade auf diesem Wege angesprochen werden[3]. Der Aufenthaltsort der umworbenen Person (Werbesubjekt) eignet sich demnach nicht als Beschreibungsmerkmal. Allein der Ort, von dem aus das Werbemittel seine Wirkung entfaltet, bestimmt über die Einstufung als Außenwerbung. In diesem Zusammenhang führt MACKENROTH den Begriff des **"öffentlichen Raums"** in einer weiten Fassung ein: "Außenwerbung findet keineswegs nur unter freiem Himmel statt. Sie ist auch in geschlossenen Räumen präsent wie z.B. innerhalb der Verkehrsmittel oder unter Dach in großen Einkaufszentren."[4] Nicht zum öffentlichen Raum im Sinne dieser Arbeit sollen jedoch wegen ihrer Nähe zur Verkaufsförderung Kommunikationsmaßnahmen in den Ladenlokalen und Schaufenstern privatrechtlicher Handelsunternehmungen gezählt werden[5].

---

1) HUTH/PFLAUM (1980), S. 98.
2) KOPPELMANN (1981), S. 228.
3) Vgl. o.V. (1976), Das 500-PS-Plakat, S. 8ff., und DSR (o.J.), Verkehrsmittelwerbung: Werben, wo viel Menschen sind, Vorteil 2.
4) MACKENROTH (1982), S. 10. Außerdem können hierzu öffentliche Einrichtungen wie Bahnhöfe und Postämter gezählt werden.
5) Zum Begriff der Verkaufsförderung vgl. WAGNER (1974), Sp. 2059f. BLEIS hebt die Verwandtschaft von Außen- und Ladeninnenwerbung hervor, vgl. FAW (1975b), S. 57.

- Ein Werbeträger wird noch nicht zum Außenwerbeträger, weil er sich im öffentlichen Raum befindet, so z.B. eine Zeitung, die von ihrem Besitzer auf einer Parkbank gelesen wird. Der Unterschied zwischen der Zeitung und einer Plakatwand ist ein gewisser Grad von "Privatheit"[1] des Presseerzeugnisses. Ein Zeitungsexemplar kann nur von wenigen Personen zugleich gelesen werden, und es liegt im Belieben seines Eigentümers, der es gegen ein Entgelt erworben hat, seine Mitleser von der weiteren Lektüre auszuschließen. Dagegen steht der einzelne Außenwerbeträger einem zahlenmäßig großen Publikum gegenüber, ohne daß einzelne Personen die Kontaktchancen der anderen wesentlich mindern bzw. aufheben können. FRIEDRICH beschreibt diesen Umstand treffend: "Außenwerbung ist die Werbung, die in der Öffentlichkeit für **jedermann** stattfindet."[2]

In Anlehnung an FRIEDRICH soll dieser Arbeit folgende Definition von Außenwerbung zugrunde gelegt werden:
"Außenwerbung ist die Werbung, die im öffentlichen Raum und aus dem öffentlichen Raum heraus auf jedermann einwirkt."

Für die genaue Eingrenzung des Themas dieser Arbeit ist außerdem das Begriffspaar "Werbeträger - Werbemittel" für den Bereich der Außenwerbung deutlich zu trennen. Viele Autoren versäumen klare Unterscheidungen, weil bei der meistbeachteten Außenwerbeform - dem Plakat - dem Werbeträger "Plakatwand" keine andere Funktion zukommt, als das Werbemittel "Papierplakat" aufzunehmen. Dabei wird übersehen, daß zahlreiche Außenwerbeträger zugleich auch andere - zumeist höherrangige - Aufgaben erfüllen (z.B. die Transportfunktion der Verkehrsmittel).

Zu den **Außenwerbeträgern** gehören demnach alle Vorrichtungen und/oder Örtlichkeiten, die zur Anbringung von Außenwerbemitteln geeignet und vorgesehen sind. Die Konstruktionen ermöglichen die gleichzeitige und/oder zeitlich versetzte

----

1) MACKENROTH (1982), S. 10.
2) FRIEDRICH (1981b), S. 680, Hervorhebung durch den Verfasser.

Aufnahme von Werbemitteln verschiedener Werbungtreibender.

Außenwerbemittel bestehen aus dem unmittelbaren Darstellungsmaterial der zu kommunizierenden Werbebotschaften. Sie entfalten Ihre Wirkung nur während der Dauer der Anbringung an einem Außenwerbeträger. Der Ablauf der Nutzungszeit beendet vielfach auch ihre physische Lebensdauer, da z.B. Plakate und Giebelmalungen bei ihrer Entfernung regelmäßig zerstört werden.

Besondere Bedeutung für die Themenstellung genießen solche Unternehmen, die sich vorrangig auf die Beschaffung und Vermarktung von Außenwerbeträgern konzentrieren. Hierzu zählen z.B. die Anbieter von Plakattafeln und Werbeflächen an Verkehrsmitteln, die die Anlieferung der Werbemittel im Regelfall ihren Kunden überlassen. Lichtwerbeunternehmen spielen dagegen für diese Arbeit eine untergeordnete Rolle, da sie vor allem Außenwerbemittel produzieren und Werbeträger (in diesem Zusammenhang beispielsweise entsprechende Hausfassaden) nur ausnahmsweise in ihr Leistungsbündel aufnehmen.

1.2. Gestaltungsbereiche einer Außenwerbemaßnahme

Wenn in einer Unternehmung die Entscheidung zugunsten einer Außenwerbemaßnahme fällt, liegen wesentliche Rahmengrößen für die Gestaltung bereits fest. Die Werbezielplanung gibt Kommunikationsaufgaben vor, die die Mediaselektion in eine Werbeträger-Kombination - den Streuplan - umsetzt. Dieser legt zunächst die grundsätzlich beteiligten Medien fest und stimmt in einem zweiten Schritt deren Belegung in zeitlicher und mengenmäßiger Hinsicht auf die Zielvorgaben ab. Angestrebt wird eine Optimierung des Zielerreichungsgrades unter Beachtung der finanziellen Beschränkungen[1]. Bei der Außenwerbung muß weiterhin eine Auswahl aus der Vielfalt der Erscheinungsformen getroffen werden, um Kosten- und Werbewirkungsdaten für die Präzisierung der Streuplanung bereitzustellen. Der folgende Abschnitt behandelt die Gestaltungsmerkmale, die Einfluß auf diese beiden genannten Größen ausüben.

1.2.1. Qualitative Aspekte einer Außenwerbemaßnahme

1.2.1.1. Merkmale des Werbeträgers

Größe und Form eines Außenwerbeträgers bestimmen ebenso dessen Werbewirksamkeit wie seine Funktional- und Standortqualität. Die **Größe** begrenzt die maximale Fläche des einsetzbaren Werbemittels bzw. die Anzahl verschiedener Werbemittel, die gemeinsam gezeigt werden können. Sie bestimmt aber auch die Wahlmöglichkeiten im Hinblick auf die ansprechbare Zielgruppe. Kleinere Schilder und Plakate errei-

----

1) Vgl. MEFFERT (1978), S. 417 ff. Die von den meisten Autoren referierten Verfahren zur Bestimmung des Werbebudgets erlauben die Festlegung eines verfügbaren Geldbetrages vor der detaillierten Ausgestaltung der Werbemaßnahme, vgl. KORNDÖRFER (1966), S. 45ff.; JUNK (1973), S. 104ff.; KNÜPPEL (1975), S. 40; PUDENZ (1978), S. 26f.; HUTH/PFLAUM (1980), S. 59ff. und KOPPELMANN (1981), S. 259ff. Daneben wird aber auch die Auffassung vertreten, daß sich das Werbebudget nach dem Finanzbedarf bemessen sollte, der im Rahmen der Werbeplanung zur Erreichung der kommunikationspolitischen Ziele erforderlich erscheint. Vgl. beispielhaft zur "synthetischen Methode" HAMMANN (1980), S. 139.

chen zumeist nur Fußgänger. Mit der gleichmäßigen Vergrößerung von Werbeträger und -mittel wächst deren Fernwirkung. Dies verbessert bzw. schafft überhaupt erst die Wahrnehmbarkeit durch Autofahrer. Daneben kann generell die Zahl der erreichten Personen steigen, da diese nun möglicherweise auch angesprochen werden, wenn sie den Werbeträger in größerem Abstand passieren[1]. Allerdings setzen in Deutschland weniger die Kosten als vielmehr baurechtliche Vorschriften den Dimensionen der Werbeträger enge Grenzen[2]. Handelt es sich bei den verwendeten Werbemitteln um große Auflagen, so werden diese aus Kostengründen in einem oder nur wenigen standardisierten Formaten angefertigt, denen sich in der Praxis auch die Werbeträger angepaßt haben. So engt die Festlegung auf ein bestimmtes Druckformat bei Plakaten die Zahl der belegbaren Werbeträgerformen bereits stark ein. Jedoch rechtfertigen besonders aufmerksamkeitsstarke Werbeträger auch die individuelle Anpassung eines Werbemittels (z.B. Giebelbemalung eines sehr verkehrsgünstig gelegenen Hauses).

Die **Formgebung** orientiert sich überwiegend an den nichtwerblichen Hauptaufgaben des Außenwerbeträgers. So dienen beispielsweise Aufbauten von Fahrzeugen naturgemäß in erster Linie dem Transport von Personen und Gütern. Die Werbefläche entsteht eher als eine Art "Abfallprodukt", das sich der Form- und Größenvorgabe durch Fassungsvermögen, Fenster- und Türanordnung etc. beugen muß. Plakatwände und einige andere Außenwerbeformen unterliegen diesen Gestaltungsbeschränkungen im Prinzip nicht, da sie allein um der Werbung willen existieren. Aber auch hier wirken hohe Auflagen der Werbemittel in Richtung auf eine Standardisierung. Zudem lehnen sich diese Werbeträger eng an die Gegebenheiten des Standortes an, was die Gestaltungsfreiheit ebenfalls vermindert.

----

1) Über die Ergebnisse der Wirkungsforschung für Außenwerbeträger informiert Abschnitt 1.5.

2) Die in den USA weitverbreiteten Großwerbeanlagen an den Überlandstraßen ("Billboards") findet man in der Bundesrepublik äußerst selten. Beispielsweise bestimmt §15(3) BauO NW mit wenigen engen Ausnahmen, daß Werbeanlagen "außerhalb der im Zusammenhang bebauten Ortsteile" unzulässig sind. Vgl. GÄDTKE/TEMME (1979), S. 129.

Die **Funktionalqualität** eines Außenwerbeträgers umfaßt mehrere Teilqualitäten, die in direktem Zusammenhang mit den anfallenden Kosten stehen:

- Die **Lebensdauer** beeinflußt die Anschaffungs- und Mietkosten. Abnutzungserscheinungen des Werbeträgers beeinträchtigen die Wirksamkeit des darauf angebrachten Werbemittels, weshalb der Vermieter zur Erhaltung der Vermarktungsfähigkeit Pflegemaßnahmen ergreifen muß. Schließlich kann die Lebensdauer des Werbemittels die des zugehörigen Trägers überschreiten.
- Die **Werbemittelschonung** hängt von der technischen Auslegung des Werbeträgers ab. So schützen zusätzliche Plexiglasscheiben Papierplakate vor Witterungseinflüssen und erhöhen damit deren Lebensdauer. Darüberhinaus schaffen sie die Voraussetzungen für den Einsatz besonders empfindlicher Papiere. Die Verwendung billiger Siebdruckfolien auf Verkehrsmitteln setzt eine schonende Fahrzeugreinigung voraus.
- Eine aufwendige **Präsentation der Werbemittel** kommt deren Werbewirksamkeit zugute. Die Beleuchtung von Plakattafeln verursacht jedoch beispielsweise Betriebskosten für den Stromverbrauch und die Wartung des technischen Teils.

Die folgenden Kriterien geben über die **Standortqualität** eines Außenwerbeträgers Auskunft:

- Die **Zusammensetzung des Passantenstroms** betrifft zunächst die Größe des angesprochenen Personenkreises und dessen demoskopisches Profil. Für umfangreiche Passagezahlen spricht die Nähe stark frequentierter Plätze (z.B. Bahnhöfe und Kaufhäuser). Als Indiz für einen hohen Anteil einer bestimmten Zielgruppe kann die Nachbarschaft von Einrichtungen gelten, die von diesem Personenkreis besonders intensiv genutzt werden (z.B. Schulen). Darüberhinaus hängt die Wahrnehmung des Werbemittels von der Bewegungsgeschwindigkeit im Sichtbereich (z.B. Fußgänger im Vergleich zu Autofahrern) und der psychischen Aufnahmebereitschaft (z.B. Fahrer im Vergleich zu Beifahrern) ab.

- Ein weiteres Merkmal der Standortqualität eines Werbeträgers erwächst aus seiner **Lage zum Verkehrsstrom.** Dabei wird in der Praxis[1)] unterstellt, daß Werbeflächen quer zur Hauptfahr- oder Gehrichtung häufiger und schneller wahrgenommen werden als solche, die parallel zum Verkehrsstrom liegen. Die Länge der Wahrnehmungszeit hängt von der Wegstrecke ab, auf der die Werbung vor Passieren des Standortes gesehen werden kann. Werbeträger in Baulücken oder hinter Hausvorsprüngen erscheinen nur für relativ kurze Zeit im Blickfeld der Passanten. Außerdem wird eine Straße nicht immer in beiden Richtungen von der gleichen Personenzahl durchquert. Hierfür können z.B. Einbahnstraßenregelungen verantwortlich sein, aber auch durch den Berufsverkehr wechseln die Hauptfahrtrichtungen mehrmals täglich. Dabei gewinnt die Überlegung an Gewicht, daß im Winter nur während der Spitzenzeit am Nachmittag das Tageslicht die Wahrnehmung unbeleuchteter Werbemittel ermöglicht. In vielen Fällen erscheint es auch wünschenswert, daß das Werbemittel während der Fahrt zum Einkauf (i.d.R. stadteinwärts) gesehen wird.
- Die **Nähe zum Passantenstrom** wirkt sich z.B. auf die Beschaffungskosten für den Standort des Werbeträgers aus. Auf Fernwirkung angelegte Werbemittel können an Wand- oder Giebelflächen zum Einsatz kommen, die sich wegen des Fehlens anderweitiger Nutzungsmöglichkeiten günstiger anmieten lassen als Standorte direkt am Straßenrand. Die Montage an hohen Häusergiebeln bringt aber den schwerwiegenden Nachteil mit sich, daß der Wechsel der Werbemittel hohen technischen Aufwand verursacht (z.B. den Einsatz von Hubsteigern beim "Superposter"). Bestimmte Werbemittel müssen dagegen sehr nah am Passantenstrom plaziert werden. Veranstaltungskalender mit ihrer Text- und Informationsfülle erfordern ein kurzes Verweilen des Interessenten am Werbeträger. Autofahrer scheiden deshalb hierfür als Adressaten aus. Bevorzugt sollte die Anbringung dieser Werbemittel in Augenhöhe der Leser erfolgen.

----

1) Einige der hier referierten Werbeträger-Merkmale fließen in der Praxis in die Qualitätsbeurteilung von Außenwerbeträgern ein, obwohl der wissenschaftliche Nachweis ihrer Gültigkeit noch aussteht.

1.2.1.2. Merkmale des Werbemittels

Die größte Vielfalt an Gestaltungsmöglichkeiten im Rahmen einer Außenwerbemaßnahme bietet der **Entwurf** des einzusetzenden Werbemittels. Neben den Herstellungskosten und der beabsichtigten Kommunikationswirkung kann auch die künstlerische Qualität des Entwurfes bei der Auswahlentscheidung als Kriterium in den Vordergrund treten. Gerade beim Plakat besteht traditionell die Gefahr, ohne Rücksicht auf Wirkungsaspekte "schönen Bildern" den Vorzug zu geben[1]. Verlangt jedoch die Werbeaufgabe eher eine knappe und präzise Aussage, setzt sich ein ästhetisch ausgefeilter Entwurf möglicherweise in Widerspruch zu den Werbezielen.

Im Prinzip könnte für jeden einzelnen Werbeträger ein eigener Entwurf angefertigt werden, jedoch erzwingen die Kosten i.d.R. die Beschränkung auf ein oder nur wenige verschiedene Werbemittel bzw. die Übernahme von Entwürfen für andere Medien (z.B. abgewandeltes Motiv der Zeitschriftenanzeige). Allerdings erlauben zusätzlich angebrachte Elemente eine gewisse Individualisierung, so z.B. die Beschriftung der standardisierten Lichtwerbung einer Brauerei mit dem Namen der Gaststätte, über deren Eingang das Leuchttableau angebracht wurde.

Für die **Funktionalqualität** gewinnen folgende Dimensionen besondere Bedeutung:

- Die handwerkliche **Umsetzung der Vorlage** beginnt bei der

---

1) Für kein anderes Medium gibt es so viele Wettbewerbe, bei denen die Qualität des Werbemittels unter künstlerischen Gesichtspunkten beurteilt wird. Die Leistung der sog. "Kreativen" findet hier noch am ehesten öffentliche Anerkennung. So benennt z.B. die "Münchner Plakatjury" vierteljährlich die besten Monatsplakate , die in der Stadt im Aushang zu sehen waren (vgl. AWI 1/85, S. 32). Zahlreiche Firmen und Institutionen rufen im Rahmen besonderer Kommunikationsmaßnahmen zu Gestaltungswettbewerben für einen breiten Teilnehmerkreis auf. Das Haus Bertelsmann lobte z.B. anläßlich seines 150. Firmenjubiläums Geldpreise für die besten Plakate über "Menschen in der Kommunikationswelt" aus. Die Daimler-Benz AG suchte Entwürfe zum Thema "100 Jahre Automobil" (vgl. AWI 1/85, S. 36). Die große Beliebtheit, derer sich Poster und Plakate als Sammelobjekte erfreuen, unterstreicht ebenfalls ihre Bedeutung als "Kunstgegenstand".

Vergrößerung und originalgetreuen Wiedergabe von Fotos und Graphiken auf dem gedruckten Plakatbogen. Weiterhin beeinflussen das Druckverfahren und die Anzahl der verwendeten Farben die Werbewirkung, aber auch die Kosten.

- Als **Darstellungsmaterial** kommen Papier verschiedener Qualitäten, Folien, Lackfarben, Kunststoffe, Holz und Metall in Betracht.
- Hochwertige Materialien erhöhen die **Haltbarkeit** des Werbemittels und verlängern somit seine Nutzungsdauer.
- Bewegliche oder beleuchtete Werbemittel (Lichtwerbungen) verursachen **Betriebskosten.** Der Stromverbrauch bemißt sich nach der Leuchtstärke und der Anzahl der Leuchtkörper. Die Komplexität der Anlage und ihres Steuerprogramms schlägt sich in erhöhtem Wartungsaufwand nieder. Vorteile solcher Einrichtungen liegen in der größeren Aufmerksamkeitsstärke und der Ausdehnung der täglichen Wirkungszeit insbesondere im Winter.
- Die **Auflagenhöhe** bestimmt sehr wesentlich die Stückkosten des einzelnen Werbemittels.

1.2.1.3. Mobilitätsgrad des Werbeträgers

Außenwerbeträger nehmen nicht unbedingt während ihrer gesamten Wirkungszeit einen bestimmten festen Standort im öffentlichen Raum ein. Vielmehr sind sie häufig für eine gelegentliche oder fortlaufende Ortsveränderung ausgelegt. Für den Mobilitätsgrad lassen sich drei Kategorien bilden:

- **Stationäre** Werbeträger verharren gemeinsam mit dem auf ihnen angebrachten Werbemittel an ihrem Standort. Damit ist die Bewegung an Ort und Stelle - z.B. Rotation einer Lichtwerbung - allerdings nicht ausgeschlossen. Beispiele für diese Gruppe sind Plakatwände, Lichtwerbungen, Giebelwerbungen, Ladenbeschriftungen etc.
- Dagegen bezeichnet man Werbeträger, die ihren Aufenthaltsort ständig verändern, als **mobil**[1]. Hierzu zählen Fortbewegungsmittel aller Art mit Außenaufschriften, zu-

----

1) Die Unterscheidung in "stationäre" und "mobile" Außenwerbeträger findet sich z.B. bei TIETZ/ZENTES (1980), S. 156.

sätzlich Fußgänger mit Werbungen wie z.B. Sandwichmen und die Benutzer von Plastik-Tragetaschen[1]. Schließlich kann man Werbungen im Inneren von öffentlichen Verkehrsmitteln (Deutsche Bundesbahn, Straßenbahnen, Omnibusse, Verkehrsflugzeuge) dieser Kategorie zuordnen[2].

- Die **wechselnd-stätionären** Werbeträger stehen in der Mitte zwischen den beiden anderen Gruppen. Das Werbemittel entfaltet seine Wirkung überwiegend während einer längeren Stillstandszeit des Werbeträgers an einem mit dem Auftraggeber vereinbarten Standort. Nach Ablauf dieser Frist nimmt der Werbeträger eine neue Position ein, wobei dort sehr häufig bereits für einen anderen Auftraggeber geworben wird. So parken beispielsweise historische Omnibusse für begrenzte Zeit an einem zentralen Platz, um mit ihrer i.d.R. hohen Aufmerksamkeitswirkung das Interesse der Passanten auf die beworbene Leistung zu lenken. Vielfach verbinden sich diese Aktionen mit Maßnahmen des persönlichen Verkaufs im Inneren der Fahrzeuge[3].

Bedeutung erlangt die hier getroffene Unterscheidung bei der Abschätzung der quantitativen Kommunikationsleistungen des jeweiligen Werbeträgers. Für stationäre Werbeträger lassen sich einige aussagekräftige Informationen über die Zusammensetzung des erreichten Personenkreises gewinnen. Unterstellt

----

1) Handelsunternehmen nutzen Tragetaschen nicht nur für Hinweise auf ihre eigenen Betriebe oder ihre Lieferanten, sondern räumen auch fremden Werbungtreibenden die Möglichkeit ein, auf sich aufmerksam zu machen. So zeigten z.B. Plastiktüten der Firma Plus auf einer Seite das Symbol der geplanten Volkszählung, während auf Tragetaschen von Karstadt im Juli 1983 der Bundesstart eines Films ("Octopussy" aus der James-Bond-Reihe) angekündigt wurde. Eine britische Agentur bietet an, mit Markenartikelwerbung bedruckte Tüten herzustellen und in der gewünschten Zahl an verteilungswillige Handelsbetriebe weiterzuleiten. Vgl. o.V. (1984), Tütenwerbung nimmt neuen Anlauf, S. 20.

2) Über die Werbemöglichkeiten in den Zügen der Deutschen Bundesbahn gibt der Aufsatz o.V. (1976), Medium Zug, S. 30-34, Auskunft.

3) Unter dem Motto "Der Kurbus kommt" bereiste ein Londoner Doppeldeckbus für die Bäder Orb und Soden-Salmünster westdeutsche Städte. In dem Fahrzeug können Beratungsgespräche geführt und Werbefilme gezeigt werden, vgl. Anzeige in der Westdeutschen Allgemeinen Zeitung vom 09.03.1984. Die Dortmunder Actien-Brauerei setzte im Herbst 1985 einen speziell hergerichteten Sattelschlepper als "DAB-ZUG" ein, der jeweils tageweise an zentralen Innenstadtplätzen oder Einkaufszentren des Ruhrgebietes Stellung bezog. Gewinnspiele und Musikdarbietungen umrahmten dabei den Probeausschank.

man, daß sich der Passantenstrom von der Struktur her in festen Zeitabständen (z.B. alle 24 Stunden) wiederholt, läßt sich die potentielle Summe der Kontakte mit dem Werbeträger für einen längeren Zeitraum aus punktuellen Zählungen hochrechnen. Nimmt man ferner an, daß stets die gleichen Personen auf dem Wege zu ihrem Arbeitsplatz bzw. zum Einkauf an der Werbefläche vorbeifahren bzw. -gehen, erreicht man diese Gruppe innerhalb der Aushangzeit entsprechend mehrfach. Diese Wiederholungskontakte erscheinen wünschenswert, um die Wirkung der jeweils kurzen Wahrnehmungen zu festigen.

Demgegenüber schreibt man mobilen Werbeträgern ein größeres Wirkungsgebiet und höhere Kontaktzahlen zu[1]. Beide Größen sind von Bedeutung für die Streuplanung, können aber kaum mehr zutreffend geschätzt werden. Als potentielle Kontaktpersonen kommen alle Verkehrsteilnehmer und Anwohner in dem von dem Werbeträger berührten öffentlichen Raum in Betracht. Die regelmäßig wiederkehrende Strecke einer Nahverkehrslinie läßt sich dabei eher erfassen als die Fahrtrouten von Taxen und Lastkraftwagen, bei denen die Erforschung der Kontaktpersonen auf schwerwiegende methodische Probleme stößt. Auf die Resultate der bisherigen Forschungsansätze geht Abschnitt 1.5. näher ein.

1.2.1.4. Alleinstellung des Werbemittels

Bei der Auswahl des Werbeträgers ist zu berücksichtigen, ob das Werbemittel eine Alleinstellung genießt oder sich den vorhandenen Raum mit anderen Werbemitteln teilt. Die meisten Werbeträger können von der Konstruktion her gleichermaßen ein einzelnes, aber auch mehrere verschiedene Werbemittel aufnehmen (z.B. mehrere kleine Plakate auf einer Plakattafel, mehrere Leuchtschriften an einer Hausfassade). Während bei der Anbringung eines Großplakates der Wunsch nach ungeteilter Aufmerksamkeit für die Werbebotschaft im Vordergrund steht, lassen sich für die gemeinsame Nutzung des

----

1) HOELTZ ermittelte für die Kontaktchancen die Relation 1:7 zugunsten der mobilen Außenwerbeträger, vgl. HOELTZ (1977), S. 20.

Werbeträgers durch mehrere Unternehmen vor allem zwei Argumente anführen:

- Die teilweise Belegung erlaubt weitreichende Streuungen auch bei geringen Werbebudgets. Die Werbemittelkosten sinken erheblich, die Anbringung belastet die Partner nur anteilig[1)].
- Kann das eigene Plakat nicht genügend aufmerksamkeitsstark gestaltet werden, profitiert es möglicherweise von der "Sogwirkung" benachbarter Bogenanschläge. Diese verleiten die Passanten dazu, an der Litfaßsäule zu verweilen und den Aushang zu studieren. Das geweckte Interesse des Betrachters kommt nun auch dem weniger reizvoll aufgemachten Plakat zugute[2)].

Die Aufmerksamkeit, die einem Werbemittel geschenkt wird, hängt außerdem davon ab, wieviele verschiedene Werbeträger sich an einem Platz befinden. An den sog. **Mehrfachstandorten** streiten mitunter ein halbes Dutzend und mehr Plakatwände nebeneinander um die Beachtung durch die Passanten. Dabei können zudem Konkurrenzprodukte in unmittelbarer Nachbarschaft zueinander beworben werden[3)].

----

1) Dies gilt auch für die Sammel-Lichtwerbungen an den Zufahrten von Einkaufszentren. Zudem sind z.B. Hinweise auf Automobilwerkstätten oder gastronomische Betriebe außerhalb der Ortslage, in der sich die Firmen befinden, nach §15(3), Ziffer 2 BauO NW, nur als Sammeltafeln zulässig, vgl. GÄDTKE/TEMME (1979), S. 129 und 138.
2) Auf diesen Effekt setzen z.B. auch die Firmenwerbungen auf Veranstaltungsplakaten und die Hinweise auf Hotels und Gaststätten auf den Umrandungen von Stadtplänen in Schaukästen.
3) Die Zigarettenindustrie hat zur Vermeidung direkter Konkurrenz auf Mehrfachstandorten eine Vereinbarung getroffen, daß zwischen zwei Plakaten verschiedener Marken mindestens auf einer Tafel Werbung für ein anderes Produkt zum Aushang kommen soll.

1.2.2. Quantitative Aspekte einer Außenwerbemaßnahme

1.2.2.1. Größe des Zielgebietes

Eine Werbezielgruppe wird nicht allein durch Persönlichkeitsmerkmale beschrieben, sondern auch durch das Gebiet, in dem man den solchermaßen festgelegten Personenkreis ansprechen möchte. Hierbei ermöglicht die Außenwerbung im Prinzip eine extrem genaue Steuerung der Abdeckung. Im Gegensatz zu einigen anderen Medien unterliegt sie jedoch Kapazitätsbeschränkungen, d.h. in den besonders begehrten Zielregionen steht nicht immer die von den Werbetreibenden gewünschte Werbeträgeranzahl zur Verfügung.

Das kleinste denkbare "Streugebiet" bearbeitet beispielsweise ein Einzelhändler, der nur sein eigenes Ladenlokal durch Werbetafeln und eine Leuchtschrift kennzeichnet. Größere Anbieter belegen Plakatwände innerhalb des Stadtteils oder des gesamten Stadtgebietes. Eine örtliche Brauerei wirbt außer am Ort des Firmensitzes auch in allen umliegenden Städten und Gemeinden, in denen ihr Bier ausgeschenkt wird. Bedeutende Markenartikel- und Dienstleistungsunternehmen schließlich machen landes- oder bundesweit mit Außenwerbemitteln auf ihre Produkte aufmerksam. Die folgende Grobeinteilung der räumlichen Abdeckung bietet sich daher an:

- **Lokal** (z.B. einzelner Werbeträger, Stadtteil, Stadt)
- **Regional** (z.B. mehrere Gemeinden oder Landkreise)[1)]
- **National** (z.B. mehrere Bundesländer oder Bundesgebiet).

Dabei stimmen die Gebietsvorgaben für die Außenwerbung innerhalb eines Streuplans nicht notwendigerweise mit denen für die anderen belegten Medien überein. Vielmehr dienen sie fast immer als Ersatzgrößen für andere Kriterien der Zielgruppenauswahl, die sich nicht ohne weiteres auf die Außen-

----

1) In der empirischen Studie vereinigt die Teilerhebung "LOKAL" Werbungtreibende, die regionale Streugebiete abdecken, mit Unternehmen, die nur in ihrem lokalen Umfeld werben. Dahinter steht die Beobachtung in der Praxis, daß sich diese beiden Gruppen in der Nutzung der Außenwerbung stark ähneln.

werbung anwenden lassen. Innerhalb des Vertriebsgebietes einer Leistung soll ja immer nur ein Teil der dort wohnenden Bevölkerung - das ins Auge gefaßte Marktsegment - angesprochen werden. Kontakte mit nicht zum Marktsegment gehörenden Personen gelten als Streuverluste[1]. Viele Medien lassen sich zwar zielgruppengerecht belegen, stellen jedoch zahlreiche nutzlose Kontakte durch ihre ungenügende geographische Steuerbarkeit her. Die Außenwerbung dagegen erzielt ihre Streuverluste innerhalb des Zielgebietes durch die Ansprache einer Vielzahl von Personen, die nicht dem Marktsegment angehören. Allerdings liefern die Merkmale der Standortqualität Anhaltspunkte für eine verbesserte Werbeträgerauswahl, wenn sich die für einen Werbeträger gewonnenen Informationen mit der Zielgruppenbeschreibung sinnvoll verknüpfen lassen[2].

1.2.2.2. Länge der Einwirkungszeit

Als weiterer wichtiger Gesichtspunkt fließt die beabsichtigte Dauer der Werbemaßnahme in die Aufstellung eines Streuplans ein. Auch hier kann sich die Außenwerbung im Grunde äußerst genau an den Vorgaben ausrichten. Einschränkungen ergeben sich dabei nur aus den Mindestabnahmezeiten zugekaufter Werbeträger. Diese Frist erstreckt sich im Plakatanschlag auf eine **Dekade**, das sind 10 bzw. 11 Tage[3]. Sie gibt allerdings nur den Mindest-Rechnungsbetrag für die Belegung vor, der eigentliche Aushang des Werbemittels selbst kann auch über kürzere Zeitdauern erfolgen[4].

---

1) HUTH/PFLAUM (1980), S. 101f., verstehen unter Streuverlusten die "Überdeckung" in der Streuung, wobei eine "Werbeträgerkombination Reichweite bringt, die über die definierte Zielgruppe hinausgeht".

2) Wie das dritte Kapitel zeigen wird, lassen sich auch für Außenwerbeträger in beschränktem Umfang soziodemographische Daten als Auswahlgrundlage bereitstellen.

3) Das Jahr wird von den meisten Anbietern im Plakatanschlag in 34 Dekaden unterteilt, wobei sich in der Regel 10- und 11-tägige "Dekaden" miteinander abwechseln, vgl. METZ (1981), S. 264.

4) Um fortlaufend Plakate kleben zu können, beginnen die Aushänge gebietsweise zeitlich gegeneinander versetzt. Unternehmen, die z.B. Neuprodukte an einem bestimmten Tag bundesweit präsentieren möchten, verzichten daher durch außerplanmäßige Anbringung ihrer Plakate in einigen Regionen auf einen Teil der berechneten Dekade, wenn die reguläre Klebung zu früh erfolgen würde.

Im Extremfall beträgt die Einwirkungszeit nur wenige Minuten, wenn z.B. eine Stadt von einem Werbe-Luftschiff einmalig überflogen wird. Papierplakate sind für einige Tage oder Wochen gedacht, während Giebelbemalungen und Lichtwerbungen, aber auch Aufschriften an Verkehrsmitteln, oft einige Jahre die Werbebotschaft verkünden. Sie können sich dabei zu einer eigenständigen Institution entwickeln, bei der der Werbezweck immer mehr in den Hintergrund tritt. Als Beispiel sei hier das "Bayer-Kreuz" in Leverkusen genannt[1)].

Es bietet sich an, die Einwirkungszeit einer Außenwerbung in folgende Kategorien einzuteilen:
- **Kurzfristig** (Bis zu einem Monat)
- **Langfristig** (Länger als ein Monat).

Die Haltbarkeit des gewählten Materials begrenzt die Nutzungsdauer eines Werbemittels, jedoch kann z.B. bei kurzlebigen Plakaten die Wirkungszeit durch den regelmäßigen Ersatz verbrauchter Anschlagbogen beliebig ausgedehnt werden. Dagegen sollte die Haltbarkeit aufwendig gestalteter Werbemittel (z.B. Giebelbemalungen) so bemessen sein, daß die höheren Entwurfs- und Herstellungskosten durch die längere Lebensdauer gerechtfertigt erscheinen.

Außenwerbemittel durchlaufen auch innerhalb des 24-Stunden-Rhythmus bestimmte Wirkungsintervalle. Plakate sind nur bei Tageslicht gut lesbar, zudem fällt dieser Zeitraum im Winter kürzer als im Sommer aus. Lichtwerbungen dagegen entfalten ihre Wirkung häufig erst nach Einbruch der Dunkelheit. Diese Unterschiede der Außenwerbeformen finden jedoch Berücksichtigung bei der Entscheidung über die gewünschte Funktionalqualität des Werbeträgers, die bereits in Abschnitt 1.2.1.1. angesprochen wurde[2)].

---

1) Vgl. o.V. (1979), 75 Jahre Bayerkreuz, S. 133f. Das Bayer-Warenzeichen entstand in der heutigen Form 1928/29. Die Lichtwerbeanlage in Leverkusen wurde am 20. Februar 1933 in Betrieb genommen. Der Außendurchmesser beträgt 70m, 2200 Glühbirnen leuchten in einer dreistufigen Schaltfolge.
2) Vgl. S. 18 dieser Arbeit.

1.2.2.3. Intensität des Werbeeinsatzes

Die Zeitkomponente eines Streuplans gibt Auskunft darüber, ob die Werbemaßnahme auf einen engen Zeitraum konzentriert oder gleichmäßig auf eine längere Frist verteilt werden soll[1]. Die Verdichtung des Werbeeinsatzes läßt sich dabei sowohl durch die Verkürzung des Belegungsintervalls bei einem bestimmten Werbeträger, als auch durch die gleichzeitige Buchung verschiedener Medien verwirklichen. Die Variationen können jedoch häufig nur in sehr großen Einheiten vorgenommen werden, da z.B. bei einer zusätzlich in den Streuplan aufgenommenen Zeitschrift jeweils die gesamte Auflage mit der Anzeige versehen wird[2]. Dagegen läßt sich die Zahl der belegten Außenwerbeträger nahezu beliebig an die gewünschte Werbeintensität anpassen. Zusätzlich begegnet die Kombination verschiedener Außenwerbeformen nicht nur Kapazitätsproblemen des ursprünglich bevorzugten Werbeträgertyps, sondern hilft auch dessen Wirkungslücken füllen. So ergänzen Lichtwerbungen das Plakat in den Stunden der Dämmerung und Dunkelheit. Daneben verstärken kurzlebige Werbemittel bei Bedarf die längerfristigen Aussagen; z.B. stellt ein Warenhaus Sonderangebote im Saisonschlußverkauf durch Plakate heraus, während Verkehrsmittel mit allgemeinen Hinweisen auf die Preiswürdigkeit des Unternehmens beschriftet sind.

---

1) Mögliche Verteilungen der Werbeträgerbelegung innerhalb einer Gesamtperiode behandelt z.B. KNÜPPEL (1975), S. 132ff. Mit den Wirkungen "pulsierender" Werbung beschäftigt sich SIMON (1983), S. 60ff.

2) Auf Regionalausgaben und die Möglichkeit der "Teilbelegung" soll hier nicht näher eingegangen werden.

1.3. Die Außenwerbung als Leistungsbündel

1.3.1. Hauptbestandteile des Leistungsbündels

Während sich bei vielen angebotenen Gütern ein Bestandteil - zumeist ein Sachgut - als Kern eines Leistungsbündels identifizieren läßt, um das sich verschiedene Sekundärleistungen gruppieren[1]), stößt eine solche Festlegung bei der Außenwerbung auf Schwierigkeiten. Die Werbemaßnahme entsteht erst aus der Kombination von drei Teilleistungen, die je nach der gewählten Außenwerbeform unterschiedliches Gewicht erlangen. Steht beim Plakat die Bereitstellung des Außenwerbeträgers im Vordergrund, so liegt bei der Lichtwerbung der Akzent eher auf der Herstellung eines Außenwerbemittels. Schließlich kann eine Unternehmung ihr Haupttätigkeitsfeld auch in der Anbringung von Werbemitteln auf Außenwerbeträgern sehen. Ebenso sind kombinierte Angebote der Teilleistungen denkbar.

1.3.1.1. Bereitstellung des Werbeträgers

Nach der Definition auf Seite 14 dieser Arbeit handelt es sich bei Außenwerbeträgern um Örtlichkeiten, die zur Aufnahme von Außenwerbemitteln vorgesehen und geeignet sind. Für eine werbungtreibende Unternehmung besteht also der erste Schritt zur Nutzung von Außenwerbeträgern darin, solche Örtlichkeiten aufzuspüren und für die Zwecke der Werbung zu erschließen. Handelt es sich dabei nicht um eigene Grundstücke und Gebäude, bedarf es der Genehmigung des Eigentümers zur werblichen Nutzung. Hieraus entstehen Mietkosten, die für jeden Standort einzeln (Privatleute) oder für mehrere pauschal (öffentlicher Verkehrsraum) auszuhandeln sind. Die Anbringung einer speziellen Vorrichtung setzt zudem häufig eine amtliche (Bau-)Genehmigung voraus. Bei pauschal vergüteten Nutzungsrechten muß jede Veränderung an den Standorten und Vorrichtungen mit der gestattenden Institu-

----

1) Vgl. z.B. HAMMANN (1974), S. 136ff. Zu den Sekundärleistungen zählt er Vorleistungen, Nebenleistungen und Folgeleistungen (S. 141).

tion abgestimmt werden[1]. Die Beschaffung geeigneter Standorte erfordert Außendienstpersonal, die Aushandlung und Verwaltung der Verträge verlangt ebenfalls den Einsatz von Fachkräften. Die Vorrichtungen müssen in ihren Funktionaleigenschaften entworfen und in ihrer technischen Ausführung festgelegt werden. Dabei entstehen zumeist einige wenige Typen (z.B. Tafelformate für Plakate), aus denen der geeignete für den betreffenden Standort auszuwählen ist. Selbst wenn auf den Entwurf einer individuellen Vorrichtung für die Werbestelle verzichtet wird, ist der vorgesehene Standardtyp hinsichtlich seiner Aufstellung und Befestigung an die örtlichen Verhältnisse anzupassen[2]. Herstellung und Anbringung der Vorrichtung folgen als nächster Schritt. Für Lichtwerbungen erweist es sich als günstig, bereits an der Planung des betreffenden Gebäudes mitzuwirken, damit die notwendigen Stromanschlüsse und Wartungseinrichtungen (Bühnen, Fahrkörbe) schon bei der Bauausführung berücksichtigt werden[3].

Rechtfertigt der Bedarf nicht die Bildung eines eigenen Werbeträger-Bestandes, kann ein werbungtreibender Produzent auch auf die Angebote von Firmen zurückgreifen, die Außenwerbeträger für begrenzte Zeiträume an Interessenten vermieten. Für diese Unternehmen stellt sich der beschriebene Beschaffungsprozeß als eine Vorleistung dar.

An die Stelle der selbstbesorgten Werbeträger-Auswahl vor Ort tritt für den Nutzer der Werbeflächen nun die Kommunikation mit dem Anbieter, der die von dem Kunden gewünschten Auswahlkriterien auf seinen Werbeträger-Bestand überträgt und daraus ein "Netz" geeigneter Standorte zu bilden

----

1) Im Allgemeinen Plakatanschlag genehmigen die Gemeinden zumeist eine festgelegte Tafelzahl und behalten sich ein Mitspracherecht bei Verkleinerungen oder Ergänzungen dieses Bestandes vor (lt. Mitteilung der Fa. Stadtreklame Recklinghausen).

2) Plakattafeln werden nicht nur an Hauswänden befestigt, sondern häufig auch an einbetonierten Stahlträgern freistehend errichtet (früher an Trümmergrundstücken, heute vor allem an Parkflächen und Bahndämmen).

3) Im günstigsten Falle erfolgt die Kontaktaufnahme mit dem Architekten so früh, daß dieser bereits in seinem Entwurf entsprechende Freiräume für die Lichtwerbeanlagen an der Fassade vorsieht, vgl. GUT (1974), S. 162.

sucht[1]. Dem Abnehmer sind anschließend Unterlagen zu übermitteln, die diesem gestatten, sich von der ordnungsgemäßen Ausführung seines Auftrages zu überzeugen[2]. Die Belegungstermine verschiedener Abnehmer müssen aufeinander abgestimmt, die einzelnen Aufträge reserviert und berechnet werden.

1.3.1.2. Bereitstellung des Werbemittels

Aus den - im Hinblick auf die Eigenarten der Medien - allgemein gehaltenen Zielvorgaben der Werbeplanung sind die Kommunikationsinhalte abzuleiten, die in der Außenwerbung die gewünschte Wirkung zu erbringen versprechen. Diese Anpassung muß an jede Außenwerbeform gesondert erfolgen. Graphiker und Texter fertigen Entwürfe an, die mit den Methoden der Werbewirkungsforschung getestet werden können. Als Ergebnis der Auslese verbleiben die Werbemittel-Muster, die in der Kampagne zum Einsatz kommen.

Die Vorlage wird an einen Werbemittel-Hersteller (z.B. Druckerei) weitergeleitet und von diesem im vorgesehenen Format und der benötigten Auflage vervielfältigt. Werbemittel-Einzelstücke können individuell angefertigt oder aus vorhandenen Komponenten zusammengesetzt werden. Das verarbeitete Material richtet sich dabei nach den speziellen Anforderungen des Werbemittels (z.B. Papierqualität bei Plakaten)[3]. Anschließend erfolgt der Versand der Werbemittel an die Institution, die für ihre Montage verantwortlich zeichnet. Komplexen Werbemitteln sind Montageanleitungen (Klebeanweisungen) beizufügen.

----

1) Unter einem "Netz" versteht man die Gruppierung von Außenwerbeträgern zu einer Vermarktungseinheit unter einem bestimmten Gesichtspunkt. Beispielsweise besteht ein "EKZ-Netz" nur aus Tafeln an den Parkflächen von Einkaufszentren und SB-Warenhäusern (lt. Mitteilung eines Plakatanschlagunternehmens).

2) Diese Kontrolle kann sowohl durch die Überprüfung der mitgeteilten Standortdaten als auch durch stichprobenhafte Besichtigung der Standorte selbst erfolgen (lt. Mitteilung eines Plakatanschlagunternehmens).

3) Bei Großflächenplakaten darf z.B. die Vorderseite nicht glanzkaschiert sein, weil der Leim des nächstfolgenden Werbemittels darauf nicht haftet.

1.3.1.3. Kombination des Werbemittels mit dem Werbeträger

Kommen während einer Außenwerbeaktion mehrere technisch gleichartige Werbemittel mit unterschiedlichen Aussagen (z.B. Plakate mit Adressangaben der örtlichen Händler) zum Einsatz, muß jedem Werbeträger das zugehörige Werbemittel in Form einer Übersicht zugeordnet werden. Sie dient bei Verteilung größerer Werbemittel-Stückzahlen als Tourenplan für das Montagepersonal, das - mit einer ausreichenden Anzahl (inklusive Reserven) der verschiedenen Werbemittel versehen - die Klebung ausführt.

Am vorgesehenen Ort werden die Werbemittel montiert und bei Bedarf angeschlossen (z.B. Lichtwerbungen). Neben Befestigungsmaterial wie Schrauben oder Leim kommen dabei auch häufig technisch aufwendige Hilfseinrichtungen (Hubsteiger) und Räumlichkeiten (z.B. Lackierhalle für Verkehrsmittel) zum Einsatz. Längerfristig eingesetzte Werbemittel bedürfen - wie auch der Werbeträger selbst - regelmäßiger Reinigung und Wartung. Insbesondere die Aufschriften auf Verkehrsmitteln müssen nahezu täglich gewaschen werden.

Die Nutzungsdauer eines Werbemittels endet mit Ablauf der Belegungsfrist. Muß danach der vorherige Zustand des Werbeträgers wiederhergestellt werden, spricht man von **Neutralisation**[1]. Bei Verkehrsmitteln enthalten die Verträge häufig die Verpflichtung des Mieters, die Beschriftungen abzuschleifen und die Fahrzeuge in den Hausfarben des Unternehmens neu zu lackieren. Beim Plakatanschlag wird das Werbemittel durch Überkleben mit dem nächsten Plakat "entfernt" oder - bei fehlenden Anschlußbelegungen - durch Abdecken mit weißem Papier seiner Wirksamkeit beraubt. Die endgültige Beseitigung verschiebt sich dadurch nur für kurze Zeit. Überschreitet die Papierschicht eine bestimmte Stärke, läßt sie den Werbeträger unansehnlich wirken. Daher wird sie im ganzen abgetragen (sog. "Schwarten").

----

1) Lt. Mitteilung einer Spezialagentur für Verkehrsmittelwerbung.

1.3.2. Einordnung der Leistungsbestandteile in die Gütersystematik

Nur ein einziger Bestandteil des zuvor umrissenen Leistungsbündels "Außenwerbung" verbindet sich vorrangig mit der Herstellung eines Sachgutes. Die anderen Teilleistungen genügen der Definition von ENGELHARDT/SCHWAB für **Dienstleistungen.** Darunter werden "...alle selbständigen, marktfähigen Tätigkeiten verstanden, die auf die Bereitstellung und/oder den Einsatz von Potentialfaktoren gerichtet sind, wobei an den Ergebnissen des Erstellungsprozesses kein Eigentum im juristischen Sinne erworben kann."[1] Bei der im Rahmen dieser Arbeit im Vordergrund des Interesses stehenden **Vermarktung von Außenwerbeträgern** handelt es sich demnach um eine Dienstleistung, die sich auf Außenwerbeträger als Potentialfaktoren stützt. Nur im Ausnahmefalle der Lichtwerbung nimmt in der Praxis die Bereitstellung des geeigneten Werbeträgers den Charakter einer Nebenleistung für den Absatz eines Werbemittels an[2]. Bei allen anderen Außenwerbeformen liegt das Hauptgewicht auf der Werbeträger-Vermietung, die bei Bedarf mit Elementen der beiden anderen Leistungsbereiche zu einem Bündel verschnürt wird.

Als Abnehmer der Dienstleistungen - in der hier angesprochenen Form - treten Unternehmen auf, die den Absatz ihrer Erzeugnisse fördern wollen. Die in der Außenwerbung enthal-

----

1) ENGELHARDT/SCHWAB (1982), S. 504. Einen Überblick über die vielfältigen Ansätze, den Begriff der "Dienstleistung" zu definieren, bietet der Aufsatz von CORSTEN (1984), S. 253ff. In seinem Urteil vom 19.06.84 gelangt der Bundesgerichtshof zu einer anderen Einschätzung. In dem zugrundeliegenden Rechtsstreit wurde jedoch ein Leistungsbündel aus Werbeträger-Bereitstellung und Werbemittel-Montage rechtlich bewertet. Da die Werbeflächen dem Kunden nicht zum eigenen Gebrauch überlassen, sondern vom Anbieter nur für ihn bereitgehalten und mit seinen Plakaten ausgestattet wurden, handelte es sich nach Ansicht des BGH nicht um eine Dienstleistung, sondern um einen **Werkvertrag.** Vgl. BUNDESGERICHTSHOF (1984), S. 2402f. Dieser Kopplung zweier Teilleistungen durch den BGH soll hier zunächst nicht gefolgt werden, da Werbeträger-Vermietung und Werbemittel-Montage in der Praxis zwar recht häufig (vor allem im Plakatanschlag), aber längst nicht regelmäßig gemeinsam angeboten werden.

2) Dies erklärt sich aus dem besonders hohen Anteil der Werbemittel-Kosten an den Gesamtaufwendungen für eine Lichtwerbemaßnahme.

tene Information über den Hersteller oder seine Produkte wird als Nebenleistung beim Vertrieb eines Sachgutes oder einer Dienstleistung an die nächste Marktstufe weitergegeben[1]. Dadurch gewinnt die Beschaffung von Werbeflächen für die Unternehmung den Charakter eines Investitionsgutes. Der Anbieter von Außenwerbeträgern vermarktet also **investive Dienstleistungen**[2]. Dies führt bei der Erstellung der Marketing-Strategie zu einer Ausrichtung an den Konzepten des Investitionsgüter-Marketing.

1.3.3. Die durchlaufenen Marktstufen

1.3.3.1. Absatzwege für Außenwerbeträger

In den Absatzweg für Außenwerbeträger können sich in der Praxis zwischen Bereitsteller und Nutzer noch drei Typen von "Absatzmittlern" einschalten. Die folgende Abbildung verdeutlicht die sieben alternativen Kombinationen:

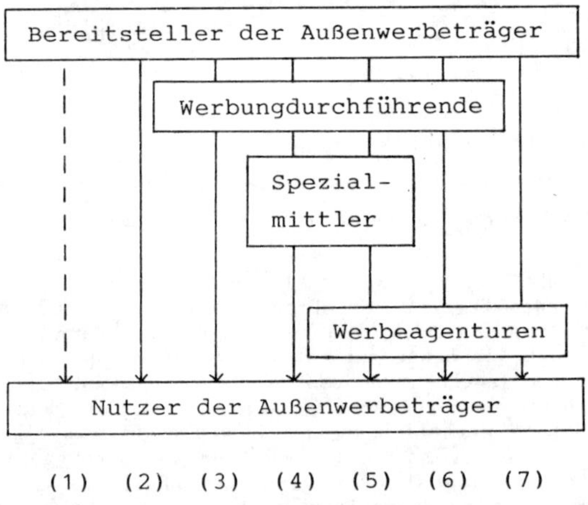

Abb. 2: Absatzwege für Außenwerbeträger

1) Vgl. HAMMANN (1974), S. 143.
2) Vgl. ENGELHARDT/SCHWAB (1982), S. 505.

Der **direkte Kontakt** zwischen Bereitsteller und Nutzer erscheint zweifach in der Übersicht. Dabei stellt eine der beiden Varianten (1) keinen Absatzprozeß im üblichen Sinne dar. Die Verhandlungspartner gehören der gleichen Organisation an oder sind gar identisch, z.B. wenn ein Kaufmann über seiner Ladentür an der Fassade des eigenen Geschäftshauses ein Namensschild anbringt. Die Überlassung eines Außenwerbeträgers kann aber auch innerbetrieblich gegen Zahlung eines Verrechnungspreises vermarktet werden, wenn z.B. mehrere Vertriebstochterfirmen um die Werbeflächen auf den Lieferfahrzeugen der Produktionsmuttergesellschaft konkurrieren. Daneben kann die werbungtreibende Unternehmung selbst mit einem betriebsfremden Bereitsteller von Außenwerbeträgern in Kontakt treten und von diesem das Nutzungsrecht erhalten (2). Beispiel hierfür ist die Erlaubnis, die ein Einzelhändler vom Vermieter seines Ladenlokals einholt, an dessen Gebäude eine Leuchtschrift anbringen zu dürfen. Gleiches gilt für eine Brauerei, die ihren Bierverlegern einen Naturalausgleich dafür gewährt, daß diese auf ihren Lieferfahrzeugen für die Marke werben[1].

Die drei Typen von Absatzmittlern beim **indirekten Absatz** unterscheiden sich durch ihre Nähe zu den beiden Marktseiten. Die auf einen bestimmten Werbeträger spezialisierten Mittler nennen sich traditionell **Werbungdurchführende** [2]. Dieser Begriff umfaßt zwar in der Praxis auch Anbieter, die selbst Außenwerbeträger besitzen, in der Außenwerbung ist die für die Vermarktung zuständige Firmenabteilung jedoch fast immer organisatorisch von dem bereitstellenden Unternehmensteil abgegrenzt[3]. Die Werbungdurchführenden sind "kollektierend"[4] tätig, sie führen einzelne potentielle Werbestellen zu einem vermarktungsfähigen Bestand zusammen.

---

1) Lt. Auskunft einer westdeutschen Großbrauerei.
2) Vgl. NESKE (1983), S. 381. Die Bezeichnung wird gleichermaßen auf Verleger, Rundfunkanstalten usw. angewendet. Sie unterstreicht, daß die Streuung eines Werbemittels den Kern ihrer Geschäftstätigkeit darstellt.
3) So ist z.B. die "Deutsche Eisenbahn-Reklame GmbH" direkt und über die Deutsche Verkehrs-Kredit-Bank AG eine Tochtergesellschaft der Deutschen Bundesbahn.
4) Vgl. OBERPARLEITER (1955), S. 35.

Plakatanschlagunternehmen bauen sich durch eine Vielzahl von Einzelverträgen mit Grundstückseigentümern einen Werbeträger-Pool auf oder sichern sich die örtlichen Monopole zur Bewirtschaftung von Anschlagstellen auf öffentlichem Grund und Boden, letztere häufig verbunden mit dem Vermarktungsrecht für die Flächen an den Fahrzeugen des kommunalen Verkehrsbetriebes. Die Beschaffungsquelle prägt das Angebotsspektrum der Unternehmen. Häufig umschließen die pauschal erworbenen Nutzungsrechte sehr verschiedenartige Werbemöglichkeiten (z.B. in den Fahrplanheften der Verkehrsbetriebe), die neben der Außenwerbung mitvertrieben werden[1].

Den zur Abnehmerseite orientierten Gegenpol bilden zumeist die **Werbeagenturen**, gelegentlich auch als "Werbemittler" bezeichnet[2]. Sie beraten ihre Kunden bei der Planung, Durchführung und Kontrolle von Werbemaßnahmen und erfüllen diese Funktionen häufig auch in eigener Verantwortlichkeit. Die Klienten honorieren den Werbeagenturen dabei die sachgerechte Wahrnehmung ihrer Interessen. Bei der Auswahl von Außenwerbeträgern treten die Agenturen daher weniger als Anbieter gegenüber ihren Kunden, sondern eher als stellvertretende Nachfrager gegenüber den Werbungdurchführenden auf[3]. Dies schließt jedoch nicht aus, daß in der Planungsphase die Vorstellungen über die zu belegenden Medien zwischen Agentur und Kunde auseinanderfallen.

Die Werbeagenturen wirken "selektierend"[4] in einem zweistufigen Beschaffungsprozeß. Die Mediaselektion umfaßt sowohl die Ermittlung der zu belegenden Mediagattung, als auch die Auswahl unter den verschiedenen Anbietern einer bestimmten Werbeform. Auch wenn große Werbungtreibende die Buchung von

----

1) Vgl. die Angaben zu den "sonstigen Objekten der Verkehrsmittelwerbung" in: ZAW (1969), S. 21.
2) Der heutige Begriff der "Werbeagentur" ergänzt die reine "Werbemittlung" (= Beschaffung von Werbeträgern) um den Aspekt der Planungshilfe und Beratung. Vgl. z.B. TIETZ/ZENTES (1980), S. 55, und MEYER/HERMANNS (1981), S. 186f.
3) So verstehen sich die Mitglieder der "Gesellschaft Werbeagenturen" (GWA) als "Treuhänder ihrer Auftraggeber". Vgl. ZAW (1979), S. 117.
4) Zum Begriff der "Mediaselektion" vgl. beispielsweise die Spezialveröffentlichungen von FRETER (1974) und SCHWEIGER (1975).

Werbeträgern durch hauseigene Mediaabteilungen selbst besorgen, wirken die Agenturen über die vorgeschlagenen Konzeptionen stark auf die Werbeträger-Auswahl ein.

In der Mitte zwischen den Werbungdurchführenden und den Werbemittlern stehen die **Spezialmittler.** Sie können in beide der vorhin skizzierten Richtungen tätig werden. Orientieren sie sich an ihren Beschaffungsquellen, entwickeln sie aus den Angeboten verschiedener Werbungdurchführender ein eigenes Werbeträger-Sortiment (z.B. ein Netz von Plakattafeln in der Nähe von Einkaufszentren) und bieten dieses wechselnden Agenturen oder Werbungtreibenden zur Belegung an. Sie können aber auch den Wünschen eines Kunden entgegenkommen und den Tafelbestand individuell zusammenstellen. Auf die Dienste von Spezialmittlern greifen gerade die Nutzer von Außenwerbeträgern gerne zurück, da sie die große Anzahl von Werbungdurchführenden und die Vielfalt der Erscheinungsformen nur mit längerer Erfahrung überblicken können und die Vorselektion der Spezialmittler ihnen den Beschaffungsvorgang stark erleichtert.

Werbungtreibende mit eigener Mediaabteilung verzichten bei der Werbeträger-Beschaffung auf die Dienste einer Werbeagentur und wenden sich direkt an die Werbungdurchführenden (3) oder schalten einen Spezialmittler ein (4). Für den letztgenannten Weg entscheiden sich Firmen, die nur gelegentlich oder in kleinem Umfang Außenwerbung in ihren Konzepten vorsehen und daher die Einarbeitung in die komplizierte Marktstruktur scheuen. Unternehmen mit mehreren Produktlinien entwickeln und pflegen häufig ein festes Werbeträger-Netz, auf das die einzelnen Sparten jeweils bei Bedarf zugreifen können[1]. Wird das Netz innerhalb des Konzerns zeitweise von keiner Abteilung beansprucht, übernehmen Spezialmittler die Vermietung an andere Interessenten[2].

----

1) So z.B. die Firma Henkel lt. eigener Mitteilung.
2) Gegenüber Großabnehmern von Außenwerbeträgern hegen die Werbungdurchführenden den Verdacht, daß sie selbst Spezialagenturen gründen, um in den Genuß von Mittlerprovisionen zu gelangen, die Werbungtreibenden nicht zustehen (lt. Mitteilung eines Werbungdurchführenden).

Schaltet dagegen ein Nutzer von Außenwerbeträgern eine Werbeagentur ein, so kann sich auch diese der Dienste eines Spezialmittlers versichern (5). Da Spezialmittler erst in den letzten Jahren verstärkt auf dem Markt erschienen sind, war bis dahin der Weg (6) der Regelfall der Werbeträger-Beschaffung. Ausnahmsweise treten auch Werbeagenturen als Direktbeschaffer in Aktion (7). Die kommunikative Alleinstellung des Kunden soll dabei durch den Einsatz von außergewöhnlichen Außenwerbeformen erzielt werden, die von keinem der kommerziellen Anbieter zu beziehen und daher vor allzu einfacher Nachahmung geschützt sind[1)].

1.3.3.2. Absatzwege für Außenwerbemittel

Für die Vermarktung von Außenwerbemitteln existiert keine vergleichbare Absatzwegestruktur. Bei der Herstellung von Außenwerbemitteln herrscht Auftragsfertigung vor; für den Entwurf zeichnen der Werbungdurchführende oder seine Agentur verantwortlich[2)]. Als Absatzmittler treten jedoch nicht nur Werbeagenturen auf, sondern auch Werbungdurchführende beschaffen häufig für spezielle Außenwerbeformen die Außenwerbemittel im Auftrage ihrer Kunden[3)].

1.3.3.3. Träger der Kombinationsleistung

Die Kombinationsleistung kann vom Werbungtreibenden selbst oder von einer Spezialfirma übernommen werden. Die Plakate für Sonderangebote klebt das eigene Personal des Handelsunternehmens in die Schaufenster, die Gestaltung der Ladenfront überträgt man einer Ladenbaufirma. Daneben ist die Kombinationsleistung normaler Bestandteil des Leistungsbün-

----

1) Hier ist als Beispiel die Werbeagentur Erdmann & Partner in Düsseldorf zu nennen, die für ihren Kunden Niemeyer (DRUM-Selbstdreh-Tabak) private PKW als Außenwerbeträger gesucht und mit den Haltern die entsprechenden Nutzungsverträge geschlossen hat (lt. Mitteilung der Agentur vom 03.03.82).

2) Bei manchen Außenwerbemitteln schließen die Kosten der Anfertigung auch den Entwurf mit ein (z.B. bei Lichtwerbeanlagen).

3) Die Firma Commerciale Verkehrsmittelwerbung z.B. liefert für die Nutzer ihrer Taxiwerbung "Comtax" auch die Siebdruckfolien zur Beschriftung der Fahrzeuge (vgl. Verkaufsunterlagen des Unternehmens für 1982).

dels derjenigen Unternehmen, die die Werbeträger oder Werbemittel anbieten. Plakatanschlagunternehmen besorgen als Werbungdurchführende - wie der Name schon sagt - auch die Streuung der Werbemittel und kleben die Papierbogen auf die Plakattafeln[1]. Lichtwerbungen montiert indessen regelmäßig der Hersteller der elektrischen Anlage.

Der gemeinsame Bezug der drei Teilleistungen für eine Außenwerbeform aus einer Hand ist noch selten, gewinnt aber an Bedeutung. Einige Hersteller von Lichtwerbeanlagen weisen ihren Kunden bei Bedarf auch geeignete Anbringungsorte (z.B. für Markenartikelwerbung) nach[2]. Die Deutsche Städte-Reklame verfügt über eine eigene Werbeagentur (Werbering), die auf Wunsch die Kunden bei Werbemittel-Entwürfen berät. Komplettangebote dominieren vor allem bei den Außenwerbeformen, die erst in jüngster Zeit auf dem Markt erschienen sind (z.B. Abribus, Superposter, Comtax etc.).

1.3.3.4. Weitervermarktung der Außenwerbung durch das werbungtreibende Unternehmen

Wie bereits in Abschnitt 1.3.2. angesprochen, erreicht das Leistungsbündel "Außenwerbung" mit der werbungtreibenden Unternehmung noch nicht seinen "Letztverwender". Vielmehr ist in ihm ein Informationspotential gespeichert, das unterstützend bei der Vermarktung der Hauptleistung der Kundenfirma zum Einsatz kommt. Die Botschaft kann sich sowohl an Letztverwender (Konsumgüterwerbung), als auch - bei der Außenwerbung allerdings seltener - an Weiterverwerter der angepriesenen Leistung (Investitionsgüterwerbung) wenden. Der Einsatz gegenüber Konsumenten soll zudem auch Handelsbetriebe zur Aufnahme des Produktes in ihre Sortimente bewegen. Intensive Werbung erleichtert den Zugang zu den Absatzkanälen, da die Handelsunternehmen sich davon eine höhere Umschlagsgeschwindigkeit des Produktes versprechen. Hohe

---

1) Diese "Klebeleistung" kaufen die Werbungdurchführenden häufig von selbständigen Subunternehmern zu (lt. Mitteilung eines Plakatanschlagunternehmens).
2) Lt. Mitteilung des Fachverband Lichtwerbung.

Werbeaufwendungen kompensieren teilweise die sonst fälligen "Listungsgebühren" und "Eintrittsgelder"[1].

Dabei darf nicht übersehen werden, daß die Werbung als Nebenleistung unmittelbar vom Vermarktungserfolg der Hauptleistung abhängt. Auch wenn die Unternehmen ihre Werbebudgets heute seltener - älteren Ansätzen folgend[2] - direkt aus den vergangenen Umsatz- oder Erfolgsgrößen des beworbenen Gutes ableiten, so schwankt doch die Werbeintensität im Laufe der Vermarktungsdauer des Produktes aufgrund wechselnder Einschätzungen des zu erwartenden Absatzverlaufes[3]. Das Produkt-Lebenszyklus-Konzept weist als werbliche Schwerpunkte die Neueinführung auf dem Markt und Relaunch- bzw. Revival-Aktionen aus[4]. Erweist sich das Produkt infolge eines fehlerhaften Marketing als Mißerfolg, scheidet es aus dem Markt aus, entzieht aber auch der Werbung die Grundlage. Einflüsse gesamtwirtschaftlicher und branchenspezifischer Konjunkturen schlagen sich ebenfalls in der Nachfrage nach Werbeträgern nieder. Die Außenwerbung als Investitionsgut unterliegt also den Einflüssen einer **abgeleiteten Nachfrage.** Im Gegensatz zu anderen Investitionsgütern ist sie jedoch nicht allein auf das Vermarktungsgeschick der nachgelagerten Herstellerstufe angewiesen, sondern kann durch ihr eigenes marktgerechtes Angebot den Absatz der beworbenen Leistung fördern und damit indirekt auch ihre Existenz absichern.

Da die in der Außenwerbung enthaltenen Informationen an nachgelagerte Marktstufen weitergereicht werden, hängt ihr Einsatz auch von der Akzeptanz des Mediums durch die Adressaten der Botschaft ab. Ein negatives Image eines Werbeträgers bei den Konsumenten schadet dem beworbenen Produkt, andererseits leidet das Ansehen eines Werbeträgers unter mißglückten Werbemittel-Gestaltungen.

----

1) Eine Analyse zu diesem Themenkreis liefern MEFFERT/STEFFENHAGEN (1976), S. 31 und 37.
2) Vgl. die Literaturangaben auf S. 16 dieser Arbeit.
3) Die Umstellung der älteren Modelle zur Bestimmung des Werbebudgets auf Zukunftsgrößen koppelt die Mittelbereitstellung an den erwarteten Markterfolg des beworbenen Produkts.
4) Zu den Begriffen vgl. HAMMANN (1980), S. 159ff. (Revival) und S. 191ff. (Relaunch).

1.4. MARKTDATEN ZUR AUßENWERBUNG

1.4.1. Ausgewählte Außenwerbeformen mit Preisbeispielen

1.4.1.1. Stationäre Werbeträger

1.4.1.1.1. Plakatanschlag

FAW und ZAW gliedern in den gemeinsam erarbeiteten "Allgemeinen Geschäftsbedingungen für den Plakatanschlag"[1] das Werbeträger-Angebot im Plakatanschlag in vier Typen. "Allgemeine Anschlagstellen", "Ganzstellen" und "Großflächen" unterscheiden sich dabei weniger in ihrer Form als in ihren Beschaffungsmerkmalen und ihrer Belegungsweise. Die Summe aller Angebote, die aus diesem Rahmen herausfällt, wird unter dem Sammelbegriff "Spezialstellen" geführt. Die drei erstgenannten Typen gleichen sich in den Formatabstufungen der Plakate und der einheitlichen Grundlaufzeit über eine Dekade. Die Begriffsbestimmungen lehnen sich an die "Neunte Bekanntmachung des Werberates des Deutschen Wirtschaft" vom 1. Juni 1934, einer Ergänzung zum "Gesetz über die Wirtschaftswerbung" vom 12. September 1933, an[2].

Als **Plakatgrundmaß** gilt danach das Format DIN A1 (594x841 mm), auch bekannt als **1/1 Bogen.** Alle anderen Plakate entstehen aus dem Vielfachen dieser Größe, gebräuchlich sind 4/1, 6/1 und 18/1 Bogen. Als Mindestformat läßt die DIN-Norm 683 den 1/4 Bogen (DIN A3 = 297x420 mm) zu[3]. Die Grundmietzeit einer Werbetafel erstreckt sich auf die bereits erwähnte **Dekade.** Die Einteilung des Jahres in 34 Belegungszeiträume von 10 oder 11 Tagen[4] legen heute alle Anbieter

----

1) Die Begriffe finden sich bereits in der ZAW-Richtlinie von 1969, vgl. ZAW (1969), S. 6f. Die "Allgemeinen Geschäftsbedingungen entstanden in der aktuellen Form etwa 1975, vgl. ZAW-Jahrbuch (1975/76), S. 148.
2) Vgl. BRAUNMÜHL/ZWECK (1934), S. 42.
3) Lt. Mitteilung eines Plakatanschlagunternehmens. Die Angabe "18/1 Bogen" bezieht sich dabei allein auf die Größe, das zugehörige Plakat besteht je nach Klebeschema aus 8 oder 9 Druckbogen.
4) Die Dekaden 01 und 34 verlängern sich normalerweise auf 14 Tage, um Klebepausen für die Feiertage zu Weihnachten und Neujahr zu ermöglichen. Vgl. MACKENROTH (1982), S. 38.

gleichermaßen ihren Angeboten zugrunde. Der Beginn des jeweiligen Aushangs - der "Klebetag" - liegt damit fest. Um jedoch die Klebekolonnen innerhalb einer Dekade gleichmäßig auszulasten, verteilen sich die Flächenbestände auf neun aufeinanderfolgende Klebetage, von denen je drei zusammenhängende Tage als A-, B- oder C-Block bezeichnet werden[1]. Alle Anbieter kleben die Flächen innerhalb einer Stadt im gleichen Block. Diese Absprache soll die Zersplitterung einer Werbemaßnahme vor Ort verhüten[2]. Daraus folgt jedoch auch, daß der Aushang in zwei benachbarten Städten nie ganz zeitgleich durchgeführt wird. Die Preisangaben basieren auf dem **Bogentagpreis**, der das Entgelt für den Aushang von 1/1 Bogen für einen Tag ausweist. Der Mindestpreis für eine Belegung beläuft sich auf das Zehn- bzw. Elffache dieses Wertes, multipliziert mit der jeweiligen Bogenzahl[3].

Unter **Allgemeinen Anschlagstellen** ("Allgemeinstellen") verstehen FAW und ZAW "Säulen oder Tafeln, die dem Anschlag jeweils **mehrerer** Werbungtreibender dienen und in der Regel aufgrund eines Pachtvertrages mit der zuständigen Gemeinde auf **öffentlichem Grund** und Boden errichtet sind."[4] Die Verwaltung aller Flächen dieser Art innerhalb einer Gemeinde übernimmt jeweils nur ein Werbungdurchführender. Diese "Monopole" ergeben sich als direkte Fortsetzung aus dem Litfaß'schen Privileg des Jahres 1855. Die Pächter verpflichten sich zur Auftragsannahme von jedermann, die Formate schwanken zwischen 1/4 und 6/1 Bogen. Häufig müssen zudem die öffentlichen Ankündigungen der Gemeinde entgeltfrei ausgehängt werden. Allerdings kann der Kunde keine bestimmten Standorte auswählen, sondern belegt immer das ganze Netz des Ortes. Zwar gibt es in Großstädten auch die Möglichkeit der Teilbelegung (z.B. Halbbelegung), doch auch die Teilnetze streuen jeweils über das gesamte Stadtgebiet.

----

1) Vgl. MACKENROTH (1982), S. 38.
2) Der einheitliche Terminplan für den Plakataushang entstand 1965 in Zusammenarbeit von Werbungdurchführenden und ihren Abnehmern, vgl. ZAW-Jahrbuch (1965), S. 104, und ZAW-Jahrbuch (1967), S. 111.
3) Vgl. FAW (o.J.), Wie wirbt man mit Plakaten?, S. 4f.
4) AGB für den Plakatanschlag, Ziffer 2. Hervorhebungen durch den Verf.

Das Gesetz von 1933 schreibt im Prinzip das Format 18/1 als Standardmaß für Allgemeinstellen[1] vor, aber auch heute noch trifft man 10/1-Tafeln mit 30/1-Flächen im gleichen Bestand an[2]. Bei relativ später Buchung schrumpft so für einen Interessenten das belegbare Netz erheblich zusammen, weil die kleineren Stellen eher ausverkauft sind. Außerdem scheiden große Plakate bereits aus, wenn kleine Formate noch ausreichend Platz finden. Da die genormte Plakatgröße nicht gleichzeitig Hoch- oder Querlage des Motivs vorschreibt, können die Platzangaben für die Tafeln ohnehin nur als Richtwerte angesehen werden, die sich nicht vollständig ausschöpfen lassen.

Die sog. "Wechselklebung" sorgt dafür, daß nicht auf jeder Säule das gleiche Plakat zur Fahrbahnseite weist. Das Klebeschema rotiert von Stelle zu Stelle um 90 Grad, um allen Kunden die gleichmäßige Beachtung ihrer Werbebotschaft durch alle Verkehrsteilnehmer zu sichern[3].

Die Zahl der Allgemeinstellen an einem Ort richtet sich nach der sog. **Bestzahl**, die nach dem Gesetz von 1933 je Tausend Einwohner einer Ortschaft eine Anschlagstelle[4] vorsieht. Dahinter steht die Vermutung, gerade diese Tafeldichte ermögliche den günstigsten Kompromiß zwischen den Werbebedürfnissen der Firmen und einer erträglichen Belastung des Stadtbildes. Sowohl die genehmigenden Gemeinden als auch die Werbungdurchführenden halten noch heute an dieser Richtgröße fest, obwohl die unterdessen stark angestiegene Außenwerbung auf Privatgrundstücken den Annahmen über die Werbewirksamkeit und die Stadtbildpflege die Grundlage entzogen hat[5].

---

1) Vgl. BRAUNMÜHL/ZWECK (1934), S. 45. Die Angabe "3,36 m" im vorliegenden Text scheint jedoch fehlerhaft zu sein, richtig müßte es wohl "3,56 m" heißen.
2) Lt. Mitteilung eines Werbungdurchführenden für Allgemeinanschlag.
3) Vgl. v. BRANDIS (1966), S. 1001.
4) Vgl. BRAUNMÜHL/ZWECK (1934), S. 42 und 252.
5) Vgl. v. BRANDIS (1966), S. 1000. Die Anwendung dieses Prinzips bis auf den heutigen Tag bestätigte ein Werbungdurchführender im Gespräch. In kleineren Landgemeinden bedeutet dies, daß ein Ort bisweilen zur Beklebung von weniger als einem halben Dutzend Allgemeinstellen angefahren werden muß; entsprechend hoch liegen dort die Kosten.

Nach Angaben des ZAW gab es 1985 ca. 67.500 Allgemeinstellen in der Bundesrepublik, ihre Zahl hat in den letzten beiden Jahrzehnten nur geringfügig zugenommen (1961: 66.000)[1]. Die Mietpreise staffeln sich nach der Einwohnerzahl und ermäßigen sich mit steigender Ortsgröße. In Recklinghausen (119.000 Einwohner) beispielsweise betrug im Jahre 1983 der Bogentagpreis 0,45 DM, demnach hätte der Aushang eines 1/1-Bogen-Plakates auf den 129 Allgemeinstellen für eine zehntägige Dekade 580,80 DM gekostet[2].

"**Ganzstellen** sind Werbeflächen (vorzugsweise Säulen), die dem Anschlag **jeweils nur eines** Werbungtreibenden dienen, in der Regel auf **öffentlichem Grund** und Boden errichtet sind sowie von dem jeweiligen örtlichen **Pächter des Allgemeinen Plakatanschlages** verwaltet werden."[3] Im Grunde handelt es sich hierbei um (kleine) Untergruppen der Allgemeinstellennetze, bei denen die Gemeinden die ertragreichere Belegung mit einem einzelnen Werbekunden gestatten. Lassen sie sich vorübergehend nicht separat vermieten, können sie problemlos dem Allgemeinstellen-Netz zugeschlagen werden. Form und Größe der Ganz"säule" erschweren wesentlich deren Vermarktung. Wegen des runden Querschnitts scheiden Plakate für Großflächen als Werbemittel aus, da sie eine Kontaktperson nicht mit einem Blick erfassen kann. Dem Entwurf großflächiger Motive für Ganzsäulen stehen Höhen- und Umfangsunterschiede der Stellen entgegen[4]. Die Werbungtreibenden weichen diesem Problem gern aus, indem sie drei 6/1-Plakate

---

1) Vgl. ZAW-Jahrbuch (1985), S. 226 (Stichtag 15.02.85), und ZAW-Jahrbuch (1962), S. 95. Der Bestand umfaßte zwischenzeitlich schon über 70.000 Standorte.

2) Vgl. Preisliste der Stadtreklame Recklinghausen Nr. 21, gültig ab 01.01.1983. Anmerkung des Verfassers: Die angegebenen Preisbeispiele enthalten keine Umsatzsteuer, die Formatangaben erfolgen in der Reihenfolge Breite x Höhe. Durch die unterschiedlichen Gültigkeitstermine des verwendeten Prospektmaterials ist eine direkte Vergleichbarkeit der Preise nicht immer gegeben.

3) AGB für den Plakatanschlag, Ziffer 2. Hervorhebungen durch den Verf.

4) Höhenunterschiede zwischen 3,00m und 3,60m werden durch Ringe unbedruckten Papiers ausgeglichen, Schwankungen der Umfänge zwischen 3,70m und 3,80m lassen sich dagegen auf akzeptable Weise kaum auffangen. Der Umfang einer Säule nimmt zudem mit der Anzahl der aufgeklebten Papierschichten zu, was zwischen zwei Schwartungen bis zu 10cm ausmachen kann (Mitteilung eines Werbungdurchführenden).

(für Allgemeinstellen produziert) auf einen weißen oder farbigen Untergrund kleben lassen. In diesem Fall erscheint ein Stellentagpreis von 15,-DM (Recklinghausen 1983)[1] als vergleichsweise hoch, kostet doch somit ein 6/1-Plakat auf der Ganzstelle täglich 5,-DM, verglichen mit 2,70 DM auf der Allgemeinstelle. Ganzstellen können einzeln und nach Standorten gebucht werden, ihre Anzahl in der Bundesrepublik stieg von 3.900 (1961) auf knapp 14.000 im Jahre 1985[2].

"**Großflächen** sind Tafeln, die dem Anschlag **jeweils nur eines** Werbungtreibenden dienen, in der Regel auf **privatem Grund** und Boden errichtet und für den Anschlag von **18/1 Bogen** (356 cm breit und 252 cm hoch) vorgesehen sind."[3] Von den zuvor beschriebenen Werbeträger-Typen heben sich die Großflächen also durch die Eigentümer ihrer Standorte (Private) und ihre genormte Größe (18/1 Bogen) ab. Das Gesetz von 1933 kannte den Begriff der Großfläche noch nicht, da der Bogenanschlag auf Privatgrundstücken mit wenigen enggefaßten Ausnahmen nicht gestattet war[4]. Die Großfläche entstand erst in der Nachkriegszeit; sie half Baulücken in den Städten optisch zu schließen und verdeckte Trümmergrundstücke. Die ersten großformatigen Werbeflächen erschienen um 1951 in Hamburg[5], bis 1985 wuchs der Bestand in der Bundesrepublik auf ca. 169.000 Tafeln an[6]. Allerdings ist die Zahl der Standorte niedriger anzusetzen, da an sog. "Mehrfachstandorten" auch zehn oder mehr Flächen nebeneinander stehen können. Der Bestand verteilt sich auf ca. 100 Vermieter; die Unternehmensgrößen reichen von den ca. 28.000 Flächen des Aussenwerbungskontors (AWK) bis hinunter zu Familienbetrieben mit weniger als einem Dutzend Tafeln. Ein großer Teil der Unternehmen hat

---

1) Vgl. Preisliste der Stadtreklame Recklinghausen Nr. 21, gültig ab 01.01.1983.
2) Vgl. ZAW-Jahrbuch (1962), S. 95, und ZAW-Jahrbuch (1985), S. 227.
3) AGB für den Plakatanschlag, Ziffer 2. Hervorhebungen durch den Verf.
4) Es war vorgesehen, daß Plakatstandorte auf Privatgrundstücken von den Gemeinden angemietet und den Werbungdurchführenden weiterverpachtet werden sollten. Vgl. BRAUNMÜHL/ZWECK (1934), S. 47 und 269.
5) Vgl. o.V. (1984), 75. Geburtstag von Andreas Hansen, Hamburg, S. 41. Zu den Pionieren zählten die Firmen Hansen und Dr. Grupe. Nach einigen Veranstaltungshinweisen folgte als erster Werbungtreibender der Markenartikel-Industrie das Haus Reemtsma.
6) Vgl. ZAW-Jahrbuch (1985), S. 227.

sich durch Beteiligungen zu Gruppen verbunden, weitere Angebotskonzentrationen entstanden durch Vertriebsgemeinschaften[1]. Außer AWK, Deutscher Städte-Reklame (DSR; ca. 24.000 Tafeln) und MOPLAK (Monumental- und Plakat-Reklame; ca. 15.000 Flächen) verfügt kein Anbieter über mehr als 5% des Gesamtbestandes[2]. Die größeren Firmen sind zwar alle bundesweit mit Tafeln vertreten, für eine flächendeckende Werbemaßnahme reichen ihre Netze aber nicht aus, da immer einzelne Städte und Regionen unterrepräsentiert sind oder fehlen. In den Großstädten konkurrieren ein Dutzend und mehr Anbieter um Kunden, ohne daß dabei immer schon eine Firma die örtliche Vorrangstellung einnimmt. Zusätzlich verstärken örtliche Überkapazitäten den Wettbewerb[3].

Der Tagespreis für ein 18/1-Plakat betrug 1984 bei der MOPLAK in den traditionell gut ausgelasteten Großstädten Berlin, Hamburg und München 7,50 DM, in allen übrigen Orten 7,20 DM[4]. Die Anmietung einer Großfläche kostet demnach für eine zehntägige Dekade 72,-DM. Daraus errechnet sich ein hypothetischer Maximalumsatz von 2.628,-DM pro Tafel und Jahr. Dieser Betrag vermindert sich durch die in der Werbewirtschaft übliche Agenturprovision um 15% auf 2.234,-DM. Man spricht von guter Auslastung, wenn der Nettoumsatz 1.800,-DM überschreitet[5].

Die variablen Kosten der Vermieter beschränken sich im wesentlichen auf die in dem Entgelt enthaltenen Klebekosten. Bei der MOPLAK führen selbständige Subunternehmer die Klebung aus und erhalten für jedes Plakat 6,50 DM[6]. Die Kleber

---

1) So gehört der Firmenverband der ehemaligen Hoffmann-Gruppe wiederum der DSR als Tochterunternehmen an. Das Außenwerbekontor AWK fungiert als Buchungszentrale für mindestens sieben rechtlich selbständige Firmen. Vgl. hierzu das "Pächterverzeichnis nach IVW-Kennbuchstaben" bei KERNEBECK (1981), S. 40ff.
2) Vgl. BERGISCH (1981), S. 38.
3) Lt. Mitteilung eines Werbungdurchführenden.
4) Vgl. Preisliste der MOPLAK Nr. 35, gültig ab 01.01.84. Lt. Auskunft des MOPLAK-Geschäftsführers bewegen sich die Preise der Wettbewerber in ähnlichen Größenordnungen.
5) Lt. Auskunft der MOPLAK (1983).
6) Lt. Auskunft der MOPLAK (1983).

fahren auch jede nicht vermietete Tafel an, um sie zu "pflegen". Dabei wird der Werbeträger entweder mit weißem Papier abgedeckt oder mit einem "Füllaushang" beklebt. Plakate der Deutschen Bundesbahn oder gemeinnütziger Organisationen ersparen dem Werbungdurchführenden die Kosten des neutralen Papiers, außerdem erscheint die Fläche gegenüber der Öffentlichkeit als belegt. Bleibt auf Wunsch eines Kunden ein Plakat aus der Vordekade weiterhin ausgehängt, ergänzt der Kleber fehlende Bogen oder bessert abgelöste Ecken aus. Hierfür vergütet ihm die MOPLAK 4,30 DM. Die "variablen" Kosten enthalten also auch einen erheblichen Fixkostenanteil, nur ein knappes Drittel kann bei Nichtbelegung einer Tafel eingespart werden. Der Kleber dokumentiert seinen Besuch am Standort durch die "Tektur", ein kleines Zettelchen mit der Nummer der laufenden Dekade, das in eine Ecke des Plakates geklebt wird. Bei Kontrollen des Aushangs durch den Werbungdurchführenden und dessen Kunden belegt die Tektur die tatsächliche Ausführung der berechneten Klebung.

Mitarbeiter des Werbungdurchführenden falten die von den Kunden angelieferten Plakatbogen klebegerecht und sortieren sie nach den Aushangterminen und Tourenplänen der Klebung. Hierfür werden neben der zentralen Verwaltungs- und Verkaufsorganisation regionale Außenläger unterhalten. Weitere Kosten verursachen die Werkstätten, die neue AWT anfertigen, sie am vorgesehenen Ort montieren und beschädigte Tafeln ausbessern.

Für langfristig angemietete Standorte zahlt ein Unternehmen im Durchschnitt ca. 400,-DM Miete pro Jahr an den Grundstückseigentümer. Die Firmen passen ältere Verträge mit geringeren Mietsätzen teilweise freiwillig an die Preisentwicklung an, um gute Standorte nicht an besser zahlende Wettbewerber zu verlieren. Eine durchschnittliche Tafel verursacht demnach - auch wenn sie nicht belegt wurde - jährliche Fixkosten für Miete und Pflege in der Größenordnung von ca. 550,-DM[1].

----

1) Diese Angaben stammen von einem Werbungdurchführenden und können für die gesamte Branche als gültig angesehen werden.

Hohe Auflagen ermöglichen Druckpreise für ein 18/1-Plakat von ca. 5,-DM. Die Plakate muß der Kunde auf eigene Kosten an die Läger des Werbungdurchführenden versenden, außerdem sind jedem Auftrag 10% der benötigten Stückzahl als Reserve beizufügen[1].

"**Spezialstellen** sind Säulen, Tafeln oder Flächen, die weder Allgemeine Anschlagstellen noch Ganzstellen noch Großflächen sind und im Hinblick auf Format, Errichtungs- oder Anbringungsdauer, Verwendungsmöglichkeiten, Standort oder sonstige Besonderheiten Abweichungen aufweisen."[2] Unter diesem Sammelbegriff vereinen sich alle sonstigen, nicht-standardisierten Werbeträger-Typen, die nur von wenigen Werbungdurchführenden in begrenzter Stückzahl angeboten werden.

Die **Superposter**-Werbegesellschaft vertreibt die derzeit größten Spezialflächen für Papierplakate. Sie verfügen über ein Format von 40,5/1 Bogen (= 5,31x3,78m). Die Werbetafeln befinden sich an ausgewählten Stellen hoch an Hausgiebeln und sind z.T. mit Lampen zur Beleuchtung des Werbemittels ausgestattet[3]. Im Juni 1983 konnte der Kunde im Bundesgebiet in 91 Städten auf 707 Superposter zugreifen, darunter 510 Standorte in Nordrhein-Westfalen. Die Mietpreise orientieren sich an einer "Tausend-Kontakte-Zahl", die der Anbieter in eigenen Zählungen erhebt, und einem "Qualitätsfaktor", der zwischen 0,729 und 1,0 schwankt. Diese beiden Werte werden mit einem Grundpreis je Tausend Kontakte multipliziert. Die Tagespreise einzelner Tafeln weichen daher

----

1) Nach Mitteilung eines Konsumgüterherstellers, der regelmäßig Außenwerbung betreibt, beträgt der Stückpreis je Plakat bei einer Druckauflage von 1.000 ca. 17,50 DM, während er bei Auflagen zwischen 7.000 und 8.000 Stück auf ca. 5,-DM sinkt. Ähnliche Größenordnungen nannte auch ein Werbungdurchführender.

2) AGB für den Plakatanschlag, Ziffer 2. Die ZAW-Richtlinie führt zusätzlich noch die "Kleintafel" für 4/1- bzw. 6/1-Plakate auf, jedoch hat sich diese Kategorie neben den drei anderen, genauer definierten Tafelarten im Sprachgebrauch - und in den AGB - nicht durchsetzen können; sie wird daher an dieser Stelle nicht gesondert behandelt, vgl. ZAW (1969), S. 7.

3) Vgl. Verkaufsunterlage der Superposter-Werbegesellschaft mbH (o.J.), Liebes 18/1, ich bin ein 40/1.

stark voneinander ab. Die Grundmietzeit läuft über eine Dekade; wegen der aufwendigen Klebung mit Hubsteigern gewährt das Unternehmen beträchtliche Nachlässe bei der Belegung mehrerer Dekaden ohne Motivwechsel.

Unterhalb des Großflächenformates von 18/1 Bogen bietet der Markt für Außenwerbeträger eine Vielzahl von Werbemöglichkeiten, bei denen sich die Plakate nicht wie im Allgemeinanschlag die Fläche mit mehreren anderen Werbemitteln teilen müssen. Zu den Kleintafeln für 4/1 oder 6/1 Bogen gesellen sich technisch bedingte Sondergrößen, so z.B. an Telefonzellen und an Wartebänken auf Bahnsteigen der Deutschen Bundesbahn[1]. Besondere Erwähnung verdienen die verglasten 4/1-Bogen-Flächen der Shopping-Center-Werbung GmbH (SCW), einer Schwesterfirma der Superposter-Werbegesellschaft. 7365 Tafeln auf den Parkplätzen von 928 Einkaufszentren im Bundesgebiet standen im Februar 1983 zur Verfügung. Der Anschlagpreis für das Teilnetz 11 mit 2371 Flächen belief sich auf 73.501,-DM oder 31,-DM je Tafel und Woche[2]. Berücksichtigt man die geringe Publikumsfrequenz an diesen Standorten an Sonntagen, liegt der Tagespreis bei ca. 5,15 DM. Gegenüber dem Tagespreis einer MOPLAK-Kleintafel von 3,80 DM[3] erscheint dieser Unterschied durch die Präsentation unter Glas und die abendliche Durchleuchtung als gerechtfertigt.

Ein Teil der Werbungdurchführenden zählt die Werbung an den Wartehallen öffentlicher Nahverkehrsbetriebe zur Verkehrsmittelwerbung, dennoch gehört sie ihrem Charakter nach zum Plakatanschlag. Unter der Bezeichnung **Abribus** vermietet die Gesellschaft für urbane Verkehrseinrichtungen (GUVE) verglaste und beleuchtete Werbeflächen an Wetterschutz-Unterständen, die das Unternehmen auf eigene Kosten an den Haltestellen einiger ausgewählter Verkehrsbetriebe (Bremen, Ham-

----

1) Einen kurzgefaßten Überblick über die vielfältigen Werbemöglichkeiten im Bereich der Deutschen Bundesbahn gibt LEIMBACH (1981b), S. 293ff.; über die Angebote der Deutschen Postreklame GmbH informiert KÜHN (1981), S. 301ff.
2) Vgl. Verkaufsunterlage der SCW-Shopping-Center-Werbung GmbH (1983), Die SCW's. Das Basis-Medium direkt am Markt.
3) Vgl. Preisliste der MOPLAK Nr. 35, gültig ab 01.01.84.

burg, Köln und Saarbrücken) aufgestellt hat. Beachtung verdient die ausgeprägte Hochpreispolitik dieses Anbieters. Eine Werbefläche, die nur geringfügig größer als ein 4/1-Plakat ausfällt, wird zu 95,-DM für einen siebentägigen Aushang berechnet[1]; eine gleichformatige MOPLAK-Kleintafel ohne Verglasung und Beleuchtung hätte 1984 für eine Woche nur knapp 27,-DM gekostet.

1.4.1.1.2. Lichtwerbung

Als Werbeträger für Lichtwerbeanlagen nennt GUT Vordächer, Fassadenbänder, Dachflächen, Giebelflächen, Brücken, Schornsteine und selbständige Bauwerke[2]. "Die Vermittlung von Werbeträgern wird vornehmlich von Werbeagenturen und darauf spezialisierten Flächenmittlern wahrgenommen"[3], jedoch knüpfen auch gelegentlich die Werbemittel-Hersteller Kontakte zwischen dem Werbungtreibenden und dem Flächen-Vermieter. Allgemeingültige Richtpreise für die Werbeträger können nicht angegeben werden, weil die Mieten sehr stark von der Verkehrsbedeutung des Standortes abhängen und die bekanntgewordenen Beträge eine große Bandbreite abdecken[4]. Das Werbemittel - die eigentliche Lichtinstallation - paßt sich in seiner Form dem jeweiligen Werbeträger an. Die geringsten Kosten verursachen Leuchtkästen, auf die der Kundenname mit transparenten Kunststoffbuchstaben aufgeklebt wird. Etwas anspruchsvoller wirkt die Zusammenstellung der Bezeichnung aus standardisierten Elementen in Buchstabenform. Deutlich höhere Kosten bringt die individuelle Nachbildung eines Schriftzuges aus Leuchtröhren mit sich. Hierbei lohnt sich auch die Erweiterung der Dauerlichtschaltung zu aufwendigeren elektrischen und elektronischen Steuerungen wie z.B. Blink-, Programm-, Multitext- und Schattenläuferschaltung. Als weitere, dynamische Komponente kann die Bewegung des

---

1) Vgl. Preisliste "Abribus 85" der Firma GUVE.
2) Vgl. GUT (1974), S. 162ff.
3) GUT (1974), S. 213.
4) Vgl. GUT (1974), S. 213. Er nennt für 1974 Monatsmieten zwischen 100,-DM und 1.000,-DM, Spitzenlagen ordnet er bei Beträgen bis zu 10.000,-DM ein.

gesamten Werbemittels hinzutreten, z.B. bei rotierenden Firmenzeichen[1].

1.4.1.1.3. Dauerwerbungen

Neben Ladenbeschriftungen und Wegweisern aus Metall und Holz zählen hierzu insbesondere die Giebelbemalungen. Örtliche Brauereien bedienen sich vorzugsweise dieser Werbemöglichkeit. Für den Werbeträger gelten sinngemäß die Ausführungen zur Lichtwerbung. Das Werbemittel erstellt jeder entsprechend ausgerüstete Schriftenmaler-Fachbetrieb.

1.4.1.2. Mobile Werbeträger

Entgegen der institutionenbezogenen Sichtweise in der Praxis soll hier der Definition von Neske für die Verkehrsmittelwerbung "im engeren Sinne" mit "Fahrzeugen (Land, Luft, Wasser) als Werbeträger" gefolgt werden[2]. Dagegen wird hier die Einbeziehung von Betriebsgebäuden, Haltestellen und Kursbüchern (Definition im weiteren Sinne) als unzweckmäßig abgelehnt, da sich diese Werbeformen in ihren Wirkungsweisen von den Werbeflächen auf Verkehrsmitteln unterscheiden.

Die Werbemöglichkeiten an den Außenseiten **öffentlicher Verkehrsmittel** beginnen bei Scheibenplakaten und Dachschildern; sie reichen über die Belegung der Seitenflächen bis zur Ganzbemalung. Die Mietkosten hängen von der Werbeform und der Größe des gemieteten Fahrzeuges ab. Die normalerweise 50cm hohen, sog. "Rumpfflächen" an Seiten und Heck eines Normalomnibus berechnete die DSR 1980 in Essen zu 4.800,-DM pro Jahr[3]. Die Ganzbemalung eines etwa doppelt so langen

---

1) Über die verschiedenen technischen Gestaltungsmöglichkeiten informiert GUT (1974), S. 143ff. Ein Kostenbeispiel findet sich bei GUT (1976), S. 78. Danach verursacht eine 22m lange Leuchtanlage mit zehn Buchstaben jährliche Kosten von 7.700,-DM einschließlich Anschaffungspreis sowie Energie- und Wartungskosten für eine kalkulierte Lebensdauer von sieben Jahren. Ein kostengünstiger Weiterbetrieb der Anlage um fünf Jahre ist nach Regenerierung der Lichtquellen möglich.
2) Neske (1983), S. 349.
3) Vgl. Preisliste der DSR Nr. 13, gültig ab 01.01.80. Für die Preisliste darf längerfristige Gültigkeit unterstellt werden.

achtachsigen Straßenbahnzuges in Frankfurt wurde für 21.000,-DM Jahresmiete angeboten[1]. Während für den Omnibus die Anfertigung der Folien mit 1.500,-DM und deren Entfernung nach Ablauf der Mietzeit nochmals mit 800,-DM zu Buche schlagen[2], schätzt die DSR den Aufwand für Lackierung und Neutralisation der Straßenbahn auf 19.000,-DM[3]. Die Werbemittel-Entwürfe sind i.d.R. dem Verkehrsbetrieb zur Genehmigung vorzulegen. Nachteilig für eine überregionale Kampagne wirkt sich aus, daß im Gegensatz zu den Werbeflächen auf den Omnibussen die nutzbaren Teile der Aufbauten von Straßenbahnwagen aus technischen Gründen (verschiedene Fahrzeugtypen) selbst bei einzelnen Verkehrsbetrieben nicht einheitlich ausfallen und verschiedene Unternehmen keine Ganzbemalungen ihrer Fahrzeuge zulassen.

Im Innenraum von Verkehrsmitteln wirken Werbemittel aus bedrucktem Karton oder Selbstklebefolie auf die Fahrgäste ein. Zwölf Deckenplakate in der Größe 166x25cm hängt die DSR in einem Münchner U-Bahn-Wagen drei Monate lang für 846,-DM aus[4]. Für 180,-DM je 1.000 Stück verteilt die Deutsche Eisenbahn-Reklame (ERG) vom Kunden selbst angelieferte Warenproben oder Drucksachen in Zügen des Intercity-Verkehrs[5], ähnliche Dienstleistungen offerieren auch verschiedene Fluggesellschaften.

Außenwerbung an **Taxen** ist in der Bundesrepublik erst seit einer Gesetzesänderung im Jahre 1977 erlaubt. Seitdem stehen ca. 55.000 Kraftdroschken und Mietwagen (Stand: 1979) als potentielle Außenwerbeträger zur Verfügung[6]. Aus diesem Bestand betreute die Firma Commerciale Verkehrsmittel-Werbung (CVW) 1982 ca. 20.000 Fahrzeuge, als weiterer bedeutender Anbieter vertritt die Firma Procom je etwa 3.000 Taxen in Berlin, Hamburg und München[7]. Für die beiden genormten

---

1) Vgl. Werbeblatt der DSR (o.J.), Das "Super-Poster" auf Rädern
2) Lt. Mitteilung des Spezialmittlers Media-Mobil, Frankfurt (1982).
3) Vgl. Werbeblatt der DSR (o.J.), Das "Super-Poster" auf Rädern.
4) Vgl. Werbeblatt der DSR (o.J.).
5) Vgl. Werbeblatt der ERG (o.J.), Werbung mit Beilagen.
6) Vgl. WOTTKE (1980), S. 25f.
7) Vgl. KERNEBECK (1981), S. 128.

Werbeflächen (175x35cm) an einem Wagen ergibt sich bei CVW ein durchschnittlicher Jahrespreis von 3.400,-DM aus dem Betrag von 0,05 DM je gefahrenem Kilometer und einer Fahrleistung von ca. 68.000 Kilometern. Damit sind alle Leistungen wie Werbemittel-Herstellung, Anbringung und Neutralisierung abgegolten[1].

Die Vermietung von Werbeflächen an **Lastkraftwagen** ist in der Bundesrepublik bisher noch selten anzutreffen. Auf längere Erfahrungen auf diesem Gebiet kann bisher einzig die Firma Internationale Verkehrsmittel-Werbung Thomes (IVTW) verweisen. Sie vermittelt Sattelschlepper mit Kofferaufbauten für eine Jahresmiete von ca. 6.000,-DM pro Jahr[2].

Auch **private Personenkraftwagen** eignen sich im Prinzip als mobile Außenwerbeträger. Bei der Erschließung dieses Potentials sind zwei unterschiedliche Ansätze zu beobachten. Zum einen werden die PKW-Besitzer mit dem Versprechen einer Gewinnchance für die Teilnahme an Aufkleber-Aktionen gewonnen (z.B. für die Marken West, Marlboro und Tchibo)[3], zum anderen werden größere Werbeflächen gegen Zahlung eines festen Entgeltes angemietet. Dabei beschränken sich die Werbeträger-Bestände häufig auf ein bestimmtes Autofabrikat. Nachdem die Werbeagentur Erdmann & Partner dies erfolgreich für Renault 4 und Citroen 2CV erprobt hatte[4], erschien im Jahre 1983 die Firma Concept-Team mit einem Angebot auf dem Markt, bei dem Volkswagen-Käfer als Werbeträger dienen. Mindestens sechs Wagen sind für drei Monate zu belegen und in der höheren Preisklasse ("Top-Markt") mit 6.840,-DM zu bezahlen[5]. Allerdings verteuern die fixen Lithokosten für den Foliendruck von ca. 10.000,-DM eine kleinere Werbemaßnahme erheblich, so daß in Anbetracht der geringen variablen Produktionskosten für die Werbemittel erst die Buchung größerer Fahrzeugzahlen diesen hohen Aufwand rechtfertigt.

----

1) Vgl. Verkaufsunterlagen der CVW (o.J.).
2) Vgl. Preisliste der IVTW, gültig ab 01.01.82.
3) Lt. Mitteilung der Werbeagentur Scholz & Friends wurden im Rahmen der "Alles frisch"-Kampagne von Tchibo 8 Mio. Autoaufkleber verteilt.
4) Lt. Mitteilung der Werbeagentur Erdmann & Partner.
5) Vgl. Preisliste des Concept-Team, 1/83.

Ein extrem kostenintensives Beispiel für einen mobilen Werbeträger liefert das **Werbe-Luftschiff** der WDL-Flugdienst GmbH. Eine dreimonatige Werbemaßnahme (= 450 Flugstunden) beläuft sich einschließlich der Gestaltung der Außenhaut und der Programmierung des Steuerungscomputers für das Lichtfeld mit seinen 5.000 Glühbirnen auf ca. 1,1 Millionen DM[1)].

1.4.1.3. Wechselnd-stationäre Werbeträger

Wechselnd-stationäre Außenwerbeträger finden bevorzugt das Interesse von Firmen, die an einem bestimmten Veranstaltungsort eine zeitlich begrenzte Werbemaßnahme durchführen wollen. Um den Ortswechsel zu erleichtern, handelt es sich dabei zumeist um Fahrzeuge. Die angestrebte Aufmerksamkeit für die Werbebotschaft suchen die Anbieter durch die originelle Typenwahl (z.B. Londoner oder Berliner Doppeldeckbus) zu erregen. Die Firma Bibi-Werbung vermietete 1981 alte Londoner Doppeldecker für 735,-DM je Kalendertag, einschließlich Fahrer, Treibstoff und 100km Fahrstrecke[2)].

Auch bei Werbungen in Verbindung mit **Sportveranstaltungen** kommen überwiegend Werbeträger zum Einsatz, die nach Ende des jeweiligen Wettbewerbs abgebaut und zum nächsten Veranstaltungsort transportiert werden. Dabei richtet sich der Mietpreis der sog. "Stadion-Bande" sowohl nach den Vorstellungen des Vermieters als auch nach der Attraktivität des jeweiligen Wettbewerbs, so daß Standardwerte nicht vorliegen[3)].

---

1) Vgl. Preisliste der WDL (gültig 1982). Die Firma offeriert auch Schleppflüge für Werbetransparente und Ballon-Werbung.
2) Vgl. Preisliste der Bibi-Werbung (gültig ab 01.04.81). (Die Firma besteht mittlerweile nicht mehr.)
3) Neben den Einfassungen der Spielflächen in den Stadien eignen sich auch Sportler oder Sportgeräte als Außenwerbeträger. Der Aufsatz o.V. (1976), Das 500-PS-Plakat, S. 16, beziffert die Kosten für einen "Sponsor"-Einsatz im Automobil-Rennsport auf Beträge zwischen 30.000,-DM und 2,5 Mio. DM jährlich je nach Bedeutung der Wettbewerbe, an denen das belegte Fahrzeug teilnimmt.

1.4.2. Die wichtigsten Anbieter bzw. Anbietergruppen

Der **Fachverband Außenwerbung e.V.** entstand 1963 durch die Verschmelzung zweier Vereinigungen, die sich bis dahin nebeneinander für die Interessen der Werbungdurchführenden eingesetzt hatten[1]. Seinen heutigen Namen erhielt er 1969 als Ersatz für eine etwas umständliche Bezeichnung, die allerdings den potentiellen Mitgliederkreis deutlicher benannte[2]. Dem FAW gehören diejenigen Firmen nicht an, die erst in jüngerer Zeit und mit Angeboten, die in ihren Merkmalen von den genannten Außenwerbeformen abweichen, auf dem deutschen Markt erschienen sind. Im März 1985 zählte der FAW 100 ordentliche Mitglieder, die in folgenden Bereichen tätig waren[3]:

- Plakatanschlag an Allgemein- und Ganzstellen	64 Firmen
- Großflächenanschlag	72 Firmen
- Verkehrsmittelwerbung	27 Firmen
- Dauer- und Lichtwerbung	25 Firmen

Hinzu treten noch drei fördernde Mitglieder. Die auf den ersten Blick hohe Mitgliederzahl schrumpft bei näherer Betrachtung erheblich zusammen, wenn man durch einen Namens- und Anschriftenvergleich die verbundenen Unternehmen zu Gruppen zusammenfaßt. Die vom ZAW veröffentlichten Netto-Werbeumsätze der Außenwerbung entstammen einer Umfrage des FAW bei den ihm angehörenden Firmen. Demnach erwirtschaftete die gesamte Branche im Jahre 1984 einen Umsatz von 455 Mio. DM[4], auf die FAW-Mitglieder entfielen davon über 90%.

Als zweite wichtige Interessenvertretung auf dem Gebiete der Außenwerbung wurde 1952 der **Fachverband Lichtwerbung e.V.** gegründet. Die 68 Mitglieder stellen Lichtwerbeanlagen aller

---

1) Vgl. ZAW-Jahrbuch (1963), S. 94.
2) Bis 1969 hieß der FAW "Fachverband Plakatanschlag, Verkehrsmittel- und Großflächenwerbung e.V.", vgl. ZAW-Jahrbuch (1969), S. 156. Im Jahre 1970 wurde auch der 1962 gegründete "Fachverband der privaten Großflächen-Werbeunternehmen in Deutschland e.V." in den FAW überführt, vgl. ZAW-Jahrbuch (1970), S. 139.
3) Vgl. AWI 1/85, Mitgliederübersicht nach dem Stand vom 05.03.85 am Ende des Heftes. Verschiedene Unternehmen bieten mehrere Außenwerbeformen gleichzeitig an.
4) Vgl. ZAW-Jahrbuch (1985), S. 215.

Art her, 16 Zulieferanten dieser Unternehmen haben sich als fördernde Mitglieder angeschlossen[1]. Auch hier publiziert der ZAW Umsatzzahlen, die verbandsintern ermittelt werden (460 bis 470 Mio. DM für 1984)[2]. Diese Beträge erscheinen jedoch nicht in den Werbeträger-Vergleichen des ZAW, da es sich bei Lichtwerbeanlagen um Werbemittel handelt.

Die **Deutsche Städte-Reklame GmbH** (DSR) ging aus der 1921 eingerichteten "Reklamestelle der Stadt Frankfurt GmbH" hervor, die die Anschlagflächen auf Frankfurter städtischem Grund und Boden in ihrer privatwirtschaftlichen Rechtsform zwar flexibler als eine Behörde, wegen der Eigentumsverhältnisse jedoch nicht ohne Einfluß und Kontrolle der Gemeinde vermarkten sollte[3]. Diesem Konzept einer "langen Leine" schlossen sich bereits im folgenden Jahr Kassel und München an, später traten auch andere deutsche Städte bei.

Die kommunalen Gesellschafter verdienen zweifach an ihrem Unternehmen. Zu der festen Ortspacht kommt eine Gewinnausschüttung hinzu, die sich nach dem Anteil am Gesellschaftskapital berechnet. So erhielt die Stadt Bochum im Jahre 1984 neben einer Pacht von ca. 900.000,-DM für die Anschlagstellen auf öffentlichem Grund und Boden sowie die Spielfeldumrandungen im Ruhr-Stadion als Ertrag aus der DSR-Beteiligung eine Summe von ca. 150.000,-DM[4]. Die DSR verfügt heute über die Ortspacht in zahlreichen deutschen Städten, so daß sie 1981 etwa 30% der Allgemeinstellen und 40% der Ganzstellen auf sich vereinigte, während kein anderer Anbieter auf diesem Gebiet mehr als 10% Marktanteil erringen konnte[5]. Nach eigenen Angaben betreut die DSR zudem 57 Verkehrsbetriebe mit ca. 7.000 Straßenbahnen und Bussen[6] und nennt

----

1) Vgl. o.V. (1984), Fachverband Lichtwerbung e.V., S. 357.
2) Vgl. ZAW-Jahrbuch (1985), S. 228.
3) Einen Überblick über die Entwicklung der DSR gibt die Jubiläumsschrift von LERNER (1972).
4) Nach einer Auskunft des Rechnungsprüfungsamtes der Stadt Bochum.
5) Vgl. BERGISCH (1981), S. 38.
6) Vgl. Übersicht der DSR über freie Fahrzeuge für Rumpfflächenwerbung, Stand August 1982, und DSR (o.J.), Verkehrsmittelwerbung: Werben, wo viel Menschen sind, Vorteil 12.

zusammen mit dem Tochterunternehmen "Nordwestdeutsche Gesellschaft für Außenwerbung" (vormalige Hoffmann-Gruppe) ein Großflächennetz von ca. 25.000 Tafeln ihr eigen[1]. Der Vertrieb erfolgt über die Zentrale in Frankfurt und 31 Niederlassungen im ganzen Bundesgebiet.

Die **Deutsche Eisenbahn-Reklame GmbH** (ERG) mit Sitz in Kassel vermietet als Tochtergesellschaft der Deutschen Bundesbahn überwiegend Werbeflächen an Bundesbahnanlagen (Bahnhöfe, Brücken etc.) sowie an und in Eisenbahnwagen und Bahnbussen. Nach der Zusammenführung der Post- und Bahnbusdienste in der Hand der Bundesbahn verfügt die ERG heute über Werbeflächen auf etwa 4.000 Omnibussen an 206 betrieblichen Standorten im gesamten Bundesgebiet[2]. Außenwerbeträger auf Bahngelände außerhalb der Bahnhofsbereiche werden jedoch anderen Werbungdurchführenden zur Vermarktung überlassen. Die ERG erzielte über die gesamte Breite ihres Tätigkeitsfeldes, einschließlich der Werbung in den Kursbuchdrucksachen der DB, einen Umsatz von 94 Mio. DM im Jahre 1984[3].

Die **Deutsche Post-Reklame GmbH** (DPR) gehört dem zweiten großen Bundesbetrieb als Tochterunternehmen an. Mit ihren Geschäftsgebieten Verlag, Außenwerbung, Direktwerbung und Adressenvermittlung erwirtschaftete sie 1984 einen Umsatz von 201,5 Mio. DM. Für diese Arbeit von Bedeutung ist das Außenwerbe-Angebot von ca. 17.000 Postdienstfahrzeugen aller Größen, 100.000 Telefonhäuschen und den Schalterräumen von 14.000 Postämtern[4].

Auf privater Basis arbeitet die **Aussenwerbungskontor GmbH** in Koblenz. Sie fungiert als Vertriebsgemeinschaft für mindestens sieben formal selbständige Unternehmen und ist auch nicht selbst, sondern nur durch die Anschlußfirmen im FAW vertreten. Nach Brancheninformationen verwaltet AWK mit

----

1) Vgl. BERGISCH (1981), S. 38.
2) Lt. Mitteilung der ERG (1982).
3) Vgl. ZAW-Jahrbuch (1985), S. 257.
4) Vgl. ZAW-Jahrbuch (1985), S. 258f, und eigene Angaben der DPR. Die Umsätze auf dem Gebiet der Außenwerbung werden nicht gesondert ausgewiesen.

28.000 Großflächen den größten Marktanteil bei dieser Außenwerbeform[1].

Auf Großflächen und Spezialstellen beschränkt sich das Angebot der **MOPLAK** (Monumental- und Plakat-Reklame GmbH) in Düsseldorf. Neben einem eigenen Bestand von 8.000 Tafeln verkauft die MOPLAK auch Großflächen für die selbständigen Unternehmen ihrer Anteileigner, wodurch weitere 7.000 Tafeln hinzukommen[2]. Der MOPLAK eng verbunden ist die Plakat-Anschlag-Verwaltungs-Gemeinschaft (PAVG), die Allgemeinstellen und Ganzstellen für vier FAW-Mitglieder und ein weiteres Kleinunternehmen betreut[3].

1.4.3. Nutzung der Außenwerbeträger durch die Abnehmer

Betrachtet man die Produktgruppenstatistik eines Großflächen-Anbieters (Tab. 2), fallen als dominierende Abnehmer die Hersteller von Tabakwaren und die Getränkeindustrie - insbesondere Brauereien - sofort ins Auge. Mit diesen beiden Branchen tätigt der Werbungdurchführende fast die Hälfte seiner Umsätze. Brancheninformationen gehen davon aus, daß die beiden größten Zigarettenhersteller in Deutschland jeweils Netze von ca. 10% des Großflächenbestandes für sich zusammengestellt haben und auch regelmäßig belegen[4]. Wenngleich die Werbung für Tabakwaren und alkoholische Getränke gesetzlichen Beschränkungen unterliegt, die den Zugang zu einigen Medien blockieren[5], so muß berücksichtigt werden, daß die genannten Branchen auch schon vor Inkrafttreten der einschränkenden Vorschriften zu den Hauptabnehmern von Außenwerbeträgern gehörten[6].

---

1) Lt. eigenen Angaben von AWK und Schätzungen anderer Werbungdurchführender. Nach AUMÜLLER (1984), S. 29, gehört SCW seit dem 01.12.84 ebenfalls zum AWK.
2) Lt. eigenen Angaben der MOPLAK und Schätzungen von Branchenkennern.
3) Vgl. Preisliste der PAVG Nr. 21, gültig ab 01.01.83.
4) Lt. Schätzung mehrerer Werbungdurchführender. Die Produktgruppen Zigaretten, Bier und alkoholfreie Getränke sind überdies konzernmäßig stark miteinander verflochten. Für Tabakwaren vorübergehend nicht benötigte Außenwerbeträger werden daher z.B. an eine verbundene Brauerei abgetreten. Zur Reemstma-Gruppe vgl. TIETZ (1979), S. 458ff.
5) Einen Überblick hierüber gibt NICKEL (1982), S. 70f., 78 und 115.
6) Lt. Mitteilungen mehrerer Werbungdurchführender.

Produktgruppe	Tafeldekaden in %
Tabakwaren	29,2
Bier	17,3
Automobile	6,2
Alkoholfreie Getränke	5,7
Reisen / Deutsche Bundesbahn	5,0
Lebensmittel	4,8
Banken, Versicherungen, Bundespost	4,4
Politische Parteien	4,3
Unterhaltungselektronik	3,1
Restaurants	2,7
Körperpflege	2,4
Fotoartikel	2,3
Reinigungsmittel	2,0
Zeitungsverlage	2,0
Handelsbetriebe	1,9
Möbel	1,4
Alkoholische Getränke (außer Bier)	1,1
Elektrogeräte	1,1
Energieversorgung	1,0
Bekleidung	0,9
Tiernahrung	0,6
Sonstige	0,6

Tab. 2: Anteile der Produktgruppen an den verkauften Tafeldekaden eines Großflächen-Anbieters im Jahre 1983.
Die Tabelle wurde aus internen Statistiken des Werbungdurchführenden zusammengestellt. Der hohe Prozentsatz für die politischen Parteien erklärt sich aus dem Bundestags-Wahlkampf Anfang 1983.

Der Geschäftsführer des Fachverbandes Lichtwerbung (FVL) schätzt, daß 80% der Lichtwerbeanlagen von lokalen Einzelhändlern und Dienstleistern, 15% von überregionalen Handels- und Dienstleistungsunternehmen und 5% von Markenartikelherstellern installiert werden[1].

---

1) Lt. Mitteilung von F.W. Beckmann (1983).

Im Rahmen der empirischen Erhebung bezogen sich die Eröffnungsfragen auf die Häufigkeit der bisherigen Nutzung von Außenwerbeträgern. Tabelle 3 gibt Auskunft über die Antworten:

		AGENTUR	NATIONAL
Plakattafeln	Noch nie	6,4%	36,1%
	Einmal	0 %	8,4%
	Gelegentlich	45,2%	22,2%
	Regelmäßig	48,4%	33,3%
Verkehrsmittel	Noch nie	12,9%	36,1%
	Einmal	3,2%	13,9%
	Gelegentlich	67,8%	22,2%
	Regelmäßig	16,1%	27,8%

Tab. 3: Häufigkeit der bisherigen Nutzung von Außenwerbeträgern in den Erhebungsteilen AGENTUR und NATIONAL[1].

Zieht man aus diesen Resultaten Rückschlüsse auf die Erfahrungen der Befragten mit Außenwerbeträgern, so läßt sich als positive Tatsache festhalten, daß die Werbeagenturen zu einem großen Teil bereits Außenwerbeträger in ihre Arbeit einbezogen haben und den Kontakt zu diesem Medium mehr oder weniger regelmäßig auffrischen. Einem Drittel der befragten Hersteller- und Dienstleistungsunternehmen sind Außenwerbeträger dagegen nicht als Teil ihrer Kommunikationsarbeit geläufig. Relativ hoch (13,9%) fällt auch die Quote aus, bei der einem Versuch mit Verkehrsmittelwerbung kein kontinuierlicher Einsatz folgte. 51,6% der Nutzer bedienten sich der Außenwerbung, um auf ihr Unternehmen aufmerksam zu machen; 68,8% stellten ein Produkt oder eine Dienstleistung in den Vordergrund ihrer Aussagen[2].

Die Bemühungen der Agenturen, regelmäßig (16,1%) oder gelegentlich (67,7%) den Fuhrpark ihrer Kunden in Werbekonzepte einzubeziehen[3] fallen dagegen auf fruchtbareren Boden.

---

1) Vgl. AGENTUR, Fragen 1a und 1b, sowie NATIONAL, Fragen 1a und 1b.
2) Vgl. NATIONAL, Frage 2.
3) Vgl. AGENTUR, Frage 3.

Alle Unternehmen, die über Auslieferungs- oder Kundendienstfahrzeuge verfügen, nennen darauf ihren Firmennamen oder einzelne Produkte. Eine Übersicht vermittelt Tabelle 4:

	Fahrzeug neutral	Name und Anschrift	Produkt- gruppe	Einzelnes Produkt
Eigene Auslieferungs- fahrzeuge	0 %	23,0%	46,2%	30,8%
Spediteur- fahrzeuge	0 %	38,4%	30,8%	30,8%
Vertragshändler- fahrzeuge	0 %	0 %	60,0%	40,0%
Eigene Kundendienst- fahrzeuge	31,3%	18,7%	25,0%	25,0%
Fahrzeuge der Kundendienstfirmen	0 %	33,3%	33,3%	33,4%

Tab. 4: Werbliche Nutzung eigener Auslieferungs- und Kundendienstfahrzeuge im Erhebungsteil NATIONAL[1].
Die Prozentwerte beziehen sich nur auf die Firmen, die zuvor angegeben hatten, über die entsprechenden Fahrzeuge zu verfügen.

Allerdings wechseln die Aufschriften auf den bemalten Fahrzeugen im Zeitablauf nur noch selten. Nur ein Viertel der Befragten gab an, etwa jährlich die Werbebotschaft zu erneuern, 6,2% nannten hierfür noch kürzere Intervalle. Ebenfalls 6,2% sahen in Verkaufsförderungs-Aktionen einen denkbaren Anlaß zum Wechsel der Beschriftung[2].

Lichtwerbung setzten 52,9% der befragten Firmen ein, Dauerwerbung gehörte bei 54,3% der Antwortenden zur Palette der genutzten Werbeträger[3].

Im Erhebungsteil LOKAL ermittelte der Fragebogen die bisherige Nutzung des verfügbaren Medienspektrums. Die Verkehrsmittelwerbung findet mehr Anklang als der Plakatanschlag, beide nehmen jedoch nur eine Nebenrolle gegenüber der herausragenden Bedeutung der Inserate in Tageszeitungen und

---

1) Vgl. NATIONAL, Fragen 3 und 4.
2) Vgl. NATIONAL, Frage 5.
3) Vgl. NATIONAL, Frage 6.

Anzeigenwochenblättern ein. Tabelle 5 verdeutlicht dies:

	Noch nie	Einmal	Gelegentlich	Regelmäßig
Örtliche Tageszeitung	1,4%	1,4%	31,0%	66,2%
Anzeigenwochenblatt	15,9%	6,3%	46,0%	31,8%
Handzettel	29,7%	4,7%	48,4%	17,2%
Werbebriefe/Postwurfsendungen	36,8%	3,5%	36,9%	22,8%
Kino	51,7%	20,7%	13,8%	13,8%
Bildschirmtext	96,3%	0 %	0 %	3,7%
Großplakat (18/1 Bogen)	66,1%	14,3%	10,7%	8,9%
Kleinplakat an der Litfaßsäule	75,0%	8,9%	16,1%	0 %
Verkehrsmittel (Omnibus, Taxi)	55,2%	13,8%	3,4%	27,6%
Stadionwerbung	59,3%	20,3%	6,8%	13,6%

Tab. 5: Nutzungsintensität verschiedener Werbemedien im Erhebungsteil LOKAL[1].

Von den 44,8% der Unternehmen, die bereits Erfahrungen mit Verkehrsmittelwerbung gesammelt haben, mieteten 40% nur einen einzigen Straßenbahnwagen oder Omnibus an. Im Durchschnitt wurden 3,5 Fahrzeuge belegt[2].

Die Befragten besaßen zu 72,6% eigene Liefer- oder Kundendienstfahrzeuge. Diese waren in 9,6% der Fälle neutral lakkiert, wiesen bei 76,9% der Firmen auf den eigenen Namen und die Anschrift hin, und 13,5% der Wagen warben auch für fremde Unternehmen (z.B. Lieferanten der Händler)[3].

1.4.4. Netto-Werbeumsätze nach ZAW

Der ZAW veröffentlicht alljährlich die Umsätze ausgewählter Werbeträger. Es handelt sich dabei um Nettogrößen, die bereits um Rabatte und Mittlervergütungen (nicht jedoch Skonti) gekürzt wurden[4]. Werbemittel-Kosten finden in dieser Statistik keine Berücksichtigung[5]. Die Zahlen stammen von

---

1) Vgl. LOKAL, Frage 1.
2) Vgl. LOKAL, Frage 2.
3) Vgl. LOKAL, Fragen 3 und 4.
4) Vgl. ZAW-Jahrbücher (1975 - 1985).
5) Aus den Unterlagen des ZAW wird nicht ersichtlich, inwieweit die ausgewiesenen Streukosten bereits Aufwendungen für die Werbemittel-Herstellung enthalten, z.B. ob die Verlage bei Anzeigen nach Werbeträger- und Druckkosten unterscheiden.

Jahr	Tages-zeitungen	Wochen- u. Sonntagszt.	Publikums-zeitschr.	Fachzeit-schriften	Fernsehen	Hörfunk	Außen-werbung	Adreßbuch-werbung	Filmthea-terwerbung	Direkt-werbung
1974	2827,8	99,7	1036,5	-	735,8	215,6	273,5	242,5	56,1	900,0
1975	2995,9	105,0	1013,6	-	844,9	200,5	246,0	273,3	60,9	930,5
1976	3554,0	124,5	1283,4	-	861,2	206,7	288,5	306,6	63,3	988,6
1977	3927,3	144,1	1631,0	-	887,3	250,0	319,0	339,8	66,7	1074,7
1978	4431,1	164,6	1789,0	-	993,4	297,7	360,0	374,6	71,9	1180,0
1979	4944,8	191,5	1985,0	992,4	1031,0	354,9	391,0	422,8	88,6	1264,7
1980	5289,4	204,8	2026,0	1034,7	1118,7	398,4	422,0	474,2	101,5	1320,3
1981	5219,8	198,2	2010,3	1162,2	1164,6	455,4	407,5	516,5	114,0	1374,4
1982	5315,0	209,9	2088,2	1158,2	1247,2	494,3	399,5	615,0	111,3	1484,9
1983	5741,5	176,5	*	1181,4	1285,0	511,6	439,5	653,5	105,9	1698,9
1984	6008,2	200,5	*	1238,1	1356,4	534,4	455,0	737,6	116,7	1758,9

Tab. 6: Netto-Umsätze ausgewählter Werbeträger nach ZAW in Mio. DM.
Die Tabelle wurde zusammengestellt aus den Übersichten in den ZAW-Jahrbüchern (1975 - 1985).
Daten für die Fachzeitschriften sind erst ab 1979 verfügbar.
* = Die hier angegebenen Werte für 1974 - 1982 beziehen sich nur auf eine ausgewählte Anzahl der Publikumszeitschriften, seit der Umstellung der Statistik auf die vollständige Erfassung aller Titel liegen die ausgewiesenen Umsätze um ca. 14% höher (1983 = 2476,9 Mio. DM, 1984 = 2677,7 Mio. DM).

den jeweiligen Mitgliedsfachverbänden des ZAW und weichen je nach Organisationsgrad des Mediums unterschiedlich stark nach unten von den tatsächlichen Werten ab. Die "Außenwerbung" repräsentiert allein der FAW. Werbeträger-Umsätze in Licht- und Dauerwerbung bleiben unberücksichtigt, selbst wenn sie von Verbandsmitgliedern erzielt werden[1]. Zu den Werbeträger-Umsätzen des Jahres 1984 trug die Außenwerbung einen Anteil von ca. 3% bei - eine Quote, die bei vollständiger Erfassung aller Medien noch geringer ausfiele. Der Rückstand der Außenwerbung bei der Umsatzentwicklung ist in Abb. 1 kaum zu übersehen[2].

1.4.5. Gesamtwerbekosten nach KLEIN-BLENKERS/ROBL

Obwohl sich die Themenstellung auf die Vermarktung von Werbeträgern beschränkt, treffen die werbungtreibenden Unternehmen ihre Medienwahl immer auch unter Einbeziehung der Werbemittelkosten, da das bereitgestellte Werbebudget ja stets beide Kostenblöcke abdecken muß. Um diesen Einflußfaktor ebenfalls zu erfassen, sei hier mangels anderer Quellen der Versuch von KLEIN-BLENKERS und ROBL dargestellt, für das Jahr 1978 sowohl die Werbeträger- als auch die Werbemittel-Ausgaben in Deutschland abzuschätzen[3]. Die für jedes Medium ermittelten Relationen zwischen diesen beiden Kostenpositionen vergrößern die Bedeutung der Außenwerbung im Umfeld der verglichenen Medien, während Anzeigen- und Fernsehwerbung relativ stark an Gewicht verlieren. Zur Veranschaulichung werden in Tab. 7 die Relationen auf die ZAW-Daten von 1984 angewendet[4]:

----

1) Der vom FAW mitgeteilte Gesamtumsatz errechnet sich nur aus vier Gruppen von Außenwerbeträgern: "Allgemeiner Anschlag", "Ganzsäulen", "Großflächen, Spezialstellen, Kleintafeln" und "Verkehrsmittelwerbung". Vgl. ZAW-Jahrbuch (1985), S. 215. Die Angaben des FAW erfolgen jedoch "netto nach Skonti".
2) Vgl. S. 2 dieser Arbeit.
3) Vgl. KLEIN-BLENKERS/ROBL (1975), S. 61ff, und KLEIN-BLENKERS/ROBL (1980), S. 128.
4) Vgl. KLEIN-BLENKERS/ROBL (1980), S. 128. Dabei wird hier der Einfachheit halber die zeitliche Konstanz der Relationen unterstellt, die in dieser Form wahrscheinlich nicht gegeben ist. Die Datengrundlage entstammt der Übersicht im ZAW-Jahrbuch (1985), S. 11.

Werbeträger	Werbeträger Umsatz in Mio.	Anteil in %	Relation Werbeträger/ Werbemittel in %	Gesamtkosten in Mio.	Anteil in %
Tageszeitungen	6008,2	39,8	89 / 11	6750,8	30,1
Wochen/Sonntagszt.	200,5	1,3	89 / 11	225,3	1,0
Publikumszeitschr.	2677,7	17,8	89 / 11	3008,7	13,4
Fachzeitschriften	1238,1	8,2	89 / 11	1391,1	6,2
Fernsehen	1356,4	9,0	85 / 15	1595,8	7,1
Hörfunk	534,4	3,5	85 / 15	628,7	2,8
Außenwerbung	455,0	3,0	42 / 58	1083,3	4,9
Adreßbuchwerbung	737,6	4,9	89 / 11	828,8	3,7
Filmtheaterwerbung	116,7	0,8	85 / 15	137,3	0,6
Direktwerbung	1758,9	11,7	26 / 74	6765,0	30,2
Summe	15083,5	100,0		22414,8	100,0

Tab. 7: Übertragung der Kosten-Relationen "Werbeträger/Werbemittel" nach KLEIN-BLENKERS/ROBL auf die Netto-Umsätze ausgesuchter Werbeträger nach ZAW.
Die Prozentangaben beziehen sich auf den gemeinsamen Umsatz der zehn genannten Werbeträgergruppen.

1.5. BESONDERHEITEN DER BESCHAFFUNG VON AUßENWERBETRÄGERN DURCH WERBUNGDURCHFÜHRENDE

1.5.1. Beschaffungsquellen für Außenwerbeträger

Die Beschaffungsmöglichkeiten für Außenwerbeträger entspringen aus vier Hauptquellen:
- Privatpersonen,
- Privatunternehmen,
- Öffentlich-rechtliche Unternehmen und
- Gebietskörperschaften.

Im einfachsten Falle gehört der Werbungdurchführende selbst zum unternehmerischen Einflußbereich eines dieser Werbeträger-Bereitsteller und wertet das Potential der mit ihm verbundenen Organisation(en) aus (wie z.B. die ERG im Auftrag der Deutschen Bundesbahn). Der Beschaffungsprozeß reduziert sich dabei auf die interne Abstimmung mit den Verfügungsberechtigten für den Werbeträger (z.B. dem Geschäftsführer für den Bahnbus-Bereich).

Alle anderen Anbieter erwerben das Nutzungsrecht an ihrem Werbeträger-Potential von den jeweiligen Eigentümern der Grundstücke, Häuser, Fahrzeuge etc. Selbst bei Beschränkung auf einen einzigen Anschlagstellen-Typ kann es für den Aufbau eines dichten Netzes notwendig werden, an Mitglieder verschiedener Quellengruppen heranzutreten, da z.B. Plakattafeln sowohl an Firmengebäuden als auch auf Privatgrund eingerichtet werden können. Hierbei wären jeweils unterschiedliche beschaffungspolitische Strategien anzuwenden. Dies gilt erst recht, wenn ein gemischtes Werbeträger-Sortiment angestrebt wird.

Die Vorgehensweise sollte auch danach differenzieren, ob es sich um die Erschließung neuer Standorte oder die Weiterverwertung bereits genutzter Werbeträger handelt. Die Übertragung bestehender Werbeflächen auf einen Werbungdurchführenden kann sowohl aus der Unzufriedenheit mit dem vorherigen Vertragspartner als auch aus dem Verzicht auf die Fortsetzung der selbstdurchgeführten Vermarktung resultieren.

Neben den obengenannten vier Beschaffungsquellen gibt es eine fünfte, die jedoch auf einer anderen Marktstufe ansetzt. Vielfach tauschen die Werbungdurchführenden untereinander Stellen aus, wenn sich dadurch Abrundungen der Netze ergeben. Außerdem besteht die Möglichkeit, die Stellenbestände von Wettbewerbern zu übernehmen, um sie im Rahmen einer Vertriebsgemeinschaft auswerten. Noch einen Schritt weiter geht die Aufstockung des eigenen Potentials durch den Ankauf dieser Unternehmen.

1.5.2. Beschaffungsrestriktionen für Außenwerbeträger

Potentielle Standorte für Außenwerbeträger gibt es im Prinzip überreichlich. Sie alle tatsächlich erschließen zu wollen verbietet das Interesse der Werbungtreibenden an einer hohen Kommunikationswirkung. Ein zu dichtes Stellennetz überfordert das Aufnahmevermögen der Passanten und verringert die Qualität der Kontakte. Jedoch gelingt es den Werbungdurchführenden nicht einmal, an allen gewünschten Standorten Außenwerbeträger einzurichten[1]. Diese Bemühungen scheitern einerseits an grundsätzlichen Vorbehalten der potentiellen Bereitsteller gegenüber der Außenwerbung und andererseits an einer Konkurrenzsituation mit den eigenen Marketing-Bemühungen der Flächeneigentümer.

Werbung erfreut sich in der Bevölkerung nicht einheitlich eines guten Rufs. Wenn auch nicht immer gleich nach Einschränkungen und Verboten gerufen wird, nehmen sie doch viele Bürger nur als unvermeidliches Übel hin[2]. Ein Hausbesitzer, der der Außenwerbung negativ gegenübersteht, scheidet als Bereitsteller wahrscheinlich selbst bei einem hohen Mietangebot aus. Auch die Furcht vor mißbilligenden Äußerungen der Bezugspersonen (z.B. Einsprüche von Nachbarn) kann für die Verweigerung verantwortlich sein. Überträgt man

----

1) Die Benutzung von Wandflächen als Außenwerbeträger ohne Einholung einer Genehmigung - der sog. "Wildanschlag" - soll hier als Beschaffungsalternative nicht näher erörtert werden.

2) Untersuchungen zur allgemeinen Akzeptanz der Werbung haben z.B. BECKER/ANDERSON/ENGLEDOW (1977) und MÜLLER (1984) vorgelegt.

diese Überlegungen auf eine Gemeinde, wird ein Stadtrat Werbegenehmigungen nur sparsam erteilen, wenn er die Beeinträchtigung des Stadtbildes befürchtet. Die Rolle der Bezugspersonen nehmen hier die Bürger ein, die die Gemeindegremien bei einer solchen Entscheidung durch Proteste in Richtung auf eine Ablehnung hin beeinflussen können. Auf höchster Ebene schlagen sich die Einstellungen des Gesetzgebers bzw. die von ihm vermuteten Bürgermeinungen zur Außenwerbung in Rechtsvorschriften nieder, die zumeist die Entfaltungsfreiheit einschränken. Als Beispiel mögen hier die bereits erwähnten Bauordnungen der Länder dienen. Daneben führt auch die Sorge um die Sicherheit des Straßenverkehrs zum Erlaß von partiellen Werbeverboten[1)].

Häufig scheitert die Anmietung geeigneter Flächen nicht an einer grundsätzlichen Abneigung gegenüber Werbung, sondern die Freigabe an die Werbungdurchführenden unterbleibt mit Rücksicht auf eigene entgegenstehende Marketing-Maßnahmen des Bereitstellers. Im Rahmen eines Corporate-Identity-Konzeptes nutzen zahlreiche Firmen ihre Betriebsanlagen und ihren Fuhrpark zur Selbstdarstellung, sei es in Form von Eigenwerbung oder mit Farbgestaltungen, die die Firmenzugehörigkeit signalisieren[2)]. Gerade das traditionelle Flächenpotential der Verkehrsmittelwerbung verknappt sich erheblich durch die zunehmende Marketing-Orientierung der Verkehrsbetriebe, die durch die Lackierung der Fahrzeuge in den Stadt- oder Hausfarben ihre Transportleistung zu kennzeichnen suchen[3)].

---

1) Vgl. GÄDTKE/TEMME (1979), S. 128ff. Beispielhaft sei hier auch auf § 33 Abs. 1 Satz 3 der Straßenverkehrs-Ordnung in der Fassung vom 16.09.1970 hingewiesen, der das "Umherfahren und das Parken von Fahrzeugen nur zum Zwecke der Werbung" verbietet. Die Verfassungsbeschwerde eines Anbieters wechselnd-stationärer Außenwerbeträger gegen diese Vorschrift hatte am 10.12.1975 Erfolg, vgl. BUNDESVERFASSUNGSGERICHT (1975).

2) BALMER/FISCHER/TROXLER (1985), S. 116ff., nennen eine Vielzahl von Komponenten für ein "Corporate Design". Dazu zählen sie auch die farbliche Gestaltung und Beschriftung von Gebäuden und Fahrzeugen.

3) Lt. Auskunft mehrerer Werbungdurchführender sind die Belegungsmöglichkeiten bei den neueren Schienenfahrzeugen des Stadtbahnverkehrs im Ruhrgebiet zugunsten einer rot-weißen "Stadtbahn-Lackierung" auf schmale Rumpfflächen beschränkt, während die Verkehrsbetriebe bei den herkömmlichen Straßenbahnen auch Ganzwerbungen zugelassen haben.

Die Maßnahmen der Beschaffungspolitik richten sich in erster Linie auf den Abbau des Vorbehaltes, Außenwerbung beeinträchtige den optischen Eindruck eines potentiellen AWT. Gerade bei den Gebietskörperschaften und den öffentlich-rechtlichen Unternehmen können hohe Mietzahlungen nur begrenzt negative Einstellungen aufwiegen, da die Einnahmen aus der Werbung nicht allzu hoch bewertet werden. Die geschickte Gestaltung von Produkt- und Kommunikationspolitik muß hier an die Stelle preispolitischer Zugeständnisse treten[1)].

1.5.3. Ansatzpunkte zur Gestaltung des Beschaffungsprozesses für Außenwerbeträger

1.5.3.1. Produktgestaltung

Als wesentliches Instrument zur Erschließung neuer Werbeträger-Standorte erweist sich die Produktgestaltung[2)]. Im Gegensatz zu vielen anderen Beschaffungsprozessen geht das von der Vorstufe bezogene Gut "Werbefläche" nicht anonym in ein neues Produkt ein, sondern der Bereitsteller des Außenwerbeträgers kann durch Augenschein identifiziert und mit der Dienstleistung in Verbindung gebracht werden. Zumeist ist dem unbefangenen Betrachter die Existenz eines Werbung-

---

1) Bei den Bochum-Gelsenkirchener Straßenbahnen standen z.B. im Geschäftsjahr 1982 Erträgen aus Verkehrsleistungen in Höhe von ca. 106 Mio. DM als Erlöse aus der Vermietung von Reklameflächen ca. 860.000,-DM gegenüber. Als Jahresfehlbetrag wurden 51 Mio. DM ausgewiesen, die aus öffentlichen Mitteln gedeckt werden, vgl. BOCHUM-GELSENKIRCHENER STRASSENBAHNEN (1983), S. 33 und 36. Nach Ansicht verschiedener Werbungdurchführender betrachten die meisten Verkehrsbetriebe die Fahrzeugwerbung angesichts dieser (verallgemeinerungsfähigen) Zahlenverhältnisse als Einkunftsquelle von untergeordneter Bedeutung. Entsprechend geringe Aufmerksamkeit wird daher zumeist den Wünschen der Werbungdurchführenden geschenkt.

2) Die Beschaffungspolitik der Mittler von Außenwerbeträgern unterscheidet sich in einigen Punkten von der Schwerpunktsetzung in der Literatur zum Beschaffungs-Marketing. So wird z.B. das vorrangige Problem der Beschaffungsprogrammpolitik in der Gütesicherung der bezogenen Vorprodukte gesehen, vgl. HARLANDER/PLATZ (1978), S. 76ff., GROCHLA/SCHÖNBOHM (1980), S. 66ff. In der Außenwerbung werden jedoch nicht nur Standorte nach vorgegebenen Qualitätsmerkmalen ausgewählt, sondern auch erreichbare Plätze durch die Zuordnung eines passenden Flächen-Typs erschlossen. Die Arbeit beschränkt sich im folgenden auf die Herausarbeitung dieser branchenspezifischen Besonderheiten.

durchführenden, der für die Vermittlung der werbenden Firmen verantwortlich zeichnet, nicht bekannt. Eventuelle Kritik an den Kommunikationsinhalten richtet sich daher möglicherweise direkt gegen den Haus- oder Fahrzeugbesitzer. Die Ausgestaltung des Mietvertrages muß demnach Wege eröffnen, derartige Befürchtungen der Bereitsteller zu zerstreuen.

In vielen Fällen erweist es sich als erfolgversprechend, wenn sich der Werbungdurchführende vertraglich verpflichtet, bestimmte Produktgruppen von der Belegung des fraglichen Außenwerbeträgers auszuschließen. So hegen viele Hausbesitzer eine Abneigung gegen Werbungen für Zigaretten, Alkoholika und politische Parteien[1]. Umgekehrt identifizieren sich manche Bereitsteller nur mit einigen oder wenigen Produkten so stark, daß sie an einer Werbemaßnahme teilzunehmen bereit sind. Für eine umfangreichere Aktion lohnt sich daher durchaus die gezielte Suche von Außenwerbeträgern für ein spezielles Produkt, wie bereits für Selbstdreh-Tabake bewiesen wurde. Der auf zwei bei Schülern und Studenten weit verbreitete Kleinwagen-Fabrikate zugeschnittene Foliensatz erfreute sich so großer Beliebtheit, daß er vielfach auch nach Ablauf der Vertragsdauer als dekoratives Element auf den Fahrzeugen belassen wurde[2]. Zahlreiche Autoaufkleber (sog. "Sticker") appellieren an Spieltrieb und Geltungsdrang der Konsumenten. Insbesondere Touristikziele bedienen sich der kleinen Klebefolien, um auf sich aufmerksam zu machen. Die Nutzenerwartung der Autofahrer knüpft sich dabei an die Dokumentation eines bestimmten Lebensstiles[3].

Privatpersonen sorgen sich häufig um das langfristige Erscheinungsbild eines Außenwerbeträgers. Gegenüber Papierplakaten wird beispielsweise geltend gemacht, daß sich der Anblick eines teilweise zerrisssenen Plakates und Leimspritzer am Fundament unterhalb der Tafel nicht mit dem sonstigen

---

1) Lt. Mitteilung eines Werbungdurchführenden.
2) Lt. Mitteilung der ausführenden Werbeagentur Erdmann & Partner vom 03.03.82.
3) Zum Prestigewert und Demonstrationseffekt von Produkten vgl. z.B. KROEBER-RIEL (1984a), S. 484. Die Aussagen lassen sich auf Werbeaufkleber wahrscheinlich übertragen.

Pflegezustand eines Hauses vereinbaren lassen. Hier kann die Anbringung von verglasten Vorrichtungen mit Klemmbefestigungen für die Papierbogen die Befürchtungen entkräften. Viele Fahrzeughalter schrecken vor der Freigabe ihres Wagens zurück, weil sie glauben, daß Beschädigungen der ursprünglichen Lackierung nach Ablauf der Vertragsdauer nicht befriedigend beseitigt werden können und somit den Wiederverkaufswert mindern. Dachträger verändern dagegen den Fahrzeugzustand nicht und können bei Bedarf leicht entfernt werden[1]. Beim Einsatz von Klebefolien kann auf spezielles Material zurückgegriffen werden, das sich beschädigungs- und rückstandsfrei abziehen läßt. Eine ordentliche Präsentation setzt die Witterungsbeständigkeit des Werbemittels voraus. Die Folie darf nicht schrumpfen oder verblassen, außerdem sollte sie ohne Schaden waschbar sein[2].

Für die Verwendung von Folien spricht zudem, daß sich ihre Anbringung wesentlich schneller als eine Lackierung (mit anschließender Trocknungszeit) durchführen läßt. Dies verkürzt bei kommerziellen Fahrzeugbetreibern (z.B. Speditionen) kostspielige Stillstandszeiten und macht das Aufsuchen besonderer Lackierhallen entbehrlich. Der beschleunigten Montage dienen auch Folientaschen für den Einschub von Papp-plakaten und Schnellwechselvorrichtungen für Werbemittel (ähnlich Reißverschlüssen)[3].

Die Fußgängerzone und der Wagenpark des öffentlichen Verkehrsbetriebs gelten häufig als "Visitenkarte" einer Gemeinde. Die herkömmlichen Außenwerbeträger genügen heute nicht mehr den Ansprüchen an ein angenehmes Stadtbild. Als Konsequenz werden sie in Vororte und Industriebezirke verbannt.

----

1) Allerdings erhöhen Dachträger den Luftwiderstand und damit den Benzinverbrauch. Außerdem erzeugen sie Windgeräusche während der Fahrt.

2) Die Angabe der Beispiele erfolgt hier allein unter beschaffungspolitischen Gesichtspunkten. Sie illustrieren die Möglichkeiten eines Werbungdurchführenden, Widerstände gegen die Bereitstellung einer Werbefläche abzubauen.

3) Die Handelskette ALDI verwendet Folientaschen an ihren mit Planen gedeckten Lieferfahrzeugen. Der rasche Wechsel der Werbemittel schafft zudem die Voraussetzungen für kürzere Belegungen durch die Abnehmer, bringt also auch absatzseitige Vorteile mit sich.

Um auch in den Innenstädten werblich präsent zu bleiben, bedarf es neuer Produktideen. Kleinere und aufwendiger gestaltete Außenwerbeträger finden eher die Zustimmung der Stadtväter zur Aufstellung in den Fußgängerzonen. Einige Werbungdurchführende bedienen sich dazu des Kunstgriffes, die Werbeflächen in Einrichtungen zu integrieren, die ohnehin zur "Stadtmöblierung" benötigt werden (z.B. Papierkörbe). Zudem bereichert eine Reihe von technischen Vorrichtungen die Infrastruktur einer Stadt, kann aber aus städtischen Mitteln nicht immer finanziert werden. Die Lieferfirmen gewähren Preisnachlässe bei der Anschaffung und erhalten im Gegenzug das Recht, kleinere Werbeflächen an diesen Vorrichtungen selbst zu verwerten (Beispiel: Normaluhren der Firma Telefonbau & Normalzeit[1]). Die Firma GUVE stellt den Städten verglaste Wartehallen (Abribus) sogar entgeltfrei zur Verfügung und finanziert sie aus der Vermarktung der daran angebrachten doppelseitigen Werbeflächen[2].

Die Möglichkeiten zur Aufwertung von Standorten minderer Qualität liegen vor allem in der Formatanpassung, z.B. in der Vergrößerung zum hochgelegenen Superposter oder in der Reduzierung zum Kleinplakat, das schmale Mauervorsprünge und Toreinfahrten ausnutzt. Dabei sollte sich allerdings die gewählte Größe an den marktgängigen Formaten orientieren. Anlässe für Anpassungen ergeben sich auch dort, wo ein bestehender Außenwerbeträger einer Baumaßnahme weichen muß.

In der Zusammenfassung bleibt festzuhalten, daß der Rahmen für eine aktive Produktgestaltung auf der Absatzseite durch die Beschaffungsmöglichkeiten eng gesteckt wird. Man könnte von einem "Verkäufermarkt" sprechen, in dem eher der Bereitsteller als der Werbungdurchführende entscheidet, welcher Werbeträger-Typ an einem bestimmten Standort erscheint[3].

----

1) Die Firma Henkel wurde von der Stadt Lünen sogar ausdrücklich gebeten, in der dortigen Fußgängerzone eine nostalgische Großuhr mit historischer Persil-Werbung aufzustellen (Mitteilung der Fa. Henkel).

2) Lt. Mitteilung der Fa. GUVE vom 02.05.85.

3) In der Ortspacht des Allgemeinanschlages kann der Werbungdurchführende nur über Annahme oder Ablehnung eines von der Gemeinde konzipierten Werbeträger-Netzes entscheiden. Zum rechtlichen Hintergrund vgl. BARTLSPERGER (1975), S. 51.

1.5.3.2. Beschaffungswege für Außenwerbeträger

Bei der Erschliessung von Außenwerbeträgern bietet sich - analog zum absatzseitigen Begriffspaar - die Unterscheidung nach direktem und indirektem Bezug an[1]. Beim **direkten Bezug** verhandelt der Werbungdurchführende unmittelbar mit dem Immobilien- oder Fahrzeugbesitzer. Der Anstoß zur Anknüpfung eines Gesprächs kann von beiden Seiten ausgehen. Ein Hauseigentümer, der eine ungenutzte Giebelwand vermieten möchte, um daraus eine Nebeneinnahme zu ziehen, wird sich aus eigener Initiative an die Zentrale oder die örtliche Niederlassung des Werbungdurchführenden wenden, um dort sein Angebot bekanntzugeben und nähere Auskünfte zu erlangen. Falls ihm mehrere am Ort tätige Anschlagunternehmer bekannt sind, holt er von allen Gebote ein und entscheidet sich im Zweifelsfalle für das höchste Mietentgelt. Die Bereitsteller einer größeren Anzahl von Werbeträgern (z.B. Verkehrsbetriebe) schreiben häufig den gesamten Bestand nach Ablauf eines Nutzungsvertrages zur erneuten Vergabe öffentlich aus[2].

Statt die potentiellen Bereitsteller selbst direkt anzusprechen, können die Werbungdurchführenden das Aufspüren geeigneter Standorte und die Verhandlungen auch den sog. "Akquisiteuren" überlassen (**indirekter Bezugsweg**). Diese bieten die von ihnen erschlossenen Werbestellen jeweils mehreren Anschlagunternehmen zur Übernahme in deren Netz an, wobei die höchste Provision über den Zuschlag entscheidet. Das Gebot richtet sich nach der Qualität des Standortes und der zu zahlenden Miete. Daher entstehen regelmäßig Konflikte, wenn der Akquisiteur den Bereitsteller in den Vorverhandlungen mit einem (zu) hohen Mietentgelt gelockt hat, das der

---

1) Während in der Literatur zum Beschaffungs-Marketing die Auswahl geeigneter Partner für stabile Lieferbeziehungen im Vordergrund steht (vgl. z.B. HAMMANN/LOHRBERG (1982), Teil 2, S. 111ff.), liegt der Schwerpunkt bei der Außenwerbung im Abschluß möglichst vieler Bereitstellungsverträge, deren Pflege im Zeitablauf nur relativ geringen Aufwand verursacht. Dies schließt nicht aus, daß sich die "Qualität" der angemieteten Werbeflächen gelegentlich (z.B. durch Baumaßnahmen) ändert und daher der wiederholten Prüfung bedarf.

2) Vgl. die Ausschreibung für einen Firmen-Fuhrpark in: Werbeforum, Nr. 2, Februar 1985, S. 7.

Werbungdurchführende beim Vertragsabschluß nicht mehr unterschreiten kann[1].

Die Werbeträger-Übernahme von Branchenkollegen zählt ebenfalls zu den indirekten Bezugswegen. Werbungdurchführende verzichten gelegentlich auf die eigene Verwertung von Werbeträger-Typen, die mit ihrem Hauptsortiment nicht harmonieren. So wird beispielsweise ein Unternehmen, das sich auf Werbung an und in öffentlichen Verkehrsmitteln spezialisiert hat, die mitübernommenen Großflächen an den Wartehallen einer Kollegenfirma andienen, wenn es nicht selbst über die benötigten Klebekolonnen verfügt. Auch regionale Netzbereinigungen führen gelegentlich zu Stellenübertragungen[2].

1.5.3.3. Beschaffungskommunikation für Außenwerbeträger

Da die Werbungdurchführenden zumeist nur über wenig Personal zur aktiven Standortsuche verfügen, sind sie sehr stark auf die Eigeninitiative der potentiellen Bereitsteller angewiesen. Das besondere Kommunikationsproblem liegt hier deshalb darin, sich den Bereitstellern als möglicher Vertragspartner zu empfehlen. Dabei reicht die Vermittlung der Existenzinformation nicht immer aus, wenn an einem Ort eine größere Zahl von Anschlagunternehmern im Wettbewerb steht. Hier muß ein Werbungdurchführender einen zusätzlichen Anreiz für den Vermieter schaffen, auch das eigene Unternehmen auf jeden Fall zur Abgabe eines Mietgebotes aufzufordern.

Medienwerbung verspricht in diesem Zusammenhang nur begrenzten Erfolg, da die gezielte Ansprache der Bereitsteller lediglich in Ausnahmefällen möglich erscheint. Werden Hauswände zur Aufstellung von Großflächen gesucht, könnte sich eine Anzeige in den Mitteilungsblättern der Haus- und Grundbesitzervereine anbieten. Da die Standorte aber auch von Wohnungsbaugesellschaften, Immobilienfonds und den Eigentümern industriell genutzter Bauwerke vermietet werden, bleibt

---

1) Akquisiteure arbeiten als wirtschaftlich selbständige Makler, den Mietvertrag unterzeichnen jedoch die Werbungdurchführenden.
2) Lt. Mitteilung eines Werbungdurchführenden.

eine genügende Ausschöpfung der Zielgruppe jedoch fraglich. Fachblätter für Spediteure und das Taxigewerbe decken schon eher den Kreis der möglichen Bereitsteller für den betreffenden Werbeträger-Typ ab. Die Medienwerbung eignet sich besonders für zeitlich begrenzte aktive Beschaffungsmaßnahmen eines Werbungdurchführenden. Soll dabei eine bestimmte Zielregion erschlossen werden, kann auch die örtliche Tageszeitung bei der Suche von Standorten hilfreich sein[1]. Bei der Ansprache von Autofahrern lohnt sich die Verteilung von Handzetteln auf Parkplätzen, da gleichzeitig bestimmte gesuchte Fahrzeugtypen ausgesondert werden können. Schließlich liefern Datenbanken die Anschriften von Haus- oder Fahrzeugbesitzern, die auf direktem Wege schriftlich angesprochen werden können. Es erscheint dagegen kaum als zweckmäßig, die Existenzinformation nur vorsorglich zu streuen, da nicht davon auszugehen ist, daß sich die Bereitsteller in einem späteren Bedarfsfall noch daran erinnern.

Hegt ein Hauseigentümer die Absicht, einen Standort für eine Werbefläche zu vermieten, ohne bereits einen Werbungdurchführenden zu kennen, stehen ihm verschiedene Wege offen, die gewünschte Anschrift zu erlangen. Zunächst kann er eine Plakatwand aufsuchen, die in ihrer Form seinen Vorstellungen entspricht, und darauf hoffen, dort eine Markierung des Anschlagunternehmers zu finden (die bereits erwähnte Tektur trägt zumeist die Anschrift des betreuenden Unternehmens). Nähere Auskünfte erlangt er möglicherweise vom Bereitsteller des betrachteten Werbeträgers, sofern er ihn vor Ort identifizieren kann[2]. Der Werbungdurchführende fördert die Bereitschaft zu einem derartigen Vorgespräch durch die Auslobung einer Vermittlungsprovision, muß in der Folge aber damit rechnen, daß der neue Vertragspartner z.B. schon über Mietpreisinformationen verfügt, die er den Vertragsverhandlungen zugrunde legt.

---

1) Gedacht ist hier z.B. an die Suche nach privaten Kraftfahrzeugen für die Belegung mit Folien, die für ein örtliches Einzelhandelsunternehmen werben. Insbesondere Möbelhäuser machen hiervon häufig Gebrauch.
2) Ein Kontakt kann z.B. zustandekommen, wenn der Eigentümer selbst in dem Haus wohnt, das die Plakattafel trägt.

Eine andere Möglichkeit der indirekten Kommunikation vor Beginn von Vertragsgesprächen eröffnet sich dem Werbungdurchführenden in der Einschaltung von Institutionen, an die sich ein potentieller Bereitsteller mit der Bitte um Auskunft voraussichtlich wenden wird. Hierzu zählen städtische Bauämter, Wirtschaftsförderungsämter sowie Industrie- und Handelskammern. Daneben könnten Immobilienmakler und Hausverwaltungsgesellschaften ihre Klienten auf Werbemöglichkeiten hinweisen und dafür analog zu den Akquisiteuren Provisionen beziehen. Architekten fiele die Aufgabe zu, ihre Kunden bereits während der Bauplanung über die Einbeziehung von Werbeflächen zu beraten. Die Anwerbung von Fahrzeughaltern geschieht sehr günstig an Tankstellen und in Parkhäusern[1]. Bei Nutzfahrzeugen lassen sich bereits vom Hersteller werbefreundliche Aufbauten vorsehen[2].

Schließlich kann auch der Bereitsteller selbst auf Medienwerbung zurückgreifen, um sein Angebot an die Werbungdurchführenden heranzutragen. Gemeinden und Verkehrsbetriebe laden durch Anzeigen in Werbefachzeitschriften zur Teilnahme an Ausschreibungen für ihr Werbeträger-Potential ein[3]. Die Werbungdurchführenden sollten die entsprechenden Publikationsorgane daraufhin durchsehen.

Gegenstand der Beschaffungskommunikation ist jedoch nicht allein die Anbahnung von Vertragsverhandlungen. Maßnahmen zur Imageverbesserung der Außenwerbung erleichtern nicht nur die Kontaktaufnahme zu Bereitstellern, sondern führen indirekt über die Beeinflussung der öffentlichen Meinung zur Lockerung von Werberestriktionen. Sachinformationen beseitigen Vorurteile, die aus mangelndem Wissensstand erwachsen. Ergebnisse von Meinungsumfragen helfen, bei politischen Ent-

---

1) Tankstellenpächter können neben der reinen Anwerbung auch weitere Aufgaben, wie z.B. Montage und Pflege der Werbefolien, wahrnehmen und den Erhaltungszustand der Werbeflächen bei jedem Tankstellenbesuch des belegten Fahrzeugs überprüfen.
2) Glatte Oberflächen und günstig plazierte Bedienungselemente (z.B. Türgriffe) erleichtern die Beklebung mit Folien.
3) Vgl. die bereits erwähnte Anzeige in: Werbeforum, Nr. 2, Februar 1985, S. 7.

scheidungsträgern Vorbehalte abzubauen. Bürgermeinungen aus vergleichbaren Orten bzw. ein positives Echo in der dortigen Lokalpresse unterstützen ebenfalls die Argumentation des Werbungdurchführenden.

Da sich die Bereitsteller die optische Wirkung eines neuartigen Werbeträger-Typs am vorgesehenen Platz oft nicht vorstellen können, reichen technische Beschreibungen nicht immer aus. Vermag auch die Vorlage von Fotos bereits installierter Außenwerbeträger den gewünschten Eindruck nicht befriedigend zu vermitteln, sollten bei größeren Projekten die Entscheidungsträger zu einem Besuch dieser Original-Standorte eingeladen werden.

Gemeindeverwaltungen und Verkehrsbetriebe berufen sich bei ihren Entscheidungen häufig auf die vermeintlich negativen Reaktionen der Bürger bzw. Fahrgäste. In diesem Falle bemüht sich der Werbungdurchführende zweckmäßigerweise um die Erlaubnis, den geplanten Außenwerbeträger zunächst probeweise einzeln oder in geringer Stückzahl am vorgesehenen Ort einrichten zu dürfen. Damit gibt er den Entscheidungsträgern Gelegenheit, die Resonanz in der Bevölkerung abzuwarten und in die endgültige Entscheidung einfließen zu lassen[1].

Das Plakat genießt den großen Vorzug, in der öffentlichen Meinung auch als Ausdrucksform bildender Kunst betrachtet zu werden. Da sich Plakattafeln mit relativ geringem Aufwand individuell gestalten lassen, leistet die Unterstützung oder Ausschreibung von Plakatkunstwettbewerben einen kostengünstigen und wirkungsvollen Beitrag zur Verbesserung des Branchen-Images[2]. Freiaushänge für karitative Organisationen demonstrieren soziales Verantwortungsbewußtsein der Werbung-

----

1) Die Stadtwerke Bonn sperrten sich lange gegen Ganzwerbungen auf Verkehrsmitteln mit dem Hinweis auf die Sonderstellung der Bundeshauptstadt im Hinblick auf das städtische Erscheinungsbild. Der günstige Eindruck einer probeweisen Bemalung von zwei Straßenbahnwagen führte in Verbindung mit positiven Umfrageergebnissen zur grundsätzlichen Freigabe des Wagenparks. Vgl. BUCHMANN (1984), S. 5.

2) Vgl. z.B. o.V. (1985), Kunst erklimmt City-Werbetafeln, ein Bericht über eine Aktion des Bochumer Künstlerbundes.

durchführenden, das ein Gegengewicht zum Vorwurf der Manipulation liefert. Pressemappen[1)] und Meinungsumfragen[2)] wirken in der politischen Diskussion als aussagekräftige Argumente für die Außenwerbung.

1.5.3.4. Beschaffungspreise für Außenwerbeträger

Um für eine einzelne Werbefläche die Obergrenze der Mietzahlung zu errechnen, muß zunächst die erreichbare Auslastungsquote in Abhängigkeit von der Standortqualität geschätzt werden. Aus dieser Größe lassen sich die voraussichtlichen Erlöse ableiten. Der Überschuß über die Klebe- und Pflegekosten setzt sich aus den Gemeinkosten, der Miete und dem Deckungsbeitrag zusammen. Geht man ferner davon aus, daß sich die Gemeinkosten relativ zuverlässig aufschlüsseln lassen, ergibt sich ein Richtwert für die annehmbare Höchstmiete aus den Renditeerwartungen des Werbungdurchführenden. Umfaßt der Vertrag eine Mehrzahl von Standorten, die gemeinsam abgenommen werden, kann der Anschlagunternehmer die Preisgünstigkeit nur für die Gesamtheit der Werbestellen beurteilen; hier findet häufig ein kalkulatorischer Ausgleich der einzelnen Erträge statt[3)].

Zwei Faktoren bestimmen die Untergrenze des Mietangebotes. Weiß der Bereitsteller durch Gespräche mit anderen Vertragspartnern des Werbungdurchführenden, welchen Mietsatz diese erhalten, wird er seine eigenen Forderungen daran ausrichten. Es hängt vom Verhandlungsgeschick des Anschlagunternehmers ab, inwieweit es ihm gelingt, unter Hinweis auf eine geringere Standortqualität diese Vorstellungen nach unten zu korrigieren. Er darf dabei auch nicht außer acht lassen,

----

1) Vgl. z.B. die vom FAW herausgegebene Mappe mit Fotokopien von Zeitungsartikeln über die Plakat-Aktion zur Bekämpfung der Jugendarbeitslosigkeit im Frühjahr 1984. Vgl. FAW (o.J.), Betrifft Lehrstellen.

2) Die Stadtwerke Frankfurt befragten 2.000 Fahrgäste über ihre Meinung zu vier, mit Ganzwerbung lackierten Straßenbahnwagen, bevor größere Teile des Wagenparks zur Belegung freigegeben wurden. Vgl. o.V. (1976), Straßenbahnen mit großflächiger Bemalung, S. 10f.

3) Lt. Mitteilung eines Werbungdurchführenden.

welche Beträge seine Wettbewerber zahlen, die im gleichen Gebiet tätig sind. Es besteht sonst die Gefahr, den Standort bei der nächsten anstehenden Vertragsverlängerung an einen Konkurrenten zu verlieren[1].

Aus Vereinfachungsgründen wird bei Plakaten oft ein standardisierter Jahresmietbetrag angewendet, der sich an der durchschnittlichen Auslastung des Gesamtbestandes orientiert. Qualitätsgesichtspunkte fließen in die Preisgestaltung ein, indem für gute Standorte die Miete vom Regelsatz nach oben abweicht. Durch den Festbetrag trägt der Bereitsteller der Plakatwand keinerlei Risiko für die tatsächliche Auslastung des Außenwerbeträgers[2].

Denkbar wäre auch die prozentuale Beteiligung des Bereitstellers am Umsatz des Werbeträgers oder eine Kombination aus Festmiete und Umsatzanteil[3]. Bei Verkehrsbetrieben trägt diese flexible Preisgestaltung dem Umstand Rechnung, daß sich der Flächenbestand durch häufige Wechsel im Fahrzeugpark laufend verändert. Bei mobilen Werbeträgern (z.B. PKW) bietet sich ein Entgelt auf der Basis der gefahrenen Kilometer an; eine zusätzliche Grundmiete honoriert die Tatsache, daß auch ein geparkter Wagen eine - wenn auch geringere - Werbewirkung entfaltet. Umsatzbeteiligungen reizen zwar den Bereitsteller möglicherweise, sich in die Geschäftstätigkeit des Werbungdurchführenden einzumischen, bewirken aber beispielsweise bei öffentlichen Verkehrsbetrieben eine weniger bürokratische Genehmigung der Einzelentwürfe[4].

---

1) Lt. Mitteilung eines Werbungdurchführenden.
2) Lt. Mitteilung eines Werbungdurchführenden.
3) Nach einer Umfrage unter 42 deutschen Nahverkehrsbetrieben erhalten die Werbungdurchführenden für die erfolgreiche Vermietung der Fahrzeuge Provisionen, deren Prozentsätze zwischen 15 und 40% schwanken, lt. Mitteilung der Stadtwerke Bielefeld.
4) Nach Ansicht eines Werbungdurchführenden zeigen die Verkehrsbetriebe auf dieser Abrechnungsbasis auch mehr Entgegenkommen bei der technischen Abwicklung der Werbung.

1.5.3.5. Vertragsgestaltung bei der Beschaffung von Außenwerbeträgern

Bei der Vertragsgestaltung gewinnen die den beiden Partnern eingeräumten Rechte eine gewissse Bedeutung. Wie bereits angesprochen, besteht ein Einigungsbedarf sowohl für die technische Ausformung der Präsentationsvorrichtung als auch für die eventuelle Hinnahme von Einschränkungen bei der Kundenbelegung. Im einfacheren Fall nennt der Bereitsteller eine Anzahl von Produktgruppen (z.B. Spirituosen), für die auf der betreffenden Tafel keine Plakate ausgehängt werden dürfen[1]. Höhere Ansprüche an den Vermarktungsvorgang beim Werbungdurchführenden stellen dagegen z.B. Forderungen des Inhabers eines SB-Warenhauses, auf den Parkplätzen seines Handelsbetriebes nicht für Marken zu werben, die er nicht selbst im Sortiment führt[2]. Wegen der Vielzahl und des häufigeren Wechsels der auszunehmenden Produkte kann der Vertrag vorsehen, daß die Belegungsliste der Warenhausleitung zur Genehmigung vorzulegen ist.

Öffentlich-rechtliche Unternehmen unterliegen in bestimmten Bereichen einer Pflicht zur Neutralität. Werbung für politische Parteien und für Religionsgemeinschaften an Straßenbahnen und Bussen stößt daher selten auf Gegenliebe[3]. Da auch ein mißlungener Werbeentwurf das Image des Verkehrsbetriebes beeinträchtigen könnte, behalten sich die Unternehmen häufig das Recht zur Begutachtung und Genehmigung des geplanten Werbemittels vor. Daraus ergibt sich die Notwendigkeit, die Gestaltungsleitlinien des Verkehrsbetriebes bereits im Pachtvertrag möglichst genau niederzulegen. Die Gefahr der Ablehnung eines fertigen Entwurfs verbindet sich

----

1) Öffentliche Nahverkehrsbetriebe lehnen häufig die Werbung für Automobilmarken und -händler ab.

2) Das Oberlandesgericht Nürnberg hatte am 07.04.81 über die Wettbewerbswidrigkeit eines Plakataushanges in der Nähe eines Einkaufszentrums zu befinden. Dort wurde für Marken geworben, die der Handelsbetrieb nicht in seinem Sortiment führte. Die Belegung dieser Tafeln gilt als zulässig, solange sie nicht mit dem einzigen Ziel erfolgt, dem Einkaufszentrum zu schaden. Vgl. OBERLANDESGERICHT NÜRNBERG (1982), S. 289ff.

3) Lt. Mitteilung mehrerer Nahverkehrsbetriebe.

für den Kunden mit einem hohen Kostenrisiko, das dem Anbieter die Vermarktung des Werbeträgers erschwert.

Neben der reinen Werbeträger-Nutzung muß der Bereitsteller dem Werbungdurchführenden weitere Rechte einräumen, die die Nutzung technisch erst ermöglichen. Befindet sich beispielsweise eine Plakatwand auf einem Privatgrundstück, auf dem sie von öffentlichem Grund und Boden aus nicht zu erreichen ist, hat der Vertrag auch das Recht zum Betreten der Liegenschaft regeln. Im ungünstigsten Fall kann die Klebung nur von fremdem Grund aus erfolgen. Dann versucht der Werbungdurchführende auch mit dieser dritten Partei eine Einigung herbeizuführen, wobei möglicherweise ein eigenes Entgelt vereinbart wird. Überläßt er dagegen die Klärung des Zutrittsrechtes dem Bereitsteller, trägt dieser auch eventuelle Ansprüche des Dritten.

Die Wahrnehmung des Nutzungsrechtes durch den Werbungdurchführenden kann dem Bereitsteller darüber hinaus eigenes Tätigwerden abverlangen, so z.B. die vorübergehende Absperrung von Parkflächen, um dem Kleber den Zugang zu einer Plakattafel zu ermöglichen. Mobile Werbeträger sind zu einem bestimmten Zeitpunkt in einen Montagebetrieb für die Werbemittel zu überstellen. Technische Gründe (z.B. Gleisgebundenheit der Straßenbahnen) erzwingen häufig die Mitbenutzung eigener Einrichtungen des Verkehrsbetriebs durch das Personal des Werbungdurchführenden, wobei die Werbemittel-Anbringung mit der gewöhnlichen innerbetrieblichen Nutzung abgestimmt werden muß[1]. Weitere Vereinbarungen legen die Entschädigungen für die Stillstandszeiten fest, deren Umfang von der Montagedauer des Außenwerbemittels abhängt[2]. Besonderes Augenmerk ist auch auf die Übernahme der Kosten für die regelmäßige Fahrzeugreinigung zu richten.

---

1) Für den Werbungdurchführenden sind z.B. Werkstätten und Lackierhallen der Verkehrsbetriebe nur außerhalb der Dienstzeiten des normalen Personals zugänglich.

2) Bei Verkehrsbetrieben lassen sich z.B. Stillstandskosten vermeiden, wenn für die Montage die Stunden der nächtlichen Betriebsruhe genutzt werden können.

Darüber hinaus entsteht für mobile Außenwerbeträger das Problem, den Einsatz der Fahrzeuge im Verkehr so zu planen, daß die eigenen betrieblichen Dispositionen des Bereitstellers die beabsichtigte Werbewirkung (z.B. regionale Zielgruppenabdeckung) für den Kunden nicht in Frage stellen. Bei größeren Verkehrsbetrieben werden die einzelnen Linien von fest zugeordneten Betriebshöfen ausgehend bedient, so daß technisch motivierte Verlegungen von Fahrzeugen zwischen den Stützpunkten dazu führen können, daß die angemieteten Wagen nur noch in einem anderen als dem gewünschten Stadtbezirk zum Einsatz kommen.

Schließlich erwächst ein Regelungsbedarf aus der Frage, welche besonderen Rücktrittsrechte oder Schadenersatzansprüche dem Werbungdurchführenden oder seinem Kunden bei zeitweisem oder dauerndem Ausfall des belegten Werbeträgers zustehen. Den Kunden betreffen insbesondere Unfälle und unvorhergesehene Reparaturen der Fahrzeuge sowie deren vorzeitige Ausmusterung aus dem Wagenpark. Öffentliche Verkehrsbetriebe haften häufig nicht für Stillstandszeiten, die das eigene Personal verschuldet hat[1].

Einen Anlaß für die Wahrnehmung von Rücktrittsrechten durch den Werbungdurchführenden liefert z.B. auch ein Neubau auf einem Fremdgrundstück, der den Einblick auf eine Plakattafel erheblich mindert[2].

1.5.3.6. Beschaffung von Sekundärleistungen für die Vermarktung von Außenwerbeträgern

Bei der Beschaffung der Werbungdurchführenden steht natürlich die Auswahl geeigneter Standorte im Vordergrund des Interesses. Als wesentliche weitere Beschaffungsobjekte sind

----

1) Lt. Mitteilung eines Werbungdurchführenden tragen die meisten Verkehrsbetriebe Unfallschäden an Werbemitteln nur dann, wenn dem eigenen Personal grobe Fahrlässigkeit nachgewiesen werden kann. Die Werbungdurchführenden reichen dieses Risiko in ihren Geschäftsbedingungen an ihre Abnehmer weiter.

2) Der Vertrag kann also lt. Mitteilung eines Werbungdurchführenden auch ohne Verschulden des Bereitstellers seine Grundlage verlieren.

Präsentationsvorrichtungen, Werbemittel und Montageleistungen zu nennen. Die Anfertigung der herkömmlichen Plakatwände erfolgt zumeist mit geringem Materialaufwand in den eigenen Werkstätten der Werbungdurchführenden. Die Einführung elektronischer Präsentationstechniken und der beschaffungspolitische Zwang zur Einführung aufwendigerer Werbeträger überfordern jedoch leicht die eigenen Möglichkeiten und legen den Bezug der Vorrichtungen von darauf spezialisierten Herstellern nahe.

Die Übernahme der Werbemittel-Beschaffung durch den Werbungdurchführenden als zusätzliche Dienstleistung erspart dem Kunden die Suche nach einem Spezialunternehmen und die Übermittlung der Herstellungsrichtlinien. Der Anschlagunternehmer wird seinerseits den Herstellungsauftrag zusammen mit den Entwürfen des Kunden an entsprechend ausgerüstete Fachbetriebe (z.B. Druckereien) weiterleiten. Auch wenn der Anbieter des Werbeträgers sich nur auf eine Empfehlung gegenüber seinem Kunden beschränkt, sollte er dennoch die Leistungsfähigkeit und Preiswürdigkeit des vorgeschlagenen Unternehmens prüfen, da zu hohe Werbemittel-Preise den Kunden von der gesamten Werbemaßnahme zurückschrecken lassen könnten.

Schließlich läßt sich die Montageleistung fremdbeziehen. Mit der Realisierung von Verkehrsmittel- und Dauerwerbungen werden häufig Schriftenmalerbetriebe beauftragt. Dagegen bildet die Klebung von Plakaten die Kerntätigkeit der Anschlagunternehmer, die eigenen Kräften oder Subunternehmern vorbehalten bleibt. Größere Werbungdurchführende, denen sich kleinere Vermieter zu einer Buchungsgemeinschaft angeschlossen haben, beschäftigen oft ihre Partner als Subunternehmer für die Klebung, um sie nicht ihrer hauptsächlichen Einnahmequelle zu berauben.

1.6. Die Werbewirksamkeit von Außenwerbemaßnahmen

Ältere Quellen unterscheiden zwischen sog. **"ökonomischen"** und **"außerökonomischen"** Aspekten der Werbewirkung[1]. Die Begriffe leiten in die Irre, da natürlich auch die in diesem Zusammenhang als außerökonomisch bezeichneten Maßgrößen auf den Absatz eines Produktes durchschlagen. Ersatzweise soll hier nach **"Erfolgswirkungen"** (z.B. Umsatz, Gewinn, Marktanteil) und **"Kommunikationswirkungen"** (z.B. Reichweite, Bekanntheitsgrad) unterschieden werden[2].

Die Messung des Einflusses kommunikationspolitischer Maßnahmen auf die "klassischen" Erfolgsgrößen einer Unternehmung wie Umsatz, Gewinn oder Marktanteil scheitert an der Unmöglichkeit, den Effekt der Werbung aus dem Wirkungsverbund mit den anderen absatzpolitischen Instrumenten auf dem Absatzmarkt herauszufiltern. Wenngleich dem Medien-Nutzer durchaus Erfolgsverbesserungen versprochen werden, lassen sich diese in Zahlen nur tendenziell nachweisen[3].

Die Kommunikationswirkungen zerfallen in zwei Typen, die unterschiedlich hohe Ansprüche an die Meßmethoden stellen. Die erste Gruppe gibt Auskunft über die erreichte Mitgliederzahl eines bestimmten Personenkreises (z.B. der Werbezielgruppe aus der Planung). Diese sog. **"Reichweite"** wird durch die Schätzung der Wahrscheinlichkeit, daß ein Zielgruppenmitglied mit dem Werbeträger zusammmentrifft, oder die Anzahl der durchschnittlichen Kontakte einer Person mit dem Werbeträger ergänzt. Da diese Größen keine Aussagen darüber zulassen, ob die Berührung mit dem Werbeträger die Konsumenten einer Kaufentscheidung für ein beworbenes Pro-

---

1) ANTON (1973), S. 56ff., BIDLINGMAIER (1975), S. 699, HUTH/PFLAUM (1980), S. 67, und NAWROCKI (1975), S. 40.

2) Die Begriffsbildung in der Literatur ist hier noch uneinheitlich. MAYER/DÄUMER/RÜHLE (1982) unterscheiden z.B. ökonomische und psychologische Funktionen der Werbung.

3) Vgl. die Übersicht über empirische Absatzreaktionsanalysen bei ter HASEBORG (1985), S. 104ff. Ter HASEBORG führt die geringe Akzeptanz der Modellvorschläge in der Praxis auf die unzureichende Abbildung der Realsituationen zurück (S. 115).

dukt nähergebracht hat[1], werden sie als **quantitative Werbewirkungsmaße** bezeichnet[2].

Dem stehen die **qualitativen Aspekte des Werbeerfolgs** gegenüber, die Veränderungen in der Verbraucherhaltung gegenüber dem beworbenen Produkt zu erfassen suchen. Den Bezug zum Kaufakt stellen Stufenmodelle her[3]. Sie zerlegen den Prozeß von der ersten Berührung der Konsumenten mit dem Produkt bis zu einer Kaufentscheidung in verschiedene Bewußtseins- bzw. Aktionsphasen. Eine positive Werbewirkung zeigt sich dabei im Fortschreiten der Verbraucher zu den nächsthöheren Stufen innerhalb dieser Modelle. Qualitative Werbeforschung befaßt sich nur zu einem geringeren Teil mit Werbeträgern, vorrangig widmet sie sich den Einflüssen der Werbemittel-Gestaltung auf die Zielpersonen. Qualitative Werbeträger-Analysen können ohne die Verwendung von konkreten Werbemitteln als abfragbare Identifikationshilfe und Gedächtnisstütze kaum auskommen und büßen daher an Allgemeingültigkeit ein. Da die Ergebnisse folglich umstritten sind, beschränken sich zahlreiche Unternehmen bei ihrer Planung auf die Festlegung quantitativer Zielgrößen[4].

Die folgenden Abschnitte dokumentieren die Forschungsergebnisse für die Außenwerbung und stellen sie den Werten für andere Medien gegenüber, sofern die Daten mit vergleichbaren Methoden bzw. in der gleichen Untersuchung erhoben wurden.

1.6.1. Quantitative Maßgrößen der Werbewirkung

Die quantitativen Werbewirkungsmaße registrieren die Berührung bzw. die Wahrscheinlichkeit der Berührung mit einem Werbeträger oder -mittel durch ein Mitglied der Zielgruppe. Dabei kommt es nicht darauf an, ob dieses Zusammentreffen

---

1) Vgl. FAW (1975a), S. 12, MACKENROTH (1982), S. 40f.
2) Vgl. die Kontaktdefinitionen im ZAW-Rahmenschema für Werbeträger-Analysen, ZAW (1984), S. 30ff.
3) Als bekanntestes Beispiel sei das AIDA-Schema von LEWIS genannt. Eine Übersicht über die verschiedenen Ansätze gibt z.B. KOPPELMANN (1981), S. 111.
4) Lt. Mitteilung mehrerer werbungtreibender Unternehmen.

bei der Person bereits einen Bewußtseinseffekt auslöst. So definiert NESKE einen **Werbeträgerkontakt** als "jede auch noch so flüchtige Berührung zwischen einer Person und einem Werbeträger"[1] und führt als Beispiel die Wahrnehmung einer Zeitschrift im Kioskaushang an. Entsprechend weit reicht die Begriffsfassung für den Kontakt mit einem Außenwerbeträger. Die "Plakatanschlagstellen-Analyse" (PA)[2] zählt hierzu bereits die Passage einer "Kontaktzone" in der Umgebung des Werbeträgers. Diese Zone markiert den Bereich, in dem z.B. eine Plakattafel gesehen werden **kann**[3]. Es bleibt zunächst unberücksichtigt, ob der Passant den Werbeträger tatsächlich sieht und das darauf angebrachte Plakat wahrnimmt. Daher wird etwas vorsichtiger auch von einer Kontakt"chance" gesprochen[4].

Das besondere Problem liegt weniger in den Definitionen als in der Erfassung von Berührungen mit Anschlagstellen verborgen. Die Mediennutzer verbinden mit den meisten Werbeträgern einen anderen, für sie "wichtigeren" Zweck als das Studium der Werbung. Über diese Verwendung können sie häufig genau Auskunft geben und liefern damit zugleich einen Indikator für den Werbekonsum. Das Lesen oder Durchblättern von Zeitungen und Zeitschriften oder der Besuch einer Kinovorstellung lassen sich abfragen, während sich für Außenwerbung als "Nur-Werbemedium" diese Möglichkeit verschließt. Die üblichen Fragen zur Mediennutzung führen angesichts der vielen Außenwerbeträger im Straßenbild nicht zu sinnvollen Ergebnissen. "Sind sie gestern an einer Plakatanschlagstelle vorbeigekommen?" eignet sich nicht als direkte Fragestel-

---

1) NESKE (1983), S. 168.
2) Die Plakatanschlagstellen-Analyse (PA) wird von Infratest erhoben und vom FAW herausgegeben. Es handelt sich dabei um das bedeutendste Zahlenwerk zur Wirkung der Außenwerbung (hier: Plakatanschlag).
3) Vgl. MACKENROTH (1982), S. 40f. COPLAND (1960), S. 14, der als Begründer der wissenschaftlich fundierten Plakatforschung gilt, zählt als Kontakte alle erwachsenen Personen, die in solche physische Nähe zu Plakattafeln geraten, "that they can, if they wish, see them".
4) Der FAW (o.J.), Wir stehen da, wo Käufer gehen, S. 19, grenzt sehr klar den Begriff des Werbeträger-Kontaktes, wie ihn die "Media-Analyse" (MA, ein Datenwerk in der Trägerschaft von Verlagen, Runkfunkanstalten etc.) verwendet, von der Werbeträger-Kontaktchance ab, die die PA ermittelt.

lung. Daher mußten für die Außenwerbung Methoden entwickelt werden, die nicht bei der Erinnerung an die passierten Werbeträger ansetzen[1].

Die Werbeträgerforschung hat hierzu zwei verschiedene Wege eingeschlagen, die durch die zugrundeliegenden Erhebungsverfahren der **Beobachtung** und der **Befragung** charakterisiert werden können[2]. Grundmuster der Beobachtungen ist hier die Zählung der Passanten an einem Werbeträger-Standort, während Befragungen nachträglich von einer Personengruppe Auskünfte einholen, aus denen sich die Werbeträger-Kontaktchancen rekonstruieren lassen[3].

Die Erhebungen möchten sich natürlich nicht darauf beschränken, nur die Berührungen der Passanten mit einer einzigen Anschlagstelle anzugeben, sondern streben allgemeiner gültige Aussagen für größere Gebiete oder Personenkreise an. An dieser Stelle gewinnt die bereits angesprochene Unterscheidung, ob man unter einem Außenwerbeträger die einzelne Plakatwand oder aber die Summe aller Anschlagmöglichkeiten eines Typs verstehen will, größte Bedeutung. Jede Berührung mit einer Zeitschrift, in der eine bestimmte Anzeige geschaltet wurde, birgt eine - wenn auch noch so kleine - Wahrscheinlichkeit, auch auf das Inserat zu stoßen. Dagegen ist die Chance, ein ausgewähltes Plakat auf einer Anschlagwand zu sehen, auf der ein anderes Motiv klebt, für den vorbeigehenden Fußgänger in jedem Fall gleich Null. Überdenkt man den Anwendungszweck der Messung von Werbeträger-Kontakten, kommt man zu dem Schluß, daß diese Größe zumindest implizit Kontaktchancen mit dem Werbemittel verspricht, also gleichsam eine Ersatzgröße für komplexere Daten darstellt. Um zu einem vergleichbaren Informationsgehalt zu gelangen, dürften nur die Daten für solche Plakattafeln zu Gruppenwerten zusammengefaßt werden, auf denen für das glei-

---

1) Vgl. FAW (1975a), S. 8.
2) Zu den Begriffen der "Befragung" und "Beobachtung" vgl. z.B. HAMMANN/ERICHSON (1978), S. 67 bzw. 72.
3) Vgl. BRAUNSCHWEIG (1962), S. 774. BRAUNSCHWEIG hat FAW und Infratest zu Beginn der sechziger Jahre bei deren ersten Forschungen beraten und beeinflußt.

che Produkt geworben wird. In Abhängigkeit von der Belegung durch den Kunden entstünden daher für jede Werbemaßnahme neue "Werbeträger", die nur für eine einzige Kampagne mit aussagefähigen Daten belegt wären. Die individuelle Bewertung einer bestimmten Werbeträger-Kombination scheidet jedoch aus Kostengründen aus[1].

Es scheint daher begrifflich klarer zu sein, **jede einzelne Anschlagstelle als eigenständigen Außenwerbeträger**[2] anzusehen und Kontakte einer Zielperson mit mehreren Werbetafeln, die für das gleiche Produkt werben, bereits als **externe Überschneidung**[3] zu werten. Diese Betrachtungsweise erfordert die Erhebung von Einzeldaten für sämtliche vorhandenen Außenwerbeträger, aus denen die voraussichtlichen Wirkungsresultate für eine ausgewählte Kombination hochgerechnet werden können. Die Meßverfahren der "Beobachtung" und einige Varianten der "Befragung" greifen diesen Ansatz auf. Um den Aufwand zu begrenzen, klassifizieren sie jedoch den Gesamtbestand anhand von Daten, die für einige beispielhafte Außenwerbeträger empirisch gewonnen wurden.

Die anderen Methoden, die auf eine Befragung zurückgreifen, entziehen sich diesem Problem, indem sie durch die Abfrage von Werbemitteln exemplarisch komplette Kampagnen messen und daraus quantitative Werte ableiten. Sie führen den Nutzer der Daten aber mit tendenziell zu hohen Werten in die Irre[4] und verdanken ihre Anerkennung bei den Werbeplanern vor allem der Tatsache, daß sie die vermutete qualitative Diskrepanz zwischen Kontaktchance und tatsächlicher Wahrnehmung überbrücken.

----

1) Nur in Ausnahmefällen bildet ein Werbungdurchführender Netze, die langfristig immer in der gleichen Zusammenstellung vermietet werden. Das gleiche gilt für feste Netze, die Einzelabnehmer (z.B. die Zigarettenhersteller) dauerhaft für sich reserviert haben. Die Studie zur Verkehrsmittelwerbung von 1977/78 nennt die weithin bekanntgewordene Reichweite von 62% für öffentliche Verkehrsmittel, jedoch erreicht die gestützte Erinnerung an bestimmte Motive im Durchschnitt höchstens 49%. Vgl. FAW (1978b), S. 53ff.
2) Vgl. hierzu auch MEYER-ROCHOW (1979), S. 545.
3) Vgl. HUTH/PFLAUM (1980), S. 111.
4) Der Bekanntheitsgrad des Produktes oder gleichzeitige Werbung in anderen Medien wirken hier verfälschend. Vgl. BENDER (1976), S. 90ff.

1.6.1.1. Auf Beobachtungen basierende Verfahren der quantitativen Außenwerbeträger-Forschung

Die Charakterisierung einer Erhebung als beobachtendes Verfahren rührt daher, daß das Erhebungspersonal am "Standort" des Außenwerbeträgers Stellung bezieht, um die Passanten in der Kontaktzone ohne ihr Wissen zu zählen. Diese Vorgehensweise wurde insbesondere auf Verkehrsmittel mehrfach angewendet, wobei einfach unterstellt wurde, daß sich der Bereich für potentielle Werbeträger-Berührungen mit dem Fahrzeug bewegt. Für stationäre Werbetafeln bietet es sich an, die Personen mit Kontaktchance nach dem Durchqueren der Beobachtungszone zu ihren soziodemographischen Merkmalen bzw. ihrem Mobilitäts- und Kaufverhalten zu befragen, um die mit dem untersuchten Werbeträger ansprechbaren Zielgruppen erkennen zu können. Die im folgenden vorgestellten Erhebungen basieren zumindest teilweise auf einer Beobachtung.

Im **Herbst 1963** beschäftigte sich **INFRATEST** mit der Frage, welcher Prozentsatz der erwachsenen Bevölkerung von Düsseldorf durch Verkehrsmittelwerbung berührt wird (Reichweite) und wieviele Kontakte bzw. Kontaktchancen eine erwachsene Person im Durchschnitt pro Tag aufweist[1]. Das Institut lehnte sich hierbei an ein von POLITZ in den USA bereits erprobtes Meßverfahren an[2]. Bei einem Straßenbahnzug und einem Omnibus wurden für die Dauer der Untersuchung in einem Seitenfenster je zwei Fotokameras angebracht, die zusammen einen Blickwinkel von 120 Grad abdeckten. Diese Anordnung fotografierte während der normalen Linienfahrt in regelmäßigen Zeitabständen die Fußgänger am Straßenrand. Für die auf den Bildern sichtbaren Personen wurde angenommen, daß sie die auf den Seitenflächen der Fahrzeuge unterhalb der Fenster aufgetragenen Werbungen hätten sehen können (Kontaktchance). Die Summe der gezählten Passanten wurde als "Brutto-Kontakte" bezeichnet. Dagegen galt ein "Netto-Kontakt" nur als zustandegekommen, wenn auf dem Foto zu erkennen war,

---

1) Vgl. INFRATEST (1964).
2) Vgl. BARTON (1964), S. 310ff.

daß die abgebildete Person dem Verkehrsmittel auch den Blick zuwandte[1]. Mögliche Verzerrungen durch die Wahl der befahrenen Strecken, der Wochentage und der Tageszeiten wurden durch zahlreiche Variationen der Versuchsanordnung aufgefangen. Auf ca. 3.000 Fahrkilometern entstanden 19.000 ausgewertete Fotos[2].

Für einen Straßenbahnzug ermittelte INFRATEST 40.000 Brutto-Kontakte an einem Durchschnittstag; 8.400 Personen blickten zudem in die Richtung des Fahrzeugs und zählten daher als Netto-Kontakte. Allerdings erscheint es als problematisch, die Kontaktzahlen auf die Gesamtbevölkerung hochzurechnen, um einen Wert für die Reichweite angeben zu können. Summiert man nämlich diese Werte für den gesamten Wagenpark des Verkehrsbetriebes, erhält man 17,3 Mio. Brutto- und 3,1 Mio. Netto-Berührungen. Es wird bei Berücksichtigung der Düsseldorfer Einwohnerstärke sofort klar, daß hier eine Vielzahl von Mehrfachkontakten erfaßt wurde, ohne daß man zugleich mit Gewißheit von der vollständigen Abdeckung der Bevölkerung ausgehen konnte. Die Erhebung wurde daher ergänzt um eine Stichprobenbefragung (n=601), die den Aufenthalt der Interviewpartner im Verkehrsbereich der Straßenbahnen und Omnibusse erforschte. Danach haben nur für 61% der Einwohner (= Reichweite) durchschnittlich je 51,8 Gelegenheiten (= Kontaktchancen) bestanden, Werbungen an öffentlichen Verkehrsmitteln zu sehen; eine günstige Blickrichtung läßt 9,4 Wahrnehmungen pro Tag (= Kontakte) plausibel erscheinen[3].

Einschränkend muß herausgestellt werden, daß die Studie Kontakte mit Autofahrern vollständig vernachlässigt. Da die Insassen von "geschlossenen Fahrzeugen" - Personenwagen und anderen öffentlichen Verkehrsmitteln - auf den Fotoserien nicht deutlich genug zu erkennen waren, wurde auf ihre Einbeziehung sowohl im Beobachtungs- als auch im Befragungsteil der Studie verzichtet[4].

---

1) Vgl. INFRATEST (1964), S. 13.
2) Vgl. INFRATEST (1964), S. 48.
3) Vgl. INFRATEST (1964), S. 25ff.
4) Vgl. INFRATEST (1964), S. 16.

Die **AMERICAN TRUCKING ASSOCIATIONS** wählten 1977 eine ähnliche Methode, setzten jedoch in dem Versuchsfahrzeug statt einer optischen Aufzeichnungsvorrichtung mehrere Personen ein, die mit Handzählern jeweils einen bestimmten Blickwinkel beobachteten[1]. Im Gegensatz zur INFRATEST-Studie finden Autoinsassen ausdrücklich Berücksichtigung, allerdings in der Weise, daß die Fahrzeuge gezählt und mit einer Angabe der Federal Highway Administration für die Durchschnittsbesetzung gewichtet werden. Bei ca. 50.000 Meilen (=ca. 80.000 Km) Jahresfahrleistung auf verschiedenen Straßen erzielt ein durchschnittlicher LKW-Zug demnach etwa 5 Mio. Sichtkontakte. Die amerikanischen Verkehrsgewohnheiten bringen es mit sich, daß Fußgänger an diesem Wert nur einen Anteil von 6% ausmachen[2]. Ein Auslieferungsfahrzeug im Nahverkehr erzielt 6,4 Mio. Kontakte bei ca. 25.000 Meilen (= ca. 40.000 Km) Fahrweg. Die Wahrnehmungschancen während der Stillstandszeiten zum Be- und Entladen werden dabei mit denen für die Fahrt gleichgesetzt[3]. Bemerkenswert erscheint noch die Angabe für Lastzüge, daß die Kontaktchancen für die Rückseite eines Wagenaufbaus zwar deutlich niedriger als für Seiten und Front ausfallen, die längere Verweildauer der potentiellen Überholer hinter dem "Verkehrshindernis" jedoch die Zeit für die Wahrnehmung erhöht[4].

Kritisch zu vermerken ist die fehlende Unterscheidung in Kontaktchancen und tatsächliche Werbeträger-Wahrnehmungen. Die Erhebungsmethode erlaubt für die gezählten PKW ohnehin keine Differenzierung der Insassen nach ihrer Blickrichtung, da hier nur Durchschnittswerte in die Berechnung eingehen. Aber auch Nachtfahrten fließen mit Kontaktchancen in das Ergebnis ein, wobei die Autoren der Studie die Wahrnehmungsprobleme herunterspielen[5]. Schließlich bleibt offen, ob Spitzenwerte von 250 Zählvorgängen pro Minute von einer einzelnen Erhebungspersonen ausreichend genau verarbeitet

---

1) Vgl. AMERICAN TRUCKING ASSOCIATIONS (1977), S. 40.
2) Vgl. AMERICAN TRUCKING ASSOCIATIONS (1977), S. 7.
3) Vgl. AMERICAN TRUCKING ASSOCIATIONS (1977), S. 19 und 21. Die Studie spricht hierbei sogar von einem "worst case approach".
4) Vgl. AMERICAN TRUCKING ASSOCIATIONS (1977), S. 8.
5) Vgl. AMERICAN TRUCKING ASSOCIATIONS (1977), S. 11.

werden können[1]. Schließlich erwecken einige Details der Studie den Eindruck großer Genauigkeit, während das Zahlenmaterial dem nicht gerecht wird[2].

Das **INSTITUT FÜR MARKTFORSCHUNG UND MARKENENTWICKLUNG** ermittelte auf drei regional verschiedenen Autobahnabschnitten die Anzahl der Personenkraftwagen, die einem LKW begegnen oder ihn überholen. Bei einer täglichen Fahrzeit von 12 Stunden an 280 Einsatztagen im Jahr summieren sich diese Kontakte[3] auf ca. 16,5 Mio., wobei die PKW als mit durchschnittlich mit 1,5 Personen besetzt angenommen werden[4].

Eine **INFRATEST**-Untersuchung von **1977** in München verfolgte neben der Aktualisierung der Düsseldorfer Daten des Jahres 1963/64 das Ziel, die Unterschiede bei den Kontaktchancen mobiler und stationärer Außenwerbeträger zu erkunden[5]. Als Ort des Experiments wurden eine Kraftfahrstraße mit schwachem und eine Wohnstraße mit starkem Passantenaufkommen im Münchner Stadtteil Laim ausgewählt. Den mobilen Werbeträger stellte ein Auto dar, das diese beiden Straßen am 02.02.1977 in der Zeit von 10.00 bis 14.00 Uhr in Form eines 7,9 Km langen Rundkurses befuhr. Gezählt wurden alle Erwachsenen und Kinder, die sich im Sichtfeld des Beobachters befanden, auch wenn sie nicht in seine Richtung blickten. Die Rolle der Anschlagstellen übernahmen 20 feste Meßpunkte an der gleichen Strecke. Die gegenüber Düsseldorf etwa 10% höheren Kontaktchancen in Müchen werden der Einbeziehung von Kindern unter 14 Jahren zugeschrieben, so daß sich die Größenordnun-

---

1) Vgl. AMERICAN TRUCKING ASSOCIATIONS (1977), S. 37.
2) So wird z.B. mit dem kleinbusähnlichen Meßfahrzeug das Fahrverhalten eines LKW-Zuges mit Hänger simuliert, um schnellere Verkehrsteilnehmer zu Überholvorgängen anzureizen, die sie auch bei den wesentlich längeren Einheiten durchgeführt hätten. Die Aussagen über die Verweildauer hinter einem LKW sind unter Berücksichtigung dieses Testdesigns sehr vorsichtig zu beurteilen. Vgl. AMERICAN TRUCKING ASSOCIATIONS (1977), S. 37.
3) Die Studie spricht von "Kontakten", wenngleich es zutreffender "Kontaktchancen" heißen sollte, da Kraftfahrer auf der Autobahn nicht unbedingt LKW auf der Gegenfahrbahn wahrnehmen.
4) Vgl. INSTITUT FÜR MARKTFORSCHUNG UND MARKENENTWICKLUNG (1979), Tab. 1 und Tab. 5.
5) Vgl. HOELTZ (1977), S. 18.

gen im Zeitablauf kaum verändert haben. Man glaubt daraus ableiten zu dürfen, daß auch der Anteil der Netto-Kontakte an den Brutto-Kontakten mit durchschnittlich 18% konstant geblieben ist[1].

Die Relation der Kontaktchancen stationärer zu denen mobiler Werbeflächen beträgt bei der gewählten Auslegung des Experiments ca. 1:7. Probefahrten sollen überdies gezeigt haben, daß höhere Fahrgeschwindigkeiten das Verhältnis noch weiter zugunsten der Verkehrsmittel verbessern. Außerdem fällt die Relation in der stark von Fußgängern frequentierten Wohnstraße wesentlich höher als auf der Kraftfahrstraße aus[2]. Insgesamt mindert jedoch die eher dürftige Gestaltung des Aufbaus die Aussagekraft des Experiments. Die Ergebnisse sind daher allenfalls als Tendenzaussagen zu werten[3].

Schließlich sei hier noch die **Effektivitätsstudie 1975** von **INFRATEST** erwähnt, in der an 60 ausgewählten Anschlagstellen 9.000 Passanten befragt wurden. Die Plakattafeln waren sowohl nach Standortmerkmalen als auch Anschlagart quotiert[4]. Auf den Werbeflächen klebten Plakate, die sonst in diesem Gebiet nicht nicht zu sehen waren. Ein Interviewer befragte die Personen (ausschließlich Fußgänger!), die die Kontaktzone passiert hatten, darüber, wie oft sie normalerweise an dieser Stelle vorbeikommen. Aus den Antworten wurden die durchschnittlichen Berührungshäufigkeiten der Passanten mit den Werbeträgern in einem bestimmten Zeitabschnitt abgeleitet. Da die Studie zusätzlich die Erinnerung an das für den Ort exklusive Werbemittel spontan und gestützt erhob, wäre eine Differenzierung nach möglichen und tatsächlichen Kontakten ebenfalls denkbar gewesen[5].

---

1) Vgl. HOELTZ (1977), S. 19.
2) Vgl. HOELTZ (1977), S. 20.
3) Die Durchführung des Experiments um die Mittagszeit eines einzigen Tages kann keine Repräsentativität für die Resultate beanspruchen.
4) Vgl. FAW (1975c) und KERNEBECK (1978), S 31ff. Je 20 Allgemeinstellen, Ganzstellen und Großflächen an repräsentativen Orten im Bundesgebiet und West-Berlin kamen zum Einsatz.
5) Zum Inhalt der Befragung vgl. vor allem KERNEBECK (1978), S. 37ff.

1.6.1.2. Auf Befragungen basierende Verfahren der quantitativen Außenwerbeträger-Forschung

Die auf Befragungen basierenden Ansätze zur quantitativen Erforschung von Außenwerbeträgern bilden zwei Gruppen, von denen eine mit den zuvor beschriebenen Beobachtungstechniken gewisse methodische Ähnlichkeiten aufweist. Die Passage an einer bestimmten Anschlagstelle wird hierbei jedoch nicht durch Augenschein vor Ort erhoben, sondern aus den Auskünften einer Personenstichprobe herausgefiltert[1]. Dem steht eine zweite Vorgehensweise gegenüber, die spontane und gestütze Erinnerungen an Werbemittel auswertet.

Beim **IPA-Ansatz**[2] nach COPLAND legt ein Interviewer den Stichprobenangehörigen Skizzen oder Fotos ausgewählter Plakattafeln vor und erbittet Angaben darüber, ob sie die gezeigten Standorte kennen und wie häufig sie in letzter Zeit[3] an diesen Stellen vorbeigekommen sind. Kontaktsummen und Reichweiten der Tafeln werden auf diese Weise als Werte bestimmt, die bei entsprechender Auswahl der Stichprobe für die örtliche Bevölkerung repräsentativ sind. Zugleich erlaubt das längere Gespräch in der Wohnung des Befragten die Gewinnung von Merkmalen zur Zielgruppenbestimmung.

Für jede Einzelperson läßt sich nun auch eine Maßgröße angeben, die "die durchschnittliche Zahl der Kontaktchancen mit einem durchschnittlichen Plakatstandort einer Stellenart innerhalb einer Wohngemeinde pro Kopf der Wohnbevölkerung im Alter zwischen 14 und 70 Jahren"[4] ausdrückt. COPLAND stell-

----

1) Vgl. ZAW (1984), S. 73ff. Der ZAW erweckt dort allerdings den falschen Eindruck, als ob sich die bislang vorliegenden Werbeträger-Analysen ausschließlich dieser Methode bedient hätten.

2) Vgl. COPLAND (1962), S. 21ff. Die Bezeichnung leitet sich aus de Namen der federführenden Forschungseinrichtung ab (Institute of Practitioners in Advertising), einer Gemeinschaftsorganisation britischer Werbeagenturen. COPLAND war seinerzeit Forschungs- und Media-Direktor einer Mitgliedsagentu..

3) "In letzter Zeit" bedeutet bei COPLAND 7 Tage, bei INFRATEST eine zehntägige Dekade. Vgl. COPLAND (1962), S. 21, und FAW (1975a), S. 9.

4) FAW (1975a), S. 145. Die Angabe bezieht sich auf eine zehntägige Dekade.

te fest, daß dieser sog. **A-Wert**[1] bei Einsatz einer bestimmten Werbeträger-Stückzahl mit der Größe der Einwohnerschaft einer Gemeinde abnahm[2]. Dies erscheint plausibel, wenn man sich vor Augen hält, wie sich die zurückgelegten Wege einer größeren Wohnbevölkerung auf ein weitläufigeres Stadtgebiet verteilen und daher die Chance eines einzelnen Bürgers sinkt, eine bestimmte Stelle zu passieren. Die von COPLAND gefundene Beziehung bildet diesen Zusammenhang jedoch nicht linear, sondern als

(3.1) $\log A = - 0{,}6513 \log (\text{Bevölkerung in Tsd.}) + 1{,}3215$

ab[3]. Dagegen nimmt er für die Kontaktsummen und die Kontakthäufigkeiten einzelner Personen lineare Steigerungen bei zunehmender Stellenzahl an. Die Gesamtzahl der Berührungen je Einwohner mit den Motiven einer Kampagne errechnet sich demnach im Prinzip als Produkt aus dem A-Wert und dem vor Ort belegten Tafel-Bestand. Diese lineare Beziehung stellt sich jedoch nicht als Ursprungsgerade dar, sondern verfügt zusätzlich über ein additives Glied, für das sich COPLAND vergebens um eine befriedigende Interpretation bemühte. Da er sich auch die ortsabhängigen Unterschiede in der Größe des Achsenabschnittes nicht erklären konnte, empfahl er willkürlich die Verwendung eines mittelgroßen Wertes von $b = 4$[4]. Diese Größenordnung bestätigte sich auch in den INFRATEST-Untersuchungen PA I und PA II[5].

(3.2) Durchschnittskontaktchancen = A-Wert x Stellenzahl + 4

---

1) COPLAND fand lineare Beziehungen zwischen Stellenzahl und Durchschnittskontaktchancen bei gegebener Ortsgröße. Die Bezeichnung "A-Wert" übernahm er von der allgemeinen Schreibweise einer Geradengleichung $y = Ax + b$. Vgl. COPLAND (1962), S. 24.
2) Vgl. COPLAND (1962), S. 21ff.
3) Vgl. COPLAND (1962), S. 25. COPLAND zeichnete den Zusammenhang von Kontaktchancen je durchschnittlicher Anschlagstelle und Einwohnerzahl auf und erhielt eine hyperbelförmige Kurve, die sich der angegebenen Beziehung annähert.
4) Vgl. COPLAND (1962), S. 24.
5) Vgl. FAW (1975a), S. 145. Die Funktion der A-Werte in Abhängigkeit von der Einwohnerzahl folgt in Deutschland jedoch einem geringfügig anderen Verlauf; die genaue Gleichung wird in den Quellen nicht angegeben. Vgl. z.B. die Graphik bei KERNEBECK (1978), S. 11.

Dies bedeutete jedoch, daß jede Person durchschnittlich vier Kontaktchancen mit einem Werbemittel hätte, das im Rahmen der untersuchten Kampagne nicht plakatiert wurde. INFRATEST interpretiert b nicht ganz einleuchtend als Korrekturfaktor, der die rechnerischen Kontaktchancen nicht berührter Einwohner auf die tatsächlichen Kontaktpersonen umverteilt[1].

Die Weiterentwicklung des IPA-Ansatzes durch INFRATEST in der PA II besteht in der Bildung sog. **Mobilitätsfaktoren** (M-Faktoren), die aus dem Datenmaterial der Befragung herausgearbeitet wurden[2]. Das Institut zerlegt die Stichprobe nach diversen soziodemographischen Merkmalen und ordnet den Gruppen Werte zu, die die über- oder unterdurchschnittlichen Kontaktchancen des beschriebenen Personenkreises ausdrücken. Für das Mitglied einer Zielgruppe errechnen sich die Durchschnittskontaktchancen wie folgt:

(3.3) Kontaktchancen = A-Wert x Stellenzahl x M-Faktor + 4

Folgendes Beispiel möge die Gleichung veranschaulichen: INFRATEST nimmt für Bochum in der PA II eine Einwohnerzahl von 418.000 Personen an. Der A-Wert für eine Stadt dieser Größenordnung läßt sich in der entsprechenden Tabelle für Großflächen mit 0,81 ablesen[3]. Wird pro 2.000 Einwohner eine Plakattafel belegt (= 209 Werbeträger), hat jeder Bochumer Bürger zwischen 14 und 70 Jahren innerhalb einer Dekade 170 Chancen, eine Plakatwand dieser Kampagne bzw. des gebuchten Teilnetzes zu sehen[4]. Beträgt das Haushaltsnettoeinkommen z.B. 1.500 DM und mehr, erhöhen sich die Gelegenheiten durch den M-Faktor 1,17 für männliche Personen auf 199 (Frauen = 192), während ein Haushaltsnettoeinkommen unter 1.000 DM nur 143 Berührungen erwarten läßt[5]. Die Reichweite wird für Bochum mit 87,9% angegeben[6].

---

1) Vgl. FAW (1975a), S. 22.
2) Vgl. FAW (1975a), S. 9.
3) Vgl. FAW (1975a). INFRATEST gibt die A-Werte wahlweise in Abhängigkeit von der Einwohnerzahl (S. 15-18) und nach Städten (S. 19/20) an.
4) Vgl. FAW (1975a), S. 27.
5) Vgl. FAW (1975a), S. 93.
6) Vgl. FAW (1975a), S. 27.

Die hier vorgestellte Methode leidet nicht unter Verzerrungen durch die Einflüsse der Werbemittel-Gestaltungen, sondern liefert reine Werbeträger-Daten. Daneben vereinfacht sie die Reichweiten- und Kontaktzahlenplanung, da nur noch auf die Gemeindegrößen Rücksicht genommen werden muß. Das Datenmaterial gestattet zudem die Berechnung der Werbeträger-Anzahl, mit der in einer bestimmten Stadt vorgegebene Kontaktchancenwerte realisiert werden können. Die Erhebung beruht allerdings auf der Annahme einer "durchschnittlichen" Anschlagstelle[1)]. Die gewünschten Resultate werden also nur dann tatsächlich erzielt, wenn das belegte Netz einer Kampagne in seiner Standort-Zusammenstellung einen ausgewogenen Anteil des Gesamtbestandes repräsentiert bzw. dem INFRATEST-Netz ähnelt. Diese Anforderung läßt sich aber für den einzelnen Werbungtreibenden nicht immer in die Tat umsetzen bzw. kaum kontrollieren[2)].

Die Untersuchung weist darüberhinaus einen Mangel auf, der mehreren der auf einer Befragung basierenden Untersuchungen der Plakatforschung anhaftet. Die Stichprobe rekrutiert sich allein aus der Wohnbevölkerung der Erhebungsgemeinde. Die Kontaktchancen von auswärtigen Berufspendlern und Einkaufskunden werden ebensowenig erfaßt wie die Berührungen der Befragten mit Außenwerbeträgern, denen sie außerhalb ihrer Wohngemeinde begegnen. Da die PA II die Netto-Pendlereffekte nicht ermitteln kann, beschränkt sich INFRATEST auf eine tendenzielle Beurteilung, während KERNEBECK durch das willkürliche Herausgreifen einer Stadt mit hohem Anteil zureisender Beschäftigter (Düsseldorf) etwas einseitig dem Medium einen "Bonus" bescheinigt[3)].

---

1) COPLAND vertraute z.B. darauf, daß die unterschiedlichen Wahrnehmungschancen einzelner Werbeträger nicht ins Gewicht fallen, da sich der Verkehrsfluß überall als relativ gleichförmig erwiesen habe! Andere Qualitätsaspekte wie Tafelgröße oder -plazierung werden ignoriert. Vgl. COPLAND (1962), S. 27.

2) Vgl. die Kritik an der Aussagefähigkeit dieser Daten bei MEYER-ROCHOW (1979), S. 544ff.

3) Vgl. FAW (1975a), S. 12, und KERNEBECK (1978), S. 18. Die Messung von Pendlerströmen bildet dagegen den Kern einer Befragung, die die Reichweite der Außenwerbung im Hamburger Hauptbahnhof ermitteln sollte. Vgl. LEIMBACH (1981a), S. 40.

Eine weiteres Verfahren, die Passage an einzelnen Werbeträger-Standorten zu erheben, stellt die sog. **Stadtplan-Methode**[1] dar. Hierbei befragt man die Interview-Partner nicht nach ausgewählten Plätzen, sondern in allgemeiner Form nach ihren in den letzten Tagen zurückgelegten Wegen. Diese Routen werden in Stadtpläne eingezeichnet. Die Berührungen mit den ebenfalls markierten Plakatwänden, auf die sich die Untersuchung bezieht, zählen die Institutsmitarbeiter später aus und rechnen sie auf die Grundgesamtheit hoch. Der Ansatz eignet sich besonders zur Beurteilung einzelner Standorte bzw. feststehender Netze, könnte aber auch im Sinne der IPA-Methode ausgewertet werden, wenn nur die Passagedaten eines repräsentativen Stellenquerschnitts zur Verdichtung herangezogen würden[2].

Das Institut **INTERMARKET** untersuchte im Winter 1980/81 im Auftrage der Superposter-Werbegesellschaft die Reichweite des Kölner Netzes von 27 Werbeflächen im 40/1-Format[3]. 292 Personen über 16 Jahren bearbeiteten gemeinsam mit einem Interviewer einen Stadtplan, in dem die Geh- und Fahrwege der letzten drei Tage nachvollzogen wurden. Anschließend erhielten die Mitglieder der Stichprobe eine weitere Karte, in der sie ihre Routen der folgenden vier Tage in gleicher Weise festhalten sollten. Miterhobene Persönlichkeitsmerkmale erlaubten auch in dieser Studie die zusätzliche Untergliederung der Befragten. Für das genannte Netz ergab sich eine wöchentliche Reichweite von 62%[4]. Die durchschnittlichen Kontaktchancen beliefen sich für die Stichprobe (bzw. die Gesamtbevölkerung) auf 2,38 Stellen pro Woche, umgerechnet auf die Personen mit tatsächlicher Kontaktchance (= 62%) betrug dieser Wert 3,84.

Im August des gleichen Jahres wiederholte INTERMARKET die Untersuchung für ein mittlerweile auf 55 Standorte verdop-

----

1) Vgl. KERNEBECK (1978), S. 8.
2) Zur Vorgehensweise bei der Stadtplanmethode vgl. BRAUNSCHWEIG (1962), S. 772ff.
3) Vgl. INTERMARKET (1982a).
4) Eine Zusammenfassung der wichtigsten Ergebnisse liefert INTERMARKET (1982a), S. 21.

peltes Netz. Die Reichweite je Woche wuchs auf 80% an. Die Kontaktchancen der erreichten Personen verminderten sich auf 3,28 Superposter, die Durchschnittswerte für die Kölner Gesamtbevölkerung stiegen auf 2,66 Stellen[1]. Aus den Berichtsbänden geht nicht hervor, warum sich durch die starke Bestandserweiterung nicht auch die Zahl der Tafeln, auf die ein Kölner Bürger innerhalb einer Woche treffen konnte, entsprechend erhöhte[2]. Diese Ergebnisse stehen in deutlichem Widerspruch zu der von COPLAND und INFRATEST angenommenen linearen Beziehung zwischen Stellenzahl und Kontaktchancen (vgl. Gleichungen 3.2 und 3.3 auf S. 95f. dieser Arbeit).

Die INTERMARKET-Erhebung läßt die unterschiedlichen Passagezahlen an den einzelnen Stellen deutlich zutage treten. Die Reichweitenschwankungen zwischen den Kölner Stadtbezirken illustrieren zudem, daß selbst die Gemeindeebene für die Bestimmung quantitativer Werbewirkungen bisweilen nur grobe Nährerungswerte liefert. Leider versäumt es die Studie, die Teilreichweiten mit der Werbeträger-Dichte in den Stadtteilen zu vergleichen. Als Begründung wird darauf verwiesen, daß ein großer Teil der Kontakte außerhalb des Wohnumfeldes zustandekommt (z.B. auf dem Weg zum Arbeitsplatz in der Innenstadt)[3]. Auf die Erfassung der Werbeträger-Kontakte durch Pendler wird auch in dieser Untersuchung - allerdings kommentarlos - verzichtet.

Vier weitere Erhebungen[4] weisen Reichweiten und Kontaktchancen für Berührungen mit **Verkehrsmitteln** aus. Da jedoch nicht nach einzelnen Motiven, sondern Fahrzeugkategorien (z.B. Linienbussen oder LKW) gefragt wird, ergeben sich wenig aussagefähige Globalwerte, in die alle Berührungen mit einem beliebigen mobilen Außenwerbeträger innerhalb eines

----

1) Vgl. INTERMARKET (1982b), S. 23.
2) Vgl. INTERMARKET (1982b), S. 23 und 28. Die Schlußfolgerungen der Studie können mit dem Berichtsband allein nicht nachvollzogen werden.
3) Vgl. hierzu auch die Anmerkungen bei INTERMARKET (1982b), S. 47.
4) Bei den Studien handelt es sich im einzelnen um: FAW (1978a,b) für öffentliche Verkehrsmittel, INSTITUT FÜR MARKTFORSCHUNG UND MARKENENTWICKLUNG (1979) für LKW auf Autobahnen, sowie BOSS-PSYCHOMETRIE (1979) und SAMPLE-INSTITUT (1982) für Postfahrzeuge.

breiten Gesamtbestandes der Kategorie eingehen. Gegenüber stationären Plakattafeln tritt das Problem auf, daß der Befragte seine Berührungen mit einem einzelnen Werbeträger nicht anhand einer Gedächtnisstütze (Standort) selbst nachvollziehen kann, es sei denn, markante Details des Fahrzeugs oder Werbemotivs wären ihm im Gedächtnis haften geblieben. Nur in der Ausnahmesituation, daß ein für den Passanten wiedererkennbarer Teilausschnitt aus dem werbenden Wagenpark als Einheit vermietet wird, decken sich die Reichweiten von Werbeträger-Kategorie und Einzelkampagne. Eine solche Gelegenheit böten z.B. die vier Typen von Dienstfahrzeugen der Deutschen Bundespost, die der Bürger recht gut identifizieren kann[1]. Doch auch dieser Wagenpark wird von verschiedenen Kunden genutzt. Dadurch verliert eine Reichweitenangabe wie "94% der bundesdeutschen Bevölkerung ab 14 Jahren haben in der letzten Zeit Postfahrzeuge gesehen"[2] für den Mediaplaner ihren Wert. Ähnliches gilt für die Erinnerung an Werbungen auf öffentlichen Verkehrsmitteln.

Schwächen weisen die Untersuchungen auch in bei Festlegung des Wirkungszeitraumes auf. Das ZAW-Rahmenschema empfiehlt Zahlenangaben für Kontakte mit der "kleinsten Einheit", einem durchschnittlichen Fahrzeug "im Belegungszeitraum"[3]. Diese Spanne variiert bei Verkehrsmitteln stark und erstreckt sich häufig über Monate und Jahre. Den Nutzern von Mediastudien liegt jedoch nicht unbedingt daran, die hohen Reichweiten- und Kontaktwerte langjähriger Belegungen zu erfahren. Sie interessiert vielmehr, was Verkehrsmittelwerbung im Vergleich mit anderen kurzfristig wirkenden Werbeformen zu leisten vermag. Die Reichweite der Postfahrzeuge "innerhalb der letzten sieben Tage" sinkt dementsprechend auf 78%[4]. Drei Jahre zuvor ermittelte eine Studie für den gleichen Auftraggeber sogar nur einen Wert von 71% für die Reichweite ohne Zeitvorgabe[5].

----

1) Vgl. BOSS-PSYCHOMETRIE (1979), S. 12.
2) Vgl. SAMPLE-INSTITUT (1982), S. 1.
3) Vgl. ZAW (1984), S. 30f. in Verbindung mit S. 35.
4) Vgl. SAMPLE-INSTITUT (1982), S. 2.
5) Vgl. BOSS-PSYCHOMETRIE (1979), S. 11 in Verbindung mit Anhang S. 1.

Die **INFRATEST**-Studie zur Verkehrsmittelwerbung vermeidet die ausdrückliche Nennung eines Meßintervalls, jedoch läßt der Fragebogen erkennen, daß sich die Angaben auf eine Vier-Wochen-Frist beziehen[1]. In der Untersuchung fällt besonders der Einfluß der Fragestellungen auf die Ergebnisse auf. Zunächst äußern sich die Personen zu ihrer Erinnerung an Werbung in zehn verschiedenen Medien und nennen "Verkehrsmittelwerbung (außen)" zu 62%. Bei der gezielten Nachfrage konnten sich sogar 71% der Befragten auf die Wahrnehmung von Werbebotschaften an Bussen und Straßenbahnen besinnen[2].

Die Werte des Medienvergleichs räumen der Verkehrsmittelwerbung mit 62% einen Spitzenwert innerhalb der konkurrierenden Werbeformen ein, ein besseres Ergebnis weist nur die Fernsehwerbung mit 70% aus[3].

Fernsehen	70%
Außen an öffentlichen Verkehrsmitteln	62%
Plakate	61%
Tageszeitung	54%
Zeitschriften, Illustrierte	43%
Hörfunk[a]	39%
Werbung per Post	34%
Schaufenster	32%
Innen in öffentlichen Verkehrsmitteln	26%
Kino	14%

Tab. 8: Die Reichweite der Werbeträger im Inter-Medien-Vergleich.
a) An einem der drei Erhebungsorte (Hamburg) gibt es keine Hörfunkwerbung.
Quelle: FAW (1978a), S. 7.

Da sich die INFRATEST-Befragung von vorgegebenen Örtlichkeiten löst, hebt sich das Pendlerproblem zumindest teilweise auf. Auch die Kontakte mit Verkehrsmitteln außerhalb des

---

1) Vgl. FAW (1978b), Fragebogen im Anhang, S. 1, Frage 1.
2) Vgl. FAW (1978b), Tabellenteil, S. 1 und S. 27.
3) Vgl. FAW (1978b), Tabellenteil, S. 1.

Wohnortes fließen in die Erinnerungsangaben ein. Ein wesentlicher Einwand muß sich jedoch gegen die Auswahl der Stichprobe richten. Zwar steht hier die sorgfältige Bildung eines repräsentativen Bevölkerungsquerschnittes nicht in Frage, die Feldarbeit erfolgt aber nur in den drei Großstädten Hamburg, Kassel und Stuttgart[1]. Die Linien- und Fahrplantaktdichte der öffentlichen Verkehrsmittel ist dort um ein Vielfaches höher als in Kleinstädten oder ländlichen Gebieten. Auf dem Lande legen größere Teile der Bevölkerung ihre Fahrwege mit dem eigenen PKW zurück und im Straßenbild der Ortszentren sind öffentliche Verkehrsmittel weniger präsent als in den Metropolen. Analog zum A-Wert für den Plakatanschlag müßte daher die INFRATEST-Erhebung Korrekturfaktoren für Ortsgrößenklassen ausweisen. Daneben sollten auch die von den spezifischen Verkehrsströmen innerhalb einer Gemeinde abhängigen Reichweitenschwankungen berücksichtigt werden.

Zu welchen merkwürdigen Schlüssen die Vermischung von Ergebnissen verschiedener Erhebungen führt, demonstriert eine Berechnung der Medialeistung von Auslieferungs-LKW im Nahverkehr[2]. Sie geht von der Reichweite von 61% für das Plakat bzw. 62% für Verkehrsmittel im INFRATEST-Medienvergleich aus. Nach der "konventionellen" Faustformel für die Plakatbuchung - der auch die Testplakatierung bei INFRATEST gefolgt sein soll - wird eine Anschlagstelle je 3.000 Personen der Wohnbevölkerung angesetzt und in Verbindung mit den Ergebnissen der Münchner INFRATEST-Studie[3] in eine Belegungsquote von einem LKW auf 21.000 Einwohner umgeformt. Für Bremen wird daher bei ca. 555.000 Bewohnern die Anmietung von 27 Fahrzeugen empfohlen. Bei der Zielgruppe der Bevölkerung ab 14 Jahren (ca. 450.000 Personen) soll damit innerhalb von 11 Tagen die genannte Reichweite von 62% (= 279.000 Bremer) realisiert werden[4]. Diese Berechnung verdient kaum noch das Prädikat "seriös", da sie für Bremen 27 Lieferwagen

---

1) Vgl. FAW (1978b), Vorwort.
2) Vgl. Verkaufsunterlagen der Firma APS GmbH (1982).
3) Verhältnis der Kontaktchancen stationäre/mobile Außenwerbeträger = 1:7, vgl. S. 93 dieser Arbeit.
4) Vgl. Verkaufsunterlagen der Firma APS GmbH (1982), Das rollende Plakat, Abschnitt zur Untersuchung "Nahverkehr".

den gleichen Werbeeffekt wie dem gesamten Fuhrpark der Bremer Verkehrsbetriebe zuschreibt. Ferner vernachlässigt sie, daß sich Auslieferungen nicht auf die gleiche Tagesstundenzahl wie die Verkehrszeiten der Busse und Bahnen erstrecken und Standzeiten zum Be- und Entladen nicht mit dem höheren Wirkungsgrad mobiler Werbeträger bewertet werden können[1].

Quantitative Messungen auf der Basis der Erinnerung an bestimmte Außenwerbemittel büßen an Aussagekraft ein, wenn für die fraglichen Marken in mehreren Medien geworben wird und sich der Kontakterfolg der Außenwerbung aus der gesamten Markenbekanntheit nicht isolieren läßt. Um dieses Problem zu lösen, darf die abgefragte Werbebotschaft exklusiv nur auf Außenwerbeträgern erscheinen. Wo sich kein Herstellerunternehmen zur Mitarbeit bereitfand, behalf man sich mit der Abfrage von plakatierten Nonsense-Texten.

Ein Beispiel für diese Vorgehensweise zeigt die folgende Untersuchung in Schweden[2]. Im Jahre 1980 wurden 300 Personen u.a. nach dem längsten Schnurrbart der Welt (2,59 m, Guinness Book of Records) befragt. Niemand innerhalb der Stichprobe wußte des richtige Maß zu nennen. Nach einer zweiwöchigen Plakatierung dieser Information in drei verschieden großen Testorten konnten 17% genau die Länge der Barttracht angeben; insgesamt 27% wußten, daß der Schnurrbart zwischen 2 und 3 m lang war. Zu einer ähnlichen Frage äußerten sich sogar 46% der Stichprobenmitglieder mit einer nahezu richtigen Angabe, während vor der Kampagne nur 1% der Befragten die gesuchte Zahl kannten. Die Reichweite der gesamten Aktion wird mit 68% beziffert, da dieser Anteil der Stichprobe Teile der Plakatierung wiedererkannte. Die Analyse hebt hervor, daß in Schweden Anzeigen kaum mehr als 10% spontane (ungestützte) Nennungen erzielen und TV-Spots sogar noch deutlich unter diesem Wert liegen.

---

1) Ähnlich leichtfertig überträgt HAPPEL (1982), S. 48, die INFRATEST-Resultate auf LKW.
2) Vgl. LUDWIG (1981), S. 12ff. ERNST (1975), S. 28, berichtet von einem ähnlichen Experiment in den USA, in dem nach dem - relativ wenig bekannten - 23. Präsidenten der USA gefragt wurde.

Ein Test der Superposter-Werbegesellschaft im Herbst 1979 erbrachte ähnliche Ergebnisse[1]. 7 Plakatflächen in Krefeld[2] zeigten ein Hundeportrait und den Text "Ich bin ein Basset - mein Name ist Bertie". Vor Beginn der Plakatierung erkannten auf einem normalformatigen Abzug des gleichen Motivs 25% der Befragten die Hunderasse; der Name des Tieres war selbstverständlich noch nicht bekannt (0%). Drei Wochen später gaben 42% die richtige Rasse an und 14% erinnerten sich an den Namen. Die Fähigkeit des Superposters, weite Bevölkerungskreise anzusprechen (Reichweite), wird sicherlich größer als 17% sein, da Einzelkontakte nicht immer zu meßbaren Erinnerungswirkungen führen.

Als drittes Beispiel seien schließlich Wirkungsdaten erwähnt, die als Nebenprodukt einer Image-Kampagne des FAW anfielen[3]. Im Rahmen einer Mehrthemen-Befragung im gesamten Bundesgebiet legte das SAMPLE-INSTITUT seinen Interwiewpartnern auch das Rubens-Bild "Der Raub der Töchter des Leukippos" vor. 43% kannten das Gemälde und 16% ordneten es dem richtigen Maler zu. Nach der Plakatierung des Motivs über drei Dekaden unter der Überschrift "Ganz schön prall, Herr Rubens"[4] hatten 57% der Testpersonen das Kunstwerk schon einmal gesehen und 21% nannten Rubens als Schöpfer. Für beide Teilfragen hatte sich das Resultat also um ein knappes Drittel verbessert. Der FAW läßt allerdings offen, ob er diese Daten als quantitative oder qualitative Aussagen verstanden wissen möchte.

Zwei methodische Kritikpunkte schränken den Aussagewert der drei genannten Analysen erheblich ein. Zum einen wurden Werbemittel dazu benutzt, die Leistungsfähigkeit von Werbeträgern zu messen. Dies führt jedoch nur dann zu verwertba-

---

1) Vgl. Verkaufsunterlage der Superposter-Werbegesellschaft mbh (o.J.), Liebes 18/1, ich bin ein 40/1, S. 5f.
2) Die gleiche Unterlage weist auf S. 12 für Krefeld insgesamt 20 Standorte aus.
3) Vgl. FAW (o.J.), Die aufsehenerregende Ausstellung des FAW.
4) Es wurden 4.500 Großflächen und 3.900 Kleintafeln (4/1) beklebt.

ren Resultaten, wenn Störeinflüsse der Werbemittel-Gestaltungen auf die gemessenen Erinnerungswerte ausgeschlossen werden können, da sonst eine direkte Beziehung zwischen Erinnerungswerten und Reichweite nicht besteht. Gegen diese Bedingung verstößt die Verwendung von Plakaten, die durch ihre ungewöhnliche "Botschaft" möglicherweise ohnehin nachhaltiger als die gewohnten Produktwerbungen auf die Kontaktpersonen gewirkt haben. Hier hätten eher nachempfundene Markenartikel-Plakate zum Einsatz kommen müssen[1]. Andererseits messen die Erhebungen in verschieden großzügigem Umfang den Erfolg einzelner Kampagnen, so daß selbst bei Vernachlässigung des Einflusses der Motiv-Gestaltung die Ergebnisse nur für die vorgegebene - willkürlich festgesetzte - Werbeträger-Zahl Gültigkeit beanspruchen können, auf andere Belegungsdichten jedoch nicht übertragbar sind.

An Versuchen, Produktwerbungen der Erhebung von Reichweiten zugrunde zu legen, hat es vor allem für mobile Außenwerbeträger nicht gefehlt. Die INFRATEST-Studie zur Verkehrsmittelwerbung von 1977/78 fordert die Stichprobenangehörigen in den Fragen 24 - 27 zu Angaben darüber auf, "wofür" in bzw. außen an öffentlichen Verkehrsmitteln geworben wird[2]. Insgesamt 71% der Testpersonen konnten mindestens eine Produktgruppe oder eine Marke nennen. Anschließend sollten die Befragten zu 18 Bildvorlagen angeben, ob sie die gezeigte Werbung schon einmal gesehen hatten. Die bis zum Erhebungszeitpunkt getätigten Werbeaufwendungen ließen folgende Beziehung zwischen eingesetztem Geldbetrag und gestützter Reichweite der Werbung an den Außenseiten der Fahrzeuge erkennen:

----

1) Die Motive die Galerie-Aktion des FAW wurden zudem von einem regen Presse-Echo begleitet, das zusätzliche Aufmerksamkeit für die Gemälde weckte. Beispiele für Zeitungsartikel druckt der FAW nicht ohne Stolz in der Dokumentationsbroschüre ebenfalls ab, vgl. FAW (o.J.), Die aufsehenerregende Ausstellung des FAW. Die Firma Henkel führte verschiedene qualitative Messungen nicht nur mit Original-Plakaten durch, sondern verwendete in München auch ein Motiv mit dem Phantasie-Produkt "CID 60 Grad". Vgl. ERNST (1975), S. 27.

2) Vgl. FAW (1978b), Fragebogen im Anhang, S. 12ff.

Durchschnittliche Werbeaufwendungen	Gestützte Reichweite
DM 6.344	38%
DM 19.277	44%
DM 39.169	51%
DM 68.368	58%
DM 137.842	65%

Tab. 9: Gestützte Reichweiten der Außenwerbung an Verkehrsmitteln in Abhängigkeit von den Werbeaufwendungen.
Quelle: FAW (1978a), S. 31.

Das SAMPLE-INSTITUT erhob 1982 in einer gemeinsamen Befragung ungestützte Erinnerungswerte für mehrere Außenwerbeformen[1]). Die Angaben spalten sich in zwei Kategorien auf, von denen die eine sämtliche behaupteten Berührungen mit Werbemitteln an den entsprechenden Werbeträgern aufsummiert. Die andere filtert diejenigen Antworten heraus, bei denen die genannten Markennamen bzw. Gestaltungselemente den tatsächlichen Kontakt mit dem Werbemittel - und damit auch dem Werbeträger - plausibel erscheinen lassen:

Werbeträger	Werbung generell gesehen	Werbung konkret gesehen
Plakatflächen	67%	53%
Litfaßsäulen	47%	37%
Öffentliche Verkehrsmittel	48%	29%
Postfahrzeuge	41%	29%
Telefonhäuschen	26%	22%
Lastkraftwagen	26%	12%

Tab. 10: Ungestützte und geprüfte Werbeerinnerung verschiedener Außenwerbeträger.
Quelle: SAMPLE-INSTITUT (1982), S. 11.

Die Daten für Plakatflächen und öffentliche Verkehrsmittel stehen in Widerspruch zu den Aussagen von INFRATEST, die die

---

1) Vgl. SAMPLE-INSTITUT (1982), S. 11.

beiden Werbeformen als etwa gleichwertig einstufen[1]. Schwerwiegende methodische Unterschiede in der Fragestellung der beiden Erhebungen lassen sich nicht erkennen. Möglicherweise liefert der Rückstand der Verkehrsmittelwerbung beim SAMPLE-INSTITUT ein Indiz für die bereits angeführte Vermutung, daß diese Werbeform durch die Beschränkung der INFRATEST-Erhebung auf drei Großstädte tendenziell zu gut abschneidet und eine geographisch ausgewogenere Stichprobe dem gleichmäßiger verbreiteten Plakat einen Vorsprung zugebilligt hätte.

Eine frühere Studie im Auftrage der Deutschen Bundespost[2] ermittelte innerhalb einer Stichprobe von 983 Personen 71% Befragte, die Werbung an Postfahrzeugen gesehen hatten und mindestens eine zur Wiedererkennung geeignete Angabe machen konnten (zum Vergleich: 76% für öffentliche Verkehrsmittel). Weitere 10% behaupteten zwar die Wahrnehmung von Werbung an den gelben Wagen, blieben jedoch die Nennung von Details zur Identifikation des Werbemittels schuldig (öffentliche Verkehrsmittel: 14%).

Ein anderes Institut fand in einer Stichprobe von 993 PKW-Nutzern insgesamt 86,8% Autofahrer, denen bei Autobahnfahrten schon einmal Werbung an LKW aufgefallen war und für die sie noch Marken oder Produkte nennen konnten[3].

Bei den Messungen von Kontakten mit Werbebotschaften für reale Erzeugnisse fehlte in den bisher genannten Fällen eine **Vormessung**, die den Bekanntheitsgrad einer Marke oder eines Produktes zu Beginn eines Testzeitraumes feststellt. Die Daten erfassen somit absolute Erinnerungswerte zum Interviewtermin, in die bei den Befragten sämtliche, zu einem beliebigen Zeitpunkt erfolgten Werbekontakte mit dem Produkt eingehen. Insbesondere bei Fragen mit Erinnerungshilfen kommt den Testpersonen die gezeigte Werbung häufig bekannt

----

1) Vgl. Tabelle 8 auf S. 135 dieser Arbeit.
2) Vgl. BOSS-PSYCHOMETRIE (1979), S. 13.
3) Vgl. INSTITUT FÜR MARKTFORSCHUNG UND MARKENENTWICKLUNG (1979), S. 9.

vor, weil sie sie bereits in einem anderen Medium angetroffen haben. Die Leistungsfähigkeit einer Außenwerbemaßnahme ließe sich ohne Vormessung also nur dann zutreffend beurteilen, wenn die erfragte Werbebotschaft exklusiv in diesem Medium erschienen wäre und die Einwirkungsdauer einen angemessenen Zeitraum nicht überschritten hätte. Eine solche Testsituation könnte aber nur im Falle einer Neuprodukteinführung realisiert werden.

Dagegen geschieht es häufiger, daß z.B. der Bekanntheitsgrad eines bereits eingeführten Produktes erhöht werden soll. Um den möglichen Beitrag der Außenwerbung zu diesem Ziel bestimmen zu können, bedarf es also einer Versuchsanordnung, in der zeitlich begrenzt nur dieses Medium allein zum Einsatz kommt. Zugleich sind die Indikatoren der Werbewirkung vor Beginn und nach Ablauf des Testzeitraums abzulesen. Die Untersuchungen mit den Nonsense-Botschaften verfolgten bereits dieses Prinzip, die vorübergehende, ausschließliche Verbreitung einer Markenwerbung über Verkehrsmittel war erstmalig Bestandteil einer **INFRATEST-Erhebung im Jahre 1981**[1].

Die Analyse unterscheidet modellhaft drei Kampagnen-Varianten, die verschiedene Laufzeiten für den Außenwerbeeinsatz beinhalten:

- **I)** "Die Kampagne ist vor der ersten Befragungswelle kurzfristig angelaufen und lief auch noch zum Zeitpunkt der zweiten Befragungswelle." Neben einem nichtgenannten Unternehmen stellte sich ein Hamburger Schuhhaus (Goertz) als Testobjekt zur Verfügung und konzentrierte sein Werbebudget vorübergehend auf Rumpfflächenwerbung an öffentlichen Verkehrsmitteln.

----

1) Vgl. INFRATEST (1982). Der Berichtsband des Instituts liefert keinen vollständigen Überblick über die Anlage der Studie und ihre Resultate. Zu den insgesamt 10 Testkampagnen finden sich weitere Informationen bei BRENNECKE (1982), S. 308ff., LEIMBACH (1985), S. 38ff., und STEINBORN (1983), S. 31f.

- II) "Die Kampagne begann nach der ersten Befragungswelle und endete bereits vor Beginn der zweiten Befragungswelle." Seitenscheibenplakate zeigten im Wageninneren Werbesprüche für das Speiseeis "Ed v. Schleck" der Firma Langnese, während die Außenseite der Fensterkleber für die Eistüte "Rumba" des gleichen Herstellers warb. Bei "Ed v. Schleck" handelte es sich um eine noch wenig bekannte Marktneuheit, für "Rumba" hatte sich dagegen bereits ein hoher Bekanntheits- und Verwendungsgrad aufgebaut. Während "Rumba" im Testzeitraum nur auf Verkehrsmitteln vertreten war, schaltete der Hersteller für das andere Produkt zusätzlich in zwei Dekaden Plakattafeln sowie Hörfunkspots, die nur im Testort Düsseldorf über Radio Luxemburg zu empfangen waren.

- III) "Die Kampagne ist vor der ersten Befragungswelle langfristig angelaufen und lief auch noch zum Zeitpunkt der zweiten Befragungswelle." Die Studie nennt kein Testunternehmen bzw. -produkt.

Auf die ausführliche Wiedergabe der Ergebnisse soll an dieser Stelle verzichtet werden, soweit es sich um qualitative Schlußfolgerungen handelt. Die Angaben für ein Testprodukt veranschaulichen jedoch auch interessante quantitative Effekte. Das Eis "Ed v. Schleck" war nach der Aktion 31% der Befragten ein Begriff, zuvor kannten es nur 20%. Auffällig waren bei dieser Kampagnenvariante die folgenden Resultate: 13% der Testpersonen erinnerten sich bereits in der ersten Befragungswelle an Werbung für das relativ neue Erfrischungsprodukt und 5% griffen aus einer vorgelegten Liste verschiedener Werbeformen Verkehrsmittel als Träger der Botschaft heraus, obwohl die Plakatierung noch nicht begonnen hatte. 12% glaubten sogar, die Werbung auf einem Foto wiederzuerkennen, und 9% gaben an, in den letzten vier Wochen mit ihr in einem Verkehrsmittel Kontakt gehabt zu haben. In der zweiten Erhebungswelle lag der Bekanntheits-

---

1) Vgl. INFRATEST (1982), S. 14.

grad für die Werbung bei 23%, die Nennungen der Verkehrsmittelwerbung hatten sich etwas mehr als verdoppelt (13% ungestützte und 27% gestützte Erinnerungen). 21% der Befragten waren angeblich im letzten Monat auf die Seitenscheibenplakate getroffen[1].

Die genannten Daten, die bereits bei den qualitativen Werbewirkungsmaßen anzusiedeln sind, bilden den Vorspann für eine Zielgruppenanalyse, die in der Studie eingeschlossen war. Die Belegung der Seitenscheiben an Verkehrsmitteln mit Wirkungsrichtung ins Fahrzeuginnere erfolgte unter der Annahme, daß auf diesem Wege insbesondere männliche Jugendliche mit überdurchschnittlicher Schulbildung angesprochen werden könnten[2]. Gemeint waren Oberschüler und Studenten, die auf dem Wege zu ihrer Ausbildungsstätte öffentliche Nahverkehrsmittel regelmäßig benutzen.

Die Interviews bestätigten diese Vermutung nur teilweise. Für männliche und weibliche Befragte ergaben sich keine nennenswerten Differenzen. Die unterstellte höhere "Erinnerungsfähigkeit" des männlichen Teils der Zielgruppe gegenüber der Werbebotschaft ließ sich auf dieser Datengrundlage nicht begründen[3]. Zwar erreicht die Altersschicht der 14-29jährigen den höchsten absoluten Bekanntheitsgrad (54%) für das Produkt, aber die Zuwachsrate der älteren Generation (50 Jahre und älter) fällt mit 70% noch höher als die der Jugendlichen (59%) aus, wenngleich auch von einem wesentlich niedrigeren Niveau ausgehend. Handelt es sich bis hierher um eher qualitative Leistungsdaten, tritt der Reichweiteneffekt der Verkehrsmittelwerbung innerhalb der Altersgruppen in den absoluten Zahlen deutlicher zutage (vgl. Tabelle 11).

Mittel- und Oberschüler wiesen sich in der von INFRATEST vorgenommenen Vierteilung der Ausbildungsstufen als der Personenkreis aus, der die Werbung für "Ed v. Schleck" am

----

1) Vgl. INFRATEST (1982), S. 18, und BÖCKLER (1982), S. IIf.
2) Vgl. BRENNECKE (1982), S. 311.
3) Vgl. BRENNECKE (1982), S. 309.

Altersgruppe	Befragungswelle 1	Befragungswelle 2
14 - 29 Jahre	16%	39%
30 - 49 Jahre	9%	14%
50 Jahre und älter	5%	13%

Tab. 11: Kontakt mit der Innenwerbung für "Ed v. Schleck" in den letzten vier Wochen nach Altersgruppen.
Quelle: INFRATEST (1982), S. 18.

ehesten den Verkehrsmitteln zuzuordnen wußte, allerdings hatte diese Gruppe nach eigenen Angaben auch die meisten Kontakte mit dem Werbemittel. Bemerkenswert ist jedoch die Feststellung, daß von den Befragten, die nur mit dem PKW fahren, öffentliche Verkehrsmittel aber nicht benutzen, 16% die Innenwerbung auf der Fotovorlage wiederzuerkennen glaubten[1]. Da die Wahrnehmung des Scheibenplakates aus offensichtlichen technischen Gründen den Fahrgästen der Busse und Bahnen vorbehalten war, müssen hier relativ starke Störwirkungen anderer, gleichzeitig oder früher geschalteter Medien vermutet werden. Auch der Hinweis auf hohe Absolutwerte und deutliche Steigerungsraten bei den Verkehrsmittelreisenden überzeugt nicht völlig, da die Zuwächse bei der gestützten Erinnerung der Nichtbenutzer etwa gleich hoch liegen[2]. Hierin offenbart sich abermals das Hauptproblem von Untersuchungen, bei denen die Einflüsse einzelner Medien aus der Gesamtwirkung nicht isoliert werden können. BRENNECKE beziffert zwar den Effekt der zusätzlichen Plakatierung mit 4 - 6%, den der Rundfunkwerbung mit 1 - 2%, erläutert jedoch weder, auf welches konkrete Wirkungsmaß sich diese Angaben beziehen, noch auf welcher Grundlage diese Schätzung beruht[3]. Sicherlich wird man der Verkehrsmittelwerbung den Hauptanteil an der Verbesserung des Bekanntheitsgrades zu-

---

1) Vgl. INFRATEST (1982), S. 20. Die Angabe bezieht sich auf die 2.Befragungswelle. Gleichzeitig glaubten 11% der Autofahrer, mit der gezeigten Werbung in den letzten vier Wochen Kontakt gehabt zu haben.
2) Vgl. INFRATEST (1982), S. 20.
3) Vgl. BRENNECKE (1982), S. 310.

schreiben dürfen, zuverlässig quantifizieren läßt sich dieser Beitrag mit den vorliegenden Zahlen jedoch nicht.

Bis auf eine Ausnahme gelingt es den werbemittelgestützten Untersuchungen nicht, direkte Zusammenhänge zwischen den Ausprägungen der quantitativen Werbewirkungsmaße und den zu ihrer Erreichung notwendigen Belegungszahlen herzuleiten. Einzig INFRATEST (1978) vergleicht die Werbeaufwendungen mit den Motiv-Reichweiten. Da sich diese Aussagen auf Verkehrsmittelwerbung beziehen, wäre eine Umrechnung auf die Werbeträger-Zahl hier jedoch nur zulässig, wenn auch der enorme Variationsspielraum für die Einwirkungszeit bei der Interpretation der Daten berücksichtigt würde[1].

Die Messung der Reichweite über Musterkampagnen mit den zugehörigen Belegungen kann dennoch sinnvoll sein. So verfälschen zwar Einflüsse der Werbemittel-Gestaltung möglicherweise die Ergebnisse, andererseits läßt sich dadurch aber der Problemkreis der unterschiedlichen Kontaktqualitäten der zu vergleichenden Medien umgehen, weil sich die qualitative Bewertung der Kontakte erübrigt. Hierauf wird im folgenden Abschnitt noch zurückzukommen sein.

Die andere wichtige quantitative Maßgrößen-Kategorie gibt Auskunft über die Werbeträger-Kontakte. Dies geschieht sowohl in der Form standortbezogener Kontaktsummen als auch durch personenorientierte Daten wie Kontaktwahrscheinlichkeiten und -häufigkeiten. Die Praxis gewichtet die Kontaktsummen mit den Belegungskosten und gelangt so zum **Tausend-Kontakte-Preis**[2]. Dabei werden implizit die Kontakte mit den verschiedenen Medien untereinander qualitativ gleichgesetzt. Die Außenwerbung schneidet hierbei nach Aussagen ihrer Anbieter im Vergleich ungewöhnlich günstig ab. Dies weckt den

----

1) Es bleibt zu überdenken, ob die Kosten der Verkehrsmittelwerbung anteilig oder vollständig auf einen kurzen Vergleichszeitraum angerechnet werden sollen. In beiden Fällen wird befriedigende Vergleichbarkeit nicht erreicht.
2) Vgl. KESSLER (1981), S. 392ff., und NESKE (1983), S. 324f. KESSLER führt auch einige Modellrechnungen vor.

Argwohn der Mediaplaner und ruft die Gegenargumentation der Konkurrenzmedien auf den Plan, so daß die empirische Erhebung des Verfassers ein eher gedämpftes Vertrauen in das angeblich hervorragende (quantitative) Preis-Leistungs-Verhältnis der Außenwerbung widerspiegelt[1)]. Der Aussage "Außenwerbung ist ein preisgünstiges Medium mit einem niedrigen Tausenderpreis" stimmten die Werbeagenturen mit dem Mittelwert[2)] 4,1 eher zu, wobei sich Dreiviertel der Befragten positiv äußerten[3)]. In den bundesweit tätigen Unternehmen sprach sich bei der gleichen Frage knapp über die Hälfte der Fragebogenrücksender zugunsten der Außenwerbung aus, der Mittelwert von 3,4 tendiert jedoch ganz leicht zur Seite der Ablehnung dieser These[4)]. Die schlechteste Bewertung erfährt die Verkehrsmittelwerbung im lokalen Bereich, wo sich 73,5% der Antworten mit einem Mittelwert von 4,26 der Aussage "Im Vergleich zum Nutzen ist Verkehrsmittelwerbung viel zu teuer" anschließen[5)].

Schließlich versuchten einige Studien, die Reichweiten und Kontaktzahlen der Außenwerbung nach Zielgruppen zu differenzieren. Zumindest das Beispiel "Ed v. Schleck" illustriert die grundsätzliche Möglichkeit, den Kontakt mit einem bestimmten Personenkreis überdurchschnittlich intensiv zu gestalten[6)]. Es stellt sich hier allerdings die Frage, ob die untersuchten soziodemographischen Kriterien der Erhebungen

----

1) Die Relation der Tausender-Preise "Plakat/Illustrierte" soll etwa 1:10 betragen. Der Versuch, die Tausender-Preise einzelner Medien aussagekräftig einander gegenüberzustellen ist allerdings zum Scheitern verurteilt, da qualitative Merkmale wie Plakatgröße, Anzeigenformat etc. die Werbekosten bereits innerhalb eines einzigen Werbeträgers stark schwanken lassen.

2) Zur Umsetzung der Antworten in Skalenwerte vgl. auch S. 5 dieser Arbeit.

3) Vgl. AGENTUR, Frage 25.

4) Vgl. NATIONAL, Frage 27

5) Vgl. LOKAL, Frage 17. Die Fragestellung schließt in dieser pauschalen Form allerdings auch qualitative Aspekte mit ein!

6) ERNST (1975), S. 26f., sieht die Zielgruppenansprache nicht durch die Standortwahl, sondern durch die zielgruppengerechte Plakatgestaltung gewährleistet. Er setzt dabei auf die selektive Wahrnehmung durch den Personenkreis, den die Botschaft ansprechen soll. Dieser Planungsansatz vernachlässigt jedoch enorme Streuverluste.

für die Zwecke der Mediaplanung ausreichen[1]. Weiterhin bleibt offen, ob sich für jede geplante Zielgruppe eine Außenwerbeform bzw. eine Außenwerbeträger-Kombination finden läßt[2].

63% der Agenturen glauben laut der empirischen Erhebung nicht, daß die Selektion von Außenwerbeträgern im Hinblick auf eine bestimmte Zielgruppe möglich ist (Mittelwert 3,1)[3]. Etwas geringer ist die Skepsis im Erhebungsteil NATIONAL, in dem 53% bei einem Gesamtmittelwert von 3,4 der Außenwerbung die Ansprache eines vorgegebenen Personenkreises nicht zutrauen[4]. Auf lokaler Ebene fand die provokante These "Verkehrsmittel fahren irgendwo in der Stadt, nur nicht dort, wo sich meine Kunden aufhalten" immerhin die Zustimmung von 57% der Befragten bei einem - allerdings knappen - Mittelwert von 3,66[5].

Die Ergebnisse der empirischen Erhebung deuten auf eine geringe Verbreitung bzw. Glaubwürdigkeit der quantitativen Forschungsergebnisse hin. Die nähere Betrachtung der Antwortverteilung zeigt jedoch eine breite Streuung nach beiden Seiten des neutralen Wertes 3,5, die letztlich auch zu den relativ ausgewogenen Mittelwerten führt. Die Meinungen der Werbeplaner über die Leistungsfähigkeit der Außenwerbung gehen also bereits auf dieser Stufe weit auseinander, so daß die Gruppierung der potentiellen Abnehmer nach der Beurteilung dieser Dimension des Mediums erste Anhaltspunkte für eine Marktsegmentierung liefert, deren instrumentaler Zuschnitt besonders auf Kommunikationsmaßnahmen aufbauen könnte.

----

1) HENDRY/WILDE/RUHLAND (1984), S. 79ff., segmentieren die Gesamtbevölkerung in über 10.000 kleine regionale Einheiten, weil sie glauben, daß sich die Bewohner bestimmter Stadtviertel hinsichtlich ihres Konsum- und Lebensstiles sehr stark ähneln. Außenwerbung kann sich dieser Gliederung hervorragend anpassen.
2) KAPLITZA (1979), S. 133f., glaubt das "typische" Plakatpublikum mit den Begriffen "jung" und "elitär" charakterisieren zu können, so daß die Medienwahl bereits die erreichbare Zielgruppe festlege.
3) Vgl. AGENTUR, Frage 14.
4) Vgl. NATIONAL, Frage 18.
5) Vgl. LOKAL, Frage 18.

1.6.2. Qualitative Maßgrößen der Werbewirkung

1.6.2.1. Qualitative Werbewirkung des Werbeträgers

Aus einem Werbeträger-Kontakt - also z.B. der Tatsache, daß eine Person eine Zeitschrift in der Hand gehalten hat - läßt sich noch keineswegs auf eine realisierte Werbewirkung schließen. Wenn die Botschaft eines Inserats trotz des Werbeträger-Kontaktes letztlich nicht im Gedächtnis haften bleibt, kann dies auf zwei Ursachen zurückgeführt werden. Zum einen überschlagt der Leser beim Durchblättern des Magazins häufig Seiten, weil ihn die Artikel nicht zur Lektüre reizen, zum anderen fangen unscheinbar aufgemachte Annoncen nicht den Blick eines mäßig aufmerksamen Betrachters ein.

Die Analogie zur Außenwerbung läßt sich wie folgt herstellen: Zeigen zwei Tafeln das gleiche Plakatmotiv, so fallen sie dennoch den Passanten in unterschiedlichem Maße ins Auge, wenn z.B. der eine Außenwerbeträger parallel und der andere quer zur Hauptpassagerichtung angebracht ist. Daneben beeinflußt auch die Werbemittel-Gestaltung die Wahrnehmung und Verarbeitung der Botschaft. Da jedoch für die qualitativen Abweichungen bei Variationen eines Tafel-Standortes das Motiv nicht verantwortlich gemacht werden kann, sind diese allein dem Werbeträger zuzuschreiben. Die Trennung der beiden Effekte stößt allerdings auf Schwierigkeiten.

Weil bei der Außenwerbung ein Kontakt mit dem Werbemittel immer zugleich auch eine Berührung mit der Plakattafel darstellt, bot es sich der Einfachheit halber an, Versuchspersonen nach Durchqueren der Kontaktzone zur Wahrnehmung des Motivs zu befragen und alle Antworten, die zutreffende Details wiedergaben, als Kontakte sowohl mit dem Werbemittel als auch dem Werbeträger einzustufen. Gerade für die Außenwerbung wird jedoch die Ansicht vertreten, daß die Wahrnehmung häufig unterhalb der Bewußtseinsschwelle stattfindet[1].

---

1) Vgl. MÜLLER (1983), S. 42ff., allgemein: STEFFENHAGEN (1984), S. 81.

Dies hätte zur Folge, daß sich die Befragten nicht immer konkret an das Motiv erinnern könnten, obwohl sie die gerade passierte Werbefläche tatsächlich "gesehen" haben[1]. Die Werbemittel-Erinnerung erbringt daher bestenfalls Tendenzaussagen über Sichtkontakte, schätzt deren absolute Höhe jedoch wahrscheinlich zu niedrig ein.

Die Werbeträger-Forschung hat zur Lösung dieses Problems für andere Medien (z.B. Zeitschriften) technisch aufwendige Wege beschritten, die sich möglicherweise auch auf Außenwerbung übertragen lassen. So werden Personen während des Umgangs mit dem Medium von Videokameras gefilmt. Das Bildmaterial wird später daraufhin ausgewertet, welche Zeitschriftenseiten beim Durchblättern aufgeschlagen wurden[2]. Da die Betrachtung von Außenwerbeträgern nicht notwendigerweise mit bestimmten meßbaren Aktionen der Versuchspersonen einhergeht, empfiehlt sich das Verfahren der Blickaufzeichnung zusätzlich als prüfenswerte Alternative für die Messung von Sichtkontakten zu Außenwerbeträgern. Einen sehr simplen "Vorläufer" dieser Methode benutzt die INFRATEST-Studie von 1963/64, bei der die fotografierten Personen nur dann als Netto-Kontakte gezählt wurden, wenn sie dem vorbeifahrenden Verkehrsmittel den Blick zugewandt hatten[3]. Diese grobe Gewichtung läßt sich in vielfältiger Weise differenzieren, indem z.B. eine Frontalpassage höher als eine Parallelpassage bewertet wird. Fußgängern könnte ebenfalls wegen ihrer voraussichtlich längeren Wahrnehmungsdauer ein größeres Gewicht als Autofahrern zugeordnet werden[4].

Die modernen Verfahren der Blickaufzeichnung, die in Deutschland insbesondere KROEBER-RIEL in seinem Institut in Saarbrücken weiterentwickelt hat, arbeiten mit leichten, tragbaren Linsenoptiken, die in die Aufzeichnung des Sichtbereiches einer Testperson Leuchtpfeile einspiegeln und so

---

1) Autofahrer sehen z.B. auch Allgemeinstellen, ohne in der kurzen Passagezeit einzelne Kleinplakate erkennen zu können.
2) Zu den Methoden der Seitenkontaktmessung vgl. BENDER (1976), S. 92ff.
3) Vgl. S. 89f. dieser Arbeit.
4) Vgl. BENDER (1974), S. 167ff.

den Blickverlauf innerhalb dieser Zone markieren. In der Laborforschung werden den Teilnehmern des Experimentes Anzeigen und Fernsehspots gezeigt, um festzustellen, welche Bildelemente ihr Blick berührt und wie lange er auf ihnen verharrt hat[1].

Als Grundlage für ein Laborexperiment zur Messung der Wahrnehmbarkeit von Außenwerbeträgern wäre an die Erstellung einer Filmsequenz (z.B. einer Autofahrt) zu denken, in der verschiedene Anordnungen von Anschlagstellen in Bezug auf die Hauptverkehrsrichtung zu sehen sind. Die Blickaufzeichnungskamera könnte bei der Vorführung der Szene nun festhalten, welche der abgebildeten Außenwerbeträger das Auge des Zuschauers berührt hat.

Folglich kombinieren die amerikanischen **PERCEPTION RESEARCH SERVICES** in einem Laborversuch Blickaufzeichnungen mit Filmen wirklichkeitsnaher Verkehrssituationen[2]. 200 Versuchspersonen[3] "befuhren" scheinbar eine Versuchsstrecke, die in etwa 27 Minuten zurückzulegen war. Entlang der Route standen 103 Werbetafeln verschiedener Größen und Anordnungen. Die Blickaufzeichnung registrierte sowohl die Außenwerbeträger, die überhaupt vom Blick des Testfahrers gestreift wurden, als auch die Verweildauer des Blickes auf den einzelnen Tafeln. Dabei zeigte sich recht deutlich, daß bei der Außenwerbung die abfragbare Wahrnehmung des Werbemittels deutlich niedrigere Kontaktwerte lieferte als die Blickaufzeichnung. Die Zahl der Sichtkontakte betrug schätzungsweise das Zweieinhalbfache der Erinnerungswerte[4]. Als wirksame Einflußfaktoren wurden in der Studie die Größe des Werbeträgers, die Geschwindigkeit des Fahrzeugs und die Anbringung von "Umrißerweiterungen"[5] nachgewiesen. Weitere Resultate

----

1) Zum Verfahren der Blickaufzeichnung vgl. BERNHARD (1983), S. 105ff.
2) Vgl. YOUNG (1984), S. 19ff.
3) Die 200 Testpersonen unterteilten sich in je 100 Männer und Frauen. Eine Hälfte gehörte der Altersgruppe von 18-34 Jahren an, während der Rest älter war. Vgl. YOUNG (1984), S. 19
4) Vgl. YOUNG (1984), S. 20.
5) Mit "cutout extensions" sind Erweiterungen der rechteckigen Tafelgrundform gemeint, die den Umrissen der überständigen Motivelemente nachgeformt sind.

deuten darauf hin, daß eine Plakatwand bei der gleichen Vorbeifahrt häufig mehrfach kurz hintereinander gesehen wird. Anhäufungen von mehreren Tafeln an einem Standort mindern die Aufmerksamkeit des Fahrers für den einzelnen Außenwerbeträger. Dagegen erhöht sich an Standorten in der Nähe offizieller Straßenbeschilderungen die Chance eines Sichtkontaktes. Dieser Effekt wird darauf zurückgeführt, daß die generelle Aufmerksamkeit des Fahrers an diesen Stellen zunimmt[1].

Wie die Beschreibung der Teilnehmergruppen vermuten läßt, sollten auch Unterschiede bei den Blickverläufen in Abhängigkeit von Alter und Geschlecht analysiert werden. Die Kriterien erlauben jedoch keine differenzierenden Aussagen[2].

Wenn auch die geringen Kosten einer Laboranordnung für diese Vorgehensweise sprechen, so ist sie doch mit einem grundlegenden Mangel behaftet, der sie als Forschungsgrundlage für diesen Zweck in Frage stellt. Die "Nutzung" eines Werbeträgers verbindet sich zumeist mit einer "Standardsituation" des Nutzers. Der "typische" Zeitschriftenleser sitzt auf seinem heimischen Sofa und blättert in seinem Magazin. Er widmet seiner Lektüre dabei nahezu ungeteilte Aufmerksamkeit. Diese Stimmung läßt sich unter Laborbedingungen mit gewissen Einschränkungen noch simulieren[3]. Für das Fernsehen als ähnlich intensiv erforschtes Medium gilt sinngemäß das Gleiche[4]. Die Berührung mit Außenwerbung erfolgt dagegen selten in geschlossenen Räumen. Die Kontaktpersonen begegnen den Werbeträgern im Straßenverkehr. Dabei konzentriert sich ihre Aufmerksamkeit zum einen auf das Verkehrsgeschehen, zum anderen auf die persönlichen Motive, die die

----

1) Vgl. YOUNG (1984), S. 21.
2) Vgl. YOUNG (1984), S. 21.
3) KROEBER-RIELs "Labor" präsentiert sich als Wohnzimmer mit Polstermöbeln. Die Blickaufzeichnungskamera vermittelt einer Testperson dennoch das Gefühl einer Ausnahmesituation, wenngleich dieser Einfluß als recht gering angesehen wird. Vgl. BERNHARD (1983), S. 113.
4) Der "aufmerksame Fernsehzuschauer" gilt für das Vorabendprogramm als idealisierte Annahme, da viele Personen bei laufendem Gerät anderen Tätigkeiten nachgehen. Vgl. SCHÖTTELDREIER (1984), S. 18.

Ortsveränderung veranlassen (z.B. Einkauf). Anschlagstellen geraten dabei unbeabsichtigt ins Blickfeld und treffen möglicherweise auf eine geringe Aufnahmebereitschaft. Die vielfältige Beanspruchung der Informationsverarbeitungskapazität der Testpersonen kann im Labor jedoch kaum imitiert werden und läßt sich mit dem eher entspannenden Konsum von Fernsehprogrammen und Druckerzeugnissen nicht vergleichen. Es wäre daher zu überlegen, ob die tragbaren Blickaufzeichnungskameras in Verbindung mit den den heute üblichen, leichten Videorecordern nicht auch im realen Verkehrsgeschehen eingesetzt werden könnten. Im Gegensatz zu den vorgefertigten Filmen bliebe den Testpersonen außerdem überlassen, welchen visuellen Eindrücken entlang einer vorgegebenen Teststrecke sie ihre Aufmerksamkeit schenken wollen bzw. welchen Reizen ihr Unterbewußtsein nachgibt.

Bei näherer Betrachtung genügt es weiterhin nicht, für einen Werbeträger-Standort die Anzahl der vorbeikommenden Personen zu zählen, die Gelegenheit gehabt haben, die Werbetafel zu sehen, und zu prüfen, ob sich die Anschlagstelle in einem günstigen Einblickswinkel zu ihrer Passagerichtung befindet. Während z.B. die Lage an einer Hauptverkehrsstraße bisher wegen der hohen Passagefrequenz allgemein als vorteilhaft angesehen wurde, relativieren die Fahrgeschwindigkeit und die Beanspruchung des Fahrers durch das Verkehrsgeschehen diese Beurteilung. Ein ganz anderes Wahrnehmungsverhalten läßt sich dagegen bei den Beifahrern in PKW und den Fahrgästen öffentlicher Verkehrsmittel beobachten. Sie nutzen die relative Untätigkeit während der Fahrt, um vergleichsweise intensiv ihre Umgebung zu betrachten. Für die Innenwerbung in öffentlichen Verkehrsmitteln wird diese erhöhte Aufnahmebereitschaft als besonderer Vorteil herausgestellt[1]. Die Zählungen müßten dementsprechend mehrere Passanten-Typen unterscheiden und nach ihrem Wahrnehmungsverhalten mit Gewichtungsfaktoren versehen.

----

1) Vgl. MACKENROTH (1982), S. 51. Das Werbemittel des FAW (o.J.), Was gibt's denn da zu gucken?, nennt 17,4 Minuten als durchschnittliche Reisedauer in öffentlichen Verkehrsmitteln.

Sicherlich können aus Kostengründen nicht für jeden einzelnen Standort Experimente der beschriebenen Art durchgeführt werden, um verwertbare Kontaktzahlen zu erhalten. Es wäre jedoch vorstellbar, daß für einige Haupteinflußfaktoren in repräsentativen Versuchsreihen mit dem Blickaufzeichnungsverfahren Qualitätsgewichte bestimmt werden, mit denen sich die absoluten Kontakte aus den methodisch weniger anspruchsvollen Passagezählungen verrechnen lassen. Bewertungsabschläge ergäben sich möglicherweise für Straßen mit hoher durchschnittlicher Fahrgeschwindigkeit (z.B. Stadtautobahnen), während eine Ampel kurz vor dem Standort ein Plus bedeutete[1]. In ähnlicher Weise wäre der Fußgängerverkehr zu erforschen. Während jedoch Zeitschriften wegen des regelmäßig wechselnden redaktionellen Umfeldes der Anzeigen kontinuierlich überprüft werden müssen, genügt bei Außenwerbeträgern die Erneuerung der Qualitätsdaten in größeren Zeitabständen.

In erster Linie bestimmen die Kontaktpersonen und ihre Fortbewegungsweise über die Qualität eines Werbeträger-Standortes. Daneben schlagen sich aber auch anschlagstellenbezogene Merkmale wie Größe der Tafel und Nachbarschaft anderer Außenwerbeträger in der Kontaktqualität nieder. Zwei Aspekte sollen hier gesondert angesprochen werden. Die Frage nach konkurrierenden Anschlagstellen in der Nähe des untersuchten Standortes läßt sich keineswegs bereits durch die Aufzählung aller umliegenden Außenwerbeträger des gleichen Typs beantworten, vielmehr sind sämtliche sichtbaren Werbeappelle im Umfeld in die Untersuchung einzuschließen. In Geschäftsstraßen wetteifern zahlreiche Leuchtreklamen an Ladenfronten, Aufschriften auf Verkehrsmitteln und Lieferfahrzeugen sowie attraktive Schaufenstergestaltungen um die Aufmerksamkeit der Passanten, während sich eine Plakatwand in einem Industriegebiet wegen ihrer relativen Einzelstellung nahezu uneingeschränkter Beachtung erfreuen darf.

----

1) Vgl. Standort-Beschreibungsbogen der UNIMEDIA - Gesellschaft für Mediawerbung mbH, Position F5.

Auch die Größe eines Außenwerbeträgers kann nicht für sich allein als Qualitätsmaßstab gelten, sondern muß im Zusammenhang mit weiteren Standortmerkmalen gesehen werden. So könnte das Superposter wegen seiner mehr als verdoppelten Werbefläche einen höheren Werbewert als die herkömmliche Großfläche für sich beanspruchen. Die auf Fernwirkung ausgerichtete Anbringung reduziert jedoch beim Betrachter die subjektiv empfundenen Flächenmaße, so daß die Tafel aus weiterer Entfernung nicht größer wirkt als die normale Großfläche beim üblichen Kontaktabstand. Da Superposter mindestens 3m über dem Erdboden angebracht werden[1)], kann sie ein Autofahrer kurz vor der unmittelbaren Passage bereits nicht mehr oder nur noch teilweise sehen, da das Autodach sein Sichtfeld nach oben begrenzt. Außerdem wird sich die Blickrichtung des Fahrers bevorzugt in der horizontalen Ebene parallel zur benutzten Verkehrsfläche halten, um die Bewegungen von Autos und Fußgängern zu beobachten. Folglich fallen ihm hoch an Hausgiebeln angebrachte Plakatwände weniger leicht ins Auge. Umgekehrt erschweren großflächige Werbetafeln denjenigen Fußgängern die Erfassung des gesamten Motivs, die zu nah an ihnen vorbeikommen.

Um zu verallgemeinerungsfähigen Aussagen zu gelangen, muß auch bei Anwendung der Blickaufzeichnung darauf geachtet werden, daß nicht besonders gelungene Werbemittel-Gestaltungen als Blickfang für einzelne Tafeln wirken und die Ergebnisse verfälschen. In einer Testanordnung sollten die Werbeflächen mit den zu prüfenden Merkmalen nur mit gleichartigen Motiven belegt sein, um diese Störeinflüsse zu verhüten.

Von qualitativen Aspekten mobiler Außenwerbeträger war im Zusammenhang mit der Blickaufzeichnung bisher noch nicht die Rede. Es kann hier nicht geklärt werden, ob sich ähnliche Versuchsanordnungen auch auf Werbeflächen an Verkehrsmitteln anwenden lassen. Insbesondere die Fahrgeschwindigkeit wird als Einflußfaktor für die Kontaktqualität eine Bedeutung

----

1) Vgl. Verkaufsunterlage der Superposter-Werbegesellschaft mbH, Liebes 18/1, ich bin ein 40/1, S. 3.

haben, die der Erforschung bedarf. Daneben sollte auch der Plazierung der Aufschriften am Fahrzeug besondere Aufmerksamkeit geschenkt werden. Hierbei ist zudem mit Zielgruppeneffekten zu rechnen, da z.B. von PKW-Fahrern Werbungen am Fahrzeugheck möglicherweise stärker als Rumpfbeschriftungen wahrgenommen werden.

1.6.2.2. Qualitative Werbewirkung des Werbemittels

Wenngleich sich diese Arbeit vorrangig mit der Vermarktung von Außenwerbe**trägern** beschäftigt, so darf doch ein Werbungdurchführender bei seinen Absatzbemühungen die Bedeutung der Außenwerbe**mittel** für die Beschaffungsentscheidung seiner Kunden nicht außer acht lassen. Die potentiellen Abnehmer von Außenwerbeflächen treffen nur dann eine positive Grundsatzentscheidung für das Medium, wenn ihnen sowohl die relativ genaue Abdeckung ihrer Zielgruppe durch die Auswahl der Flächentypen und -standorte als auch die erfolgreiche Vermittlung der Werbebotschaft durch gelungene Motiv-Gestaltungen gewährleistet erscheint.

Mit wenigen Ausnahmen - auf dem Gebiete der Außenwerbung z.B. die Lichtwerbung - übernehmen den Entwurf (und gelegentlich auch die Anfertigung) der Werbemittel Werbeagenturen, deren Tätigkeitsfeld sich nicht auf ein einzelnes Medium beschränkt. Ihnen obliegt es im Grunde auch, die medienspezifischen Gestaltungsspielräume der Werbemittel auszuloten und aus der Vielfalt der denkbaren Kommunikationsinhalte diejenigen herauszufiltern, die eine Werbeform ihren Kontaktpersonen erfolgversprechend mitteilen kann. Viele der Beratungsinstitutionen versäumen jedoch aus Unwissenheit oder Kostengründen die Anpassung der Werbeaussagen an die Besonderheiten der Außenwerbung. Dies kann z.B. aus der empirischen Erhebung geschlossen werden, in der fast zwei Drittel der Agenturen (64,5%) zugaben, daß sich die Plakatgestaltung in der Regel eng an die Motive der Zeitschriftenanzeigen anlehnt[1].

Den Werbeberatern, die die Leistungsdifferenzen zwischen den Medien erkannt haben, gelingt es dagegen, diese Forschungslast weitgehend auf die Werbeträger-Anbieter abzuwälzen, indem sie sich den Wettbewerb der Medien untereinander zunutze machen. Die Werbungdurchführenden können sich dieser

----

1) Vgl. AGENTUR, Frage 18. Der Mittelwert beträgt 3,7.

Bürde nicht entziehen, wenn sie ihrem Medium Kunden erschließen und erhalten wollen.

Die Untersuchungen zur qualitativen Werbemittel-Forschung setzen zwei Schwerpunkte. Neben die eher wertneutrale Messung der Aufmerksamkeitsstärke verschiedener Gestaltungselemente tritt die Prüfung der Eignung für ganz bestimmte Werbezielsetzungen. Beide Ansätze bedienen sich zu ihrer Erreichung im Grunde jedoch der gleichen Methode. Versuchspersonen werden danach befragt, ob sie sich spontan bestimmter Werbebotschaften erinnern (**Recall**) bzw. ob sie ein Werbemittel, das ihnen als Foto vorgelegt wird, wiedererkennen (**Recognition**)[1].

Die Aussagekraft eines Plakats hängt vor allem von den verwendeten Gestaltungskomponenten ab. Die Bildmotive, Texte und Farben sollen die Blicke der Passanten auf den Bogenanschlag lenken und dort einen Moment lang festhalten, um unterdessen die Wahrnehmung der Botschaft zu ermöglichen. Zur Optimierung der Entwürfe benötigt man Informationen darüber, welche Stilmittel den größten Kommunikationserfolg erwarten lassen[2]. Brauchbare Versuchsanordnungen wandeln demgemäß ein Werbemittel in den betrachteten Kriterien mehrfach ab und ordnen den einzelnen Ausprägungen ihre Erinnerungswerte zu. Studien mit diesem strengen Aufbau sind als Feldexperiment jedoch selten. Die bisherigen Analysen vergleichen bestenfalls verschiedene Kampagnen miteinander, ohne die Zielbeiträge einzelner Elemente zahlenmäßig zu isolieren. Die Ursache für dieses Forschungsdefizit ist vor allem in den naturgemäß hohen Kosten zu suchen. Die Mitgliedsunternehmen des FAW fühlen sich durch den notwendigen Kapitaleinsatz überfordert. Der Verband selbst erweitert seine Untersuchungen erst allmählich auf qualitative Fragestellungen, da die befriedigende methodische Fundierung der

---

1) Gute Einführungen in die Methoden der Erinnerungsmessung geben z.B. BENDER (1974), S. 34ff., und KOEPPLER (1974), S. 29ff.

2) Studien dieser Art liegen für andere Medien in vielfältiger Weise vor. Einen Überblick vermittelt der Aufsatz von DICHTL/MÜLLER (1985), S. 157ff. Außerdem seien hier beispielhaft SEIDL (1976), S. 56ff., und SCHWEIGER/HRUSCHKA (1978), S. 81ff., genannt.

quantitativen Messungen bisher vordringlich erschien[1]. Zudem benötigt man zur Gewinnung brauchbarer qualitativer Daten[2] ein echt erscheinendes Testprodukt. Da eine Phantasiemarke wegen ihres Anscheins der Marktneuheit von der Zielgruppe möglicherweise anders registriert wird als Werbung für eingeführte Erzeugnisse, basiert die günstigste Versuchsanordnung auf Variationen der Motive für ein marktbekanntes Produkt. Hierzu bedarf es der besonders engen Zusammenarbeit mit einem Werbekunden, der ein Produkt als "Versuchsobjekt" zur Verfügung stellt. Die im Ergebnis als schlecht beurteilten Plakatvarianten bedeuten jedoch den Verzicht auf die optimale Werbewirkung an den Plakatierungsorten dieser Motive. Diesen Schaden, der sich zudem einer genauen Berechnung entzieht, wird kaum ein Unternehmen riskieren wollen.

Einige deutsche Konzerne, die traditionell einen beträchtlichen Teil ihrer Budgets in Außenwerbung investieren, haben dennoch teilweise auf dieser methodischen Grundlage eigene Forschungsinitiativen ergriffen.

So führte das Haus **HENKEL** etwa 1969/70 einen "Plakat-Kompaß" ein, für den jährlich 6.000 Hausfrauen über 40 Plakatmotive befragt wurden[3]. Erste Ergebnisse veröffentlichte das Unternehmen im Sommer 1972[4]. Die bis dahin getesteten 90 Plakatentwürfe überprüfte man im Hinblick auf 61 Gestaltungsmerkmale in 270 Ausprägungsformen. 29 dieser Kriterien führten zu einer signifikanten Differenzierung der Erinnerungswerte. Sie wurden in einem Katalog zusammengefaßt und

----

1) Lt. Mitteilung des FAW-Geschäftsführers am 18.03.82.

2) Einen anderen Ansatz wählt SCHIRNER (1981), S. 28ff., indem er in einer Art künstlerischer Reflektion z.B. das Plakat als "das Leere" mit der Fülle des Straßenbildes kontrastiert. Immerhin wirkte SCHIRNER durch seine sparsam gestalteten Motiventwürfe mit großem Erfolg im Sommer 1975 als Auslöser der sog. "Plakat-Renaissance", vgl. FRIEDRICH (1977), S. 586.

3) Vgl. WÜNDRICH (1976), S. 32. Das Haus Henkel vereinigte nach eigenen Angaben seinerzeit 14% des Gesamtumsatzes auf deutschen Großflächen auf sich. Mehrere Forschungsanregungen von Henkel - so auch der Plakat-Kompaß - wurden vom FAW später aufgegriffen und allen Werbungtreibenden zugänglich gemacht.

4) Vgl. SIHLER (1972), S. 7ff.

den Produktmanagern als "Check-list" an die Hand gegeben, um Entwürfe der Werbeagenturen vorab besser beurteilen zu können.

Im Laufe der Analyse kristallisierten sich 17 Gestaltungstypen für Motive heraus, deren Erinnerungswerte über das Intervall von 18 bis 54% streuen. Während sich an das beste Einzelmerkmal 44% der Befragten erinnern konnten, ließ sich durch die geschickte Kombination der Stilelemente der Erinnerungswert eines Plakates noch um weitere 10% anheben. SIHLER beschreibt ein erfolgreiches Plakatmotiv wie folgt[1]:

- Die Bildtechnik besteht aus überwiegend graphischen Elementen, Fotos und Mischformen aus Graphik und Fotomontagen.
- Die Darstellung des Produktes macht mehr als 1/4 der Plakatfläche aus.
- Die dargestellten Elemente sind klar erkennbar.
- Die Information ist knapp und gezielt.
- Das Plakat enthält vier und mehr dominante Farben.
- Wenn es die Konzeption zuläßt, ist die dominierende Farbe "rot".

SIHLER weist anschließend darauf hin, daß diese Richtlinien schon lange intuitiv als richtig für die Plakatgestaltung angesehen wurden, ihre empirische Bestätigung aber bislang ausstand[2].

Bereits die quantitative Werbewirkungsforschung beschränkte sich nicht nur auf die Gewinnung von Globalwerten, sondern untersuchte auch die Ansprechbarkeit bestimmter Zielgruppen. Sie verwendete zur Kriterienbildung soziodemographische Merkmale und die sog. "Mobilitätsfaktoren"[3]. Diese Daten helfen bei der Planung, weil die geschickte Zusammenstellung der Plakatstandorte den Anteil der Zielgruppenangehörigen an den insgesamt erreichten Personen erhöht.

----

1) SIHLER (1972), S. 11.
2) Vgl. SIHLER (1972), S. 12.
3) Vgl. S. 96 dieser Arbeit.

Die treffgenaue Ansprache eines Personenkreises läßt sich stattdessen möglicherweise auch über spezielle Werbemittel-Gestaltungen bewerkstelligen. Dabei werden die Plakatanschlagstellen als "durchschnittliche" Standorte angesehen, die zu einem sehr heterogenen Personenkreis gleichermaßen Kontakte herstellen. Die Auslösung von Wahrnehmungsprozessen als Folge einer Selbstselektion der Kontaktpersonen gelingt folglich nur dann, wenn die Werbemittel genau auf die gewünschte Zielgruppe zugeschnitten werden. SIHLER wertet als Erfolg zielgruppengerechter Gestaltung, daß sich ein bestimmter Hausfrauentyp überdurchschnittlich häufig an Henkel-Plakate erinnert[1]. Diese Frauengruppe deckt sich jedoch mit den intensiven Käuferinnen von Henkel-Produkten. Daher ist seine Schlußfolgerung mit Vorsicht zu behandeln. Es kann immerhin nicht ausgeschlossen werden, daß der tägliche Umgang mit Henkel-Erzeugnissen die Aufnahmebereitschaft für Produktinformationen dieses Herstellers erhöht.

YOUNG fand in seiner Untersuchung heraus, daß die Abfrage der Werbemittel-Erinnerung auch für die Kontrolle von Motiventwürfen nur eine bedingt brauchbare Methode darstellt. Plakate gelten als wahrgenommen, wenn für sie Elemente angegeben werden, die eine eindeutige Identifizierung durch den Ausführenden der Studie zulassen. Die Blickaufzeichnung wies jedoch nach, daß einige Plakate den Blick der Versuchspersonen sehr stark auf sich gezogen hatten, obwohl spätere Recall-Tests ausgesprochen ungünstig ausfielen[2]. Als Musterbeispiel nennt YOUNG ein Plakat von Agfa-Gevaert, dessen Blickkontaktwerte um ein Drittel über dem Durchschnitt lagen, aber nur 29% der gewöhnlichen Erinnerungs-

----

1) Vgl. SIHLER (1972), S. 19f. Von einem ähnlichen Ansatz geht die Begleituntersuchung der "S.O.U.N.D.-Kampagne" aus, die zu dem Ergebnis kommt, daß ein Plakat gegen Drogen-Mißbrauch um so stärker beachtet wird, je mehr der Befragte selbst bereits Rauschgift benutzt hat. Vgl. ERNST (1975), S. 26f., und KERNEBECK (1978), S. 27.

2) Vgl. YOUNG (1984), S. 20. KERNEBECK (1978), S. 28, berichtet von einem Experiment in Hamburg, bei dem der Markenname in einem Originalplakat deutlich abgeändert wurde. Nur 40% der befragten Passanten erinnerten sich spontan an die Werbung. Nach Vorlage eines Fotos glaubten 72%, das Motiv gesehen zu haben; 90% dieses Personenkreises konnte wiederum angeben, daß es sich um ein gefälschtes Plakat gehandelt hatte.

werte erzielte. Das Werbemittel enthielt also einige hochwirksame Gestaltungselemente (z.B. Farben), die sich im Recall nicht nachweisen ließen. YOUNG vermutet als Ursachen die für Amerikaner schwierige Aussprache des Herstellernamens und die mangelnde Vertrautheit der Marke. Er unterstützt diese Hypothese mit der Beobachtung, daß bei etwa Dreiviertel der Testpersonen der Blick den Namen des Werbungtreibenden streift und somit Firmen- oder Produktbezeichnung für die Wahrnehmung eine herausragende Rolle zukommt. Zur möglicherweise eingeschränkten Lesbarkeit der verwendeten Videofilme äußert er sich allerdings nicht.

Die Motivkontrolle beschäftigt sich weiterhin mit der Frage, wie stark mit steigender Kontakthäufigkeit die Fähigkeit wächst, ein Werbemittel wiederzugeben. Im Rahmen der Untersuchung von Superposter-Standorten in Krefeld[1)] stieg der Bekanntheitsgrad des Hundenamens von 6% bei 1-4 Passagen auf 26% für 20 und mehr Berührungen mit der Anschlagstelle innerhalb von 7 Tagen. Da aber auch bei 10-19 Kontakten bereits 25% richtige Nennungen erzielt wurden, zieht der Anbieter daraus den Schluß, daß 15 Kontakte mit Superpostern pro Woche ausreichen, um eine "optimale Werbewirkung" zu verwirklichen[2)]. Der "Infratest-Plakat-Kompaß" bestätigt ebenfalls eine degressiv ansteigende Beziehung zwischen Werbeträger-Kontakten und Erinnerungswerten. Bei ähnlichen Ausgangsdaten für Belegungsumfang und Durchschnittskontaktchancen streuten allerdings die Erinnerungswerte der verglichenen Motive über eine Bandbreite von 19% bis 58%[3)].

TROLL beobachtete während einer Untersuchung der Erinnerungswirkung von Stadionwerbung[4)] einen bemerkenswerten Ver-

----

1) Vgl. S. 104 dieser Arbeit.
2) Vgl. die Verkaufsunterlage der Superposter-Werbegesellschaft mbH, Liebes 18/1, ich bin ein 40/1, S. 6. Diese Einschätzung ignoriert allerdings in dieser pauschalen Formulierung Qualitätsunterschiede bei Werbeträgern und -mitteln.
3) Vgl. KERNEBECK (1978), S. 43f.
4) Vgl. TROLL (1983a), S. 38ff. Zur zugrundeliegenden Untersuchung vgl. auch TROLL (1983b), S. 201ff. Dort kommt TROLL zu dem Ergebnis, daß die gemessenen Erinnerungswerte den finanziellen Einsatz für Stadionwerbung nicht rechtfertigen (S. 220).

zerrungseffekt im Rahmen seiner zweiten Befragungswelle. Während der Fußball-Weltmeisterschaft 1982 war innerhalb einer Woche die Bekanntheit der in den Spielstätten werbenden Marken erheblich angestiegen. Offenbar hatte der erste Befragungsdurchgang die Interviewpartner in besonderem Maße zur Beschäftigung mit den Bandenbeschriftungen angeregt. Wiederkehrende Plakatbefragungen beim gleichen Personenkreis können also durch Panel-Effekte[1] verfälschte Resultate hervorbringen. Die Umfrageteilnehmer schärfen dabei im Zeitablauf ihren Blick für Außenwerbung im Straßenbild.

War bisher von Feldexperimenten zur - meist nachträglichen - Identifikation gelungener Werbemittel-Gestaltungen die Rede, so soll hier kurz der Überlegung Aufmerksamkeit geschenkt werden, ob sich Entwürfe nicht auch in entsprechenden Laboranordnungen vor ihrem Einsatz testen lassen. Grundsätzliche Kritik richtet sich in diesem Zusammenhang wiederum gegen die fehlende Möglichkeit, die besondere Wahrnehmungssituation mit ihrer vielfältigen geistigen Beanspruchung der Versuchspersonen im Straßenverkehr nachzubilden[2]. Hierzu wäre der Einsatz von Simulatorenanlagen vorstellbar, wie sie die Automobilindustrie bzw. Luftfahrtgesellschaften zu Forschungs- und Schulungszwecken einsetzen[3]. Während jedoch in der Werbeträger-Forschung jeder einzelne Standort individuell erfaßt werden müßte, genügt für Werbemittel-Tests die Einblendung der Motive in einen begrenzten Vorrat gespeicherter Verkehrssituationen[4].

---

1) Zu Paneleffekten vgl. z.B. HAMMANN/ERICHSON (1978), S. 64.
2) Die geminderte Konzentration der Zielpersonen einer Werbebotschaft wird nicht grundsätzlich als negativ eingestuft. Die "Ablenkungs-Hypothese" geht davon aus, daß Radiohörer Informationen, die ihrer ursprünglichen Einstellung widersprechen, um so eher akzeptieren, je weniger sie durch die anderweitige Anspannung zu "innerer Gegenargumentation" fähig sind. Zur Diskussion um den Aussagewert dieser Hypothese vgl. NELSON/DUNCAN/FRONTZAK (1985), S. 60ff.
3) Über ein Gerät, das Straßenverkehr simulieren kann, verfügt z.B. die Firma Daimler-Benz. Es wurde im Oktober 1984 für 25 Mio. DM eingerichtet. Vgl. o.V. (1985), Nürburg im Computer, S. 102ff.
4) Über ein Verfahren, in vorgefertigte Videofilme Plakatentwürfe einzublenden , berichtet KIESEWALTER (1985), S. 40ff. Ein umfangreiches Plakatarchiv des anbietenden Marktforschungsinstituts erlaubt die individuelle Motivbestückung der neun in der Filmsequenz sichtbaren Großflächen.

Zwei weitere Probleme bei Laborexperimenten lassen sich einfacher lösen. Die sehr kurze Zeitspanne des Blickkontaktes mit einem Außenwerbemittel in der Realität kann im Labor durch eine dem **Tachistoskop** nachempfundene Anordnung simuliert werden. Bei diesem Gerät handelt es sich um eine Projektionsbühne in einem abgedunkelten Kasten, auf der das Testobjekt nur während kurzer Lichtblitze von Sekundenbruchteilen Dauer für die Versuchspersonen sichtbar wird[1)]. Die Auswirkungen verschiedener Einflußfaktoren (z.B. Abstand der Kontaktpersonen zum Werbemittel, Blickwinkel, Helligkeiten etc.) auf die Plakatwahrnehmung können ebenfalls durch Projektionstechniken auf Laborverhältnisse übertragen werden.

KROEBER-RIEL vertrat 1981 gegenüber dem FAW die Ansicht, daß sich die Methoden zur Werbewirkungsmessung, die an seinem Institut entwickelt wurden, prinzipiell auch zur Erforschung der Außenwerbung eignen[2)]. Allerdings führte er seitdem an seinem Institut für Konsum- und Verhaltensforschung keine weiteren Untersuchungen über Außenwerbung durch[3)].

Der zweite wichtige Apekt der Werbemittel-Forschung beschäftigt sich mit der Frage nach der **Eignung der Außenwerbung für bestimmte werbliche Zielsetzungen.** KERNEBECK wägt für elf Aufgabenstellungen ab, ob sie mit der Aussicht auf Erfolg dem Plakatanschlag anvertraut werden dürfen[4)]. Mit Ausnahme der "Kommunikation von Detailinformationen" be-

----

1) Vgl. KROEBER-RIEL (1984a), S. 267ff. Die Abb. 55b auf S. 268 zeigt eine Anordnung mit Plakatsäule. MAYER/DÄUMER/RÜHLE (1982), S. 91, verweisen auf eine amerikanische Untersuchung von NEWMILLER aus dem Jahre 1969, in der die gleichen Anzeigen unterschiedlich beurteilt wurden, wenn sie den Versuchspersonen wahlweise in einer Testzeitschrift oder als Dias vorgeführt wurden. Dies spricht dafür, daß großformatige Projektionen von Außenwerbeträgern gegenüber Fotovorlagen realitätsnähere Ergebnisse erwarten lassen.

2) Im Frühjahr 1981 stellte KROEBER-RIEL in einem Referat auf der Jahreshauptversammlung des FAW verschiedene moderne Meßtechniken mit Anwendungsbeispielen für die Außenwerbung vor. Vgl. KROEBER-RIEL (1981), S. 27ff. Einen besonderen Akzent legte er dabei auf die Untersuchung der Aktivierungswirkung von Plakatmotiven.

3) Lt. brieflicher Mitteilung vom 03.01.85.

4) Vgl. KERNEBECK (1978), S. 19ff. Aufzählungen von alternativen Kommunikationszielsetzungen finden sich z.B. bei ANTON (1973), S. 250, MAZANEC (1975), S. 106, und - sehr ausführlich - bei HEUER (1968), S. 40f.

scheinigt er allen anderen "Botschaftstypen" gute bis sehr gute Umsetzungschancen bei Beachtung gewisser plakatspezifischer Einschränkungen.

Ein Hauptnachteil der meisten Aussagen zu diesem Themenkreis liegt vor allem darin, daß sich die Schlußfolgerungen entweder überhaupt nicht auf Zahlenmaterial stützen oder aber Daten bereitstellen, die mit den Resultaten ähnlicher Erhebungen anderer Medien nicht vergleichbar sind. Wenn aber schon relativ einfache Maßgrößen wie Reichweiten und Kontaktchancen aufgrund abweichender Kontaktqualitäten von den Mediaplanern in ihrem Informationsgehalt angezweifelt werden und allgemein akzeptierte Gewichtungsfaktoren noch ausstehen, so ist die Formulierung von Anspruchsniveaus für die erfolgreiche Erfüllung von Kommunikationsaufgaben mit noch größeren Schwierigkeiten verbunden. Daneben lassen sich auch hier die Effekte von Werbemittel-Gestaltungen nicht aus den Versuchsanordnungen verbannen, so daß die Forschungsergebnisse bis jetzt kaum über Fallstudien und Tendenzaussagen hinausreichen.

Um einen bestimmten Wirkungsaspekt eines Außenwerbemittels nachzuweisen, müssen die Gespräche mit den Stichprobenangehörigen über die Erhebung von Erinnerungs- und Wiedererkennungswerten hinausgehen. Verfeinerte Fragetechniken, z.B. die Methoden der Einstellungsmessung[1)], erhöhen den Informationsgehalt der Interviews erheblich. Dagegen muß die Verwendbarkeit von Formulierungen wie "Inwieweit gelingt es der LKW-Werbung, Ihr Kaufinteresse für einen bestimmten Artikel zu wecken?"[2)] als zweifelhaft bezeichnet werden, da hier die Befragten eine bewußte Auskunft über eine Werbewirkung geben sollen, die überwiegend unterhalb der Bewußtseinsschwelle zustandekommt.

Die empirische Erhebung des Verfassers erkundigte sich bei Agenturen und Unternehmen nach der Einschätzung der Lei-

---

1) Eine Einführung gibt z.B. KROEBER-RIEL (1984a), S. 182ff.
2) Vgl. INSTITUT FÜR MARKTFORSCHUNG UND MARKENENTWICKLUNG (1979), Tabelle 21.

	Werbeagenturen						Bundesweit tätige Unternehmen					
Werbeaufgabe	Sehr gut geeignet (4)	Gut geeignet (3)	Geeignet (2)	Weniger geeignet (1)	Nicht geeignet (0)	Mittelwert	Sehr gut geeignet (4)	Gut geeignet (3)	Geeignet (2)	Weniger geeignet (1)	Nicht geeignet (0)	Mittelwert
Schnelle Bekanntmachung eines neuen Produkts/Dienstleistung	44,8%	24,1%	27,6%	0 %	3,5%	3,1	21,2%	30,3%	12,1%	15,1%	21,2%	2,2
Steigerung der Markenbekanntheit	56,7%	26,7%	13,3%	0 %	3,3%	3,3	20,6%	52,9%	26,5%	0 %	0 %	2,9
Abbau von örtlichen Distributionslücken	0 %	20,0%	26,7%	40,0%	13,3%	1,5	0 %	18,2%	30,3%	36,4%	15,1%	1,5
Unterstützung von Verkaufsförderungsaktionen	22,6%	35,5%	19,4%	19,4%	3,2%	2,5	5,9%	35,3%	35,3%	11,8%	11,8%	2,1
Bekanntmachung bestimmter Produkteigenschaften	0 %	10,0%	16,7%	60,0%	13,3%	1,2	9,1%	6,1%	27,3%	45,5%	12,1%	1,5
Erinnerungswerbung	20,0%	36,7%	23,3%	16,7%	3,3%	2,5	21,2%	48,5%	24,2%	6,1%	0 %	2,8
Public Relations	3,2%	6,5%	3,2%	29,0%	58,1%	0,7	9,4%	18,8%	12,5%	31,3%	28,1%	1,5

Tab. 12: Beurteilung der Eignung von Außenwerbung für ausgewählte Werbeaufgaben in der empirischen Erhebung. Aufgrund von Rundungsungenauigkeiten addieren sich die Prozentwerte nicht immer genau auf 100,0%. Quelle: AGENTUR, Frage 4, und NATIONAL, Frage 9.

stungsfähigkeit der Außenwerbung für sieben Werbeaufgaben. Dabei traten in den beiden Teilgruppen Abweichungen zutage; tendenziell beurteilen die Agenturen das Medium positiver als die Werbeplaner in den Unternehmen.

Die besten Noten[1] erhält die Außenwerbung von beiden Teilgruppen für ihren Beitrag zur **Steigerung der Markenbekanntheit.** Während die Agenturen die **schnelle Bekanntmachung neuer Produkte und Dienstleistungen** an zweiter Stelle nennen, gefolgt von der **Erinnerungswerbung** auf Rang drei, liegt bei den bundesweit tätigen Anbietern die Erhaltung der Markenkenntnis vor der erfolgreichen Propagierung neuer Erzeugnisse. Diesen drei Zielsetzungen gemeinsam ist die Möglichkeit, die Darstellung innerhalb des Werbemittels auf wenige knappe Elemente beschränken zu können. Der Hersteller- oder Produktname bzw. die Abbildung des Erzeugnisses reichen als Botschaft bereits fast aus[2]. Fallstudien aus der Praxis lassen erkennen, daß aber auch Aussagen über Dienstleistungen und immaterielle Güter mit den genannten Vorgaben erfolgreich auf Außenwerbeträgern dargestellt werden können[3].

Ebenfalls passable Bewertungen erfährt noch die Zielsetzung **Unterstützung von Verkaufsförderungsaktionen.** Der Grund für die Nennungen könnte dabei ebenfalls in den unkomplizierten Werbeaussagen zu suchen sein. Sicherlich wirkt sich hier aber auch die punktgenaue Belegbarkeit von Anschlagstellen in der Nähe der Handelsbetriebe aus, z.B. an den Parkplätzen von SB-Warenhäusern[4].

----

1) Vgl. die Mittelwerte in Tabelle 12. Die Kopfzeile weist die Gewichte der Eignungsbeurteilungen aus.

2) Ein Beispiel für optisch und verbal knappe Werbebotschaften bietet die Kampagne für Bahlsen Leibniz-Keks ab 1982. Vgl. JAEKEL (1983a), S. 36. Die Auffrischung des Images von Dosenmilch beabsichtigte eine Aktion der Centralen Marketinggesellschaft der deutschen Agrarwirtschaft. Vgl. o.V. (1984), Neues Image für die Dosenmilch, S. 12.

3) Für eine "Non-Profit"-Werbung stehen als Beispiel die unter dem gemeinsamen Titel "Denk-Anschläge" geklebten Plakate einer Bochumer Arbeitsgruppe für Frieden und Umweltschutz. Vgl. o.V. (1985), Für sauberen Luft und gesunden Wald: "Denk-Anschläge" überall in der City, S. BO 6.

4) Für die besondere Bedeutung sprechen auch die speziell auf Verbrauchermarkt-Parkflächen zugeschnittenen Angebote (z.B. SCW) und die "EKZ-Netze" der Großflächenanbieter.

Den **Abbau von örtlichen Distributionslücken** kann Außenwerbung in den Augen der Befragten dagegen kaum unterstützen. Dies verwundert zunächst insofern, als die geographisch genau steuerbare Werbeträger-Belegung die regional begrenzte Intensivierung der Werbeanstrengungen an Orten mit unterdurchschnittlicher Produktpräsenz in den Läden ermöglicht. Somit stützt sich dieser Aktionsvorschlag auf die gleiche "Stärke" des Mediums wie der zuvor behandelte Aspekt. Möglicherweise kann daher das Ergebnis als Absage an die klassische "Pull-Strategie" zur Erzeugung eines Nachfragesogs interpretiert werden. Die heutige Konzentration der Handelsbetriebe zu großen Einkaufsorganisationen läßt es den Herstellern günstiger erscheinen, sich den Zugang zu den Regalen durch Verkaufsgespräche in den Zentralen über die sog. "Listung" zu eröffnen, als auf die Rückmeldung der Verbrauchernachfrage von den Ladenlokalen vor Ort in die Beschaffungsinstanzen zu hoffen.

Die **Bekanntmachung bestimmter Produkteigenschaften** trauen die Agenturen und die befragten Unternehmen der Außenwerbung nur noch in geringem Maße zu. Diese Einschätzung erscheint berechtigt, soweit es sich dabei um komplexe Detailinformationen handelt (z.B. Funktionsweise eines Systems zur Unterdrückung des Bandrauschens in Cassettenrecordern). Sollen den Konsumenten in einer Botschaft gleichzeitig mehrere Unterscheidungsmerkmale zu anderen Gütern nahegebracht werden (z.B. technische Daten elektronischer Geräte), zeigt sich Außenwerbung ebenfalls schnell überfordert. Wenn sich dagegen ein herausragender Produktvorteil (sog. "unique selling preposition") auf eine knappe Formel reduzieren läßt (z.B. Farbqualität eines Videorecorders), unterscheidet sich der Kommunikationsumfang eigentlich nur noch geringfügig von der Verbreitung des Hersteller- oder Produktnamens[1)].

---

1) Eine Kampagne der Firma Mitsubishi für Videorecorder (1985) zeichnet sich durch Text-Plakate (ohne Produktabbildung) mit einer intensiven Grundfarbe aus. Die Werbebotschaft verheißt dem Gerätekäufer ähnlich leuchtende Farben für seine Bandaufzeichnung. Ein anderes Unternehmen unterlegt die Produktaussage "Kodak hat Filme, die besser sehen als das menschliche Auge" mit übermäßig vergrößerten Portraits besonders scharfsichtiger Tiere wie Adler, Katze etc. (1984).

Die Eignung zu Zwecken der **Public Relations** wird der Außenwerbung von den Agenturen abgesprochen. Auch die Unternehmen bescheinigen ihr hierfür nur geringe Verwendbarkeit. Dabei stellt sich die Frage, welches Verständnis von Öffentlichkeitsarbeit die Befragten Ihrer Antwort zugrunde gelegt haben. Betrachtet man Zeitschriftenanzeigen, die unter der Maßgabe entstanden sind, in der Bevölkerung ein positives Bild von einer Unternehmung zu erzeugen, so fallen besonders die relativ langen Textpassagen und der Verzicht auf "reißerische" Gestaltungselemente auf. Diese Stilmittel harmonieren nur schwerlich mit den Anforderungen an Großflächenplakate. Lange Texte lassen sich bei den kurzen Kontaktzeiten kaum erfassen und erfordern einen geringen Passageabstand, um lesbar zu sein. Ohne zugkräftigen Blickfang geht das Werbemittel zudem in der Masse der optischen Reize unter. Ein Experiment im Rahmen der Galerie-Kampagne des FAW zeigte jedoch, daß sich Fußgänger allerdings auch die Zeit nehmen, umfangreichere Mitteilungen zu studieren[1]. Wäre dies nicht der Fall, verlören z.B. Veranstaltungskalender im Allgemeinanschlag ihre Daseinsberechtigung. Der rege Einsatz von Plakaten (zumeist kleinerer Formate) für karitative und gesellschaftspolitische Zwecke kann ebenfalls als Indiz dafür gewertet werden, daß sich - unter Beachtung gewisser Einschränkungen - auch seriöse und komplexe Themen über die Außenwerbung kommunizieren lassen.

Mit dem Slogan "The last medium before the point of sale" propagieren der FAW und seine Mitglieder den Einsatz von Außenwerbung in der **Kommunikationspolitik der Handelsbetriebe**[2]. Im Gegensatz zu dem breiten Spektrum werblicher Zielsetzungen für Herstellerunternehmen stehen im Handel vier Arten von Informationsinhalten im Vordergrund:

- Bekanntmachung des Unternehmens und seines Standortes,

----

1) Die in kleiner, nur für Passanten lesbarer Schrift neben den Bildmotiven zum Kauf angebotenen Posterversionen waren nach Auskunft des FAW unerwartet schnell vergriffen.

2) Vgl. Fachverband Außenwerbung (o.J.),Die Bedeutung der Außenwerbung bei der Sommer- und Winterschlußverkaufs-Werbung der Kauf- und Warenhäuser, S. 2, QUADBECK (1981), S. 8, VOLLMER (1981), S. 28.

- Herausstellung der Preisgünstigkeit des Gesamtsortiments oder einzelner Sortimentsteile,
- Betonung der Sortimentsdimensionen (in Breite oder Tiefe),
- Herausstellung kaufbegleitender Dienstleistungen (Beratung beim Kauf, Service nach dem Kauf).

Im erstgenannten Fall besteht die Werbebotschaft aus der Angabe des Firmennamens und der Anschrift. Aufgrund der guten Eignung, die die Agenturen und nationalen Unternehmen der Außenwerbung für die Verbreitung von Marken- oder Produktbezeichnungen bescheinigen, soll gleiches auch für Handelsunternehmen unterstellt werden. Mit einem Durchschnittswert von 4,51 bestätigen zudem die örtlich tätigen Unternehmen der Verkehrsmittelwerbung, daß sie Aufsehen erregt, ihre Werbebotschaft also bei den Konsumenten Beachtung findet[1].

Die Verbreitung von Preisinformationen kann von lang- oder kurzfristigen Überlegungen des Handelsbetriebes geleitet sein. Die Verankerung eines bestimmten Preisimages[2] im Bewußtsein der Verbraucher gelingt nur bei konsequenter Einheitlichkeit der preispolitischen Maßnahmen des Unternehmens über einen größeren Zeitabschnitt. Sie äußert sich z.B. bei Discountern aber nicht nur in regelmäßigen Niedrigpreisangeboten, sondern kann auch durch Slogans und Firmenbezeichnungen zum Ausdruck gebracht werden[3]. Daneben wird im Handel zur Ankündigung von kurzzeitig gültigen Sonderpreisen intensiv von der Plakatwerbung Gebrauch gemacht. Diese findet zumeist ohne die Einschaltung von kommerziellen Werbungdurchführenden an den eigenen Fensterfronten der Geschäfte statt[4].

Die Bewertung der Werbewirksamkeit von Preisangaben auf Außenwerbeträgern stößt auf die besondere Schwierigkeit, daß

---

1) Vgl. LOKAL, Frage 15. Außenwerbung läßt sich auch sehr gut auf den Einzugsbereich neu zu eröffnender Filialen zuschneiden. Vgl. BORMANN (1985), S. 51.
2) Zum Begriff des Preisimages von Handelsbetrieben vgl. SIMON (1982), S. 424ff.
3) Hier lassen sich Namen wie z.B. "Niedrigpreis-Paradies" etc. verbreiten.
4) Zur Gestaltung von Ladenfronten vgl. z.B. o.V. (1984), Dreiklang der Werbung: seltene Harmonie, S. 42ff.

es die Handelsunternehmen nicht mit Informationen über Kommunikationseffekte bewenden lassen, sondern den Mehrabsatz der beworbenen Produkte abschätzen wollen. Dieses Anliegen unterstützen sie mit der Annahme, daß über die Auswahl der Einkaufsstätte vorwiegend die Preissetzung des Handelsbetriebes entscheidet. Auf diese Weise verlieren andere Marketing-Instrumente als potentielle Einflußfaktoren an Bedeutung. Der Vergleich der Absatzzahlen verschiedener eigener Niederlassungen bei variierendem Werbeeinsatz erspart zudem kostspielige Felderhebungen. Die Einwände gegen dieses methodische Vorgehen werden zugunsten geringer Kosten und regelmäßiger Nutzbarkeit als Planungs- und Kontrollinstrument vernachlässigt[1]. So hat die Firma Kaufhof auf dem Abribus-Netz in Köln für ein einzelnes Produkt mit besonderer Betonung des günstigen Preises geworben und in der Folge die Verkaufszahlen analysiert[2].

Das Sortiment ist Gegenstand einer Kommunikationsmaßnahme, wenn ein Handelsbetrieb die Vielfalt oder das Qualitätsniveau seines Produktangebotes hervorheben möchte. Ebenso wie Informationen über die Beratungskompetenz des Verkaufspersonals oder die Servicebereitschaft für Wartung und Reparatur dient die Betonung dieses Aspektes der Handelsleistung dem Ziel, die Einkaufsstätte von Konkurrenzbetrieben abzusetzen, ohne dabei auf den Preis als Hauptargument zurückgreifen zu müssen. Die Ansicht, daß sich Handelsunternehmen durch den Einsatz von Verkehrsmittelwerbung von ihren Wettbewerbern im Bewußtsein der Kunden unterscheiden können, findet in der empirischen Erhebung mit dem Mittelwert 3,89 die Zustimmung der Befragten[3]. Dabei wird die Möglichkeit der farbigen Gestaltung der Werbeflächen als leichter Vor-

----

1) Als Fallstudie für Langzeitwirkungen kommunikationspolitischer Maßnahmen verweist HAPPEL (1985), S. 13, auf die Umsatzrückgänge der Massa GmbH nach der Umstellung von Zeitungsbeilagen auf Handzettel.

2) Lt. Auskunft des Werbungdurchführenden vom 02.05.85.

3) Vgl. LOKAL, Frage 19. Verkehrsmittelwerbung vermittelt den Konsumenten den Eindruck, daß es sich bei dem beworbenen Unternehmen um einen bedeutenden und leistungsfähigen Anbieter handelt. Von diesem Vertrauensvorschuß können auch örtliche Werbungtreibende profitieren. Vgl. hierzu auch TRAUTH (1973), S. 990.

teil (3,89) dieser Außenwerbeform gegenüber anderen Medien anerkannt[1].

Die werbungtreibenden Unternehmen stellen bei ihrer Werbeplanung unterschiedliche Ansprüche an die Medien. Wie die Analyse der Werbewirkungsforschung auf dem Gebiete der Außenwerbung zeigt, können Plakattafeln und mobile Werbeträger nur einem Teil dieser Anforderungen befriedigend gerecht werden. Auch dort, wo die Anpassung an Planvorgaben grundsätzlich möglich erscheint, schränken Verwendungsausschlüsse den Einsatzbereich weiter ein. So ist der Zuschnitt einer Werbeträger-Belegung auf Werbezielgruppen prinzipiell möglich, der Katalog der umsetzbaren Definitionen dieses Personenkreises jedoch eng umgrenzt. Schließlich gibt es nicht "die" Außenwerbung schlechthin, sondern das Medium gliedert sich in eine große Vielzahl von Werbeformen, die in ihrer Wirksamkeit eigenständige Stärken und Schwächen aufweisen.

Die Außenwerbung kann sich also keinesfalls als "Universalmedium" darstellen, das in jedem Werbeplan seine Berechtigung hätte. Vielmehr läßt sich ein Katalog werblicher Aufgabenstellungen formulieren, zu denen einzelne Außenwerbeformen günstige Zielbeiträge leisten.

---

1) Vgl. LOKAL, Frage 21.

2. Ansatzpunkte für eine Marktsegmentierung für Außenwerbeträger durch Werbungdurchführende

2.1. Allgemeine Darstellung des Marktsegmentierungskonzeptes

Dem Konzept der Marktsegmentierung liegt die Absicht zugrunde, einen umfangreichen Gesamtabsatzmarkt in Teilmärkte zu zerlegen, auf denen die Abnehmer homogener als der Gesamtmarkt auf bestimmte absatzpolitische Strategien reagieren[1]. Gegenüber der undifferenzierten Bearbeitung des Gesamtmarktes erhofft man sich von der Ansprache jedes so gewonnenen Teilmarktes mit einem auf seine Besonderheiten zugeschnittenen Vermarktungskonzept eine Effizienzsteigerung des absatzwirtschaftlichen Bereiches einer Unternehmung[2]. Verwertbare Ansatzpunkte für die Gruppenbildung liefert dabei allein die Analyse der Nachfrager bzw. deren Beschaffungsverhalten, niemals jedoch das abzusetzende Produkt[3]. Daher basiert die Differenzierung der Vermarktungskonzepte keineswegs zwangsläufig auf Variationen eines Grunderzeugnisses, sondern kann auch durch die unterschiedliche Ausgestaltung anderer Marketing-Instrumente geschehen[4]. Die Marktposition der Anbieterunternehmung berührt die Bestandsaufnahme der für die Marktsegmentierung maßgeblichen Nachfragergruppen zunächst nicht. So weist beispielsweise eine aus organisatorischen Gründen vorgenommene Einteilung des Absatzmarktes in Verkaufsbezirke keinen Bezug zum Nachfragerverhalten auf und kann deshalb keinem Segmentierungsansatz gerecht werden. Die Untergliederung des Marktes erscheint zudem nur dann als sinnvoll, wenn der Nachweis gelingt, daß sich die gebildeten Nachfragergruppen tatsächlich homogener als der Gesamtmarkt in Bezug auf das Marketinginstrumentarium verhalten.

---

1) Zum Begriff der Marktsegmentierung vgl. z.B. ENGELHARDT/PLINKE (1980), S 49ff., FRETER (1983) und KAISER (1978). Einen Überblick über die amerikanische Literatur zu diesem Themenkreis vermittelt PLANK (1985).
2) Vgl. FRETER (1983), S. 16ff.
3) Vgl. ENGELHARDT/PLINKE (1980), S. 49f.
4) WINKELGRUND (1984) berichtet über die Ansatzpunkte, qualitativ identische Produkte durch Veränderungen der Werbeaussagen im Bewußtsein der Verbraucher als verschiedenartige Erzeugnisse zu verankern.

Beschränkt eine Unternehmung ihre Tätigkeit auf einen oder wenige dieser Marktausschnitte, betreibt sie ein "konzentriertes" Marketing. Dagegen wird die gleichzeitige Bearbeitung mehrerer Teilmärkte mit daran angepaßten Strategien als "differenziertes" Vorgehen bezeichnet[1)].

Die Anwendung des Segmentierungskonzeptes setzt zunächst die sinnvolle Abgrenzung des relevanten Marktes, auf dem eine Unternehmung operieren möchte, voraus. Als Grundlage dient die Untersuchung derjenigen Bedürfnisse der Abnehmer, die das angebotene Gut befriedigen kann. Hieran schließt sich das Suchen oder Bilden geeigneter Merkmale zur Untergliederung des Marktes an. Die Literatur liefert zahlreiche Vorschläge und Ansätze, die bei Konsumgütern und Investitionsgütern teilweise deutlich unterschiedliche Schwerpunkte setzen. So verwendet FRETER bei Konsumgütern die drei Hauptkriteriengruppen

- Sozioökonomische Kriterien,
- Psychographische Kriterien und
- Kriterien des beobachtbaren Konsumentenverhaltens[2)].

Im Mittelpunkt seines Interesses stehen dabei die psychographischen Merkmale, unter denen er die Einstellungsmodelle besonders hervorhebt[3)].

Diese zuerst für Konsumgütermärkte gebildeten Kriterien fanden später in ähnlicher Form Eingang in das Investitionsgüter-Marketing. Die sozioökonomischen Merkmale treffen auf ihr Gegenstück in den organisationsdemographischen Eigenschaften der betrachteten Unternehmungen[4)], für die beobachtbaren Konsumentenreaktionen lassen sich Analogien im industriellen Beschaffungsverhalten entdecken[5)].

Die Tatsache, daß bei einer industriellen Beschaffungsentscheidung häufig mehrere Personen direkt oder indirekt Ein-

---

1) Vgl. ENGELHARDT/PLINKE (1980), S. 50f.
2) Vgl. FRETER (1983), S. 49ff.
3) Vgl. FRETER (1983), S. 64ff.
4) Vgl. GRÖNE (1977), S. 51ff.
5) Vgl. UEBELE (1984), S. 162.

fluß nehmen, schlägt sich bei der Übertragung der psychographischen Marktsegmentierung in einer erheblichen Modifikation des Konzeptes nieder. Die Literatur schenkt den persönlichen Motiven und Zielen der beteiligten Individuen besondere Aufmerksamkeit. Weitere Autoren beschäftigen sich mit dem Ablauf des Beschaffungsprozesses und seiner Bedeutung für die Unternehmung[1]. SCHEUCH schlägt eine Kriteriengruppe vor, die sich an den formalen Strukturen der Organisationen orientiert. Das Beschaffungsgremium wird dabei als ein Unternehmensorgan interpretiert, das im Einklang mit personenunabhängigen und übergeordneten Zielen des Firmenganzen agiert[2].

FRETER formuliert einen Katalog von sechs Prüfpunkten, denen eine sinnvolle Marktsegmentierung standhalten sollte[3]. Stehen genaue Daten nicht zur Verfügung, kann hilfsweise ein Punktbewertungsverfahren benutzt werden. Man sollte sich jedoch davor hüten, die einfacher abzuschätzenden Kosten einseitig überzubewerten, wenn die zugehörigen Nutzengrößen relativ unbestimmt bleiben. Ein Teil der im folgenden vorgestellten, komplexen Gliederungsansätze läßt sich nur mit vergleichsweise großem Aufwand durch Zahlen untermauern, obwohl durch die erhöhte Relevanz für das Beschaffungsverhalten möglicherweise entsprechende Mehrerlöse erzielt werden, die die zusätzlichen Kosten rechtfertigen[4].

- **I) Relevanz für das Beschaffungsverhalten:** Das ausgewählte Kriterium soll Segmente bilden, die sich in ihrem Beschaffungsverhalten deutlich voneinander unterscheiden. Das verwendete Merkmal muß einen kausalen Zusammenhang mit diesen Unterschieden aufweisen. Einfache soziodemo-

----

1) Zur Struktur des organisationalen Beschaffungsprozesses vgl. ENGELHARDT/GÜNTER (1981), S. 31ff., zum Begriff des "Buying Center" auch WEBSTER/WIND (1972).
2) Vgl. SCHEUCH (1975), S. 72, 89f. und 99f.
3) Vgl. FRETER (1983), S. 43ff. Ähnliche Kataloge finden sich auch bei ENGELHARDT/PLINKE (1980), S. 57f., und MEFFERT (1978), S. 214f.
4) Die Verfahren der Auswahl und Bewertung von Marktsegmenten kommen in der Literatur zu kurz; die Ausführungen beschränken sich zumeist auf knappe Hinweise.

graphische Kriterien bilden häufig die Reaktionen der Kunden recht gut ab, in Wahrheit werden die Beobachtungswerte jedoch von einem komplexen Merkmal beeinflußt.

- II) **Aussagefähigkeit für den Einsatz der Marketing-Instrumente:** Die Ausprägungen des gewählten Merkmals sollten Hinweise für die Gestaltung einer erfolgversprechenden Marketing-Strategie liefern[1)].

- III) **Zugänglichkeit:** Es sollten Distributionswege und Kommunikationskanäle verfügbar sein, über die sich die gebildeten Segmente mit möglichst geringen Streuverlusten erreichen lassen.

- IV) **Meßbarkeit (Operationalität):** Die Informationen, die zur Identifizierung und Bewertung einzelner Segmente benötigt werden, müssen sich mit vertretbarem Aufwand beschaffen lassen, wobei nur wissenschaftlich abgesicherte Methoden zum Einsatz kommen dürfen.

- V) **Stabilität:** Die Besetzung der Segmente mit potentiellen Abnehmern darf im Zeitablauf nur geringen Wandlungen unterworfen sein. Nicht nur die Änderung der Relevanz des Kriteriums für das Beschaffungsverhalten, sondern auch äußere (z.B. gesamtwirtschaftliche) Einflüsse bewirken die Vergrößerung oder Verkleinerung bestehender Segmente.

- VI) **Wirtschaftlichkeit:** Bei einer lohnenden Marktsegmentierung überschreiten die Mehrerlöse deutlich die zusätzlichen Kosten, die durch die Informationsgewinnung sowie die Entwicklung und Durchführung der differenzierten Marketing-Strategien verursacht werden.

----

1) Für FRETER (1983), S. 13ff., liefert die Markterfassungsseite der Segmentierung Informationen über Käuferstruktur und -verhalten, die für alle Anbieter einer Produktart gleichermaßen Gültigkeit beanspruchen dürfen. Die Marktbearbeitungsseite berücksichtigt dagegen in ihren Handlungsvorschlägen die Marktposition der agierenden Unternehmung und setzt den Segmenten individuelle Konzepte entgegen.

Die nachfolgend vorgestellten Ansätze für Marktsegmentierungen werden in diesem Kapitel vor allem im Hinblick auf ihre Erfaßbarkeit beurteilt. Deshalb erhalten hier die Kriterien I (Relevanz für das Beschaffungsverhalten), III (Zugänglichkeit), IV (Meßbarkeit) und V (Stabilität) besonderes Gewicht. Die Umsetzung in Marketing-Konzepte (II) bleibt den nachfolgenden Abschnitten vorbehalten. Die Abschätzung der Wirtschaftlichkeit (VI) soll wegen der fehlenden Datenbasis nur andeutungsweise erfolgen.

Die Behandlung der Kriterien beginnt mit den einfach erfaßbaren organisationsdemographischen Merkmalen. Gerade bei dieser Kriteriengruppe fällt schon nach kurzer Analyse ins Auge, daß sie das Beschaffungsverhalten der Abnehmer kaum in befriedigender Weise erklären. Aber auch die zahlreichen komplexer aufgebauten Kriterien können jeweils für sich allein diese Anforderung nicht erfüllen. Deshalb erschienen in der Literatur Vorschläge, mehrere eindimensionale Kriterien stufenweise hintereinanderzuschalten, um die Aussagekraft der Segmentbildung für die Gestaltung der absatzpolitischen Instrumente zu erhöhen. Auskunft über diese Konzepte gibt Abschnitt 2.6.

2.2. Organisationsdemographische Merkmale

In die von GRÖNE als "organisationsdemographische Merkmale"[1] bezeichnete Kriteriengruppe reihen sich analog zu den äußerlichen Personenmerkmalen im Konsumgütermarketing Gesichtspunkte wie Standort, Unternehmensgröße oder Branchenzugehörigkeit ein. Gemeinsam ist ihnen die vergleichsweise einfache Meßbarkeit aus veröffentlichten Bilanzen und Statistiken, sowie die hohe Stabilität derjenigen Größen, die aus unternehmenspolitischen Basisentscheidungen abgeleitet werden (z.B. Standortwahl).

---

1) GRÖNE (1977), S. 51ff.

2.2.1. Unternehmensstandort

Der Standort der nachfragenden Unternehmung kommt nur dann als Segmentierungsaspekt in Frage, wenn sich bei der Neigung zur Durchführung von Außenwerbemaßnahmen Unterschiede zwischen den Firmen in Abhängigkeit vom Ort des Firmensitzes feststellen lassen. Bei genauerer Betrachtung erklären jedoch komplexe Merkmale die Unterschiede im Werbeverhalten zuverlässiger. Lokal tätige Einzelhändler reagieren mit ihrer Kommunikationspolitik auf den Wettbewerbsdruck in ihrem Absatzgebiet, so daß z.B. eine Maßzahl für die Konkurrenzintensität ihr Verhalten deutlicher klassifiziert als die regionale Zuordnung. Mag das Kriterium des Standortes im internationalen Marketing für Investitionsgüter eine gewisse Berechtigung haben, für die Belange der Außenwerbung eignet es sich nicht[1].

2.2.2. Unternehmensgröße

Als gängige Indikatoren für die Unternehmensgröße werden Umsatz und Mitarbeiterzahl genannt[2]. Eine Beziehung zwischen Werbeverhalten und Personalstärke kann wohl kaum sinnvoll hergestellt werden. Legt man den Umsatz zugrunde, müßten bei vergleichbaren Unternehmen mit den Erlösen auch die Werbeausgaben steigen. Dies unterstellt die Ausrichtung der Höhe des Werbebudgets an den Umsätzen der (vergangenen) Geschäftsperiode. Dieser einfache Mechanismus gilt in der Literatur als überholt, an seine Stelle tritt der Zuschnitt des Etats auf die zukünftigen Erfordernisse der Absatzmärkte[3]. Weiterhin müßte ein Werbungdurchführender - bei Unterstellung dieses einfachen Zusammenhangs - prüfen, ob von den mit dem Umsatz variierenden Werbeausgaben jeweils auch konstante Anteile auf die Außenwerbung entfallen. Dies wird sich in der Praxis jedoch nicht nachweisen lassen, da die Belegung der Medien für jeden Werbeplan aufs neue festgelegt wird.

----

1) Vgl. BEREKOVEN (1985), S. 119.
2) Vgl. GRÖNE (1977), S. 54.
3) Siehe die Literaturangaben auf S. 16 dieser Arbeit.

2.2.3. Größe des Absatzgebietes der werbungtreibenden Unternehmenseinheit

Bei dem hier vorgeschlagenen Kriterium handelt es sich ebenfalls um eine Art regionaler Segmentierung, allerdings nicht vom Firmensitz ausgehend, sondern von der Lage und Größe des abgedeckten Vertriebsgebietes. Dabei wird angenommen, daß sich bundesweit werbende Unternehmen in ihrem Beschaffungsverhalten für Außenwerbeträger von regional oder lokal tätigen Firmen unterscheiden. Einen Mischtyp innerhalb dieser Einteilung stellen die Verkaufsstellen überregionaler Handelsketten dar. Diese können sowohl die Werbung sämtlicher Filialen über die Zentrale abwickeln als auch dem örtlichen Filialleiter die Dispositionsfreiheit einräumen, die Werbung an seinem Standort der Wettbewerbslage entsprechend selbständig zu gestalten[1].

Die Vermutung liegt nahe, daß ein kleiner Einzelhändler vor Ort nur mit wenigen Werbeträger-Anbietern in Kontakt tritt. In die Beschaffungsverhandlungen bringt er den Vorteil guter Ortskenntnis ein. So kann er zwar nicht wissenschaftlich fundiert, aber gefühlsmäßig die Standortqualität jedes einzelnen Außenwerbeträgers aus eigener Anschauung beurteilen. Die Kontrolle der Klebeleistung bereitet ihm keine Schwierigkeiten, von dem befriedigenden Pflegezustand belegter Verkehrsmittel und deren Einsatz auf den vereinbarten Linien kann er sich jederzeit stichprobenhaft überzeugen.

Ein bundesweit tätiges Unternehmen bezieht seinen Werbeträger-Bedarf zur Abdeckung des entsprechend größeren Zielgebietes bei einer Vielzahl von Werbungdurchführenden. Der geringe Vertragswert bei kleinen Anbietern rechtfertigt keine individuellen Preisverhandlungen, ebenso kann innerhalb eines Großauftrages nicht jede Stelle einzeln begutachtet werden. Bemüht sich z.B. eine Spezialagentur dennoch im

----

1) Die Beschreibung dieses Kriteriums basiert auf Elementen des beobachtbaren Beschaffungsverhaltens, jedoch scheint die Größe des Absatzgebietes die feststellbare Abnahmemenge zumindest teilweise zu erklären.

Kundenauftrag um eine Einzelauswahl der Standorte, so ist sie bei dieser Aufgabe auf die Unterstützung des Vermieters angewiesen, der ihr die entsprechenden Bewertungunterlagen (z.B. Fotos, Beschreibungsbogen) zuschickt. Kontrollen der ordnungsgemäßen Ausführung der Klebung fallen zwangsläufig eher spärlich aus.

Diese Differenzierung darf nicht in der Weise mißverstanden werden, daß der Flächen-Anbieter auf die Qualität seiner Leistungserfüllung bei großflächig werbenden Kundenunternehmen nicht so genau zu achten habe. Vielmehr bedarf es eines Leistungsbündels, das den Beschaffungsaufwand der Mengenkunden reduziert, ohne daß diese den Eindruck gewinnen, die Erleichterungen seien mit Qualitätsverlusten erkauft.

Dieses Merkmal steckt für einen Anbieter von Außenwerbeträgern mit beschränktem Tätigkeitsfeld zugleich den relevanten Markt in geographischer Hinsicht ab. Er wird nur solche Firmen als Kunden gewinnen können, deren Absatzgebiet sich ganz oder teilweise mit seiner Tätigkeitsregion überlappt. Die kleinen oder mittelständischen Nachfrager sind in der Nachbarschaft beheimatet, während nationale Werbungtreibende von überall her auf seinen Werbeträger-Bestand zugreifen. Daraus ergeben sich zwangsläufig Konsequenzen für die Erreichbarkeit der Segmente.

Das Kriterium liefert vor allem Hinweise dafür, mit welchen Sekundärleistungen das Werbeträger-Angebot erfolgversprechend ergänzt werden sollte. Individuellen Einstellungen des Nachfragers gegenüber der Außenwerbung wird die hier skizzierte Zwei- oder Dreiteilung der Abnehmer (national und regional/lokal) nicht gerecht, so daß der Ansatz noch zu verfeinern bleibt. Reduziert man den Einstellungsaspekt auf eine grundsätzliche Entscheidung für oder gegen den Einsatz von Außenwerbung, genügt das Kriterium als kostengünstige Gliederungshilfe für diejenigen Nachfrager, die die Außenwerbung als wirksames Medium grundsätzlich akzeptieren. Die Beliebtheit der Segmentierung in nationale und regionale/lokale Werbungtreibende in der Praxis resultiert wahrscheinlich aus der günstigen Operationalität dieses Kriteriums.

2.2.4. Tätigkeitsfeld des Werbungtreibenden

Der Begriff des Tätigkeitsfeldes steht hier für die beiden Aspekte der Güterkategorie und der Produktart. Im Werbeverhalten von Konsumgüterproduzenten und Vermarktern von Investitionsgütern lassen sich deutliche Unterschiede feststellen. Da sich Außenwerbung vorrangig an Letztverbraucher wendet, stellen Konsumgüterhersteller die Mehrheit der Kunden des Mediums. Weiterhin überwiegt auf den Plakattafeln die Anpreisung von Sachgütern, während sich der Dienstleistungsbereich - hierzu zählen z.B. Handel, Banken und Versicherungen - eher sparsam auf Außenwerbeträgern präsentiert. Speziell der Handel bevorzugt andere Werbemedien als die Sachgüterproduzenten, außerdem konzentriert er sich innerhalb der Außenwerbung auf andere Gestaltungsformen (z.B. Schaufensterplakate)[1]. Neben die genannten Güterkategorien treten noch die Angebote staatlicher Einrichtungen und die Anliegen von Non-Profit-Organisationen. Diese Gruppen erschließen sich - mit Ausnahme der politischen Parteien - erst in jüngerer Zeit zaghaft das Medium Außenwerbung.

Deutlich wahrnehmbare Unterschiede zeigt auch der Außenwerbeeinsatz für einzelne Produktarten. Traditionell liegen Zigaretten und Bier an der Spitze. Zwar engen heute Werbebeschränkungen die Medienauswahl für diese Erzeugnisgruppen ein, doch zählten diese beiden Branchen auch schon vor Inkrafttreten der Regelungen zu den wichtigsten Kunden der Anschlagunternehmer. Eine Kundengliederung nach Branchenzugehörigkeit führt allerdings zu einer unzweckmäßigen Übersegmentierung. Es spricht einiges für die Annahme, daß sich die Produktgruppen, für die besonders intensiv Außenwerbung getrieben wird, durch gemeinsame Charakteristika beschreiben

----

1) Zum Medien-Einsatz des Handels vgl. BORMANN (1985), S. 49ff.

und in eine geringere Anzahl von Gruppen zusammenfassen lassen. Als Anhaltspunkte kommen z.B. "geringe Erklärungsbedürftigkeit der Güter" oder "fehlender sachlicher Produktvorteil" in Frage. Mithin ist Außenwerbung ein beliebtes Medium für Güter, die sich durch emotionale Ansprache (Anmutungen) im Wettbewerb zu differenzieren versuchen. Dies bedeutet jedoch noch nicht, daß sich Außenwerbung für die Kommunikation komplexer Produkteigenschaften erwiesenermaßen nicht eignet, sondern daß in den werbungtreibenden Unternehmen bestimmte Annahmen darüber vorherrschen, welche Botschaften sich über Außenwerbung vermitteln lassen[1)].

Daß einzelne Produktgruppen selten auf Plakattafeln anzutreffen sind, muß nicht allein den Eigenarten dieser Güter zuzuschreiben sein. So gab es früher kaum Außenwerbung für Banken und Versicherungen, auch Produkte des exklusiven Konsums (z.B. Sekt) oder hochpreisige Einzelmarken (z.B. Automobile von Daimler-Benz) fehlten nahezu vollständig. Die Ursache hierfür liegt nicht in der Annahme mangelnder kommunikativer Leistungsfähigkeit der Außenwerbung, sondern resultiert aus einer vermuteten Unvereinbarkeit des Images der Außenwerbung mit der angestrebten Produktpositionierung. Die Gruppierung der Abnehmer nach ihrer Beurteilung eines Mediums wäre jedoch eine Ausprägung der psychographischen Marktsegmentierung, die in Abschnitt 2.5. näher behandelt wird.

Branchen- oder produktbezogene Gliederungen vermögen demnach das Abnahmeverhalten bei Außenwerbeträgern nicht ausreichend genau zu erklären. Vielmehr scheinen in den wahrgenommenen Nutzungsunterschieden Bewertungen des Mediums durch, die eine Beziehung zu den Einstellungen der Werbeplaner vermuten lassen.

----

1) Mit der kommunikativen Leistungsfähigkeit der Außenwerbung und der Wahrnehmung derselben durch die Werbeplaner beschäftigte sich ausführlich Abschnitt 1.6.

2.3. Merkmale des beobachtbaren Beschaffungsverhaltens

Dieser Abschnitt beschäftigt sich vorrangig mit der Analyse abgeschlossener Beschaffungsprozesse für die Zwecke der Marktsegmentierung. Anhand der "Merkmale des bisherigen produktspezifischen Verhaltens" (der sog. "P-Kriterien")[1], lassen sich Vorhersagen über zukünftige Kaufakte treffen. Daneben werden Unterschiede in den Beschaffungsprozessen selbst (z.B. Verfahren der Lieferantenauswahl) zur Kriterienbildung herangezogen. Alle Gliederungsaspekte dieser Gruppe zeichnen sich durch die relativ einfache Beschaffbarkeit der zugrundeliegenden Informationen aus, die überwiegend den eigenen Verkaufsunterlagen des Anbieters oder einer Beobachtung der Verkaufserfolge der Wettbewerber entnommen werden können. Sind sämtliche Vertragsabschlüsse nach einem dieser Gesichtspunkte in Gruppen eingeteilt worden, ergeben sich die Ansatzpunkte für die segmentspezifischen Strategien aus einer Analyse der bisher innerhalb der Gruppen bevorzugten Leistungsbündel.

Diese Vorgehensweise birgt jedoch den Nachteil in sich, daß Anregungen, die aus einer Untersuchung der bisherigen Nichtverwender des Gutes erwachsen könnten, zunächst keinen Eingang in den Merkmalskatalog finden. Auf dem Gebiete der Außenwerbung existieren zahlreiche potentielle Kundenfirmen, die sich als bisherige Nichtverwender einer Klassifizierung nach ihrem beobachtbaren Beschaffungsverhalten entziehen. Die Vervollständigung der Datenbasis wird hier den Werbungdurchführenden einen hohen Kapitaleinsatz abverlangen, ohne den Strategie-Vorschlägen für diese Marktteilnehmer den Charakter der Spekulation nehmen zu können.

----

1) UEBELE (1984), S. 162. Vgl. hierzu auch SCHEUCH (1975), S. 83f.

2.3.1. Kaufklassen-Ansätze

Große Beachtung in der Literatur hat der **Kaufklassen-Ansatz** von ROBINSON/FARIS/WIND[1] gefunden, der sich auf eine formale Eigenschaft des Kaufprozesses gründet. Übertragen auf die Verhältnisse der Außenwerbung dreht es sich hier um die Frage, ob der Werbungtreibende zum erstenmal Außenwerbeträger bucht oder bereits Erfahrungen mit dem Medium gesammelt hat. Diese Kaufsituationen ordnen die Autoren den drei Kategorien

- Neukauf (new task),
- unveränderter Wiederkauf (straight rebuy) und
- modifizierter Wiederkauf (modified rebuy)

zu[2].

Es liegt auf der Hand, daß eine Unternehmung vor dem erstmaligen Einsatz (**Neukauf**) von Außenwerbeträgern von der grundsätzlichen Eignung der Außenwerbung für ihre werblichen Zielsetzungen überzeugt werden muß. Manche Kunden werben überhaupt zum ersten Mal (z.B. der Inhaber eines neugegründeten Einzelhandelsgeschäftes) und benötigen zusätzlich Hilfestellungen bei der Werbeplanung. Auf jeden Fall sind den Erstverwendern zahlreiche technische Hinweise (z.B. über Druckverfahren, Zuschnitt der Plakatbogen etc.) mit auf den Weg zu geben, die bei erfahrenen Abnehmern als bekannt vorausgesetzt werden dürfen.

Die geringsten Mühen bereitet dem Werbungdurchführenden ein **unveränderter Wiederkauf.** Das Stellennetz des Vorjahres wird ohne oder nur mit geringfügigen Änderungen auf die neue Periode übernommen und unter Angabe der gebuchten Termine bestätigt. Verhandlungen beschränken sich auf Gespräche über die Preisgestaltung oder die Auswahl neuer, zusätzlicher Standorte.

----

1) ROBINSON/FARIS/WIND (1967).
2) Die deutschsprachigen Bezeichnungen der Kategorien wurden ENGELHARDT/GÜNTER (1981), S. 53f., entlehnt.

Eine Unternehmung, die bereits Außenwerbung für eines ihrer Produkte eingesetzt hat und nach mehrjähriger Pause für ein anderes Erzeugnis Außenwerbeträger ordert, tätigt einen **modifizierten Wiederkauf.** Der Werbungdurchführende darf hierbei eine positive Einstellung zu seinem Medium voraussetzen und kann sich die ausführliche Erläuterung der Handhabung ersparen. Das Stellennetz muß jedoch nach bestimmten Gesichtspunkten neu zusammengestellt werden und die Preise und Rabatte sind - zumal wenn sich das Auftragsvolumen gegenüber dem letzten Vertrag wesentlich verändert hat - neu auszuhandeln.

Eine Variante des modifizierten Wiederkaufs äußert sich auch darin, daß Kunden gelegentlich die Anteile der belegten Werbeträger-Typen im Vergleich zum bisherigen Netz erheblich umschichten. Eine Verschiebung der Aktivitäten vom Plakatanschlag zur Verkehrsmittelwerbung bringt die Notwendigkeit mit sich, ein neues Trägernetz zu entwickeln. Der Kunde muß mit den abweichenden technischen Anforderungen und Gestaltungsrichtlinien für den erstmals belegten Werbeträger vertrautgemacht werden, Vertragslaufzeiten und Rabattstaffeln unterliegen ebenfalls anderen Gesetzmäßigkeiten.

Da es sich bei den drei Kategorien um ein relativ allgemeingültiges Raster handeln soll, kann es nicht alle Gegebenheiten eines speziellen Marktes vorwegnehmen. Das Modell ließe sich für die Außenwerbung sicherlich um die eine oder andere charakteristische Kaufsituation erweitern. In der Mitte zwischen unverändertem und modifiziertem Wiederkauf siedeln sich z.B. die Fälle an, in denen eine Firma, die bereits von anderen Anschlagunternehmern Außenwerbeträger bezieht, erstmalig an einen Werbungdurchführenden herantritt, um ihr Netz auch aus seinem Bestand zu ergänzen. Zwar handelt es sich für den Vermieter um einen "Neu"kunden, da jedoch der Ansatz auf die Erfahrungen des Abnehmers mit der Beschaffung des fraglichen Gutes abstellt, ist die Einordnung als Wiederkauf berechtigt.

Der **Kaufanatomie-Ansatz** von HILL/HILLIER[1] erweitert die recht grobe Dreiteilung des Kaufklassen-Ansatzes um die Berücksichtigung von Kaufmotiven und Verwendungsbereichen des beschafften Gutes in der Kundenunternehmung. Auf der (ersten) Ebene des Verwendungsbereiches entfällt für die Außenwerbung die Differenzierungsmöglichkeit, da die Werbeträger nur Vorleistung für eine Kommunikationsmaßnahme sein können. Dagegen lassen sich die Kaufmotive mit Bezug zur Außenwerbung beispielsweise danach unterscheiden, ob die Buchung der Außenwerbeträger für etablierte Erzeugnisse, Produktänderungen oder Neuentwicklungen vorgesehen ist. Der Neuheitsgrad des Kaufs (analog zum Kaufklassen-Ansatz von ROBINSON/FARIS/WIND) beschließt die Gliederungshierarchie.

Die Auffächerung der Marktsegmente entspringt also für die Außenwerbung vornehmlich der Einbeziehung der Beschaffungsmotive. Diese können zwar im Rahmen von Vertragsverhandlungen relativ einfach erfragt und ausgewertet werden, die Unterschiede im Beschaffungsverhalten erklären sie jedoch nicht ausreichend genau. Daß z.B. Neuprodukte anders als Produktvariationen beworben werden, mag als Beobachtung zutreffen, über die dahinter stehenden Einschätzungen der kommunikativen Leistungsfähigkeit der Außenwerbung sagen die vorgeschlagenen Kategorien jedoch wenig aus[2].

Ein grundsätzliches Problem der beiden dargestellten Konzepte resultiert aus der mangelnden Bestimmbarkeit der Segmentumfänge und ihrer zeitlichen Stabilität, da die Zugehörigkeit einer Unternehmung zu einer der Gruppen recht willkürlichen Schwankungen unterworfen ist. Greift man das obige Beispiel für den Kaufanatomie-Ansatz wieder auf, kann ein größerer Hersteller mit mehreren beworbenen Produkten verschiedenen Segmenten gleichzeitig angehören[3]. Eine be-

---

1) HILL/HILLIER (1977), S. 20ff.
2) LEHMANN/O'SHAUGHNESSY (1974), S. 36ff., gehen hier einen Schritt weiter und untersuchen die Probleme, die Einführung und Nutzung eines Gutes in der beschaffenden Unternehmung aufwerfen. Dabei kann auch die Eignung für den vorgesehenen Zweck in Frage stehen (S. 37).
3) Auch in Unternehmen mit mehreren selbständigen Produktlinien besorgt häufig eine gemeinsame Media-Abteilung die Buchung der Werbeträger.

stimmte absatzpolitische Strategie kann ihm also nur unter Schwierigkeiten zugeordnet werden. Auch die Klassifikation bisheriger Nichtverwender als "Neukäufer" erscheint einfach, jedoch liefern Aufzeichnungen über abgeschlossene Verkaufsverhandlungen nur begrenzt Hinweise, mit welchen absatzpolitischen Maßnahmen die Nichtverwender erfolgreich für das eigene Angebot gewonnen werden können.

2.3.2. Wahl des Bezugsweges

Als weiterer Aspekt des Beschaffungsverhaltens läßt sich die Wahl des Bezugsweges nennen[1]. Wie bereits in Abschnitt 1.3.3. dargestellt, stehen dem Nachfrager nach Außenwerbeträgern vier Anbietertypen zur Wahl; an drei der denkbaren Absatzbeziehungen ist ein Werbungdurchführender beteiligt. Eine Werbeagentur bietet ihrem Kunden ein umfangreiches Dienstepaket, in dem die Beschaffung der Außenwerbeträger nur einen Bestandteil unter vielen darstellt. Wer sich ihrem "Full-Service" aus einer Hand anvertraut, bringt dem Know-how seiner Agentur besonderes Vertrauen entgegen. Ebenfalls ein komplettes Leistungsbündel - allerdings beschränkt auf Außenwerbeträger - schnürt der Spezialmittler aus Beratung, Auswahl, Buchung und Kontrolle zusammen. Das schmalste Leistungsspektrum offeriert der Werbungdurchführende. Die Wahl des Bezugswegs könnte also die unterschiedliche Bereitschaft der Käufer ausdrücken, Beschaffungsmühen auf sich zu nehmen.

In diesem Zusammenhang weist die Vermarktung von Außenwerbeträgern die Besonderheit auf, daß der Werbungdurchführende in jedem Fall Kenntnis darüber erhält, wer seine Leistung letztendlich in Anspruch nimmt. Auch bei der Einschaltung von Absatzmittlern in den Vertriebsweg kann er diese Information den auf den Werbeflächen angebrachten Werbemitteln entnehmen. Da die Anschlagfirmen zudem normalerweise die

---

1) Vgl. FRETER (1983), S. 92f. Die Wahl des Bezugsweges als Marktsegmentierungskriterium ist in der Literatur selten zu finden, weil Konsumenten i.d.R. nur zwischen mehreren Betrieben des Einzelhandels wählen können, während im Investitionsgüter-Bereich die Hersteller häufig auch direkte Beziehungen zu ihren Abnehmern herstellen.

Plakate kleben, genügt ein Blick in die Plakat-Läger, um eine Übersicht über die Verwender zu gewinnen. Selbst wenn eine Agentur Außenwerbeträger für eine Marktneuheit unter einem Decknamen bucht, wird dieses Geheimnis spätestens zu Beginn der Klebetermine gelüftet. Die Bezugsquellenentscheidung des Werbungtreibenden läßt sich demnach mit relativ geringem Aufwand nachvollziehen, so daß sich dieses Segmentierungskriterium als leicht meßbar darstellt.

Eine Erscheinung, die im Zusammenhang mit der Wahl des Beschaffungsweges beobachtet wird, trägt im Konsumgüter-Marketing die Bezeichnung "Laden"- bzw. **"Lieferantentreue"**[1]. Danach decken Konsumenten ihren Güterbedarf bei einer festen Verkaufsstelle und wechseln diese eventuell auch dann nicht, wenn ihre bevorzugten Produktmarken aufgrund sortimentspolitischer Maßnahmen nicht mehr erhältlich sein sollten, sondern weichen auf vergleichbare Erzeugnisse aus. Demgegenüber greifen "markentreue" Verbraucher aus den Sortimenten der verschiedensten Läden jeweils ihre Stammprodukte heraus, ohne eine bestimmte Einkaufsstätte regelmäßig aufzusuchen[2]. "Lieferantentreue" findet sich aber auch unter den Segmentierungsvorschlägen für Investitionsgüter[3].

Man wird für die Außenwerbung annehmen dürfen, daß die Werbungdurchführenden direkte Absatzbeziehungen zu werbungtreibenden Firmen relativ stabil gestalten können. In Anbetracht der Beschaffungsmühe wird keine Unternehmung ohne schwerwiegenden Grund zwischen zwei Anbietern gleichartiger Werbeträger wechseln; Schwankungen der Abnahmemenge ergeben sich allenfalls in Abhängigkeit vom Werbebedarf und Verschiebungen zwischen verschiedenen Werbeträger-Typen. Kündigt jedoch ein Full-Service-Kunde seiner betreuenden Agentur, kann er sich weder marken- noch lieferantentreu verhalten. Mit dem Austausch der Bezugsquelle (Agentur) verbindet sich zumeist auch der Übergang zu einem anderen Werbung-

---

1) Vgl. ENGELHARDT/PLINKE (1980), S. 52.
2) Vgl. FRETER (1983), S. 90, und FRANK/MASSY/WIND (1972), S. 68ff.
3) Vgl. SCHEUCH (1975), S. 84.

durchführenden. Da die Flächen bis auf wenige Ausnahmen nicht von einem Anbieter exklusiv vertrieben werden, tauscht der Kunde sein bisher belegtes Netz gegen einen Bestand aus, den die neue Agentur über ihre Stammlieferanten bezieht. Da zahlreiche Firmen ihr Werbebudget in Abständen von wenigen Jahren jeweils im Rahmen von Konzeptwettbewerben neuen Agenturen übertragen[1], lassen sich Gesichtspunkte der Lieferantentreue nur beschränkt für die Vermarktung von Außenwerbeträgern auswerten.

In der empirischen Erhebung gaben über Dreiviertel der befragten Werbeagenturen (77,4%) an, für ihre Kunden in der Regel die benötigten Außenwerbeträger einzukaufen[2], dabei nahmen wiederum etwa 60% die Dienste von Spezialagenturen in Anspruch[3]. Daß über 90% der bundesweit tätigen Unternehmen den Einkauf von Außenwerbeträgern ihrer Agentur nicht allein überlassen, hat seine Ursache wahrscheinlich darin, daß sich für Großunternehmen der Aufbau eigener Flächen-Bestände lohnt, die sie nach Bedarf den Produkten oder Sparten zuteilen, ohne Agenturen in die Beschaffung einzuschalten.

2.3.3. Verwendungsintensität

Das Merkmal der Verwendungsintensität[5] kann unterschiedlich weit abgesteckt werden. Zunächst bezieht es sich in einer engen Auslegung auf die Nutzung von Außenwerbeträgern. Daneben lohnt sich die Erwägung, die Gesamtausgaben für alle Typen von Werbeträgern als Segmentierungsmaßstab zugrunde zu legen. Man beurteilt die Unternehmen nach ihrer "Werbefreudigkeit" im allgemeinen, um Firmen mit hohem Werbebudget wegen einer augenblicklich schwachen Verwendung von Außen-

---

1) Vgl. o.V., "Strategie-Gespräch" als reinigendes Gewitter zwischen Agentur und Kunde, S. 18. Zwischen 33,1% und 56,8% der verschiedenen Teilnehmergruppen einer Prognos-Studie gaben 1-5 Jahre als ihren bisher längsten Zeitraum der Zusammenarbeit mit einer Agentur an.
2) Vgl. AGENTUR, Frage 5.
3) Vgl. AGENTUR, Frage 2. Bei den Agenturen, die normalerweise für ihre Kunden Außenwerbeträger einkaufen, sind dies 58,3, insgesamt 61,3%.
4) Vgl. NATIONAL, Frage 7, genauer Wert: 93,5%.
5) Vgl. SCHEUCH (1975), S. 83.

werbeträgern nicht bereits grundsätzlich als weniger lohnende Abnehmergruppe einzustufen. Wahrscheinlich besteht eher die Chance, einen Teil der bereitstehenden Mittel in späteren Perioden auf Außenwerbung umzulenken, als Unternehmen mit geringer Werbeintensität zur Aufstockung ihrer Etats anzuregen. Es darf dabei allerdings nicht übersehen werden, daß zwischen den verschiedenen Werbeträgern höchstens partielle Substituierbarkeit gegeben ist[1)].

Die engere Sichtweise stützt sich allein auf die Verwendungsintensität von Außenwerbeträgern[2)]. Während Unterschieden in den Abnahmemengen bei anderen Gütern durch produktpolitische (Packungsgröße) und preispolitische Maßnahmen (Mengenrabatte) entsprochen wird[3)], entstehen bei der Außenwerbung nur geringfügige Kostendegressionen, die sich in den Preisen weitergeben lassen.

Daran muß den Kunden aber auch nicht vorrangig gelegen sein; ein Großabnehmer wird vor allem seine Beschaffungsmühe zu reduzieren suchen. Deshalb liefert diese Segmentierung Ansatzpunkte für eine Differenzierung der Nebenleistungen in Abhängigkeit von der Abnahmemenge und -häufigkeit.

Weiterhin kann sich die Werbeträger-Nutzung in unterschiedlicher Weise auf eine Planungsperiode verteilen. Eine bestimmte Anzahl von Tafeldekaden läßt sich sowohl relativ gleichmäßig über Wochen und Monate strecken als auch auf einen oder wenige Termine zusammenballen[4)]. Der Abnehmer eines kleinen Netzes, das wiederholt zum Einsatz kommen soll, wird die Standorte sorgfältiger auswählen und überprüfen als der Bezieher einer größeren Anzahl von Flächen für eine einmalige Aktion. Der Großabnehmer rechnet womöglich bereits damit, daß er den Werbungdurchführenden vor erheb-

----

1) Abschnitt 1.6. lieferte auch Hinweise darauf, inwieweit die verschiedenen Medien als untereinander austauschbar angesehen werden können.
2) Einen groben Überblick über die Verwendungsintensität von Außenwerbeträgern liefern die Ergebnisse der empirischen Erhebung, die in den Tabellen 3 - 5 auf den Seiten 60ff. dieser Arbeit zusammengestellt wurden.
3) Vgl. FRETER (1983), S. 94.
4) Vgl. SIMON (1983), S. 60ff.

liche Kapazitätsprobleme stellt, und kalkuliert daher die teilweise Belegung qualitativ weniger guter Außenwerbeträger ein.

Die Anwendung des Kriteriums der Verwendungsintensität scheitert in der Praxis daran, daß die Unternehmen und Agenturen in ihren Nutzungshäufigkeiten keinen prognostizierbaren Regelmäßigkeiten folgen. Der Werbeeinsatz richtet sich nach den Erfordernissen der jeweiligen Absatzmärkte und hohe oder niedrige Verwendungsintensitäten resultieren aus langfristig kaum vorhersehbaren, von den Märkten ausgehenden Einflußfaktoren.

2.4. Merkmale des Beschaffungsgremiums

2.4.1. Übertragung des Buying-Center-Konzeptes auf die Beschaffung von Außenwerbeträgern

Die Marktsegmentierungen nach den Merkmalen des Beschaffungsgremiums basieren auf der grundlegenden Beobachtung, daß sich an einer betrieblichen Einkaufsentscheidung zumeist mehrere Personen direkt und indirekt beteiligen. Dieser Personenkreis trägt auch in der deutschsprachigen Literatur vielfach die Bezeichnung **Buying Center**[1)]. Man unterstellt seinen Mitgliedern, daß sie ihre individuellen Motive und Zielsetzungen in den Auswahlprozeß einbringen und vor diesem Hintergrund den Beitrag beurteilen, den ihre Entscheidung zum Gesamterfolg des Unternehmens leistet[2)].

Nach ihrer Rolle im Buying Center charakterisiert man die Mitwirkenden als[3)]

- **Verwender**, die mit dem beschafften Gut im Betrieb arbeiten,
- **Einkäufer**, die zum Vertragsabschluß formal ermächtigt sind,
- **Beeinflusser**, die z.B. beratend tätig werden,
- **Entscheider**, die den endgültigen Entschluß fällen und
- **Personen mit Informationsfilterungsaktivitäten ("Gatekeeper")**, die den Informationsfluß in das Buying Center hinein und aus ihm heraus kontrollieren (bzw. zumindest beeinflussen).

In einer größeren Unternehmung beteiligen sich an der Entscheidung über die Werbeträger-Auswahl Mitarbeiter aus mehreren Abteilungen, die wie folgt den obigen Begriffen zugeordnet werden können:

----

1) Vgl. GRÖNE (1977), S. 78ff., und ENGELHARDT/GÜNTER (1981), S. 40.
2) ZINSER (1978), S. 86, unterstellt, "...daß organisationales Beschaffungsverhalten letztlich auf das Individualverhalten der Entscheidungsträger zurückgeführt werden kann."
3) Vgl. WEBSTER/WIND (1972), S. 77ff., die deutschen Bezeichnungen entstammen ENGELHARDT/GÜNTER (1981), S. 40f.

- Als **Verwender** sind die Produktmanager des beworbenen Erzeugnisses anzusehen, die gegenüber der Marketingleitung Verantwortung für die Erreichung der Werbe- bzw. Absatzziele tragen. Bei gegebenem Werbebudget streben sie ein günstiges Kosten-Nutzen-Verhältnis an, also eine möglichst hohe Werbewirksamkeit der beschlossenen Kommunikationsmaßnahmen. Um den Erfolg ihrer Arbeit dokumentieren zu können, bevorzugen sie Medien, die die Messung des Werbeerfolges und seine Zuordnung zu den einzelnen Aktivitäten erlauben. Einige spezielle Zielsetzungen erfordern die genaue zeitliche Abstimmung der Medien untereinander, weshalb die ausreichende Verfügbarkeit eines Werbeträgers zu einem vorgegebenen Zeitpunkt sehr wichtig sein kann (z.B. für Neuprodukteinführungen). Die zuverlässige Erledigung der Klebeaufträge beim Plakat und die genaue Einhaltung der Termine gewinnen an Bedeutung, wenn der Verwender damit rechnet, daß z.B. fehlerhafte Klebungen von Vorgesetzten oder den Abnehmern auf nachgelagerten Stufen (Handel) in das Unternehmen zurückgemeldet und ihm als persönliches Versagen zugerechnet werden.

- Der **Einkäufer**[1] gehört zumeist der betrieblichen Werbe- oder "Mediaeinkaufs"-Abteilung an. Während seine Auftraggeber für die meisten Medien seine Leistung (z.B. günstige Plazierung von Zeitschriftenanzeigen) leicht nachvollziehen können, werden sie von der Kontrolle sämtlicher Außenwerbeträger aus Zeitgründen Abstand nehmen müssen. Deshalb zeichnet sich ein vorteilhafter Mediaeinkauf bei der Außenwerbung nicht so sehr durch optimierte Standortqualität, sondern eher durch eine möglichst hohe Werbeträger-Anzahl bei gegebenem Budget aus. Die angestrebte Reduzierung der Beschaffungsmühe führt neben Abstrichen bei den Qualitätsprüfungen auch zu einer Konzentration auf wenige Werbungdurchführende, wobei gleichzeitig Mengenrabatte die Wirtschaftlichkeit der einge-

----

1) Übernimmt die Unternehmung ihr Werbekonzept als Full-Service-Paket von einer Agentur, entfällt natürlich die Funktion des Mediaeinkäufers in der Firma. An seine Stelle tritt die Marketing-Leitung als Beschaffer der Agentur-Dienstleistung.

setzten Mittel scheinbar weiter erhöhen. Die Einkäufer machen von entgeltpflichtigen Auswahlhilfen der Anbieter vor allem für diejenigen Orte Gebrauch, in denen die Qualität des Netzes Vorgesetzten und bedeutenden Kunden der Unternehmung offensichtlich ins Auge sticht (z.B. am Ort des Firmensitzes). Ein Mediaeinkäufer wird sich nicht unbedingt dafür einsetzen, die Werbewirkung einer Kampagne des eigenen Hauses zu messen, da die Teilbeiträge von Werbeträger und Werbemittel sich ohnehin nicht eindeutig voneinander trennen lassen. Forschungsberichte der Anbieter belegen die grundsätzliche Effizienz der genutzten Medien für ihn vorteilhafter, da die präsentierten Daten zumeist Einflüsse der Werbemittel-Gestaltung auszuschalten versuchen. In vielen Unternehmen genießt der Mediaeinkäufer einen Wissensvorsprung auf dem Gebiete der Werbewirkungsforschung gegenüber den Produktmanagern der einzelnen Marken. Er kann daher besser als die anderen Mitglieder des Buying Centers beurteilen, inwieweit die von Werbeträger-Anbietern angeregten (und finanzierten) Studien als neutral und aussagekräftig eingestuft werden können. Die formale Befugnis zum Vertragsabschluß macht den Mediaeinkäufer zum direkten Gesprächspartner der Werbungdurchführenden oder Spezialmittler.

- Als **Beeinflusser** präsentiert sich eine sehr vielfältige Personengruppe. Da Werbemittel-Entwurf und Werbeträger-Auswahl nicht völlig unabhängig voneinander erfolgen, treffen die für das Werbemittel zuständigen Gestalter (Kreative, Texter, Layoutgestalter) mit ihren Vorschlägen häufig eine Vorentscheidung gegen ein Medium, auf das sich die Idee ihres Entwurfes nicht problemlos umsetzen läßt. Fertige Werbekonzepte, die eine Agentur für ein Unternehmen anfertigt, stellen ohnehin eine starke Einflußnahme dar. Enthält die Auftragsbeschreibung (das sog. "Briefing") an die Agentur keine Vorgabe für ein bestimmtes Medium, können die Empfehlungen der Berater kaufentscheidend wirken; es sei denn, die Unternehmung entschließt sich, das vorgelegte Konzept mit Änderungswünschen zu versehen und zur Überarbeitung zurückzureichen.

Auch die Vetriebspartner für das beworbene Produkt bringen ihre Wünsche in die Planung ein. Der Einsatz von Kommunikationsleistungen ersetzt heute teilweise Zugeständnisse bei anderen absatzpolitischen Instrumenten. Neben dem bereits erwähnten "Werbekostenzuschuß" zu den Aktivitäten des Handels, der eher einen versteckten Preisnachlaß darstellt, fordern marktmächtige Handelsunternehmen von den Herstellern intensive Verbraucherwerbung für Konsumgüter, da sich "vorverkaufte" Waren - zumeist Markenartikel - mit geringerem eigenen Aufwand absetzen lassen und sich zudem gut zur Herausstellung der Leistungsfähigkeit des Handelsbetriebes eignen[1]. Die Zusage massiver werblicher Unterstützung während der Startphase eines Neuproduktes erspart einem Lieferanten jedoch nur dann die Gewährung niedriger Einführungspreise, wenn dieser Vorteil möglichst exklusiv dem Vertragspartner zugute kommt. Bevorzugt werden hier Medien, die sich auf einen Handelsbetrieb zuschneiden lassen, also z.B. Außenwerbung an den Parkplätzen eines SB-Warenhauses.

- Mitglieder der Marketing- oder Geschäftsleitung segnen als **Entscheider** den Werbeplan in der zur Realisierung vorgesehenen Form ab. Sie kontrollieren den Erfolg der Werbemaßnahme und bestimmen das Anspruchsniveau der Meßmethoden.

- Als **"Gatekeeper"** kommen vor allem die Kontakter der Agenturen in Frage, die den Informationsaustausch zwischen der Unternehmung und den Kreativen in der Agentur übernehmen. Wenngleich sie die Kunden von den in ihrem Hause entwickelten Konzeptionen überzeugen sollen, tragen sie vor allem auch die Verantwortung für den Fortbestand der Geschäftsbeziehung. Sie sichern sich die Zufriedenheit

1) Vgl. hierzu z.B. TIETZ (1984), S. 74.

der Kunden, indem sie deren Wünschen und Forderungen bei den Beeinflussern innerhalb der Agentur Gehör verschaffen[1].

Bis hierher wurde der Werbeträger-Einkauf in erster Linie als eine betriebliche Beschaffungsaufgabe dargestellt. Interpretiert man jedoch Außenwerbeträger als Einsatzfaktoren für die Full-Service-Dienstleistung einer Agentur, wechselt die Besetzung der Rollen im Buying Center[2]. Den Part des Einkäufers übernimmt nun die Mediaabteilung der Agentur. Entscheidungen trifft der Agenturinhaber, in größeren Häusern auch der Etatdirektor. Letzterer ist überdies als Verwender anzusprechen, da er die Verantwortung für die erfolgreiche Umsetzung der Werbeziele des Kunden in eine effiziente Kampagne trägt[3]. Die Kreativen zählen ebenfalls zu den Verwendern, sofern ihnen die Medien für ihre Entwürfe vorgegeben werden. Im Gegenzug regen sie mit originellen Konzepten dazu an, bestimmte Medien stärker als ursprünglich vorgesehen in den Werbeplan aufzunehmen. In diesem Moment wirken sie als Beeinflusser[4]. Den Beeinflussern sind auch die Abnehmer des Gesamtkonzeptes zuzuordnen, da die Agentur auf deren Wünsche und Anforderungen Rücksicht nehmen muß. In der empirischen Erhebung gaben 38,7% der Agenturen zu, gelegentlich Außenwerbung auf Wunsch eines Kunden nachträglich in ein Werbekonzept aufgenommen zu haben[5]. 38,2% der bundesweit tätigen Unternehmen setzten sich schon einmal mit einem entsprechenden Anliegen bei ihrer Agentur durch[6].

Das Modell des Buying Center soll die Bedeutung des multipersonellen Entscheidungsprozesses im Investitionsgüter-

----

1) Lt. Mitteilung einer großen Düsseldorfer Werbeagentur.
2) Zur Abwicklung des Mediaeinkaufs vgl. o.V. (1985), Mediabetreuung - durch wen?, S. 68ff.
3) Zu den für die Agenturauswahl maßgebenden Kriterien vgl. o.V. (1984), Größe der Agentur und Preisstellung für die Auftraggeber nicht von vorrangiger Bedeutung, S. 100.
4) Lt. Mitteilung einer großen Düsseldorfer Werbeagentur gehen von den Kreativen wesentliche Impulse aus, die auf die Werbeträgerwahl durchschlagen können.
5) Vgl. AGENTUR, Frage 6.
6) Vgl. NATIONAL, Frage 8

Marketing aufzeigen. Es skizziert den Informationsfluß zwischen hypothetischen Rollenträgern, da das Buying Center nur selten als institutionalisiertes Gremium in Erscheinung tritt[1]. Die Beteiligten - insbesondere Beeinflusser und Gatekeeper - sind sich häufig ihrer Funktionen für den Ablauf des Beschaffungsvorganges nicht bewußt. Da zudem in jeder Beschaffungssituation ein vollkommen neues Buying Center entstehen kann, scheitert die Umsetzung dieses Segmentierungsansatzes in der Praxis nicht selten daran, daß das Gremium und seine Mitglieder vom Anbieter nicht identifiziert werden können.

2.4.2. Ableitung von Segmentierungsmerkmalen aus dem Buying-Center-Konzept

Das einfachste Gliederungskriterium, das in der Literatur für das Buying Center vorgeschlagen wird, fußt auf der **Anzahl der Personen**, die dem Beschaffungsgremium zuzurechnen sind[2]. Das kleinste denkbare "Buying Center" besteht demnach bei der Vermarktung von Außenwerbeträgern aus einer zentralen Person, z.B. dem Inhaber eines Einzelhandelsgeschäftes, die auf sich die Rollen des Entscheiders, Einkäufers und Verwenders vereinigt. Als Beeinflusser lassen sich Familienangehörige, Mitarbeiter und Kunden anführen, die Urteile über die Werbung abgeben. Hinzu treten Werbegemeinschaften, die über die Einsatzmöglichkeiten von Medien informieren und beraten. Die Verbandsvorstände fungieren außerdem als Gatekeeper, wenn sie selbst die Initiative ergreifen und ihren Mitgliedern bisher wenig genutzte Werbeformen vorstellen.

Als ein Einkäufer aus der Sicht eines Werbungdurchführenden stellt sich auch der Referent für Öffentlichkeitsarbeit eines Vereins dar, der im Auftrage seines Vorstandes (Entscheider) Veranstaltungen auf Plakaten ankündigen läßt.

----

1) Vgl. ENGELHARDT/GÜNTER (1981), S. 40.
2) Vgl. GRÖNE (1977), S. 78.

Der Personenkreis erweitert sich mit der Größe der Organisation und mit dem Spezialisierungsgrad der Beteiligten innerhalb der Organisation, zusätzlich greifen Agentur und Kunden von außerhalb in den Beschaffungsvorgang ein. Es leuchtet ein, daß dieser Prozeß bei einer Personenmehrheit anders abläuft als bei einem einzelnen Abnehmer. Die Verhaltensrelevanz des Kriteriums scheint damit auf den ersten Blick gegeben zu sein. Da für die Beschaffung von Außenwerbeträgern die Rollen zudem häufig deutlich erkennbar im Organisationsgefüge verankert sind[1], könnte man von einer Stabilität der Segmentzugehörigkeit ausgehen. Das Merkmal unterstellt jedoch eine gewisse Vergleichbarkeit des Beschaffungsverhaltens gleich großer Buying Center. Selbst wenn es gelänge, das für eine Unternehmung zutreffende Segment zu bestimmen und die Rollenträger zu identifizieren, könnte daraus noch nicht auf die anzuwendende Absatzstrategie geschlossen werden. Ein identischer Beteiligtenkreis wird sich intensiver mit der Werbeplanung für ein wichtiges Neuprodukt beschäftigen als mit der Fortschreibung der Kommunikationspolitik für ein eingeführtes Erzeugnis. Daraus ergeben sich differierende Anforderungen an den Anbieter z.B. im Hinblick auf die bereitgestellten Informationen. Diese Unterschiede kann jedoch eine Segmentierung nach der Mitgliederzahl des Buying Centers nicht erfassen.

Über die Personenzahl hinaus prägt die interne **Organisationsstruktur** der Unternehmung[2] den Ablauf der Entscheidungsfindung im Buying Center. Besondere Bedeutung erlangt in diesem Zusammenhang die Wahrnehmung des Mediaeinkaufs. Drei Varianten erscheinen hier vorstellbar:

- Im einfachsten Falle überträgt eine Unternehmung diese Aufgabe ihrer Agentur oder einem Spezialmittler.
- Denkbar ist auch die gemeinsame Entwicklung und Realisierung aller Kommunikationsmaßnahmen durch eine innerbetriebliche Werbeabteilung.

----

1) Institutionalisierte Mediaeinkaufs-Abteilungen erleichtern die Erkennung der Mitglieder des Buying Center gegenüber nur bei Bedarf eingerichteten Projektgruppen zur Beschaffung hochkomplexer Aggregate.
2) Vgl. SCHEUCH (1975), S. 91ff.

- Als Mittelweg bietet sich zudem die Einrichtung einer zentralen Stabsstelle für die Werbeträger-Beschaffung an, die für die Marketing-Abteilungen der verschiedenen Sparten einer divisionalisierten Unternehmung auf Anforderung tätig wird oder ihnen auf Vorrat gebuchte Werbeträger-Kapazitäten zuteilt[1].

Eine Besonderheit zeigt häufig die Werbeplanung innerhalb großer Handelsketten. Die Zentrale beschließt ein Rahmenkonzept, das den angeschlossenen Verkaufsstellen Freiräume zur eigenen Gestaltung zugesteht. Während eine Umlage den überregionalen Teil der Kampagne (z.B. Fersehwerbung) finanziert, bestimmen die Filialleiter eigenverantwortlich, welche Maßnahmen sie auf lokaler Ebene (z.B. Zeitungsinserate oder Außenwerbung) ergreifen wollen. Die Zentrale unterstützt sie dabei mit der kostengünstigen Bereitstellung von Werbemitteln und Gestaltungshilfen[2].

Es kann an dieser Stelle nicht entschieden werden, ob die skizzierten Möglichkeiten, den Mediaeinkauf organisatorisch zu gestalten, die Abnahmemengen und -häufigkeiten maßgeblich beeinflussen. Die Beschaffungsverhaltensrelevanz des Kriteriums wird aber dadurch geschmälert, daß es die Bedeutung der aktuellen Marktpositionen der beworbenen Produkte für die Beschaffungsentscheidung vollständig außer acht läßt.

Weiterhin findet man in der Literatur den Vorschlag, die **Wesensmerkmale der Mitglieder des Buying Center** zu erfassen, um sie für eine Kundengruppierung zu nutzen[3]. Alter, Ausbildungsstand, aber auch Risikobereitschaft und Aufgeschlossenheit gegenüber Neuem wirken auf das grundsätzliche Werbeverhalten und die Medienwahl ein.

----

1) Die Firma Henkel unterhält lt. eigener Auskunft ein festgebuchtes Großflächennetz an Einkaufszentren, um dessen Belegung sich die verschiedenen Sparten des Konzerns bewerben können.
2) Ähnlich verhalten sich auch zahlreiche Franchising-Organisationen (z.B. Mc Donald's).
3) Vgl. UEBELE (1984), S. 161.

- Insbesondere die **Risikobereitschaft** trennt Firmeninhaber in konservativ-vorsichtige Geschäftsinhaber und "dynamische" Unternehmertypen. Während die erste Gruppe dezente Bekanntmachungsarten bevorzugt, suchen letztere nach unkonventionellen werblichen Ausdrucksformen, um ihr Geschäft von den Wettbewerbern im Verbraucherbewußtsein abzusetzen, und scheuen dabei auch nicht vor "marktschreierischen" Werbemittel-Gestaltungen zurück. Obwohl sich wegen ihrer Unauffälligkeit wirkungsschwache Werbebotschaften ebenso in Form entgangener Kommunikationserfolge auf den Absatz auswirken, treten sie weniger in das Bewußtsein vieler Entscheidungsträger in werbungtreibenden Unternehmen als Imageeinbußen, die aus mißglückten, spektakulären Werbeaktionen resultieren. Insbesondere risikofreudige Agenturen laufen Gefahr, bei Versagen eines gewagten Konzeptes ihren Kunden zu verlieren. Daher vermeiden viele Werbeberater aufsehenerregende, innovative Werbekampagnen und lehnen sich stattdessen an bewährte Strickmuster der Konkurrenz an[1]. Sie verzichten damit allerdings auf die Chance, sich als besonders leistungsfähig zu profilieren. Für die Bewertung des Kriteriums kommt es also darauf an, ob die Nutzung von Außenwerbeträgern in den Abnehmern ein Risikoempfinden hervorruft, das sich im Beschaffungsverhalten niederschlägt. Hierfür gibt es nur wenige Anhaltspunkte[2].

- Daneben bestimmt der **fachliche Wissensstand** der Abnehmerseite den Ablauf der Beschaffungsverhandlungen. Große Sachkenntnis des Kunden stellt an die Kommunikationsmaßnahmen eines Anbieters deutlich andere Anforderungen als

---

1) KROEBER-RIEL (1984b), S. 211, demonstriert an Beispielen die weitgehende Austauschbarkeit der Werbegestaltungen mehrerer Firmen der gleichen Branche. Er führt dies auf Risokoscheu und mangelnde Kreativität zurück.

2) Die Nutzung alteingeführter Medien wird wohl kaum als risikoreich empfunden, es sei denn, ein sehr wesentlicher Teil des Budgets konzentriert sich auf einen einzigen Werbeträger. Die elektronischen, sog. "Neuen" Medien und einige jüngere Außenwerbeformen können ihre werbliche Leistungsfähigkeit noch nicht durch Forschungsergebnisse belegen und erfreuen sich daher noch nicht der breiten Akzeptanz durch die Werbungtreibenden.

geringes Fachwissen. Zahlreiche methodische Aspekte (z.B. die wichtigsten Werbewirkungsmaße) können als bekannt vorausgesetzt werden; dadurch steigen die Ansprüche an die mitgeteilten Informationen. Der Kunde kann die Daten selbst mit denen anderer Medien vergleichen, bewerten und dabei Schwächen in der Argumentation aufdecken. Ein lokaler Einzelhändler hingegen wird mangels eigenen Verständnisses von den wissenschaftlich fundierten Werbewirkungsdaten nur die für seine persönliche Situation maßgebenden Zahlen erfahren wollen und bedarf für ihre Interpretation einer Erläuterung in allgemeinverständlicher Sprache. Da sich jedoch zwischen Beschaffungswahrscheinlichkeit bzw. Abnahmemenge und Fachwissen keine Kausalbeziehung nachweisen läßt, muß die Relevanz dieses Merkmals für das Beschaffungsverhalten bezweifelt werden.

- **Persönliche Motive und Ziele der Beteiligten** spielen neben den Charaktereigenschaften eine wichtige Rolle bei der Auswahl von Beschaffungsobjekten. Da die Werbung eines Unternehmens eine beträchtliche Außenwirkung erzeugt, eignen sich Entscheidungen auf diesem Gebiet zur Profilierung einer Person, die nach beruflichem Aufstieg und Einkommensverbesserungen strebt. Dieser Gliederungsversuch scheitert in der Praxis jedoch an seiner geringen Operationalität. Motive treten selten in meßbarer Form offen zutage, außerdem lassen sich ihnen im Einzelfall kaum entsprechende Marketing-Strategien zuordnen[1].

---

1) Marktsegmentierungen auf der Grundlage von Motiven billigt GRÖNE (1977), S. 141, nur formellen und klassifikatorischen Charakter zu; nach seiner Ansicht entbehren sie empirischer Meßbarkeit und Absicherung. Da die mit dieser Segmentierungsweise verbundenen, komplexen Datengewinnungs- und -auswertungsprozesse die wirtschaftlichen Möglichkeiten der Anbieter von Außenwerbeträgern auf absehbare Zeit ohnehin überfordern, soll den persönlichen Motiven als Gliederungsmerkmal an dieser Stelle keine vertiefende Betrachtung eingeräumt werden.

2.5. Beurteilungen von Komponenten des Leistungsbündels als Segmentierungsmerkmale

Bei den im letzten Abschnitt behandelten Merkmalen von Entscheidungsgremien handelte es sich um solche, die die beteiligten Personen charakterisieren. Daraus ließe sich folgern, daß die individuellen Motive und Ziele in ähnlicher Weise jeden Beschaffungsprozeß prägen, an dem diese Personen teilnehmen. Besonderheiten des nachgefragten Leistungsbündels bleiben bei der Segmentierung zunächst ausgespart. Diese Sichtweise erweckt den Eindruck, als gebe es eine für das Gesamtwohl der beschaffenden Unternehmung "richtige" Entscheidung, die bei rationalem Vorgehen getroffen werden müßte, aber durch das Einbringen individueller Egoismen verhindert bzw. "verfälscht" wird[1].

Jedoch führt selbst eine streng an den Unternehmensinteressen ausgerichtete Bewertung der Beschaffungsalternativen keineswegs in allen Firmen zu vergleichbaren Resultaten. Vielmehr existieren bei den Entscheidungsträgern stark unterschiedliche Vorstellungen darüber, wie gut ein bestimmtes Produkt ein vorgegebenes Problem zu lösen vermag. Diese Urteile können sowohl auf vorhandenem Wissen als auch auf Vermutungen, die sich auf Gefühlen und Erfahrungen abstützen, basieren. Sie erinnern damit stark an das hypothetische Konstrukt der **Einstellungen**, das für die Segmentierung von Konsumgütermärkten vorgeschlagen wird[2]. Die sog. "mehrdimensionalen" Einstellungsmodelle sehen das Beschaffungsverhalten der Abnehmer bestimmt durch das subjektive Wissen über den Beschaffungsgegenstand (kognitive Komponente), die gefühlsmäßige Haltung (affektive Komponente) und eine Handlungstendenz gegenüber diesem Objekt (intentionale oder konative Komponente). Im folgenden wird - im Gegensatz zum vorigen Abschnitt - vereinfachend unterstellt, ein Beschaffungsgremium als Handlungseinheit besitze meßbare Einstel-

----

1) Vgl. hierzu BARNES/TAVISH (1983), S. 16ff., CARDOZO (1980), S. 270f., ENGELHARDT/GÜNTER (1981), S. 45ff. und ZINSER (1978), S. 86.
2) Vgl. FRETER (1983), S. 64 und die dort angegebenen Quellen zum Einstellungsbegriff, BÖHLER (1977), S. 448, und KAISER (1978), S. 86ff.

lungen im Hinblick auf Außenwerbeträger, während die "Herausbildung" dieser Einstellungen durch das Zusammenwirken der beteiligten Personen nicht näher untersucht werden soll.

Selbst ein umfangreiches Buying Center kann aus Zeit- und Personalmangel nicht sämtliche Eigenschaften eines Gutes analysieren und bewerten[1]. Stattdessen fließt nur eine begrenzte Auswahl der Informationen über die Produkteigenschaften in die Entscheidung ein. Zudem werden bei regelmäßig wiederkehrenden Beschaffungsvorgängen die Ausprägungen der Merkmale nicht jeweils neu erfaßt, sondern durch früher erhobene Daten und Erfahrungswerte ersetzt[2]. Dominieren gar nur wenige oder ein einziges Attribut die Kaufentscheidung, spricht man von **irradiierenden Faktoren**[3]. Dabei handelt es sich um Eigenschaften, denen das Beschaffungsgremium wesentlich größere Bedeutungsgewichte beimißt als allen anderen Qualitätsdimensionen.

Der folgende Abschnitt beschäftigt sich mit der Frage, welche Eigenschaften des Leistungsbündels "Außenwerbung" für die Beschaffungsentscheidung ausschlaggebend werden können[4]. Im Bereich der Außenwerbung kommt für die Qualitätsbeurteilung eine Dreiteilung in Betracht. Da es sich hier um ein Leistungsbündel mit mehreren Bestandteilen handelt, lassen sich zunächst die funktionalen Eigenschaften der Hauptleistung von denen der Nebenleistungen abgrenzen. Mit der Anmietung eines Werbeträgers verbindet der Kunde vorrangig den Wunsch, bestimmte Kommunikationsziele zu realisie-

----

1) Zur Produktbeurteilung als selektive Informationsverarbeitung vgl. KROEBER-RIEL (1984a), S. 258ff. Daneben beklagt METZ (1969), S. 11ff., für den Bereich der Außenwerbung vor allem den Mangel an verwertbaren Informationen. Dieses Problem hat bis heute kaum an Bedeutung verloren, vgl. MEIER (1984), S. 32ff.

2) Da beispielsweise für die Außenwerbung neue Resultate aus der Werbeforschung nur in mehrjährigen Intervallen publiziert werden, greifen lt. Mitteilung einer Werbeagentur die Mediaeinkäufer in der Zwischenzeit notgedrungen auf veraltete Planungsdaten zurück.

3) Vgl. ENGELHARDT/PLINKE (1980), S. 81, und KROEBER-RIEL (1984a), S. 278f.

4) Zu den Kriterien, die bei der Beschaffung von Außenwerbeträgern eine bedeutende Rolle spielen, vgl. LANGHANS (1981), S. 23f.

ren. Als Hauptbeurteilungsmaßstab für die Werbeträger-Auswahl dient daher die werbliche Leistungsfähigkeit der Medien. Sowohl die Buchung als auch die physische Nutzung von Außenwerbeträgern verursacht dem Abnehmer Mühen, die er gern reduziert sähe. Er sucht seine Lieferanten folglich auch danach aus, ob sie ihm durch entsprechende Nebenleistungen einen Teil dieser Last abnehmen. Als dritte Kriteriengruppe lassen sich die nichtfunktionalen Eigenschaften der Außenwerbung durch Begriffe wie Aktualität, Exklusivität und Anmutung umreißen.

Der Beschaffungsprozeß für Außenwerbeträger erstreckt sich auf zwei verschiedene Ebenen. In einer ersten Stufe konkurriert Außenwerbung zunächst vor allem substitutiv mit anderen Medien um die Teilnahme an der fraglichen Werbemaßnahme[1]. Die Entscheidung hierüber fällt innerhalb der werbungtreibenden Unternehmung, noch bevor ein einziger Anbieter hinzugezogen wird. In der Praxis führt diese Vorentscheidung bei der Beschaffung von Investitionsgütern zur Formulierung genauer Problembeschreibungen durch die Abnehmer (z.B. Lastenhefte), die die anzuwendende Technologie bereits verbindlich vorschreiben und damit den Anbieterkreis festlegen[2]. Zwar können die Leistungsvorgaben den technischen Weg zu ihrer Realisierung auch bewußt offenlassen, dieser Vorgehensweise bedienen sich jedoch bevorzugt solche Nachfrager, die sich einen Überblick über die marktgängigen Technologie-Alternativen verschaffen wollen. Es erscheint kaum vorstellbar, daß Unternehmen bestimmte werbliche Zielsetzungen (z.B. Steigerung des Bekanntheitsgrades) zwischen verschiedenen Medien öffentlich ausschreiben, da die Preisgabe dieser Informationen den Wettbewerbern auf den Absatzmärkten entscheidende Anhaltspunkte für kurzfristige Gegenmaßnahmen liefert.

---

1) Bei fortschreitender Planung werden die Substitutionsbeziehungen schrittweise durch Komplementaritätsbeziehungen abgelöst, da das ausgewählte "Basismedium" stets gewisse Lücken bei der Zielgruppenabdeckung offenläßt, die sich durch andere Werbeformen wirtschaftlicher schließen lassen als durch eine Intensivierung des Basismediums.

2) Vgl. BACKHAUS (1982), S. 166, und ENGELHARDT/GÜNTER (1981), S. 118ff.

Die Vorauswahl der Werbeträger erfolgt über die Vergabe von Intermediengewichten[1], die aus Durchschnittswerten für die wichtigsten quantitativen und qualitativen Beurteilungskriterien gebildet werden. Führt die Grundsatzentscheidung zur Aufnahme von Außenwerbung in den Werbeplan, müssen in einem zweiten Schritt die Anbieter und die physischen Außenwerbeträger (z.B. die Plakattafeln an ihren individuellen Standorten) ausgesucht werden. Die Bestimmung der Außenwerbeform geschieht zumeist auch erst jetzt, obgleich die Wirkungsunterschiede der Gestaltungsvarianten auch ihre Behandlung als eigenständige Medien in der Vorauswahl rechtfertigen[2].

Der Mediaselektion geht im Idealfall eine detaillierte Werbeplanung voraus, in der die Werbezielgruppen sowie die Kommunikationsinhalte und -zielsetzungen festgelegt werden. Die Werbeträger-Auswahl orientiert sich an diesen Vorgaben unter Berücksichtigung der beschränkten Finanzmittel. Dabei fällt auf, daß sich in der Praxis nur in seltenen Fällen das gesamte Budget auf ein Kommunikationsmittel konzentriert. Diese Beobachtung regt zu der Vermutung an, daß entweder die bevorzugte Buchung eines bestimmten Werbeträgers von einem abnehmenden Grenznutzen begleitet wird oder aber sich die Medien nicht vollständig gegeneinander substituieren lassen.

Liegt der Werbeplanung eine relativ weitgefaßte Zielgruppendefinition zugrunde, spricht jeder einzelne Werbeträger nur einen begrenzten Ausschnitt daraus an. Die häufig wiederholte Belegung vergrößert die Reichweite nur geringfügig, stattdessen werden die gleichen Personen mehrfach berührt (interne Überschneidung). Die Hinzunahme weiterer Medien erschließt dagegen bisher nicht abgedeckte Teile der Zielgruppe[3].

----

1) Vgl. z.B. FRETER (1974), S. 77ff., und SCHWEIGER (1975), S. 169ff.
2) Die Nichtbeachtung dieser Unterschiede ermutigt zu der Annahme, daß diese Vorauswahl der Medien nach einem sehr groben Raster erfolgt. Ein Beispiel für die Detail-Planung des Einsatzes von Außenwerbung zeigt BRANDIS (1973), S. 1013ff.
3) Vgl. NESKE (1983), S. 209.

Darüber hinaus können den Medien unterschiedliche Teilaufgaben innerhalb einer Kommunikationsstrategie zugewiesen werden, so daß sich die einzelnen Bestandteile des sog. "Media-Mix"[1] vorteilhaft ergänzen. Unterstellt man einmal, daß die Entscheidungsträger nicht alle Medien als gleichermaßen leistungsfähig für alle denkbaren werblichen Zielsetzungen ansehen, verbindet sich mit jeder konkreten Aufgabenstellung ein eigenständiger Auswahl- und Bewertungsprozeß. Die Chancen der Außenwerbung, in das Media-Mix aufgenommen zu werden, hängen demnach davon ab, welchen Beitrag sie zu dem jeweiligen Ziel zu leisten verspricht. Der Markt für Werbeträger spaltet sich somit in eine ganze Reihe von Teilmärkten auf, die durch unterschiedliche Bedürfnisse der Abnehmer gekennzeichnet sind. Auf diese Weise gewinnt die Aufgabenstellung ("Verwendungszweck" des Beschaffungsgutes) den Charakter eines Marktsegmentierungskriteriums mit Kaufverhaltensrelevanz. Sie repräsentiert die unterschiedlichen Nutzenerwartungen, die die Entscheidungsträger während des Beschaffungsvorganges hegen[2].

Während des Auswahlvorganges muß sich die Außenwerbung dem Vergleich mit anderen Medien stellen. Es taucht das Problem auf, einen Beurteilungsmaßstab auszuwählen, der die Eigenarten der betrachteten Werbeträger vergleichbar macht, ohne bestimmte Werbeformen durch zu hohe Anforderungen zu benachteiligen. Es sind demnach Meßmethoden anzuwenden, die mit wirtschaftlich vertretbarem Aufwand zu aussagekräftigen Daten für alle Kommunikationsmittel führen. Gerade bei der Außenwerbung ersetzen häufig vermeintliche Erfahrungswerte diese Forschungsergebnisse, da die zu anderen Medien "kompatiblen" Informationen nicht oder nur unter Schwierigkeiten beschafft werden können. Damit gruppieren sich die Abnehmer nicht nur durch ihren Werbebedarf bzw. ihre Nutzenansprüche zu Teilmärkten, sondern unterscheiden sich weiterhin inner-

---

1) Vgl. NESKE (1983), S. 338, und HUTH/PFLAUM (1980), S. 101ff.
2) Zur Segmentierung nach Nutzenerwartungen der Abnehmer ("benefit segmentation") vgl. HALEY (1968), S. 30ff., (1971), S. 3ff., und (1984), S. 19f.

halb der Segmente in ihrem Urteil über den Leistungsbeitrag der Außenwerbung zu dem angestrebten Werbeziel.

Die bereits erwähnten funktionalen Eigenschaften der Nebenleistungen (des sog. "Handling") und die nichtfunktionalen Eigenschaften des Mediums (z.B. das Image der Außenwerbung bei den Zielgruppen) rechtfertigen nicht die Einführung eines mit den Leistungsbeurteilungen konkurrierenden Segmentierungsansatzes. Eine noch so abnehmerfreundlich gestaltete Abwicklung der Aufträge mündet nicht in eine Beschaffungsentscheidung, wenn der Abnehmer nicht zuvor grundsätzlich von der Werbewirkung des Mediums überzeugt wurde. Dagegen kann eine umständliche Handhabung Entscheidungsträger von einem Vertragsabschluß zurückschrecken lassen, obwohl sie der Werbewirksamkeit im Prinzip zustimmen. Die beiden genannten Eigenschaftsdimensionen wirken eher wie Nebenbedingungen die bei negativer Ausprägung die Beschaffung verhindern. Wenn sich jedoch die Segmentierung nur auf grundsätzlich beschaffungswillige Werbungtreibende beschränkt[1]), eignen sich auch diese Aspekte zur Gliederung der Abnehmer. Die Nichtverwender bleiben allerdings bei der Marktbearbeitung unberücksichtigt.

Die Orientierung der Beschaffungsentscheidung an Qualitätsurteilen bildet die Beschaffungssituation nur unvollständig ab. Die Belegung des bestbewerteten Mediums kann noch an innerbetrieblichen Restriktionen scheitern. Solche **"situativen Faktoren"** wirken sich positiv für die Außenwerbung aus, wenn der Abnehmer ohne ihre Einwirkung ein anderes Medium bevorzugt hätte[2]). Ähnlich wie das Handling und das Image der Außenwerbung bei der Zielgruppe stellen sich die situativen Faktoren als Nebenbedingungen dar, können aber auch fallweise als Segmentierungskriterium in Frage kommen.

---

1) Vgl. z.B. FRETER (1983), S. 20.
2) Vgl. KROEBER-RIEL (1984a), S. 163ff.

2.5.1. Verwendbarkeit für bestimmte Kommunikationsaufgaben (Funktionale Eigenschaften der Hauptleistung)

Der Erfolg einer Werbemaßnahme läßt sich durch die Erhebung verschiedener Werbewirkungsmaße belegen. Diese Indikatorgrößen werden zweckmäßigerweise bereits bei der Planung festgelegt und mit Vorgabewerten versehen, die die Erfüllung der Ansprüche des Unternehmens signalisieren[1]. Die Erfolgsmarke kann wahlweise als Prozentwert einer Maßgröße mit fester Obergrenze angegeben (z.B. Anteil der erreichten Personen in einer zuvor definierten Zielgruppe) oder als absoluter Wert einer nicht begrenzten Variablen (z.B. Anzahl der insgesamt erzielten Werbeträger-Kontakte) ausgedrückt werden[2]. Verfügt die Unternehmung über Vergangenheitsdaten, genügt die Festsetzung einer Veränderungsrate, da sich die Zielvorgabe aus den Resultaten der Vorperiode ableiten läßt.

Die Gesamtheit aller denkbaren Werbezielsetzungen, die durch die Beschaffung von Werbeträgern erfüllt werden, umreißt in diesem Zusammenhang den relevanten Markt. Seine Segmente entstehen aus der Zusammenfassung aller werbungtreibenden Unternehmen mit gleichen bzw. ähnlichen Werbebedürfnissen. Zu einem Teilmarkt dieser Art gehörten dann z.B. alle Werbeträger-Nachfrager, die den Bekanntheitsgrad ihres Produktes steigern möchten[3]. Im Idealfalle verbliebe den Anbietern von Außenwerbeträgern nur noch die Aufgabe, die Werbeziele bzw. Marktsegmente zu bestimmen, für die ihr Werbeträger konkurrenzfähige Beiträge zu leisten verspricht, und den Nachfragern diese behauptete Leistungsfähigkeit plausibel zu machen.

In der Realität scheitert diese Vorgehensweise an der Unmöglichkeit, die tatsächliche Wirkung der Werbung mit schlüssigem Datenmaterial aus empirischer Forschung belegen zu können. Die Beschränkung auf Aussagen über Kommunikationseffek-

----

1) Vgl. ANTON (1973), S. 245ff.
2) Vgl. MEYER/HERMANNS (1981), S. 149ff.
3) In Abschnitt 1.6., S. 132ff. dieser Arbeit, wird eine Auswahl der wichtigsten Kommunikationszielsetzungen vorgestellt.

te entzieht zumindest Absatz- oder Marktanteilszielen die Möglichkeit zu ihrer Kontrolle. Daneben stehen die gebräuchlichen kommunikativen Werbewirkungsmaße teilweise nur in einem lockeren Zusammenhang mit dem Kaufverhalten der untersuchten Nachfragergruppen. So mag z.B. hohe Reichweite eine notwendige Bedingung für ein gutes Absatzergebnis sein, jedoch kann eine ungünstige Werbemittel-Gestaltung den Berührungserfolg auch wieder zunichte machen.

Die typischen Zielvorgaben in der Praxis leiten sich ohnehin nur teilweise aus dem spezifischen Charakter der Kommunikationsmaßnahme ab. Sie richten sich außerdem auch nach dem Katalog der von den Medien angebotenen Daten, aus dem die für die Fragestellung am ehesten geeignete Maßgröße herausgegriffen wird. Da eine Auswahlentscheidung zwischen mehreren Werbeträgern am Anfang der Planung steht, bevorzugen die Unternehmen zudem Wirkungsmaße, die für alle oder möglichst viele der in Frage kommenden Medien bereitstehen. Von dem höheren Aussagegehalt fortentwickelter Kriterien wird kein Gebrauch gemacht, wenn diese Daten nur für einzelne Medien erhoben wurden und ihnen damit die für einen Ausleseprozeß notwendige Vergleichbarkeit fehlt. Es kann daher bereits ausreichen, ein Medium als geeignet für eine Werbeaufgabe erscheinen zu lassen, wenn es in den üblicherweise zur Beurteilung des Beitrages zu dieser Zielsetzung herangezogenen Werbewirkungsmaßen gute Werte vorweist. Einen Überblick über den Stand der Forschungen zur Außenwerbung vermittelte Abschnitt 1.6., so daß hier auf die Wiederholung der Ergebnisse verzichtet werden kann[1].

Die Unterschiede im Beschaffungsverhalten resultieren also in Abhängigkeit von der Kommunikationsaufgabe aus den variierenden Anforderungen an die zur Verwendung vorgesehenen Werbeträger. Das Segentierungsmerkmal verliert nicht bereits dadurch an Aussagekraft, daß sich nach dem aktuellen Stand der Forschung vollständig befriedigende Aussagen über die

----

1) Vgl. S. 84ff. dieser Arbeit.

Wirkungsbeiträge einzelner Medien zu diesen Werbeaufgaben nicht formulieren lassen. Das Kriterium der "Werbeaufgabe" würde auch bei beschränktem Informationsvorrat brauchbare Segmente abgrenzen, wenn die Auswertung dieses Zahlenmaterials die Abnehmer dazu veranlaßte, Außenwerbeträger für bestimmte Zielsetzungen stets in gleichem Umfange einzusetzen.

Daß sich die Nachfrager mit gleichen Kommunikationsbedürfnissen in der Praxis dennoch nicht homogen verhalten, kann mit den Einstellungen begründet werden:
- Selbst der begrenzte Wissenstand (kognitive Komponente) ist nicht bei allen Entscheidungsträgern vorhanden oder
- einige der Informationen werden hinsichtlich ihrer Glaubwürdigkeit angezweifelt (affektive Komponente).

Daneben verzichten sicherlich einige Werbeplaner bewußt auf verfügbare Daten, da sie glauben, auch mit weniger anspruchsvollen Informationen eine genügend fundierte Entscheidung treffen zu können. Tabelle 12 auf S. 132 vermittelt einen Eindruck davon, wie unterschiedlich der Leistungsbeitrag der Außenwerbung für einzelne Kommunikationsaufgaben beurteilt wird.

Die Markteinteilung auf der Grundlage von Werbezielsetzungen reicht also offenkundig allein nicht aus, um gleichmäßig reagierende Nachfragergruppen zu bilden. Es erscheint daher erwägenswert, die bisherigen Segmente als eigenständige Teilmärkte aufzufassen, die ihrerseits wiederum einer Abnehmereinteilung nach der Kenntnis und Bewertung der Leistungsfähigkeit von Außenwerbeträgern unterzogen werden[1]. Für diese Überlegung spricht vor allem die Annahme, daß auch die konkurrierenden Medien spezifische Stärken und Schwächen in ihrer Wirksamkeit aufweisen, so daß nicht bei jeder Kommunikationsaufgabe die gleichen Werbeformen miteinander in Wettbewerb stehen bzw. die Wettbewerbsbeziehungen die gleiche Intensität aufweisen.

----

1) Dieses Vorgehen könnte aber auch als mehrstufige Marktsegmentierung angesehen werden. Ansätze hierfür stellt der folgende Abschnitt vor.

2.5.2. Abwicklung der Außenwerbung (Funktionale Eigenschaften der Nebenleistungen)

Der folgende Abschnitt beschäftigt sich mit der Beurteilung von Sekundärleistungen im Rahmen der Vermarktung von Außenwerbeträgern. Er liefert Anhaltspunkte, die die beobachtbare Nutzungsintensität der die Hauptleistung begleitenden Diensteangebote der Werbungdurchführenden erkären helfen, und nähert sich damit stärker als diese einfache Segmentierungsgrundlage[1] den Beweggründen an, die das Abnahmeverhalten der werbungtreibenden Firmen bestimmen.

Schon die Kontaktaufnahme mit der großen Anzahl von Plakatanschlagunternehmen, wie sie zur Abdeckung des Bundesgebietes im Rahmen einer Kampagne notwendig ist, beansprucht die Mediaeinkaufsabteilung einer werbungtreibenden Unternehmung in personeller und finanzieller Hinsicht stärker als die Geschäftsanbahnung mit anderen Medien[2]. Selbst den Agenturen, die mit einer Vielzahl von Werbungdurchführenden in ständiger Geschäftsbeziehung stehen, erwächst aus der Buchung von Außenwerbung ein überdurchschnittlicher Arbeitsaufwand. Ein Abnehmer kann sich die langwierige Auswahl der Werbeträger-Standorte und die Kontrolle der ordnungsgemäßen Belegung nicht ersparen, es sei denn, er bringt den Anschlagunternehmen soviel Vertrauen entgegen, daß er ihnen diese Aufgaben in eigene Regie überträgt.

Nachfrager, die von der grundsätzlichen Werbewirksamkeit der Außenwerbung durchaus überzeugt sind, nehmen vielleicht deshalb von der Belegung des Mediums Abstand, weil ihnen einerseits der eigene Aufwand für Auswahl und Kontrolle zu

----

1) Die Präferenzen der Abnehmer für bestimmte Sekundärleistungen wurden als denkbares Marktsegmentierungskriterium in Abschnitt 2.3.3. (S. 156 dieser Arbeit) bereits kurz angesprochen. HAMMANN (1974), S. 144ff., unterstreicht das bedeutende akquisitorische Potential eines differenzierten Sekundärleistungsangebotes.

2) Auf die Probleme bei der Auswahl und Kontrolle von Außenwerbeträgern wurde des öfteren hingewiesen, so z.B. von METZ (1969), S. 25ff., und KREUZHOF (1981), S. 6f. Dem setzt WIELE (1984), S. 190ff., entgegen, daß die Buchung von Anzeigenraum in Tageszeitungen ebenfalls erheblichen Verwaltungsaufwand verursacht.

hoch erscheint, sie sich andererseits aber auf die Erledigung in ihrem Sinne durch die Anbieter nicht verlassen wollen. Die Abnehmer lassen sich folglich danach unterscheiden, ob ihren Interessen eher besondere Ausgestaltungen der Sekundärleistungen oder eher vertrauensbildende Maßnahmen entgegenkommen. Eine dritte Teilgruppe wird von den Firmen gebildet, die den Sekundärleistungen nur untergeordnete Bedeutung beimessen.

Die These "Das Hauptproblem der Außenwerbung ist weniger ihre mangelnde Werbewirksamkeit als vielmehr ihre umständliche Abwicklung" fand in der empirischen Erhebung die Zustimmung der Werbeagenturen mit einem Mittelwert von 4,0, die bundesweit aktiven Unternehmen lehnten die Aussage mit einem nur knappen Durchschnittsresultat von 3,47 ab[1]. Die Agenturen schließen sich weiterhin der Ansicht an, daß der Markt für Außenwerbeträger wegen der Vielzahl von Anbietern sehr unübersichtlich sei (Mittelwert 4,7)[2]. Wenngleich diese Frage den Mediaplanern in den Firmen nicht gestellt wurde, darf angenommen werden, daß ihnen die Gewinnung eines Marktüberblicks wegen der selteneren Kontakte mit den Werbungdurchführenden eher noch schwerer fallen wird.

Daß die Agenturen den Beschaffungsvorgang für Außenwerbeträger negativer beurteilen als die befragten Unternehmen findet seine Begründung möglicherweise im System der Mittlerprovision, der "Handelsspanne" der Agenturen. Als Honorar für ihre Dienste gewähren alle Werbeträger-Anbieter den Werbeberatern einen einheitlichen Abschlag von 15% auf die getätigten Umsätze[3]. Es leuchtet unmittelbar ein, daß ein bestimmtes Kundenbudget sehr schnell mit wenigen Telefon-

----

1) Vgl. AGENTUR, Frage 19, und NATIONAL, Frage 22 (52,7% ablehnende Stimmen).
2) Vgl. AGENTUR, Frage 27. 79,3% der Antworten bejahen die Unübersichtlichkeit des Marktes.
3) Wettbewerbsnachteile einzelner Außenwerbeformen lagen nicht allein in einem Mehraufwand bei gleicher "Handelsspanne" begründet. Manche Anbieter von Verkehrsmittelwerbung gewährten - wohl im Hinblick auf die langen Vertragslaufzeiten - lange Zeit sogar nur 10% Agenturnachlaß. Vgl. SCHUMACHER (1982), S. 41.

anrufen in Sendezeiten bei den Rundfunkanstalten umgesetzt umgesetzt werden kann, während die Verplanung des gleichen Betrages in der Außenwerbung zahlreiche Firmenkontakte mit umfangreichen Auswahl- und Reservierungsarbeiten erfordert. Das Ertragsstreben der Agenturen äußert sich sicherlich auch in dem Wunsch, den Zeit- und Personalaufwand für die Medienbelegung möglichst gering zu halten, da zusätzliche Bemühungen nicht separat honoriert werden. Diese Notwendigkeit besteht in den Mediaabteilungen der Herstellerfirmen nicht gleichermaßen, weil dort die Entlohnung der Sachbearbeiter nicht an die verplanten Werbebudgets gekoppelt ist.

Da die Kunden auf lokaler Ebene in ihrem Werbeverhalten vermutlich nicht so deutlich wie die professionellen Werbeplaner nach Mediaeinkauf und Werbemittel-Gestaltung unterscheiden, faßte die Frage nach der Abwicklung die Bemühungen um die Anmietung eines Omnibusses mit dem Entwurf und der Anbringung der Werbung zu einer Einheit zusammen. 37 Beantworter des Fragebogens (= 53,6%) befanden die Handhabung als zu umständlich im Vergleich zum Effekt, während 32 Befragte die gegenteilige Ansicht vertraten[1].

Auch das Vertrauen, das den Anbietern der Außenwerbung entgegengebracht wird, erforschten einige Thesen in der empirischen Untersuchung. Die Bearbeiter des Fragebogens bekräftigten sehr stark den Eindruck, daß die Werbungdurchführenden ihre besten Angebote ohnehin immer sofort für ihre Stammkunden reservieren[2]. Deshalb fürchten Nachfrager, die nur unregelmäßig oder gar erstmals Plakattafeln buchen, mit minderwertigen Standorten vorlieb nehmen zu müssen[3]. Sie glauben, daß die Anschlagunternehmer versuchen, die schwerer verkäuflichen Werbestellen denjenigen Kunden unterzuschieben, die entweder auf die Vorgabe von Auswahlkriterien oder

---

1) Vgl. LOKAL, Frage 22 (Mittelwert 3,54).
2) Vgl. AGENTUR, Frage 21, und NATIONAL, Frage 24. 29 von 31 Agenturen (= 93,5%) und 26 von 33 Unternehmen (= 78,8%) unterstellen den Anbietern die Bevorzugung von Stammkunden.
3) Lt. Gesprächen mit mehreren werbungtreibenden Unternehmen, vgl. auch beispielhaft KREUZHOF (1981), S. 7.

die eigene Überprüfung der Stellenmerkmale verzichten. Daher vertraut ein großer Teil der Befragten nicht auf eine gute Standortqualität, wenn sie die Zusammenstellung ihres Netzes den Außenwerbeunternehmen selbst überlassen[1]. Dieses Problem verschärft sich, wenn die Buchung erst relativ kurzfristig in einer laufenden Planungsperiode erfolgen soll. Die dann noch verfügbaren Stellen gelten erst recht als von zweifelhafter Qualität[2].

Die Abnehmer unterscheiden sich also im Hinblick auf die Abwicklung darin, daß einige Nutzer ihre Werbeträger-Auswahl nicht aus der Hand geben wollen, aber an einer möglichst rationellen Gestaltung des Selektionsprozesses interessiert sind, während andere Kunden sich aus Kapazitätsgründen nicht selbst an der Netzbildung beteiligen möchten, die Wahrung ihrer Interessen aber durch Kontrollmaßnahmen sicherzustellen suchen. Schließlich akzeptiert eine dritte Gruppe das Buchungsverfahren in seiner jetzigen Form, ohne Vorbehalte dagegen geltend zu machen. Diese Einteilung schafft Marktsegmente, die wahrscheinlich besonders stark auf differenzierte Sekundärleistungsbündel ansprechen.

2.5.3. Einschätzung der Außenwerbung bei den Werbesubjekten (Nicht-funktionale Eigenschaft der Hauptleistung)

Als funktionale Eigenschaften des Mediums Außenwerbung gelten im Rahmen dieser Arbeit die meßbaren Kommunikationswirkungen, die sich als Reichweite, Aufmerksamkeitsstärke und Erinnungswerte von Werbeträgern und -mitteln ausdrücken lassen. Im weitesten Sinne gehört hierzu auch die Glaubwürdigkeit einzelner Werbebotschaften, da die mehr oder minder erfolgreiche Vermittlung von emotionalen Eindrücken die Anwendbarkeit bestimmter Gestaltungstechniken dokumentiert.

----

1) Vgl. AGENTUR Frage 22, und NATIONAL, Frage 25. 77,4% der Werbeagenturen und 82,4% der Unternehmen machen qualitative Vorbehalte gegenüber der Eigenauswahl der Werbungdurchführenden geltend.
2) Vgl. AGENTUR, Frage 24, und NATIONAL, Frage 26. Die These findet die Zustimmung von 96,7% der Agenturen und 97,1% der Unternehmen. Auch der Mittelwert 4,9 in beiden Erhebungsteilen deutet auf die Identifikation einer wesentlichen Schwachstelle des Vermarktungsprozesses.

Daneben genießt das Medium unabhängig von individuellen Standorten und Werbebotschaften eine Wertschätzung bei Konsumenten und Werbeplanern, die sich auf den Kommunikationserfolg aller Kampagnen auswirkt[1]. Die der Außenwerbung von den Verbrauchern zugeschriebenen Eigenschaften[2] lassen sich weiterhin danach differenzieren, ob sie auf alle Werbeinhalte gleichermaßen zutreffen (z.B. generelle Glaubwürdigkeit) oder einzelne Produkte und Warengruppen besonders berühren (z.B. Vermittlung einer Anmutung von Hochwertigkeit). Eine Außenwerbeform, die als "auffällig" und "provozierend" gilt, eignet sich z.B. für modische Bekleidung, dagegen könnten Konsumenten ein Versicherungsunternehmen, daß sich der gleichen Werbeträger bedient, für unseriös halten.

Einige Studien zur Verkehrsmittel- und zur Lichtwerbung haben neben kampagnenspezifischen Daten auch Informationen über die grundsätzliche Einschätzung der Werbeform eingeholt. So erkundigte sich INFRATEST in der Untersuchung von 1977/78 bei den Stichprobenangehörigen über den Grad ihrer Zustimmung zu 15 allgemeingehaltenen Aussagen über Werbung[3]. Zwei Statements aus diesem Katalog sollten dabei die "Werbefreundlichkeit" der Befragten ausloten:

- G) Es kommt schon vor, daß ich Werbung genauer betrachte.
- P) Die Werbung macht das Straßenbild farbiger und lebendiger.

Die erste Aussage drückt nach Ansicht des Testinstituts Aufgeschlossenheit gegenüber Werbeinhalten aus, während das zweite Statement allgemeine Werbefreundlichkeit im "umweltschützerischen" Sinne signalisiere[4]. Hohe Erinnerungswerte

---

1) Die Einstellung der Konsumenten zur Werbung war z.B. Gegenstand der Untersuchung von BECKER/ANDERSON/ENGLEDOW (1977), S. 266ff.; einen zusammenfassenden Überblick findet man bei MÜLLER (1984), S. 319ff.

2) LANGHANS (1981), S. 19ff., analysiert den Wert, den verschiedene Interessengruppen der Außenwerbung beimessen. Nach seiner eigenen Befragung schätzen die Zielpersonen das Plakat als attraktives Medium mit hohem Reiz- und Unterhaltungswert (S. 21).

3) Vgl. FAW (1978b), Fragebogen im Anhang, S. 16.

4) Vgl. FAW (1978a), S. 37. Die Vokabel "umweltschützerisch" hebt wohl auf die Befürwortung oder Duldung von Außenwerbeträgern im Straßenbild ab.

für Werbungen in verschiedenen Medien verbanden sich bei den Befragten überdurchschnittlich häufig mit Zustimmung zur ersten Feststellung. Die zweite These befürworteten dagegen vor allem solche Personen, die drei oder mehr Angaben zu Plakatwerbung, Direktwerbung, Rumpfflächenwerbung und Schaufensterwerbung machen konnten. Dieses Resultat läßt sich so auslegen, daß nicht alle grundsätzlich werbefreundlichen Personen auch der Außenwerbung positiv gegenüberstehen. Wer das Medium jedoch akzeptiert, wird auch besonders erfolgreich von ihm angesprochen.

Ganzbemalungen von Straßenbahnen und Omnibussen nehmen 53% der Befragten positiv auf, dieser Wert streut zwischen 63% für die Interviewpartner unter 30 Jahren und 43% für die Altersgruppe über 50 Jahren[1)]. Dies legt den den Schluß nahe, daß Ganzbemalungen am wirksamsten Produkte für jüngere Zielgruppen bekanntmachen.

Eine Studie im Auftrage der Deutschen Bundespost nannte den Mitgliedern einer Stichprobe vier Eigenschaften, die jeweils derjenigen von drei zur Wahl stehenden Werbeformen zugeordnet werden sollten, zu der sie nach Ansicht der Testpersonen am besten paßte[2)]. Als **informativ** und **sympathisch** galten insbesondere Zeitungen und Zeitschriften; Plakatwände und Litfaßsäulen präsentieren sich **auffällig**; als **glaubwürdig** betrachten die Befragten jedoch vor allem Postfahrzeuge. Der Ruf der Bundespost als seriöses Unternehmen überträgt sich hier offenbar auch auf die Werbungtreibenden[3)].

Auch für Postfahrzeuge variiert die positive Einschätzung mit dem Alter der Befragten, sie schneiden jedoch im Gegensatz zu den Befunden von Infratest bei älteren Personen

---

1) Vgl. FAW (1978b), S. 155ff., und Fragebogen im Anhang, S. 15.
2) Vgl. BOSS PSYCHOMETRIE (1979), S. 49.
3) Dieser Effekt der "Imageübertragung" demonstriert die zwischen physisch ähnlichen Außenwerbeträgern (hier Plakate und Postfahrzeuge) feststellbaren immateriellen Unterschiede. Der Werbungdurchführende muß also bereits in seiner eigenen Beschaffungspolitik auf die vorgesehenen Abnehmerzielgruppen Rücksicht nehmen.

deutlich günstiger ab[1]. Um Verbesserungsvorschläge gebeten, regten 69% aller Nennungen buntere, auffälligere und dekorativere Gestaltungen der Werbungen an[2]. Möglicherweise haftet den Beschriftungen auf Postfahrzeugen der Eindruck etwas hausbackener und langweiliger Ausdrucksformen an. Dies könnte die relativ ungünstige Beurteilung durch die jüngeren Kontaktpersonen erklären.

Beschriftungen auf öffentlichen Verkehrsmitteln bzw. auf Fahrzeugen renommierter Einrichtungen (z.B. Bundespost oder Bundesbahn) profitieren offensichtlich von dem Goodwill, der den Fahrzeugbetreibern entgegengebracht wird. Diese gelten in gewissem Sinne als Garant für vertrauenswürdige Werbeinhalte, obwohl den Kontaktpersonen zugleich klar ist, daß Werbungtreibender und Fahrzeughalter nicht identisch sind[3]. Bei privaten LKW nehmen die Verbraucher dagegen sehr wohl eine Identität an. Die Hälfte der Interviewpartner für eine Studie zu diesem Thema ging davon aus, daß das Fahrzeug auch die Ware transportiert, für die an seinen Seitenflächen geworben wird. Weitere 35% glaubten, daß das gezeigte Produkt wenigstens einen Teil der Ladung ausmacht (z.B. wenn die Firma nur für einen ausgewählten Artikel aus einem größeren Sortiment wirbt)[4]. LKW-Beschriftungen für ein "transportierbares" Gut vermitteln somit den Eindruck eines bedeutenden Herstellerunternehmens, da die Betrachter vermuten, das wahrgenommene Fahrzeug liefere dieses Produkt gerade aus. Während 41% der Befragten Werbebotschaften für Sachgüter auf LKW aufgeschlossen gegenüberstehen, schätzen nur etwa 35% Aussagen über Dienstleistungen, z.B. Versicherungen, positiv ein. Letztere treffen auf eine Ablehnungsquote von 33% gegenüber 19% bei Produktdarstellungen[5].

---

1) Vgl. BOSS PSYCHOMETRIE (1979), S. 56.
2) Vgl. BOSS PSYCHOMETRIE (1979), S. 52.
3) Ausnahmen sind hier Eigenwerbungen der Verkehrsbetriebe oder der Bundespost.
4) Vgl. INSTITUT FÜR MARKTFORSCHUNG UND MARKENENTWICKLUNG (1979), Tabelle 18.
5) Vgl. INSTITUT FÜR MARKTFORSCHUNG UND MARKENENTWICKLUNG (1979), Tabellen 10 und 24.

Insbesondere Lastwagenfahrer sind als Verkehrsteilnehmer nicht unumstritten. Es wäre daher denkbar, daß sich ein negativer Ruf des Transportgewerbes auch auf die Werbungtreibenden auf den Seitenflächen überträgt. Eine amerikanische Studie bat Versuchspersonen um Auskunft darüber, inwieweit der Eindruck, den das Fahrzeug bei ihnen hinterläßt, auf ihre Einstellung zum Fahrzeughalter (in diesem Falle: dem werbenden Unternehmen) abfärbt[1]. 74% bilden sich demnach aus dem optischen Erscheinungsbild der LKW ein Urteil über den mit ihnen ausliefernden Produzenten. Die Sauberkeit eines LKW wird als Indiz dafür betrachtet, daß die Gesellschaft qualifizierte Fahrer beschäftigt (63% der Antworten) und das Fahrzeug technisch in gutem Zustand erhält (77% Zustimmung). Ein vermeintlich negatives Image von LKW als Werbeträger betrifft also nur solche Werbungtreibenden, die ihren eigenen Fuhrpark unzureichend pflegen bzw. nicht auf die entsprechende Unterhaltung angemieteter Werbefahrzeuge achten[2]. Andererseits offeriert die amerikanische Studie den schwachen Trost, daß verschmutzte Werbeaufschriften wesentlich weniger Aufmerksamkeit erregen, sich der imageschädigende Effekt somit in Grenzen hält, allerdings um den Preis stark verminderter Werbewirksamkeit[3].

Eine Untersuchung im Auftrage des FACHVERBAND LICHTWERBUNG nennt einige Begriffe, die die Konsumenten bevorzugt mit Lichtwerbung verbinden[4]. Der FVL glaubt, daß Eigenschaften

---

1) Vgl. AMERICAN TRUCKING ASSOCIATIONS (1982), S. 5ff. Ein Eigenschaftsprofil in der Studie des INSTITUTS FÜR MARKTFORSCHUNG UND MARKENENTWICKLUNG (1979), S. 17, sieht in vielen Punkten Vorsprünge der LKW-Beschriftungen gegenüber Fernseh- und Plakatwerbung. Die mobile Außenwerbeform unterliegt den Vergleichsmedien nur - wenn auch knapp - in den Eigenschaften "glaubwürdig", "seriös" und "erweckt Vertrauen". Hierin kommt möglicherweise ebenfalls ein Imagedefizit der LKW als Werbeträger zum Ausdruck.

2) Umgekehrt machen sich einige Firmen positive Charakteristika der belegten Verkehrsmittel zunutze. So unterstreicht die Firma Tchibo die Frische ihrer Ware durch die LKW-Aufschrift "Frischer Kaffee unterwegs". Die Stuttgarter Schirmfabrik Hugendubel wirbt in der dortigen Straßenbahn mit einem Motiv, in dem ein freundlicher Schaffner einen Fahrgast auf seinen vergessenen Regenschutz aufmerksam macht.

3) Vgl. AMERICAN TRUCKING ASSOCIATIONS (1982), S. 8.

4) Vgl. FACHVERBAND LICHTWERBUNG (1984), S. 16f.

wie "international, modern, erfolgreich, groß, bedeutend und aktiv", die dem Medium zugeschrieben werden, auch das Bild der beworbenen Marken in den Augen der Verbraucher mitprägen. Daher sollten seiner Ansicht nach mit leuchtenden Werbemitteln insbesondere Güter herausgestellt werden, die genau diese Attribute für sich in Anspruch nehmen. Obwohl gegen Lichtwerbung einige rational motivierte Argumente (z.B. Stromverschwendung) sprechen, setzt sich die emotionale Sympathie der Bevölkerung für das Medium über diese Kritikpunkte hinweg. Leuchtreklamen werden als faszinierend und im Vergleich zu anderen Werbeformen als weniger manipulierend empfunden[1].

Außenwerbung gilt allgemein als "volkstümliches" Medium, mit dem für hochwertige Produkte nicht sinnvoll geworben werden kann. Leider liegen bisher keine Forschungsergebnisse vor, die sich mit diesem Aspekt des Images von Außenwerbeträgern auseinandersetzen. Es kann jedoch angenommen werden, daß auch hier nicht prinzipielle Bedenken gegen die Werbewirksamkeit den Eindruck bestimmen, sondern die Präsentationstechniken einzelner Erscheinungsformen die Werbungtreibenden bei deren Belegung Zurückhaltung üben lassen. Die gleichen Unternehmen, die Plakatierungen ablehnen bzw. früher abgelehnt haben, verfügen häufig seit vielen Jahren über umfangreiche Leuchtwerbeanlagen, die nicht selten auch an Gebäuden installiert sind, in denen das Unternehmen keine Niederlassung unterhält[2].

Für eine Marktsegmentierung auf der Grundlage von Imageüberlegungen können sich die Werbungdurchführenden nicht auf eine allzu breite Informationsbasis stützen. Bereits der Vergleich der Einschätzungen von öffentlichen Verkehrsmitteln und Postfahrzeugen als Werbeträger zeigt aber auf, daß die einzelnen Außenwerbeformen von den verschiedenen Konsumentengruppen nicht immer gleich positiv beurteilt werden.

---

1) Vgl. FACHVERBAND LICHTWERBUNG (1984), S. 8.
2) Mercedes-Benz zählte schon 1957 zu den meistgenannten Lichtwerbungen, mied aber bis vor kurzem Plakate. Vgl. BECKMANN (1982), S. 199.

Die Werbungdurchführenden sollten daher für ihr Tätigkeitsfeld "Imageprofile" erstellen, aus denen sich zum einen die Produktgruppen, für die der Werbeträger-Typ glaubwürdig eingesetzt werden kann, und zum anderen die Zielgruppen, bei denen diese Werbeform relativ hohes Ansehen genießt, herauslesen lassen. Eine Liste der für die Werbeträger-Auswahl maßgebenden Eigenschaften wird dazu verschiedenen Zielgruppen mit der Bitte vorgelegt, auf Rating-Skalen anzugeben, inwieweit diese Eigenschaften auf den betreffenden Werbeträger-Typ zutreffen. Die Abnehmer können anschließend diese Einschätzungen in ihre Auswahlentscheidungen einbeziehen.

2.5.4. Die Bildung von Marktsegmenten aus der Eignungsbeurteilung

Der freizügige Einsatz von Außenwerbeträgern im Media-Mix findet seine Grenzen in der werblichen Zielsetzung der planenden Unternehmung und im bereitgestellten Werbebudget. Die Zielformulierung wirkt dabei in Abhängigkeit vom Anspruchsniveau unterschiedlich stark auf die Medienauswahl ein.

Erfolgt die Vorgabe relativ undifferenziert (z.B.: hohe Reichweite), besteht eine weitgehende Substitutionalität der Medien untereinander. Diese müssen daher in eine Rangfolge der Leistungsfähigkeit gebracht werden; die Werbeform mit den besten Zielbeiträgen wird belegt. In der Praxis ergänzen zumeist noch Kostenaspekte die absoluten Leistungsdaten. Man gelangt z.B. zum Tausend-Kontakte-Preis[1]. Hier konkurriert die Außenwerbung mit dem breiten Spektrum der anderen Werbeträger und kann sich durchaus auch als Basismedium profilieren[2].

Für komplexe Aufgabenstellungen weisen nicht mehr alle Medien die gleichen Zielbeiträge aus. Daneben gelingt es kaum noch einer einzelnen Werbeform, allein die Ansprüche der Planer zu befriedigen. Die Substitutionalität wird durch eine teilweise Komplementarität abgelöst. Die Gewichtung der Kontaktsummen mit Preisen reduziert sich in ihrer Bedeutung zu einer Nebenbedingung, d.h. ein Mindest-Niveau der Kosten-Nutzen-Relation eröffnet einem Medium den Zutritt zur engeren Wahl. Die Tausenderpreise der Außenwerbung stellen hier als absolute Größen kein Hindernis dar, da sie vergleichsweise niedrig liegen. Jedoch provoziert das offensichtliche preisliche Mißverhältnis zu anderen Medien den Argwohn der Planer und weckt Zweifel an der qualitativen Gleichwertigkeit der Kontaktdaten.

---

1) Ein Beispiel für einen Kosten-Nutzen-Vergleich auf der Basis von Tausend-Kontakte-Preisen findet sich bei FRETER (1974), S. 61. FRETER legt für alle Werbeträger das gleiche Budget zugrunde, vernachlässigt jedoch bei der Zuordnung der Kontaktzahlen zu den Werbemittel-Ausgestaltungen wiederum Differenzen in den Kontaktqualitäten.

2) Vgl. z.B. o.V. (1976), Werber auf Plakat-Trip, S. 28f.

Bei der Betonung der Zielgruppe als Selektionskriterium bietet die Außenwerbung nur relativ grobe Auswahlraster an, wobei innerhalb der wenigen anwendbaren Merkmale wiederum nur einzelne Ausprägungen befriedigend ausgeschöpft werden. Diese Tatsache verhindert hier den Einsatz der Außenwerbung als Basismedium, da sie bei engen Zielgruppendefinitionen zugleich hohe Streuverluste und große Lücken bei der Zielgruppenabdeckung verursacht[1]. Mit der Herausstellung der überdurchschnittlich günstig erreichbaren Personenkreise (z.B. Jugendliche bei Einsatz von Innenwerbung in öffentlichen Verkehrsmitteln) kann sich die Außenwerbung in der Funktion eines Ergänzungsmediums profilieren, wenn der Nachweis gelingt, daß von anderen Medien nicht abgedeckte Teile der definierten Zielgruppe des Nachfragers noch ausgeschöpft werden[2]. In dieser Funktion erfreut sich Außenwerbung eines ausgesprochen guten Rufes. Bei den mit Rating-Tabellen versehenen Thesen innerhalb der empirischen Erhebung dokumentieren die Mittelwerte von jeweils 5,1 den höchsten Grad des Einverständnisses, den Agenturen und Unternehmen einer dieser Aussagen entgegenbrachten[3].

Die Marktsegmentierung nach den Werbeaufgaben der Abnehmer spielt in diesem Zusammenhang ebenfalls eine wesentliche Rolle. Sie könnte anhand der bereits in Abschnitt 1.6.2.2. behandelten Gliederung erfolgen. Hierbei muß der Anbieter von Außenwerbeträgern zugleich die Gestaltung der Werbemittel in seine Verkaufsargumentation einbeziehen, da in der Außenwerbung die unterschiedlichen Effekte von Werbeträgern und Werbemitteln im Gegensatz zu den meisten anderen Medien nicht immer sauber getrennt werden. Geplante Kommunikations-

---

1) Werbungen für spezielle Waren erreichen ihre oftmals engen Zielgruppen mit geringen Streuverlusten z.B. über die zugehörigen sog. "Special-Interest"-Zeitschriften, während Außenwerbung hier zahlreiche nutzlose Kontakte herstellen würde, ohne zugleich die Zielgruppe vollständig abzudecken.
2) BECKMANN (1984), S. 45, sieht in der Lichtwerbung z.B. eine gute Ergänzung zu den elektronischen Medien (Fernsehen und Hörfunk), da Personen mit geringer TV-Nutzung besonders mobil seien.
3) Vgl. AGENTUR, Frage 13, und NATIONAL, Frage 17.

maßnahmen mit Plakaten scheitern in der Praxis häufig daran, daß dem potentiellen Abnehmer die ausdrucksstarke Umsetzung der Botschaft in einen Plakatentwurf nicht möglich erscheint. Die Absatz-Strategie könnte sich somit auch an dem individuellen Beratungsbedarf bei neuartigen Gestaltungsproblemen ausrichten. Stellt sich in weiteren wissenschaftlichen Untersuchungen heraus, welche Anforderungen Außenwerbung nicht befriedigend erfüllen kann, sollten die Werbungdurchführenden auf die Bearbeitung der zugehörigen Marktsegmente verzichten, da auch Sekundärleistungen Nachteile in der kommunikativen Leistungsfähigkeit des Mediums kaum aufwiegen.

Ein Hauptproblem für die Segmentierung nach werblichen Aufgabenstellungen ist wohl darin zu sehen, daß die für eine Zuordnung der Abnehmer zu den Segmenten notwendigen Informationen über die aktuellen Werbeziele kaum beschafft werden können. Außerdem gehören Unternehmen mit mehreren parallel ablaufenden Werbekampagnen möglicherweise verschiedenen Segmenten gleichzeitig an. Hier muß darauf vertraut werden, daß die Abnehmer jeweils selbst aus den verschiedenen zur Wahl stehenden Leistungsbündeln das zu ihren Vorstellungen am besten passende herausgreifen.

Im Erhebungsteil LOKAL diente die geographische Dreiteilung der Stichprobe[1)] der Erforschung des unterschiedlichen Buchungsverhaltens in Abhängigkeit von der Einwohnerzahl. Nach Beobachtungen eines Werbungdurchführenden erfreut sich Verkehrsmittelwerbung ihrer größten Beliebtheit in kleineren Großstädten (100.000 bis 200.000 Einwohner); in Landgemeinden und Metropolen fällt das Interesse dagegen vergleichsweise geringer aus. Bereits bei oberflächlicher Betrachtung schied die einfache Marktsegmentierung nach Ortsgrößenklassen als ungeeignet aus. Die Unterschiede im Nutzungsverhalten beruhen vermutlich darauf, daß die Struktur der Verkehrsliniennetze und die Einsatzwege der Busse und Bahnen

---

1) Vgl. S. 5f. dieser Arbeit.

in den mittleren Großstädten die günstigste Zielgruppenabdeckung versprechen. Hier gibt es zumeist nur ein bedeutendes innerstädtisches Einkaufszentrum, auf das sich alle Linien ausrichten. Landgemeinden werden dagegen von Kreisverkehrsbetrieben bedient, die eine Vielzahl weit verstreut liegender Orte berühren. In den großen Großstädten verteilt sich die Verbrauchernachfrage auf mehrere leistungsfähige Stadtteilzentren, während die Verkehrslinien auch Bezirke ansteuern, deren Bewohner aufgrund gewachsener Einkaufsbeziehungen nicht als Kunden für Geschäfte in anderen Stadtvierteln - mit Ausnahme der "City" - gewonnen werden können.

Die Resultate der Erhebung[1] weisen zunächst einige Stärken und Schwächen der Verkehrsmittelwerbung im Urteil ihrer Nutzer aus. Die Profile für die drei Städte (Abb. 3) lassen die Identifikation signifikanter Unterschiede in den Teilgruppen nicht zu, da die Rücklaufzahlen hierfür nicht ausreichen. Ins Auge springen jedoch sofort die Abstände zwischen den Diagrammen bei den Fragen 17 (Kosten-Nutzen-Verhältnis) und 20 (Pflegezustand der Busse). Die ursprüngliche Hypothese wird von den zugehörigen Fragen 16 und 18 nur teilweise gestützt. Die Erreichbarkeit der Zielgruppen erfährt in den drei Städten etwa die gleiche Bewertung. Die Anpassung der Linienwege an die Wohnlagen der anzusprechenden Konsumenten nimmt dagegen im Urteil der Befragten die erwartete Reihenfolge ein. Selbst die relativ groben Profile verdeutlichen, daß hinter den beobachtbaren Unterschieden im Nutzungsverhalten komplexe Einschätzungen der Verkehrsmittelwerbung stehen, auf die sich segmentspezifische Strategien zuschneiden lassen. Die Erforschung dieser Einschätzungen bringt zudem den Vorteil mit sich, daß die Resultate wertvolle Hinweise für die Anpassung der Leistungsbündel an die Wünsche der Abnehmer liefern.

Es darf nun aber nicht davon ausgegangen werden, daß die Beschaffung von Außenwerbeträgern nach der positiven Beur-

---

1) Vgl. LOKAL, Fragen 15 bis 22.

Thesen

15) Verkehrsmittelwerbung erregt Aufsehen.

16) Verkehrsmittelwerbung erreicht meine Zielgruppe besser als andere Werbeformen.

17) Im Vergleich zum Nutzen ist Verkehrsmittelwerbung viel zu teuer.

18) Die Verkehrsmittel fahren irgendwo in der Stadt, nur nicht dort, wo sich meine Kunden aufhalten.

19) Mit Verkehrsmittelwerbung kann ich mich von meinen Konkurrenten unterscheiden.

20) Die Omnibusse in unserer Stadt werden so schlecht gepflegt, daß die Werbung auf ihnen nicht gut zur Geltung kommt.

21) Ein Vorteil der Verkehrsmittelwerbung gegenüber anderen Werbeformen ist, daß ich meine Werbung farbig gestalten kann.

22) Die Anmietung eines Omnibusses, der Entwurf und die Anbringung der Werbung sind mir viel zu umständlich im Verhältnis zum Effekt.

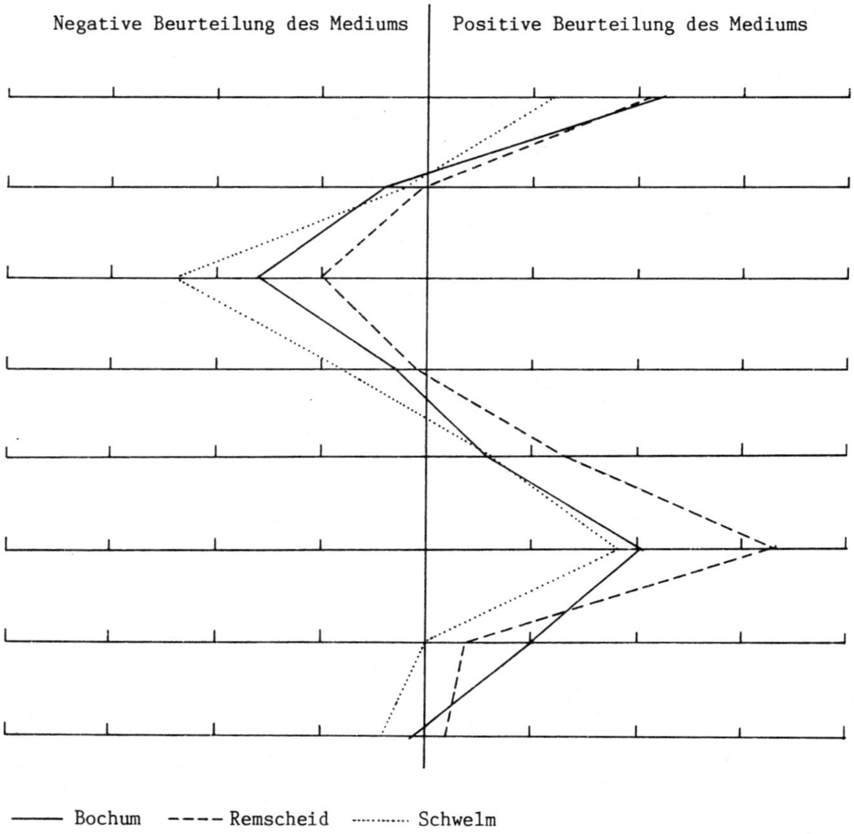

Abb. 3: Beurteilungsprofile für die Verkehrsmittelwerbung in den drei Stichprobenorten des Erhebungsteils LOKAL.
Quelle: LOKAL, Fragen 15 bis 22.

teilung der werblichen Leistungsfähigkeit bereits sichergestellt wäre. Analog zur intentionalen dritten Komponente des Einstellungsbegriffs[1] kann der tatsächliche Buchungsvorgang ausbleiben, obwohl der Wissensstand über das Werbemedium und die Bewertung dieses Wissens dem potentiellen Abnehmer eigentlich den Kauf nahelegen. Ebenso führen bestimmte Gründe zur Aufnahme eines Werbeträgers in ein Media-Mix, obgleich wesentliche Vorbehalte dagegen sprechen. Die Ursachen für dieses auf den ersten Blick inkonsistente Verhalten erwachsen aus **situativen Gegebenheiten** des Werbungtreibenden. Als Auslöser kommen Konkurrenzmedien, die Wettbewerbsstellung und firmeninterne Restriktionen des Abnehmers in Betracht.

Auf der Seite der Konkurrenzmedien wirkt z.B. als Ausschlußgrund, daß die ursprünglich gewünschten Werbeformen bereits ausverkauft (z.B. Fernsehen) oder im Zielgebiet nicht verfügbar sind (z.B. Hörfunk). Ein Handelsunternehmen, das üblicherweise in Tageszeitungen inseriert, weicht nur in dem Teil seines Einzugsbereichs auf Außenwerbung aus, in dem es seine Kunden mit keinem lokalen Blatt bzw. nur mit hohen Streuverlusten erreicht[2]. Daneben könnten die gewünschten Medien zwar bereitstehen, aus bestimmten Gründen jedoch als ungeeignet abzulehnen sein. Kommt es einem örtlichen Anbieter besonders auf die farbige Produktdarstellung an, scheiden alle Lokalblätter aus, in denen nur ein- oder zweifarbige Anzeigen erscheinen[3].

Viele Unternehmen beobachten aufmerksam die Kommunikationsmaßnahmen ihrer Wettbewerber[4]. Betreibt ein Werbungtreibender eine Marketing-Strategie mit dem Leitmotiv der Anpas-

----

1) Vgl. z.B. KROEBER-RIEL (1984a), S. 159.
2) Hat z.B. das Geschäft seinen Standort in einer ländlichen Gegend, ist möglicherweise nicht in allen Nachbargemeinden eine Zeitung mit Lokalteil verfügbar.
3) Dieser Nachteil war der Hauptgrund für die Einführung der wöchentlichen Farbbeilagen mit Fernsehprogramm (sog. "Supplemente") durch die Tageszeitungen.
4) Marktforschungsinstitute veröffentlichen nicht nur die vermutlichen Werbebudgets bedeutender Firmen (z.B. Schmidt & Pohlmann), einige Serviceunternehmen sammeln und publizieren auch Anzeigenmotive etc.

sung, schaltet er ein Medium möglicherweise nur deshalb, weil er dem Vorbild eines marktstarken Konkurrenten folgt. Wird dagegen eine Differenzierung im werblichen Auftritt angestrebt, findet Außenwerbung Aufnahme in den Streuplan, weil die Wettbewerber das Medium bisher ausgespart haben, obwohl andere Werbeformen günstiger beurteilt wurden[1]. Besteht in einer Produktgruppe hoher Konkurrenzdruck, so könnte es ein Werbungtreibender für zweckmäßig halten, jedes erreichbare Medium zu belegen, um auch geringe Lücken in der Zielgruppenansprache zu schließen.

Als ebenfalls wichtige Beschränkungen bei der Planung des Media-Mix stellen sich finanzielle Engpässe einer werbungtreibenden Unternehmung dar. Kosten-Nutzen-Verhältnisse versehen zwar den einzelnen Kommunikationseffekt mit einem Vergleichspreis, die Kostenbelastungen in absoluter Höhe werden dadurch jedoch nicht zum Ausdruck gebracht. Reicht beispielsweise das Werbebudget nicht aus, eine aussagekräftige, genügend große Anzeige in die örtliche Tageszeitung einrücken zu lassen, greift der Werbungtreibende vielleicht auf Außenwerbung zurück, da hier auf die Vollabdeckung des Verbreitungsgebietes der Zeitung verzichtet werden kann. Die beliebige Teilbarkeit des Werbeträger-Einsatzes gestattet die Anpassung der Belegung an den finanziellen Spielraum. Wenngleich auch die Flexibilität der Buchung hier als eine Stärke des Mediums zu nennen ist, so heben doch die relativ hohen Grundkosten der Werbemittel-Herstellung diesen Vorteil vielfach - z.B. beim Plakat - wieder auf. Wenn nicht auf vorhandene oder von Dritten bereitgestellte Plakate zurückgegriffen werden kann[2], verlangt ein wirtschaftlicher Plakateinsatz (bezogen auf den Tausend-Kontakte-Preis) nach Gesamtbudgets, aus denen auch entsprechende Anzeigenkampagnen finanziert werden könnten. Die Kosten der Einzelanfertigung anspruchsvoller Lichtwerbeanlagen oder die Realisierung

---

1) Die von KROEBER-RIEL (1984b), S. 210ff., angeprangerte Austauschbarkeit der werblichen Auftritte unterstreicht den Hang vieler Unternehmen zur Anpassung an ihre Wettbewerber.

2) Auf vertikale Verbundaktionen wird im 4. Kapitel noch einzugehen sein.

aufwendiger Verkehrsmittel-Ganzbemalungen überfordern möglicherweise auch punktuell die Finanzkraft kleinerer Unternehmen, obwohl sich die Werbemaßnahme bei sachgemäßer Zurechnung auf ihre Einwirkungsdauer als sehr wirtschaftlich darstellt. Grundsätzlich läßt sich jedoch feststellen, daß das weite Spektrum der Außenwerbeformen bei entsprechender Reduzierung der Ansprüche an Werbemittel-Größe und -Gestaltung mit nahezu jedem Budget den Einsatz von Außenwerbung erlaubt. Dieser Vorteil zeichnet das Medium gegenüber den meisten anderen Werbeträgern aus.

2.6. Einstufige versus mehrstufige Marktsegmentierung für Außenwerbeträger

Bei näherer Betrachtung reicht keines der vorgestellten Konzepte aus, als alleiniges Kriterium einer Marktsegmentierung für Außenwerbeträger zugrunde gelegt zu werden. Selbst die recht weitgehend differenzierende Unterscheidung nach den Werbeaufgaben führt zu Segmentbesetzungen, die keine genügend homogene Nachfragerreaktion auf die zugehörige Marketing-Strategie erwarten lassen, da sich die Abnehmer in den Gruppen in allen anderen Aspekten zu wenig ähneln. In der Literatur wird für diese Fälle eine **mehrstufige Marktsegmentierung** vorgeschlagen.

WIND/CARDOZO[1] gliedern in einer **Makrosegmentierung** grob nach den organisationsdemographischen Kriterien bzw. den direkt beobachtbaren Merkmalen des Beschaffungsverhaltens. Als Vorzug erweisen sich hierbei die geringen Kosten der Datenbereitstellung, da die benötigten Informationen relativ problemlos aus der Durchsicht eigener Verkaufsunterlagen oder einer Sekundärerhebung gewonnen werden können. Die nachfolgende **Mikrosegmentierung** setzt innerhalb der Grobsegmente bei den einzelnen Personen an, die sich an dem jeweiligen Beschaffungsvorgang beteiligen. Die Autoren empfehlen jedoch zugleich die sorgfältige Prüfung, ob den zusätzlichen Kosten dieses zweiten Schrittes eine nachhaltige Verbesserung der Marktausschöpfung gegenübersteht. Die Mikrosegmentierung verbietet sich z.B. für Werbungdurchführende mit begrenzter Angebotspalette, bei denen die in den beiden Stufen gebildeten Teilmärkte zu schwach besetzt wären, um noch wirtschaftlich mit eigenständigen absatzpolitischen Konzepten bearbeitet zu werden. WIND/CARDOZO sehen für diesen Fall den Verzicht auf den zweiten Gliederungsschritt in ihrem Modell ausdrücklich vor.

---

1) Vgl. WIND/CARDOZO (1974), S. 153ff., insbesondere das Schaubild auf S. 156. Eine deutsche Fassung der Abbildung enthält ENGELHARDT/GÜNTER (1981), S. 91.

Die Marktsegmentierung für Außenwerbeträger muß sich selbstverständlich nicht genau an dem hier vorgeschlagenen Ansatz orientieren, sondern könnte die Gruppierungen auf den beiden Stufen auch nach anderen Kriterien vornehmen. So bietet es sich beispielsweise an, auf der Makroebene nach der Größe des Absatzgebietes der werbetreibenden Unternehmenseinheit in nationale, regionale und lokale Zielgebiete der Abnehmer zu gliedern. Im zweiten Schritt ließe sich die Differenzierung z.B. anhand des Informationsbedarfes der potentiellen Abnehmer verfeinern.

SHAPIRO/BONOMA entwickeln den Vorschlag von WIND/CARDOZO weiter und gelangen zu einem **"Nest-Ansatz"**[1] mit fünf Kriterien, die bei fortschreitender Klassifizierung der Abnehmer zu einer immer weitergehenden Auffächerung der Marktsegmente führen. Sie beginnen bei den organisationsdemographischen Merkmalen (z.B. Branche). Es folgen die "operating variables", ein Sammelbegriff für das Know-How des Kunden in produktionstechnischer Hinsicht, seine finanzielle Leistungsfähigkeit und seine bisherige Produktkenntnis ("user-" bzw. "non-user-status"). Auf der dritten Ebene stehen einige organisatorische Aspekte des Beschaffungsvorganges. Die nächste Stufe beschäftigt sich mit "situational factors"[2] wie Dringlichkeit der Auftragserfüllung, Auftragsgröße und Einsatzfeld des Beschaffungsgutes. Persönlichkeitsmerkmale der beschaffenden Personen schließen die Marktzerlegung ab.

Für die Vermarktung von Außenwerbeträgern lassen sich beispielhaft die genannten Kriterien folgendermaßen mit Inhalt füllen:

1) Firmensitz
2) Vertrautheit des Kunden mit Außenwerbung
3) Beschaffung direkt / über Agentur / über Spezialmittler
4) Anstehende Kommunikationsaufgabe
5) Persönliche Merkmale der beschaffenden Personen

----

1) Vgl. SHAPIRO/BONOMA (1984), S. 104ff.
2) Die "situational factors" dürfen nicht mit den "situativen Gegebenheiten" aus Abschnitt 2.5.4. verwechselt werden.

Da die hier zu vermarktende Leistung auf einen vielfältigen Kreis potentieller Nachfrager trifft, können auch mehrstufige Ansätze zu tragfähigen Segmenten führen. Selbst die Werbungdurchführenden mit lokal engumgrenztem Aktionsradius befinden sich in den Absatzgebieten zahlreicher nationaler Hersteller und im Einflußbereich vieler Firmen mit regionaler Marktbedeutung. Die zahlenmäßige Besetzung der Marktsegmente reicht daher in der Regel aus, um eine individuelle Bearbeitung zu rechtfertigen. Dagegen verbietet es häufig die finanzielle und personelle Ausstattung der Anbieter, alle Teilmärkte auszuschöpfen.

In dieser Situation steht ein Anbieter mit begrenzter Kapazität vor der Wahl, entweder im Sinne konzentrierter Marktbearbeitung die für ihn attraktivsten Nachfragergruppen herauszugreifen, oder aus Gründen der Risikostreuung eine größere Zahl von Marktausschnitten jeweils nur teilweise zu bedienen. Diese Überlegungen verlassen jedoch die Markterfassungsseite der Marktsegmentierung und wenden sich dem Marktbearbeitungsaspekt zu. Sie enthalten eine strategische Komponente, die im 4. Kapitel vertiefend behandelt wird.

3. MARKETING-INSTRUMENTE FÜR AUßENWERBETRÄGER

Möchte eine Unternehmung zum Zwecke des Absatzes eines Wirtschaftsgutes mit potentiellen Abnehmern in Kontakt treten, muß sie zuvor eine Reihe von Entscheidungen über ihr geplantes Vorgehen treffen. So ist z.B. der Gegenstand der Vermarktungstätigkeit ebenso festzulegen wie das für ihn geforderte Entgelt, müssen die einzuschaltenden Absatzmittler ausgewählt und die Kommunikationskanäle bestimmt werden. Jeder einzelne Gestaltungsbereich stellt dem Planer in einer Unternehmung eine Vielzahl von absatzpolitischen Maßnahmen zur Wahl, aus denen jeweils die geeigneten herauszugreifen sind. Die Ausprägungen dieser sog. Marketing-"Instrumente" bilden das Handlungsprogramm zur Marktbearbeitung. Erfolgt die Auswahl systematisch unter Beachtung einer Zielvorgabe, fügen sich die Maßnahmen zu einer Marketing-"Strategie" zusammen. Bevor im 4. Kapitel Handlungsprogramme für alternative Zielsetzungen entwickelt werden, gibt dieses Kapitel zur Vermeidung unnötiger Wiederholungen einen Überblick über jene absatzpolitischen Maßnahmen, die eine Unternehmung ergreifen kann, ohne daß Marktgebenheiten oder Unternehmensziele bereits die Wahlfreiheit beschneiden. Instrumentenausprägungen, die sich untrennbar mit der inhaltlichen Ausrichtung einer Marketing-Strategie verbinden, werden dagegen dem entsprechenden Maßnahmenbündel im 4. Kapitel zugeordnet.

3.1. PRODUKT- UND SORTIMENTSPOLITIK

3.1.1. Produkt- und Sortimentsbegriff in der Außenwerbung

Das zentrale Objekt einer Marketing-Strategie ist das abzusetzende Leistungsbündel. Deshalb führt die Produktpolitik die folgende Behandlung ausgewählter Aspekte der absatzpolitischen Instrumente an, ergänzt um eine Betrachtung, wie die vorgeschlagenen Produktvarianten zum Sortiment eines Anbieters kombiniert werden können.

Zunächst bedarf es der Klärung des Produktbegriffes, da sich das "Produkt" - hier verstanden als Vermarktungseinheit - verschieden weit fassen läßt[1]. Diese Abgrenzung strahlt außerdem auf die Sortimentsdefinition aus.

Entkleidet man das Leistungsbündel "Außenwerbeträger" aller Nebenleistungen, auf die bei der Vermarktung möglicherweise[2] verzichtet werden könnte, so reduziert sich das Gut auf das **Recht**, einen Außenwerbeträger gegen Zahlung eines Entgelts mit einem Werbemittel zu belegen. Bei dem Kern dieses Leistungsbündels handelt es sich demnach um einen Mietvertrag. Dabei kann unterschieden werden, ob das zugrundeliegende Belegungspotential vom Anbieter selbst erstellt wurde (z.B. Werbeflächen auf firmeneigenen LKW) oder von ihm nur vermarktet wird (Beispiel: Werbungdurchführender als Pächter der Flächen an öffentlichen Verkehrsmitteln). In der Mitte zwischen diesen beiden Positionen stehen Anschlagunternehmer, die potentiellen Außenwerbeträgern erst durch die selbst vorgenommene Anbringung entsprechender technischer Vorrichtungen (z.B. Plakattafeln) Vermarktungsfähigkeit verleihen. In den beiden letztgenannten Fällen läßt sich nicht auf Anhieb genau abgrenzen, wer als Urheber des Belegungsrechtes zu gelten hat und die Ausprägungen der Produktpolitik bestimmt. Man könnte beispielsweise die Auffassung vertreten, daß der Werbungdurchführende im Auftrag des Bereitstellers der Werbeflächen als Makler arbeitet und Abnehmer für ein von ihm nicht mitgestaltetes Wirtschaftsgut sucht. Für diese Sichtweise sprechen z.B. die Gestaltungsauflagen und Genehmigungsvorbehalte der öffentlichen Verkehrsbetriebe. Im Gegensatz dazu steht das Selbstverständnis der Großflächenanbieter, von den Grundstückseigentümern keine fertige "Handelsware", sondern nur ein "Vorprodukt" zu

----

1) Der hier zunächst gewählte enge Blickwinkel auf ein Produkt ohne Nebenleistungen ist in der Literatur durch die Betrachtung eines Leistungsbündels abgelöst worden. Vgl. z.B. ENGELHARDT/PLINKE (1980), S. 75ff., GUTENBERG (1979), S. 508f., MEFFERT (1978), S. 336, und NIESCHLAG/DICHTL/HÖRSCHGEN (1985), S. 91ff.

2) Diese Annahme ist als rein theoretisch zu verstehen, da auf ein Mindestmaß an begleitenden Dispositions- und Kommunikationsleistungen bei der Vermarktung eines Gutes nicht verzichtet werden kann.

beschaffen, das zunächst noch als Außenwerbeträger marktfähig gemacht werden muß. Die Maße einer Hauswand engen zwar den Handlungsspielraum der Produktpolitik ein, die Freifläche wird aber erst durch die Entscheidung des Werbungdurchführenden, sie z.B. durch Anbringung einer Tafel für die Beklebung mit einem bestimmten Plakatformat herzurichten, zu einem verwertbaren Außenwerbeträger. Auch für physisch unveränderte Werbeflächen entsteht das vermarktungsfähige Belegungsrecht in jedem Falle erst durch die Festlegung der Vermietungsbedingungen durch den Werbungdurchführenden. Daher wird dieser im folgenden als Verantwortlicher für die Produktpolitik angesehen. Soweit es um die Vermarktung von Belegungsrechten geht, soll vom **Produkt im engsten Sinne** gesprochen werden. Produktpolitische Maßnahmen richten sich in diesem Zusammenhang auf die inhaltliche Festlegung dieses eingeräumten Rechtes (z.B. Dauer der Mietzeit).

Natürlich genügt es nicht, wenn der Anbieter seine Kunden zur Ausübung des erworbenen Rechtes auf einen möglicherweise umfangreichen Bestand von Werbeträgern gleichen Typs verweist, die alle als Anbringungsort des Werbemittels theoretisch in Frage kommen. Zwar kann ein Kunde den Nutzungsvertrag im Grunde als Option mit unbestimmtem Wahrnehmungsort und -termin abschließen, zur Ausübung dieser Option bedarf es jedoch der Zuweisung eines konkreten Werbeträgers, auf dem das Werbemittel angebracht werden soll. Nur die Beschreibung der Anschlagstelle durch ihren Typ und eine Ortsangabe schließt gemeinsam mit der Präzisierung des Nutzungstermins Konflikte der Abnehmer untereinander aus. Die Einräumung eines Belegungsrechtes muß daher zumindest von den hierzu notwendigen Dispositions- und Kommunikationsleistungen des Werbungdurchführenden begleitet sein.

In der Praxis ist es vielen Nachfragern zudem keineswegs gleichgültig, auf welchem individuellen Außenwerbeträger sie ihr Nutzungsrecht wahrnehmen. Für sie gewinnen die Werbeträger-Merkmale den Charakter eines wichtigen qualitativen

Auswahlkriteriums. Häufig möchten die Kunden keine unbestimmte Option erwerben, die sie an einem beliebigen Werbeträger nach Gutdünken des Werbungdurchführenden ausüben müssen. Sie bemühen sich vielmehr um Nutzungstermine auf von ihnen selbst näher bezeichneten Anschlagstellen. Die standardisierte Option wird somit durch eine Ortsangabe individualisiert. Als Identifizierungsmöglichkeit vertritt die Standortbezeichnung eine Vielzahl von Qualitätsmerkmalen, die für den Nachfrager bei der Auswahl dieser bestimmten Werbefläche von Bedeutung gewesen sind (z.B. Lage zum Verkehrsfluß, Passagefrequenz etc.). Die Anforderungen an die Sekundärleistungen des Werbungdurchführenden nehmen zu, da die Abnehmer häufig vor der Belegung von ihm Auskünfte über diese Merkmale einholen. Die Unterschiede in den Ausprägungen der Kriterien beeinflussen in starkem Maße den Werbewert der Außenwerbeträger, so daß in dieser erweiterten Sichtweise ein Nutzungsrecht für zwei verschiedene Plakattafeln des gleichen Typs kaum noch als identische Leistung gelten kann. Hinzu kommen technische Aspekte wie Flächengröße, Beleuchtung etc., die den Gesamtbestand weiter aufsplittern. Als eigenständiges **Produkt im engeren Sinne** stellt sich daher ein Belegungsrecht an einem bestimmten Außenwerbeträger mit seinen zugehörigen Merkmalsausprägungen dar, wobei das Produkt im Zeitablauf durch die Schaffung weiterer Nutzungsintervalle gleichartig reproduziert werden kann[1]. Entsprechend umfaßt der Bestand aller individuellen Außenwerbeträger eines Werbungdurchführenden als **Sortiment im engeren Sinne** eine Vielzahl differenzierter Belegungsrechte.

Ansatzpunkte für die Produktpolitik liefern auf dieser Ebene z.B. die technische Gestaltung des Werbeträgers und die räumliche Anordnung der gewählten Präsentationsvorrichtung für das Werbemittel am Standort. Die Sortimentspolitik beschäftigt sich mit der planmäßigen Strukturierung dieses Bestandes und seiner Anpassung an die Abnehmerwünsche.

---

1) Genaugenommen sind auch die Dekaden an einer bestimmten Plakattafel nicht durchgängig als gleichwertig einzustufen, da z.B. die Werbewirksamkeit im Verlauf der Jahreszeiten schwankt.

Produkt- und Sortimentsbegriff im dargestellten engeren Sinne decken die für den Absatz an lokal tätige Kunden notwendigen produktpolitischen Maßnahmen bereits weitgehend ab. Im Kontakt mit regional und national aktiven Nachfragern wird sich dagegen der Vermarktungsvorgang zunächst nicht an individuellen Standorten orientieren, die von den Kunden benannt und gebucht werden. Die Abnehmer erwerben je nach Umfang ihres Budgets eine Anzahl von Belegungsoptionen, die auf den Werbeträger-Bestand des Anbieters projiziert werden müssen. Die Auswahl der Standorte wird dabei unter Vorgabe bestimmter einzuhaltender Kriterien dem Werbungdurchführenden übertragen. Dieser bemüht sich um die Zusammenstellung eines entsprechenden Ausschnittes aus seinem Sortiment. Die Vermietung der Anschlagstellen wird in diesem Falle von einer Auswahldienstleistung begleitet. Das **Produkt im weiteren Sinne** kombiniert also das reine Belegungsrecht mit Sekundärleistungen, die über das unbedingt notwendige Maß hinausreichen. Die Produktpolitik beschäftigt sich in diesem Zusammenhang mit der Umfangsbestimmung des angebotenen Leistungsbündels. Nebenleistungen, die sowohl als Bündelbestandteile, aber auch als selbständig vermarktungsfähige Einheiten vorstellbar sind (z.B. Beratung bei der Werbemittel-Gestaltung), bilden zusammen mit den Bündelvarianten, die Belegungsrechte enthalten, das **Sortiment im weiteren Sinne.** Da die Sortimentspolitik nicht nur die aktuell angebotenen Produkte, sondern auch die potentiell anbietbaren Vermarktungseinheiten einschließt[1], ist sie hier als Auswahlentscheidung aufzufassen, welche der alternativen Leistungsbündel und selbständig vermarktungsfähigen Dienstleistungen tatsächlich an die Nachfrager herangetragen werden sollen.

Der Rückgriff auf den engeren oder weiteren Produkt- bzw. Sortimentsbegriff bestimmt auch die Ausprägungen der anderen absatzpolitischen Instrumente. Wie bereits angedeutet, ver-

---

1) ENGELHARDT/PLINKE (1980), S. 109, definieren das Sortiment als "die Summe aller selbst hergestellten oder herstellbaren oder fremdbezogenen oder fremdbeziehbaren Sach- und Dienstleistungen, die ein Anbieter zu einem bestimmten Zeitpunkt seinen Abnehmern anbietet,..."

breitert die weite Definition den Aktionsspielraum der Anbieter und eröffnet auch für Distributions-, Kommunikations- und Preispolitik zusätzliche Gestaltungsmöglichkeiten.

3.1.2. Gestaltung von Produkt und Sortiment im engeren Sinne

Das abstrakte Nutzungsrecht als Kernstück der Leistungseinheit bietet nur wenige Ansatzpunkte für produktpolitische Variationen. Letztlich können - losgelöst von einem individuellen Werbeträger - nur die Laufzeit und die Zuständigkeit für die Beseitigung des Werbemittels nach Ende des Aushangs geregelt werden. Alle weiteren Gestaltungsmöglichkeiten beziehen sich bereits auf physische Merkmale des Dienstepotentials, also auf konkrete Eigenschaften der einzelnen Werbeträger. Der Werbewert des Belegungsrechtes für den Abnehmer hängt vor allem vom Werbeträger-Standort und den technischen Charakteristika der Werbemittel-Tragevorrichtung ab. Der "Standort" bestimmt über die erreichbare Zielgruppe, während die "Präsentationstechnik" nicht nur Form und Größe der nutzbaren Werbefläche festlegt, sondern auch alle Installationen einschließt, die die Wirkung des Werbemittels verbessern (z.B. Verglasung, Beleuchtung etc.)[1]. Bei der Vermarktung eines Außenwerbeträgers sind Angaben zu diesen beiden Kategorien unerläßlich, da sich die Qualitätsbeurteilung der Nachfrager immer zumindest auf diese beiden Aspekte stützt. Dem steht nicht entgegen, daß Firmen häufig mehrere Anschlagstellen summarisch buchen, ohne die Außenwerbeträger einzeln zu überprüfen, da sie bei der Auftragserteilung die Erfüllung ihrer Ansprüche an die Werbewirksamkeit durch die zugewiesenen Standorte implizit voraussetzen.

Faßt man die wichtigsten Maßnahmen unter den Oberbegriffen **Präsentationstechnik** und **Standort** zusammen, ergeben sich durch deren Kombination vier produkt- bzw. sortimentspolitische Aktionsfelder:

----

1) Es darf hier nicht von genormten Werbeträgern (z.B. Großflächen) ausgegangen werden. Vielmehr existiert eine Vielfalt von Gestaltungsvarianten selbst innerhalb bestimmter Werbeträger-Typen, wie z.B. unterschiedliche Formen und Größen der Werbeflächen auf den einzelnen Fahrzeugbaureihen öffentlicher Verkehrsbetriebe beweisen.

	Gegebene Präsentationstechniken	Neue Präsentationstechniken
Vorhandene Standorte	Gegebene Präsentationstechniken an vorhandenen Standorten (Abschnitt 3.1.2.1.)	Neue Präsentationstechniken an vorhandenen Standorten (Abschnitt 3.1.2.2.)
Neue Standorte	Gegebene Präsentationstechniken an neuen Standorten (Abschnitt 3.1.2.3.)	Neue Präsentationstechniken an neuen Standorten (Abschnitt 3.1.2.4.)

Abb.4: Aktionsfelder der Sortimentspolitik im engeren Sinne.

3.1.2.1. Gegebene Präsentationstechniken an vorhandenen Standorten

Diese erste Kombination bietet einem Werbungdurchführenden den geringsten produktpolitischen Spielraum. Die Anzahl der Werbestellen wird nicht erweitert, auch die Präsentationstechniken bewegen sich im Rahmen der bisherigen Angebote.

Handlungsmöglichkeiten ergeben sich vor allem in der Anpassung der Werbeträger an einen einheitlichen technischen Standard. In der Praxis trifft man auf Netze von Allgemeinstellen, in denen nicht alle Tafeln die gleiche Größe aufweisen, sondern beispielsweise zwischen 15/1 und 24/1 Bogen Fläche streuen[1]. Im Prinzip könnte man diese Unterschiede ignorieren, da auf Allgemeinstellen ohnehin mehrere kleinformatige Plakate kombiniert werden und der Zwang zu einem Einheitsformat durch das Werbemittel somit nicht besteht. Nach der Vermietung von 15/1 Bogen[2] sind die kleinsten Tafeln jedoch bereits ausverkauft, während auf den größeren

---

1) Dieser Hinweis stammt von dem Werbungdurchführenden, der den Allgemeinanschlag in Minden und Recklinghausen betreut.

2) Wegen der verschiedenen zulässigen Einzelformate sowie der Hoch- und Querlagen der Plakate können Allgemeinstellen selten entsprechend ihrer rechnerischen Kapazität belegt werden. Dieses Problem trifft wegen der beschränkten Kombinationsmöglichkeiten auf kleinere Flächen stärker zu als auf große.

Werbeflächen noch Freiräume verbleiben. Die belegbaren Teilnetze schrumpfen schrittweise immer mehr zusammen, bis zu geringe Tafelzahlen die Ausschöpfung des Restes für die Kunden unattraktiv erscheinen lassen. Daneben verursacht die Buchungsüberwachung dem Anbieter einen hohen Aufwand. Für jedes Stellenformat muß individuell beobachtet werden, wann die gebuchten Plakate den zur Verfügung stehenden Raum ausfüllen. Anschließend ist die Zahl der noch belegbaren Tafeln zu ermitteln. Es stellt sich die Frage, ob dieser Verwaltungsaufwand durch den Mehrerlös der Restflächenausnutzung gedeckt wird[1]. Die Vereinheitlichung der Tafelgröße kann zum einen auf der Beschaffungsseite versucht werden, indem bei den Bereitstellern unterdurchschnittlicher Tafeln die Genehmigung zur Anbringung größerer Werbeflächen beantragt wird[2]. Andererseits lassen sich größere Allgemeinstellen entsprechend verkleinern. Diese Reduzierung muß nicht einmal zum Ersatz der Präsentationsvorrichtung führen, sondern wäre auch durch die Abdeckung des ungenutzten Teils mit einem Rahmen (ähnlich einem Passepartout bei Bildern) zu erreichen. Da vorzugsweise der obere Rand wegen der schlechteren Lesbarkeit der Werbemittel für den Passanten entfiele, könnte die Freifläche gut durch einen Dauerhinweis auf das Informationsangebot des Außenwerbeträgers ausgefüllt werden. Auf sehr kleine Tafeln, deren Anpassung nicht möglich ist, sollte vielleicht ganz verzichtet werden.

Maßnahmen, die die Auslese bestimmter Präsentationsorte zum Inhalt haben, tragen im hier gewählten Begriffszusammenhang sortimentspolitischen Charakter. Da die Bestandserweiterung zunächst außer Acht bleibt, steht die Kontrolle des vorhandenen Bestandes im Vordergrund. Da je nach der Art des Buchungsverfahrens die Steuerung des Belegungsgrades einzel-

---

1) Zusätzlich benötigt das Klebepersonal detaillierte Anweisungen für die Bestückung der Werbeflächen. Die Kontrolle des Auslastungsgrades ist mit einfachen mathematischen Verfahren nicht möglich, die Umsetzung in ein EDV-Programm aufwendig. In der Praxis erfolgt die Belegungssteuerung durch Einzeichnung der gebuchten Flächen in ein Klebeschema.

2) Dies sind beim Allgemeinanschlag in der Regel die Gemeinden als Verpächter des Werberechts auf öffentlichem Grund und Boden.

ner Anschlagstellen nicht in der Hand des Anbieters liegt, ergibt ein Vergleich der Erlöse mit den zurechenbaren Kosten den individuellen Deckungsbeitrag eines Außenwerbeträgers. Die Sortimentskontrolle identifiziert diejenigen Tafeln, die nicht dem Mindestanspruch an den Deckungsbeitrag genügen. Lassen Pflegemaßnahmen an den Präsentationsvorrichtungen keine Ergebnisverbesserung erwarten[1)], sollten die minderwertigen Stellen aus dem Angebot ausgesondert werden[2)].

Die Aufgabe von Standorten vernachlässigt aber möglicherweise Verbundeffekte. Im Bereich der Außenwerbung kommt Mengenverbunden große Bedeutung zu. Da in Großstädten häufig ein Dutzend und mehr Anbieter von Großflächen tätig sind, darf derjenige Werbungdurchführende am ehesten mit Aufträgen nicht selbst selektierender Abnehmer rechnen, dessen Tafelreservoir den Bestellern bereits eine ihren Vorstellungen genügende Belegungsdichte verspricht. Ebenso werden die von einem einzelnen Anbieter an einem Ort exklusiv vertretenen Werbeformen (z.B. Allgemeinstellen oder Abribus) nur dann gebucht, wenn die verfügbare Werbeträger-Anzahl einen Werbedruck zu erzeugen vermag, der den Vorstellungen des Kunden genügt.

Die Beurteilung des Mengenverbundes hängt darüber hinaus vom Gesamtangebot an verschiedenen Orten ab. Ist eine Region mit Außenwerbeträgern überbesetzt - liegt also der Bestand deutlich über der normalerweise zu erwartenden Nachfrage - erschwert sich dort sogar die Vermarktung guter Standorte. Es wäre dann zu überprüfen, ob sich die Bearbeitung dieses Teilmarktes noch lohnt bzw. durch die Intensivierung absatzpolitischer Maßnahmen ein auskömmlicher Marktanteil errungen werden kann. Falls hierfür keine Aussichten bestehen, müßten bei isolierter Betrachtung die Außenwerbeträger in der überbesetzten Region aus dem Angebot genommen werden. Da überregionale Nachfrager ihre Aufträge jedoch in einer Weise erteilen, daß regelmäßig auch eine bestimmte Stellenzahl in

---

1) Zur Aufwertung von Standorten vgl. z.B. POTTHAST (1970), S. 187.
2) Netzbereinigungen empfiehlt z.B. MEIER (1984), S. 32.

dem Problemgebiet in der Gesamtnachfragemenge enthalten ist, riskiert ein Anbieter den Verlust dieser Aufträge, wenn er sich aus einer oder mehreren der besonders wichtigen Regionen zurückgezogen hat[1]. Das Stellennetz in dem Problemgebiet darf zwar reduziert werden, jedoch sollte ein bestimmter Flächenbestand vorrätig gehalten werden, mit dem großflächigere Nachfragen erfüllt werden können, auch wenn der Auslastungsgrad dieser Standorte unterdurchschnittlich bzw. unbefriedigend ausfällt. Erfolgen solche Aufträge nur unregelmäßig und mit schwer vorherbestimmbaren Abnahmemengen, kann auf den Unterhalt eigener Werbestellen in dem Gebiet mit Überkapazität verzichtet werden, wenn es gelingt, die benötigten Flächen bei Bedarf von anderen Anbietern in der Region zuzukaufen[2]. Da die Wettbewerber von den gleichen Auslastungsproblemen betroffen sind, kommt ihnen möglicherweise diese Art der Zusammenarbeit gelegen. Allerdings dürfen die Aufträge nicht in einen Zeitraum fallen, in dem wegen der verstärkten Nachfrage der Werbungtreibenden ohnehin fast alle Außenwerbeträger problemlos vermietet werden können[3].

Da jede aufgestellte Plakatwand ein Stück des Dienstepotentials des Anbieters darstellt, das z.B. durch Standortmiete und Wartung unabhängig von der Auslastung fixe Kosten verursacht, verkörpert die aktuelle Stellenzahl eines Werbungdurchführenden einen Kompromiß aus dem durchschnittlichen Flächenbedarf und einer Reserve für Spitzenzeiten der Werbenachfrage. Diese Vorratshaltung erscheint jedoch nur dann angemessen, wenn der Ertrag der wenigen Großaufträge bereits die Fixkosten der schlecht ausgelasteten Stellen für das gesamte Jahr zu decken vermag.

----

1) Diese Aussage geht von der Annahme aus, daß die Abnehmer ihre Beschaffungsmühe durch die Konzentration auf wenige leistungsfähige Anbieter gering zu halten suchen.
2) Man könnte dies als eine Art "make-or-buy-Entscheidung" ansehen.
3) Spitzenzeiten der Werbenachfrage liegen im Frühjahr und Herbst, während die Firmen z.B. in der Ferienperiode ihre monatlichen Ausgaben auf die Hälfte zurücknehmen. Vgl. o.V. (985), Die Werbepausen sind nicht auszurotten, S. 14.

Erfolgt die Werbeträger-Zuweisung unter starker Mitwirkung der Nachfrager, schwanken die Akzeptanz und damit die Auslastungsgrade einzelner Anschlagstellen vor allem als Folge mehr oder weniger günstiger Qualitätsbeurteilungen durch die Kunden. Die Analyse der Standortmerkmale von Werbeträgern mit geringen Deckungsbeiträgen liefert Anhaltspunkte dafür, welche Orts- und Lageeigenschaften von den Abnehmern nicht angenommen werden. Sieht man den Gesamtbestand im Hinblick auf die gefundenen Schwachpunkte durch, lassen sich alle Stellen identifizieren, die im Urteil der Nachfrager wahrscheinlich ähnlich schlecht abschneiden. Dieses Verfahren bezeichnet leistungsschwache Werbeträger, die aus dem Sortiment genommen werden sollten, und hilft außerdem, den Erfolg neu ins Sortiment aufzunehmender Standorte zu prognostzieren.

3.1.2.2. Neue Präsentationstechniken an vorhandenen Standorten

Scheidet die Erweiterung eines Werbeträger-Netzes an einem Ort aus, weil neue Standorte nicht beschafft werden können oder die reichliche Besetzung mit den vorhandenen Werbeträgern die Hinzufügung weiterer Stellen nicht erlaubt, bietet sich der Ausweg an, die vorhandenen Präsentationseinrichtungen in einer Weise umzurüsten, daß die aufgewerteten Anschlagstellen bei den Nachfragern Präferenzen für dieses Angebot erzeugen. Bei gleichbleibendem Mietpreis erhöht sich so die Wirtschaftlichkeit durch einen verbesserten Auslastungsgrad der Flächen. Gelingt es überdies, Preiserhöhungen durchzusetzen, die von den Nachfragern akzeptiert werden, verbessern sich die Erträge selbst bei gleichgebliebener Nutzung des Angebots, sofern nicht erhöhte Wartungskosten oder Mieten die Mehreinnahmen aufzehren.

Der Einsatz neuer Präsentationstechniken (z.B. Beleuchtung von Plakattafeln) könnte als Schaffung einer eigenen Produktklasse auch in der Kommunikationspolitik gezielt herausgestellt werden. Allerdings sollten aufwendigere Werbeflächen nur an solchen Standorten innerhalb des Netzes installiert werden, die auch aufgrund ihrer Ortsmerkmale eine gute Auslastung erwarten lassen und die möglicherweise hohen Investitionen und Unterhaltungskosten rechtfertigen. Der Einsatz hochwertiger Präsentationsformen an ausgewählten Standorten hebt aber als Verschärfung der bereits angesprochenen Qualitätsdifferenzen die hochwirksamen Außenwerbeträger noch weiter vom durchschnittlichen Bestand ab.

Der hohe Investitionsaufwand und der Personalbedarf für die Wartung erzwingen zunächst die Beschränkung der Umrüstung auf einen ausgewählten Teil des Gesamtbestandes. Daher sollte die technische Veränderung keine speziellen Anforderungen an das zukünftig zu verwendende Werbemittel stellen, wenn die neue Präsentationsform zeitweilig nur in geringer Stückzahl bereitsteht oder nur von einem Werbungdurchführenden exklusiv angeboten wird. Die hohen Grundkosten der Plakatproduktion wirken sonst abschreckend auf potentielle Nachfrager. Als günstig erweist sich in einem solchen Falle die Weiterverwendbarkeit ohnehin vorhandener Werbemittel. Die Übernahme einer Präsentationstechnik, die von Anschlagunternehmern in anderen Regionen bereits eingeführt wurde, bietet wegen ihrer größeren zahlenmäßigen Verbreitung dem Werbungdurchführenden den Vorteil, daß sie eher als eine völlig neuartige Darbietungsform von den Abnehmern für die Nutzung in Betracht gezogen werden dürfte.

Jede neue Präsentationsform bildet wegen ihrer spezifischen Werbewirkungsverläufe ein eigenes Teilsortiment. Der Anbieter sollte bei Programmerweiterungen darauf achten, daß er nicht durch Angebotszersplitterung seine Attraktivität für solche Nachfrager verliert, die zu möglichst wenigen Werbungdurchführenden in Kontakt treten möchten. Er gerät genau wie bei zu starker Standortauslese in die Gefahr, flächendeckende Aufträge von überregional Werbungtreibenden nicht mehr befriedigen zu können.

Werden durch die hochwertige Präsentationstechnik die besten Standorte aufgewertet, sinkt die Durchschnittsqualität der Außenwerbeträger in der herkömmlichen Ausgestaltung. Fallen z.B. aus einem Großflächenbestand alle innerstädtischen Werbestellen heraus, weil sie dem neuen Sortimentsteil zugeschlagen werden, kann ein Nachfrager für ein von ihm gebuchtes Großflächennetz nicht mehr von der bisherigen Durchschnittsqualität ausgehen. Dies zieht bei den verbliebenen Tafeln alter Art Preissenkungen nach sich, die die Erträge des hochwertigen Sortimentsausschnitts zumindest teilweise wieder aufzehren, oder führt zu einem Buchungsverzicht der Nachfrager, der auch durch Preisanpassungen nicht mehr aufzufangen ist.

Das Interesse an Außenwerbeträgern wächst aber nicht nur mit der Verbesserung des Nutzens im Wirtschaftlichkeitsvergleich, sondern auch die Senkung von Werbeträger- oder Werbemittelkosten regt zur Belegung an. Dies zeigt sich z.B. am Erfolg preiswerter Folientechniken als Ersatz für herkömmliche Spritzlackierungen an Verkehrsmitteln[1)].

3.1.2.3. Gegebene Präsentationstechniken an neuen Standorten

Soweit verfügbar, wird das Werbeträger-Netz um neue Standorte erweitert, möglicherweise verbunden mit dem gleichzeitigen Verzicht auf unattraktive Anschlagstellen des vorhandenen Bestandes. Neben die reine Expansion der Trägerzahl tritt somit als zweite denkbare Zielsetzung die qualitative Aufwertung einer gegebenen Stellenzahl durch Tafel-Austausch. Diese "Standortpolitik" erweist sich z.B. dort als vorteilhaft, wo die Ausweitung der Stellenzahl in einem stark besetzten Gebiet keine erhöhte Nachfrage erwarten läßt, die Betonung der Standortpflege jedoch Nachfragerpräferenzen schafft, die sich in der verbesserten Auslastung des überarbeiteten Netzes niederschlagen.

----

1) Eine Presseinformation der Fa. Fasson (1984) beschreibt z.B. eine kostengünstige Folientechnik zur Anbringung graphisch anspruchsvoller Motive, die von einem Osnabrücker Fachbetrieb entwickelt wurde.

In das Gebiet der Standortpflege fällt auch der Ausgleich des regelmäßigen Verlustes vorhandener Anschlagstellen. Da gerade Großflächen in den Städten ursprünglich dort aufgestellt wurden, wo es Brandmauern und Trümmergrundstücke zu verdecken galt, führt die Schließung von Baulücken im Laufe der Zeit zu einer Verdrängung der Werbetafeln von ihren angestammten Plätzen in den Innenstädten. Daneben beeinträchtigen Veränderungen der Verkehrsführungen die Kontaktwerte ehedem gut frequentierter Standorte. Hier müssen als Ersatz neue attraktive Aufstellungspositionen für Plakatwände gefunden werden.

Dabei resultieren produktpolitische Veränderungen häufig aus der Anpassung an die Beschaffungsmöglichkeiten. Gewandelte Siedlungs- und Gewerbeorganisationsformen bildeten neue Werbeträger-Typen im Hinblick auf die Werbewirkung heraus. Große Wohnbezirke in den Randbereichen der Städte erzeugen zweimal täglich starke Pendlerströme zu und von den Arbeitsplätzen in den Stadtzentren. Entlang der Ausfallstraßen aufgestellte Werbetafeln werden fast nur von Autofahrern und deren Mitreisenden wahrgenommen, erreichen jedoch kaum Fußgänger. Großflächen in neuentstandenen Industriegebieten sprechen vor allem die Mitarbeiter der dort ansässigen Unternehmen, daneben aber auch die mit PKW anreisenden Kunden der ebenfalls in den Gewerbegebieten angesiedelten SB-Warenhäuser, Baumärkte etc. an. Werbungen an Verkehrsmitteln sind im Straßenbild der Großstädte heute seltener anzutreffen[1)]; die Aufgaben von Straßenbahnen und Bussen erfüllen heute vielerorts Untergrundbahnen. Die Tunnelanlagen sind zwar mit Zugangsbauwerken ausgestattet, die zur Nutzung mit stationären Werbungen einladen, diese Botschaften erreichen jedoch nicht mehr die Verkehrsteilnehmer außerhalb der öffentlichen Verkehrsmittel, sondern nur noch deren Fahrgäste[2)].

----

1) In Städten mit reinen Oberflächenverkehrsnetzen profitiert allerdings die Verkehrsmittelwerbung noch von der relativ stärkeren Ausdünnung der Großflächenstandorte in den Innenstädten.

2) Die Zielgruppen der Plakatierungen auf den Bahnsteigen und in den Eingangsbauwerken von U-Bahn-Stationen decken sich daher weitgehend mit denen der herkömmlichen Werbungen im Fahrzeuginneren.

Ein Beispiel für die bewußte Schaffung neuer Werbeträger-Typen durch eine innovative Standortpolitik geben die Tafeln auf den Parkplätzen von Einkaufszentren, bei denen herkömmliche Kleinplakate an Lichtmasten oder Überdachungsstützen aushängen[1].

Die Vorteile einer Bestandserweiterung äußern sich für einen Werbungdurchführenden vor allem in der Ausnutzung des Beschaffungsverbundes der Nachfrager und in der breiteren Verteilungsbasis für die Fixkosten des Verwaltungsapparates. Um möglichst viele Belegungswünsche eines Nachfragers aus einer Hand bedienen zu können, genügt es jedoch nicht, an einem oder wenigen Orten mit einer großen Tafelzahl vertreten zu sein, sondern das Netz muß auch regional breit streuen. Die wichtigsten Werbeträger-Typen sollten an allen Orten in einer Anzahl vorhanden sein, die die Erfüllung eingehender Aufträge ohne Lücken ermöglicht.

Bei den gegenwärtig vorherrschenden Einheitspreisen für die meisten Werbeträger-Typen, die Qualitätsunterschiede zwischen den einzelnen Standorten nicht berücksichtigen, führt ein vergrößerter Gesamtbestand zu einer Minderung des Fixkostenanteils je Stelle. Ebenso wichtig wie der auf diese Weise gewonnene preispolitische Spielraum ist die Erreichung oder Sicherung einer Mindestgröße des Netzes, die die Kapitalkraft für aufwendigere absatzpolitische Maßnahmen erwirtschaftet bzw. die Untergrenze für den rentablen Einsatz anspruchsvoller Verwaltungshilfen (Datenverarbeitungsanlagen) markiert.

Die zahlreichen kleinen Familienunternehmen der Branche verfügen nicht über diese finanzielle Grundlage. Sie können die genannten Maßnahmen nur ergreifen, wenn es ihnen zuvor gelingt, die Zahl ihrer Erlösträger (=Anschlagstellen) so weit zu erhöhen, daß die Grundkosten bestimmter Maßnahmen zu verkraften sind. So erfordert die Einführung innovativer

---

1) Einen Überblick über die Werbeträgerangebote vor und in Einkaufszentren gibt VOLLMER (1981), S. 29.

Werbeträger in der für eine erfolgversprechende Vermarktung erforderlichen Anzahl große finanzielle Anstrengungen. Selbst die Ausdehnung des Bestandes auf neue Regionen verbindet sich mit höheren Investitionen als die Netzverdichtung im angestammten Absatzgebiet. Während dort hinzugewonnene Standorte bis zu einem gewissen Grad von der vorhandenen Organisationsstruktur mitbetreut werden können, verlangt die Erschließung zusätzlicher Städte die Einrichtung neuer Niederlassungen sowohl zur Vermarktung an die lokalen Werbungtreibenden als auch zur Ausführung der Plakatierung (Lagerhaltung der Plakate, Klebung, Wartung der Flächen).

3.1.2.4. Neue Präsentationstechniken an neuen Standorten

Den größten Neuerungsgrad für ein Unternehmen der Außenwerbebranche bringt es mit sich, wenn das Sortiment um einen Werbeträger-Typ erweitert wird, der sowohl von den bisherigen Präsentationstechniken abweicht als auch die Beschaffung neuer Standorte beinhaltet. Hierbei ist beispielsweise an ein Unternehmen zu denken, daß bisher ausschließlich Großflächen betreut hat und nun zusätzlich einen Pachtvertrag für die Werbeflächen auf den Omnibussen eines Verkehrsbetriebes abschließt. Der Kapitaleinsatz für das neue Teilsortiment kann in diesem Falle weder durch die schrittweise Umgestaltung einzelner Werbeträger noch durch die langsame Erweiterung ihrer Anzahl zeitlich gestreckt werden.

Wesentlich ist weiterhin, ob es sich für das Unternehmen um eine Markt- oder eine Betriebsneuheit handelt[1]. Geht man davon aus, daß der Anbieter bereits in der Außenwerbebranche tätig ist, so stellt die Betriebsneuheit die einfachere Marketing-Aufgabe dar. Der Werbungdurchführende verfügt in diesem Falle bereits über einen Kundenstamm und ein Vermarktungs-Know-how für Außenwerbeträger. Die Betriebsneuheit setzt ferner voraus, daß schon andere Werbungdurchführende mit diesem Produkt-Typ auf dem Markt präsent sind. Im gün-

---

1) Zur Unterscheidung dieses Begriffspaares vgl. z.B. NIESCHLAG/DICHTL/HÖRSCHGEN (1985), S. 829.

stigsten Falle ist das Produkt allseits bekannt und kann vom Neuanbieter problemlos abgesetzt werden, z.B. bei der oben geschilderten Hinzunahme von Verkehrsmittelflächen zu einem Plakattafelbestand. Aufwendiger gestaltet sich die Einführung, wenn die Erstanbieter der Werbeform ebenfalls noch nicht lange auf dem Markt aktiv sind. Zu dem anteiligen Markterschließungsaufwand gesellen sich Know-how-Probleme hinzu, wenn über das neue Produkt noch keine Erfahrungswerte vorliegen, auf die bei Gestaltung der absatzpolitischen Instrumente zurückgegriffen werden kann. Im Gegensatz zur **Imitation** neuartiger Sachgüter verhütet die Gebietsgebundenheit der Werbeträger-Netze jedoch zumeist eine direkte Konkurrenzsituation der Anbieter zumindest für die Dauer der Anlaufphase[1]. Solange nicht zwei Werbungdurchführende am gleichen Ort um Abnehmer streiten, ergibt sich sogar der positive Effekt, daß die größere Gebietsabdeckung die Attraktivität der Werbeform für die Abnehmer steigert, wenn ein erforderliches spezielles Werbemittel eher in wirtschaftlicher Stückzahl herstellt werden kann.

Das Problem kleiner Werbemittel-Auflagen stellt sich besonders einem **Innovator**, der als erster eine neue Außenwerbeform im Markt einführt. Das Angebot kann für eine Einzelbelegung dennoch reizvoll sein, wenn den Herstellungskosten des Werbemittels entweder die sehr hohe Attraktivität einer Werbefläche oder lange Vertragslaufzeiten gegenüberstehen. Die sehr aufwendige Herrichtung eines Werbeluftschiffes rentiert sich trotz der relativ kurzen Einsatzdauer durch die extrem hohe Aufmerksamkeitsstärke. Dagegen relativiert die mehrjährige Nutzung die hohen Ausgaben für Lichtwerbeanlagen oder individuelle Ganzlackierungen von Verkehrsmitteln.

Neuartige Gestaltungsanforderungen an ein Außenwerbemittel lassen es zweckmäßig erscheinen, daß der Werbungdurchführen-

---

1) Die Firma Degesta tritt mit ihrem Angebot nicht in direkte Konkurrenz zu dem sehr ähnlichen Abribus, sondern fördert durch die Übertragung des Konzeptes auf weitere Städte auch die Absatzchancen des Erstanbieters.

de seinen Kunden technische Hilfestellung leistet. Bei dem üblichen Verfahren der Plakat-Anlieferung durch den Kunden ist damit zu rechnen, daß dieser für die kleinen Auflagen in seiner Hausdruckerei hohe Stückpreise zahlen muß. Möglicherweise fehlen dort auch ohnehin die notwendigen Spezialmaschinen oder deren geringe Auslastung schlägt stark auf die Herstellkosten durch. Der Werbungdurchführende könnte in diesem Falle die Werbemittel gegen einen akzeptablen Aufpreis selbst herstellen lassen und damit ein Unternehmen beauftragen, für das die gebündelten Aufträge genügend Anreiz darstellen, Maschinen zu beschaffen, die eine kostengünstige Produktion ermöglichen[1]. Hierbei handelt es sich bereits um eine selbständig vermarktungsfähige Dienstleistung im Sinne des weiteren Sortimentsbegriffes.

Zu den Risiken der Einführung eines neuen Werbeträger-Typs gehören vor allem Know-How-Probleme auf Anbieter- und Abnehmerseite. So muß z.B. ein Superposter wegen seiner Anbringung an hochgelegenen Hausgiebeln mit Hubsteigern geklebt werden. Klebetechnik und -vorgang sind an diese erschwerten Bedingungen anzupassen, der Fuhrpark ist um Spezialfahrzeuge zu ergänzen. Daneben muß sich der Abnehmer auf neue Bogenteilungen und Papierqualitäten einstellen, damit nicht wichtige Gestaltungselemente des Plakatmotivs durch Stoßlinien der Klebung entstellt werden[2]. Diese Schwierigkeiten nehmen zu, wenn die Technologie der Neuheit gänzlich außerhalb des Erfahrungsbereichs des Werbungdurchführenden liegt. In diese Lage gerät z.B. ein Plakatanschlagunternehmen, das Außenwerbeträger mit zusätzlichen Beleuchtungsanlagen und Bewegungsvorrichtungen ausstatten möchte.

Die gewichtigsten Vermarktungsprobleme stellen sich Anbietern, die als Branchenfremde in den Markt für Außenwerbeträger eintreten. Die Bildung eines Anschlagstellen-Netzes läßt

---

1) Die durchleuchtbaren Plakate für den Abribus müssen mangels geeigneter Fachbetriebe im Ausland gedruckt werden; der Anbieter vermittelt die Herstellungsaufträge. Vgl. hierzu auch BRÖNNER (1984), S. 41.

2) Da das Bogenformat aus Gründen der Handhabung nicht ausgedehnt werden kann, besteht ein größeres Plakat aus wesentlich mehr Einzelteilen.

sich bei einem Zeitschriftenverlag als **horizontale Diversifikation**[1] kennzeichnen, da teilweise die gleichen Kunden (z.B. Werbeagenturen) angesprochen werden[2]. Daneben kann man auch **vertikale** Erweiterungen von Sortimenten um Außenwerbeträger in der Praxis beobachten. Vorwärtsintegration betreiben z.B. eine Plakatdruckerei oder ein Hersteller von wetterfesten Folien, die sich für Werbeaufschriften eignen[3]. Dagegen sichert eine Werbeagentur durch den Aufbau eines eigenen Werbeträger-Bestandes die Beschaffung einer Vorleistung im Sinne der Rückwärtsintegration[4]. Schließlich ist die Vermietung eines unternehmenseigenen Fuhrparks für Fahrzeugbeschriftungen als **laterale** Diversifikation anzusehen[5].

3.1.2.5. Ansatzpunkte für die Schaffung neuer Präsentationstechniken

Die Einführung neuer Präsentationstechniken lohnt sich, wenn durch sie die Werbewirksamkeit der auf ihnen durchgeführten Kommunikationsmaßnahmen deutlich verbessert werden kann. Neben der Einbeziehung völlig neuartiger Techniken[6] kann auch die Weiterentwicklung bestehender Werbeformen innovativen Charakter annehmen.

Ein Hauptnachteil herkömmlicher Plakate liegt in der **Empfindlichkeit des verwendeten Papiers** gegen Witterungseinflüsse und mutwillige Beschädigungen. Die Abdeckung einer Werbefläche mit einer transparenten Schutzschicht (z.B. aus Acrylglas) ermöglicht die gleichbleibend saubere Darbietung

---

1) Zum Begriff der Diversifikation vgl. NIESCHLAG/DICHTL/HÖRSCHGEN (1985), S. 831f.
2) Hinter den Firmen Superposter-Werbegesellschaft und Shopping-Center-Werbung (SCW) stand ursprünglich eine irische Verlagsgruppe.
3) Der Folienhersteller 3M versuchte um 1982 die Anmietung von LKW mit Kastenaufbauten, die von den Abnehmern mit 3M-Siebdrucken beschriftet werden sollten.
4) Hier sei erneut auf die Fa. Erdmann & Partner verwiesen, die in eigener Regie PKW für Tabakwerbung (Drum) angemietet hat.
5) Beispiele hierfür sind die Deutsche Post-Reklame und die Werbegesellschaften einiger öffentlicher Verkehrsbetriebe.
6) Die Bedeutung der sog. "Neuen Medien" als Ansatzpunkte für die Produktpolitik der Außenwerbeunternehmen wird später untersucht.

des Werbemittels. Probleme entstehen dabei durch die Handhabung und Pflege der Abdeckung. Glas scheidet als Werkstoff in der Regel aus, da es zu leicht zerstört werden kann. Eine Scheibe im Format einer Großfläche wäre außerdem zu schwer und zu teuer. Durchsichtige Kunststoffe verkratzen leicht und leiden unter Hitzeeinwirkung[1]. Die Transparente erfordern weiterhin Investitionen zur Anbringung zusätzlicher Halterungen und die Einrichtung eines regelmäßigen Reinigungsdienstes[2]. Die Handhabung größerer Glasflächen kann zudem einen einzelnen Kleber überfordern, so daß das Bedienungspersonal im Team eingesetzt werden muß, wenn es nicht gelingt, am Werbeträger konstruktiv entsprechende Bedienungshilfen (z.B. Klappmechanismen) vorzusehen.

Ein weiterer Nachteil des herkömmlichen Plakats ist in der **Beschränkung seiner Einwirkungszeit** auf die Stunden des Tageslichts zu sehen. Im Winterhalbjahr wird der Berufsverkehr am Morgen kaum angesprochen, wenn es nicht gelingt, die Werbetafel in der Nähe einer fremden Lichtquelle (z.B. einer Straßenlaterne) zu installieren[3]. Ersatzweise kann eine eigenständige Beleuchtung des Außenwerbeträgers sowohl durch Anstrahlung von vorn (wie z.B. beim Superposter) als auch mittels Durchleuchtung von hinten (wie z.B. bei Abribus) bewerkstelligt werden. Lampen auf der Vorderseite ragen möglicherweise in den öffentlichen Straßenraum hinein und sind anfällig gegen mutwillige Beschädigung[4]. Durchscheinendes Licht erfordert die Ausführung der Präsentationsvorrichtung in Form eines Kastens, in dem eine größere Anzahl von Lichtquellen und Reflektoren für die gleichmäßige Lichtverteilung sorgt. Das Plakat muß aus einem einzigen Bogen lichtdurch-

----

1) Kunststoff-Transparente können sich verformen oder durch den Einfluß des Lichtes fleckig und stellenweise undurchsichtig werden.
2) Übernimmt der normale Kleber die Reinigung im Rahmen des Werbemittel-Wechsels mit, verlängert sich sein Aufenthalt an den einzelnen Tafeln. Es müssen nun entweder mehr Kleber beschäftigt oder ein separater Reinigungsdienst (wie z.B. bei Abribus) eingerichtet werden.
3) Die Verwendung heller Farben oder fluoreszierenden Papiers schafft nur begrenzt Abhilfe gegen die verkürzte Lesbarkeitsdauer der Plakate im Winterhalbjahr.
4) Superposter sind so weit vom Erdboden entfernt angebracht, daß die vorspringenden Lampen dem direkten Zugriff entzogen sind.

lässigen Papiers bestehen, da sich Stoßlinien bei der Durchleuchtung störend bemerkbar machen. Ebenso kann man das Plakat nicht kleben, da die Klebstoffspuren die Transparenz vermindern und als Streifen durchscheinen. Außenwerbeträger dieser Art haben sich bisher nur bis zu einer Werbemittel-Größe von 4/1 Bogen durchgesetzt, da es momentan noch nicht gelingt, größere Plakate mit Klemmrahmen zuverlässig zu befestigen. Außerdem gibt es in Deutschland noch keine Druckereien, die über die Maschinen für die Herstellung einteiliger 18/1-Plakate verfügen[1]. Dagegen haben sich großflächige Durchleuchtungsanlagen bei den Großdias einiger Lichtwerbeunternehmen bereits bewährt[2]. Die Einführung durchleuchteter Plakattafeln verwischt die bisher noch sorgsam gezogene Trennungslinie zwischen der "Außenwerbung" mit Plakaten und der "Lichtwerbung". Plakatanschlagunternehmen fehlt in der Regel die Kenntnis im Umgang mit elektrotechnischen Anlagen. Hieraus resultiert der Zwang, höher qualifiziertes Personal als bisher (z.B. Elektriker) mit der Pflege der Werbeträger zu betrauen. Unternehmen der Lichtwerbung verfügen dagegen nicht über die breite Außendienstorganisation, die den kurzfristigen Wechsel einer großen Anzahl von Plakaten übernehmen könnte.

Als weiteres Minus der Außenwerbung wird von potentiellen Nachfragern die **Starrheit des Werbemittels** bemängelt. Dieser Einwand zielt nicht darauf ab, daß ein Werbemittel seinen Ort nicht verändert (z.B. auf Fahrzeugen). Die verstärkte Beachtung der Werbebotschaft soll vielmehr durch Bewegungseffekte als Bestandteil stationärer Außenwerbeträger erreicht werden[3]. Die Lichtwerbung bietet bereits seit langem

---

1) Nach Aussage eines Werbungdurchführenden soll es im Ausland solche übergroßen Druckmaschinen bereits geben.
2) Vgl. LEIMBACH (1981a), S. 31.
3) Möglichkeiten, das rechteckige Plakatformat flexibler zu handhaben, bieten die Umrißerweiterungen ("cut-outs"), die in Deutschland auf Genehmigungsprobleme stoßen. Einen vergleichbaren Effekt erzielen dreidimensionale Produktdarstellungen aus tiefgezogenem Kunststoff, die bereits erfolgreich erprobt wurden, vgl. AUMÜLLER (1984), S. 31. HIGGINS (1983), S. 10, berichtet von aufmerksamkeitsstarken Farbeffekten durch den Einsatz von Glasfasern und Versuchen mit Hologrammen, die dreidimensional wirkende Abbildungen erzeugen.

Verfahren an, Werbeaussagen durch programmgesteuerte Leuchtschriften dynamisch zu gestalten. Die Installationen entfalten jedoch ihre Wirkung zumeist nur bei Dunkelheit oder in geschlossenen Räumen (z.B. Bahnhöfen oder Einkaufszentren) und können nur für eine einzige Botschaft genutzt werden[1]. Zur Verwendung durch mehrere Mieter in Folge bedarf es der Entwicklung von Vorrichtungen, bei denen sich die Werbemittel mit geringem Aufwand ändern bzw. wechseln lassen. Ein erster Schritt in diese Richtung sind z.B. Laufschrifttableaus, die mit individuellen Texten programmiert werden können. Einen anderen Weg, die Aufmerksamkeit von Passanten zu fesseln, weisen die sog. "Prismenwender", die als Schaufensterdekorationen bereits recht verbreitet sind. Die Firma Kölner Außenwerbung hat dieses Prinzip auf das Großflächenformat übertragen[2]. In der Grundstellung zeigt die Anlage scheinbar ein normales 18/1-Plakat. Insgesamt drei Motive werden senkrecht in mehrere schmale Streifen zerschnitten und auf bewegliche Elemente mit dreieckigem Querschnitt aufgeklebt. Durch Drehung der senkrechten Achse um 120 bzw. 240 Grad wechseln sie sich in ihrer Sichtbarkeit ab. Der Aufmerksamkeitseffekt kann somit zugleich drei Nutzern der Anlage zugute kommen, wobei sich die Präsentationszeit jedoch entsprechend verteilt. Gedacht ist aber wohl eher an die Belegung durch einen einzigen Mieter, der den Prismenwender z.B. mit einer Sequenz von drei Aussagen über das gleiche Produkt ausstattet.

Die **verstärkte Einbeziehung von Bewegungseffekten** in Außenwerbeträger ermöglichen Videoanlagen, auf denen Werbefilme in bestimmter Abfolge ständig wiederholt werden. Als eine Variante hiervon zeigt das sog. **Stadtfernsehen** Werbespots, die speziell für die örtlichen Abnehmer der Präsentationszeiten produziert werden. Neben der ursprünglichen Aufstellung in den Schaufenstern ausgesuchter Geschäfte finden sich solche Anlagen heute auch in den Zugangstunneln und auf den

---

1) Lichtwerbeanlagen wirken durch die Verwendung bestimmter Materialien (z.B. Acrylglas) auch bei Tageslicht, vgl. GUT (1976), S. 76.
2) Vgl. AUMÜLLER (1984), S. 31, und KINTZEL (1984), S. 41. Der Kaufpreis für eine "Prismavision" wird mit ca. 36.000 DM angegeben.

Bahnsteigen öffentlicher Verkehrsmittel[1]. Die Filme erscheinen dabei auf mehreren Einzelmonitoren gleichzeitig. Versuche, die Bildfläche auszudehnen, führten zur Kopplung mehrerer Bildschirme zu einer Großbildwand. Ein spezieller Videorecorder versorgt jeden einzelnen Monitor mit Informationen, die jeweils nur einen Bruchteil der gewünschten Abbildung zeigen, dem Betrachter aber den Eindruck eines Gesamtmotivs vermitteln[2]. Da der in der technischen Grundlage bereits realisierte Flachbildschirm auf Flüssigkristallbasis[3] ebenfalls in wenigen Jahren auch in größeren Formaten zur Verfügung stehen wird, ist es durchaus vorstellbar, stark frequentierte Großflächenstandorte mit solchen Monitoren auszurüsten und dort Werbefilme vorzuführen.

Das Stadtfernsehen im öffentlichen Verkehrsraum könnte auch die Allgemeinstelle ergänzen, so z.B. durch den Einbau von Videoanlagen in Litfaßsäulen und andere Außenwerbeträger, die aus einem Hohlkörper zur Unterbringung der Geräte bestehen. Den Rest der Werbefläche belegen herkömmliche Papierplakate, die von der Anziehungskraft des Bildschirmprogramms profitieren. Da sich die Allgemeinstelle insbesondere an Fußgänger wendet, die einem Außenwerbemittel auch gelegentlich längere Aufmerksamkeit widmen, könnte als Speichermedium die Bildplatte zum Einsatz kommen[4]. Die Präsentation

---

1) Einen Überblick über die Anbieter von Stadtfernsehprogrammen gibt o.V. (1983), Kennen Sie Stadtfernsehen, S. 26ff. KESSLER (1983), S. 44f., setzt sich kritisch mit dem Werbewert dieser Kommunikationsform auseinander.

2) Eine Anlage mit 24 Bildschirmen (davon allerdings nur 16 zu einem Großmotiv gekoppelt) wurde Ende 1984 im Bochumer Hauptbahnhof eingerichtet. Sie scheint sich nicht bewährt zu haben, da sie mittlerweile wieder außer Betrieb gesetzt wurde. Vgl. o.V. (1984), Unter dem Bahnhof flimmert täglich eine Mammut-Glotze, S. BO 2.

3) Nach einer Pressenotiz einer japanischen Zeitung ist es der Firma Casio gelungen, durch Flüssigkristalltechnik die Bautiefe von Farbbildschirmen auf 4 cm zu reduzieren. Vgl. o.V. (1985), Fernseher wird im nächsten Jahr an die Wand gehängt.

4) Eine Versuchsanlage der Fa. Fielmann-Optik in Hamburg kombiniert einen von außen in die Ladenfront integrierten Bildschirm mit einer Eingabetastatur, über die Filmszenen von einer Bildplatte und Preisinformationen aus einem Datenspeicher abgerufen werden können. 300 bis 600 Personen nutzen täglich diese Möglichkeit; ein Protokollprogramm zeichnet zudem die Verteilung der abgefragten Daten auf. Vgl. WALTER (1985), S. 80f.

bestimmter Kurzfilme erfolgt dann bei Bedarf auf Abruf über eine Tastatur, während im Normalfall eine Programmierung die Filmfolge steuert. Anlagen dieser Art eignen sich beispielsweise dazu, ankommenden Reisenden in einem Bahnhof einen ersten Eindruck von dem als Übernachtungsstätte ins Auge gefaßten Hotel zu vermitteln[1].

Gehören diese Vorschläge heute auch noch in den Bereich der Spekulation, so zeichnet sich doch bereits ab, daß solche neuartigen Werbesysteme, die nach ihrer Anordnung im öffentlichen Raum eindeutig der Außenwerbung zuzuordnen sind, nicht von den angestammten Werbungdurchführenden, sondern von Unternehmen mit Spezialkenntnissen im Rundfunk- und Fernsehbereich eingerichtet und betrieben werden. Für die Plakatanschlagunternehmen wirft der Einstieg in die Videotechnik dagegen erhebliche technische Probleme und finanzielle Risiken auf, die ihre Zurückhaltung erklären.

Gegenüber den bisherigen Außenwerbeformen steigen die Werbeträgermieten und Werbemittelkosten beträchtlich. Gerade für die örtlichen Werbekunden, auf die diese Anlagen zugeschnitten sind, könnte damit eine finanzielle Hürde aufgebaut werden, die sie von diesem Angebot Abstand nehmen läßt. Es wäre allerdings zu überprüfen, ob sich nicht z.B. Werbemittel aus der Kinowerbung teilweise weiterverwenden lassen. Deren kostengünstige Präsentationsformen (wie z.B. Standbilder mit gesprochenen Texten) profitieren jedoch im Filmsaal von der zwangsweisen Wahrnehmung durch das Publikum. Auf einer Videoanlage im Straßenraum werden sie kaum genügend Aufmerksamkeit erregen, um sich in der dort herrschenden Reizflut durchzusetzen[2]. In den gegenwärtigen Testphasen lebt Stadtfernsehen zudem nicht unwesentlich von einem Neuigkeitseffekt, der die Neugierde der Passanten weckt und zu tendenziell überhöhten Werbewirksamkeitsdaten führt.

---

1) Monitore in zwei neuen Omnibussen der Stadtwerke Wiesbaden können neben Haltestelleninformationen auch Werbeeinblendungen zeigen, vgl. o.V. (1985), Wiesbaden, S. 236.
2) Vgl. FACHVERBAND FILM- UND DIAPOSITIV-WERBUNG E.V. (o.J.), S. 27f., und KESSLER (1983), S. 44f.

3.1.3. Gestaltung von Produkt und Sortiment im weiteren Sinne

Unter den Produkten im weiteren Sinne wird hier jedes Leistungsbündel verstanden, das ein Außenwerbeunternehmen als Einheit vermarktet. Zu der Einräumung des Rechtes, auf einem oder mehreren Außenwerbeträgern ein Plakat anbringen zu dürfen, treten weitere Dienstleistungen hinzu, die den Absatzprozeß teilweise obligatorisch und teilweise freiwillig begleiten. Das Sortiment besteht folglich aus mehreren alternativen Leistungsbündeln, in denen den Wünschen und Bedürfnissen der Abnehmer entsprechende Dienstleistungen wechselnden Umfangs die reinen Mietverträge begleiten. Zusätzliche Diensteangebote, die auch unabhängig von Werbeträger-Kontrakten erbracht und vermarktet werden können, vervollständigen das Leistungsprogramm eines Werbungdurchführenden.

3.1.3.1. Obligatorische Dienstleistungen

Die Leistungselemente, ohne die ein Außenwerbeträger nicht abgesetzt werden kann, stehen vorrangig in Zusammenhang mit der Auftragsbearbeitung. Da die Beschaffungsentscheidung eines Abnehmers auf festgelegten Terminen basiert, benötigt der Kunde zunächst im Vorfeld des Vertragsabschlusses Auskünfte über die noch freien Kapazitäten des Werbungdurchführenden. Diese Informationen können auf Anfrage oder auch als unaufgefordertes Angebot (z.B. "Trendmeldungen" der DSR[1]) mitgeteilt werden. Der Anbieter überträgt anschließend die bestellte Flächenzahl auf seinen Bestand und reserviert die gewünschten Termine. Kann den Vorstellungen des Abnehmers nicht mehr vollständig entsprochen werden, versucht der Werbungdurchführende, nach Rücksprache mit dem Auftraggeber Ersatztermine zu finden. Hierbei fließen erneut Informationen zwischen den beiden Partnern. Schließlich überwacht der Vermieter die vertragsgemäße Wahrnehmung des Belegungsrechtes durch den Kunden.

----

1) Vierteljährlich versendet die Deutsche Städte-Reklame an ihre Geschäftspartner eine Liste der augenblicklich für eine Neuvermietung verfügbaren Verkehrsmittel ihrer Pachtbetriebe.

Im Rahmen seines eigenen Beschaffungsprozesses verpflichtet sich der Werbungdurchführende häufig, bestimmte Interessen der Bereitsteller zu wahren. Er überprüft deshalb, ob die Mietverträge für die gewünschten Plakatstandorte Klauseln enthalten, die die Belegung mit dem vorgesehenen Produkt ausschließen, und informiert einen betroffenen Abnehmer unter Hinweis auf verfügbare Ersatzstandorte. Verkehrsbetrieben sind häufig auch die Entwürfe der geplanten Werbemittel zur Genehmigung vorzulegen.

Daneben muß der Anbieter sicherstellen, daß der Außenwerbeträger dem Abnehmer rechtzeitig in nutzbarer Verfassung zur Verfügung steht. Die fristgerechte Entfernung der ausgedienten Werbemittel obliegt im Regelfall dem vorherigen Nutzer. Die Neutralisierung selbst stellt daher, sofern sie der Werbungdurchführende ausführt, bereits eine freiwillige Nebenleistung für den früheren Vertragspartner dar, die nur dann Pflichtcharakter annimmt, wenn zwingende technische oder wirtschaftliche Gründe dafür sprechen[1].

Beim erstmaligen Vertragsabschluß bildet häufig die Beratung über die technische Gestaltung des Werbemittels (z.B. Papierstärken, Bogenteilungen etc.) einen weiteren unverzichtbaren Bestandteil des Leistungsumfanges. Bei Folgeaufträgen sind Aktualisierungen der Informationen vorzusehen. Falls der Kunde bereits mit anderen Werbungdurchführenden in Geschäftskontakt stand oder seine Werbemittel von einer auf Plakatherstellung spezialisierten Druckerei bezieht, kann auf diese Einweisung verzichtet werden.

3.1.3.2. Fakultative Dienstleistungen

Die Einräumung von Belegungsoptionen und die Absicherung ihrer vertragsgemäßen Ausübung stellen die meisten Nachfrager noch nicht zufrieden. Sie möchten ihre Anforderungen an

---

1) Bei Plakaten erfolgt z.B. die Neutralisierung in einem Arbeitsgang mit der Anbringung des nachfolgenden Motivs durch die Kleber des Werbungdurchführenden, so daß auf eine separate Beseitigung sinnvollerweise verzichtet wird.

die Werbeträger-Merkmale bei der Standortauswahl berücksichtigt wissen. Der hieraus resultierende Wunsch nach Mitwirkung am Selektionsprozeß zwingt den Anbieter zur nachprüfbaren Berücksichtigung der Merkmalsvorgaben der Kunden und erweitert die Kommunikationsströme. Der gewünschte Umfang der **Standort-Selektion** fällt bei den einzelnen Kunden sehr unterschiedlich aus. Als einfachste Suchkriterien dienen geographische Plangrößen, wie z.B. die gewünschten Stellenzahlen in bestimmten Städten. Hinzu gesellen sich mehr oder weniger komplexe Vorgaben in Bezug auf weitere Standortmerkmale. Häufig genügt die Beachtung einer einzigen Nebenbedingung, daneben können aber auch mehrere Kriterien alternativ oder kombiniert die Auswahl bestimmen.

Die zugrundeliegenden Informationen muß der Werbungdurchführende vor ihrer ersten absatzwirksamen Nutzung erheben und archivieren. Hierdurch erbringt er eine Bereitstellungsleistung[1]. Die Außenwerbeträger, die den Vorstellungen des Kunden entsprechen, sucht er aus seinem Bestand heraus und faßt sie zu einem Angebot zusammen. Vielfach möchte der Abnehmer innerhalb der Menge potentiell in Frage kommender Stellen selbst das endgültige Netz festlegen. In diesem Falle erhält der Kunde eine Liste mit den entsprechenden Daten als Auswahlgrundlage und Beleg der sachgemäßen Vorselektion. Falls die Durchsicht des Bestandes bei dem Werbungdurchführenden von Hand vorgenommen wird, bleibt die Zahl der Suchkriterien aus Zeit- und Kostengründen allerdings stark beschränkt. Abhilfe verspricht hier erst der verstärkte Einsatz von EDV-Anlagen.

Die Freiwilligkeit dieser Dienstleistung zeigt sich u.a. darin, daß manche Kunden auf ihre Inanspruchnahme verzichten. Sofern die Werbeträger Eigentümerhinweise tragen, kann die Kundenunternehmung ersatzweise auch durch ihren eigenen

---

1) Diese Vorabaufzeichnungen sollten möglichst vollständig sein, um später allen vertretbaren Kundenwünschen gerecht zu werden. Vor der Einführung des genormten "Standort-Beschreibungsbogens" mußten für die Datensammlungen verschiedener Großabnehmer abweichende Kriterien jeweils separat erhoben werden.

Außendienst oder Mitarbeiter der Werbeagentur geeignete Standorte durch Beobachtung ermitteln lassen und den zugehörigen Anbieter mit der Belegung beauftragen.

Speichert der Anbieter die entscheidungsrelevanten Informationen in leicht übertragbarer Form (z.B. auf Magnetband), muß er die Auswahlleistung nicht mehr selbst erbringen, sondern kann dem Kunden (z.B. einer Werbeagentur) den Datenträger zur Verfügung stellen. In der Folge bedarf es nur noch der Abstimmung der Belegungstermine. Gerade die Spezialagenturen machen von dieser Möglichkeit Gebrauch. Sie gehen häufig noch einen Schritt weiter und mieten den von ihnen selektierten Stellenbestand für mehrere Dekaden fest an. Anschließend verteilen sie die Termine auf ihre Kunden und senden dem Werbungdurchführenden nur noch eine Belegungsübersicht als Grundlage für seine Klebepläne. Dadurch nehmen sie dem Anschlagunternehmer die Auswahl- und Reservierungsleistungen weitgehend ab, zugleich entziehen sie ihm aber auch seinen Einfluß auf die Buchungen und seinen Kontakt zu den Endabnehmern.

Die Werbungdurchführenden streben daher an, weitreichende Auswahlhilfen selbst anzubieten. Hierfür gibt es in Abhängigkeit von den technischen Voraussetzungen zwei Ansatzpunkte. Zunächst erlaubt der Einsatz moderner EDV-Anlagen die rasche Selektion von Außenwerbeträgern nach beliebig vielen Kriterien. Die bisher geringe Verbreitung dieser Auswahlhilfe beruht weniger auf den hohen Anschaffungs- und Betriebskosten der Rechenanlagen, vielmehr verhindert noch die zeit- und personalintensive Erhebung der Werbeträger-Daten die Bereitstellung in lohnendem Umfang. Der Einsatz elektronischer Hilfsmittel kommt erst dann voll zur Geltung, wenn alle wichtigen Kriterien erfaßt und gespeichert wurden.

Verfügt dagegen ein Anschlagunternehmer nicht über eine EDV-Anlage und rechtfertigt der geringe Werbeträger-Bestand auch nicht deren Anschaffung, kann die Auswahlleistung ersatzweise in allgemeiner Form "auf Vorrat" produziert werden.

Der Anbieter sieht seinen Stellenbestand im Hinblick auf ein bestimmtes, häufig gefordertes Merkmal durch und führt die gefundenen Werbeträger zu einem Teilnetz zusammen, das unter Hervorhebung der Gemeinsamkeit aller Standorte als Einheit angeboten wird. So entsteht beispielsweise ein "EKZ-Netz" aus Großflächen auf den Parkplätzen und an den unmittelbaren Zufahrtsstraßen zu Einkaufszentren. Gibt nun ein Kunde dieses Auswahlkriterium an, so wird er auf das entsprechende Teilnetz verwiesen. Dieser Ausschnitt des Gesamtbestandes kann später auf Wunsch weiteren Selektionsschritten unterworfen werden.

Gelingt die Bildung überschneidungsfreier Teilnetze, d.h. jeder Außenwerbeträger gehört nur einem einzigen Bestandsausschnitt an, können die Werbeträger-Gruppen als Einheit vermarktet werden. Dadurch lassen sich zusätzlich Verbundeffekte realisieren, wenn der Kunde nun z.B. EKZ-Standorte mit abnimmt, die seinen nachgeordneten (z.B. ortsgrößenbezogenen) Auswahlkriterien bereits nicht mehr voll entsprechen. Als Ergebnis verstetigt sich die Auslastung des Gesamtbestandes.

Die Zusammenfassung von Teilen des Bestandes zu Netzen lohnt sich allerdings nur dann, wenn die Gesamtzahl der Werbeflächen die Bildung ausreichend großer Untergruppen zuläßt. Hier sind Spezialagenturen im Vorteil, da sie die einzeln nicht absetzbaren "Netzbausteine" mehrerer Werbungdurchführender zu tragfähigen Einheiten bündeln können.

Der Anbieter sollte abwägen, ob er die Eigenständigkeit der Standort-Selektion betont. Er könnte sie auch als Regelleistung in die normale Vertragsabwicklung einbinden, weil die EDV-mäßige Betreuung des Tafelbestandes für die Reservierung ohnehin erfolgt. In diesem Fall fördert er die Zufriedenheit seiner Abnehmer und möglicherweise auch deren Vertrauen in seine Auftragsbearbeitung. Bei der wahlweisen Erfüllung der Leistung steht es dagegen im Belieben des Kunden, von ihr Gebrauch zu machen. Die Praxis zeigt aber, daß sich ein entsprechendes Zusatzentgelt nur schwerlich am Markt durchsetzen läßt. Auch eine Markierung dieser Leistung ist denkbar[1]. Da sie jedoch an eine Werbeträger-Buchung gekoppelt bleibt, kann sie nicht selbständig vermarktet werden.

Auf der Nahtstelle zwischen obligatorischen und fakultativen Sekundärleistungen steht bei verschiedenen Außenwerbeformen die **Anbringung des Werbemittels auf dem Werbeträger**. Während für die Plakatanschlagunternehmer - wie der Name schon sagt - die Plakatklebung eine traditionelle Kernleistung darstellt, ist sie im Bereich der Lichtwerbung dem Werbemittel-Hersteller zugeordnet. So wird ein Spezialmakler für Standorte von Lichtwerbeanlagen die Montage nicht anbieten, sondern auf den Leuchtkörperhersteller verweisen.

Auch die Beschriftung der Außenseiten von Verkehrsmitteln gehört zumeist nicht zum Leistungsbündel des Vermieters. Hier fällt es dem Kunden zu, Siebdruckfolien auf das Fahrzeug zu kleben oder die Beschriftung von Fachleuten des Schriftenmalerhandwerks auftragen zu lassen. Der Werbungdurchführende beschränkt sich allenfalls auf die Empfehlung von Firmen mit nachgewiesener Erfahrung auf dem Gebiete der Außenwerbung. Eine Möglichkeit zur Sortimentserweiterung wäre hier darin zu sehen, daß der Anbieter selbst die Anbringung der Aufschriften vornimmt oder seinerseits Spezialunternehmen damit beauftragt. Besonders für überregional werbende Abnehmer entfällt dadurch das Problem, sich in fremden Städten eine Marktübersicht geeigneter Handwerksfirmen verschaffen zu müssen. Die Weiterreichung von Werbemittel-Aufträgen an Partnerfirmen bringt jedoch die Gefahr mit sich, gegenüber dem Kunden mangels eigener Erfahrungen Materialeinsatz und Zeitbedarf falsch abzuschätzen. Frist- oder Budgetüberschreitungen schaden dem Image des Werbungdurchführenden auch in seiner Funktion als Werbeträger-Vermieter.

----

1) Die Firma MOPLAK warb zeitweise mit der Bezeichnung "DISPLA" (Dialogorientiertes Informations- und Steuerungssystem Plakatanschlag) für ihr Software-Paket zur Standort-Selektion.

Kann ein Außenwerbeträger für unterschiedlich lange Mietzeiten belegt werden, für die jeweils nur ein einziger Montagevorgang stattfindet, empfiehlt sich die separate Ausweisung der Anbringungsleistung innerhalb des Leistungsbündels. Der Kunde erkennt die Montage als wesentlichen Kostenbestandteil und akzeptiert daher bei Buchungsverlängerungen nicht entsprechende Vervielfachungen des Bündelpreises. Der Anbieter kann darauf in der Preispolitik durch die Aufspaltung der Entgeltbestandteile oder die Gewährung von Zeitrabatten reagieren. Die getrennte Ausweisung der Montagekosten verleitet den Kunden zwar dazu, die Werbemittel-Anbringung durch eigene Kräfte zu erwägen, andererseits erscheint dadurch der Anteil des Mietzinses am Gesamtpreis geringer und lädt zu Laufzeitverlängerungen ein.

Demgegenüber stellt eine "langzeitbelegte" Großfläche bereits ein andersartiges Leistungsangebot dar. Bei ihr kann auf die Klebeleistung weitgehend verzichtet werden, weil der Nutzer die Tafel auf eigene Rechnung mit einer Folien- oder Lackbeschriftung versehen läßt. Die zugehörigen Mindestlaufzeiten (z.B. ein Jahr) ermöglichen auch die vorübergehende Herausnahme der Werbestelle aus dem Tourenplan der Kleber[1].

Als drittes fakultatives Element gehört zu einem Leistungsbündel innerhalb der Außenwerbung die **Kontrolle der ordnungsgemäßen Klebung** bzw. die Überwachung des vertragsgemäßen Einsatzes mobiler Außenwerbeträger. Bedarf für diese Leistung besteht bei stationären Werbeträger-Typen regelmäßig dann, wenn die Werbemittel-Montage nicht vom Abnehmer durchgeführt oder beaufsichtigt wurde. Daneben muß bei langfristig belegten Standorten gelegentlich überprüft werden, ob nicht nachträgliche Veränderungen am Werbeträger selbst oder in seiner Umgebung die ursprüngliche Werbewirkung beeinträchtigen.

----

1) Die Firma MOPLAK empfiehlt langfristige Mietverträge vorzugsweise Gewerbebetrieben, die mit einer Dauertafel auf ihren nahegelegenen Betrieb hinweisen können.

Der Werbungdurchführende kommt als Ersteller dieser Kontrolleistung zunächst nicht in Betracht, da ihm nicht die notwendige Objektivität zugetraut wird, Versäumnisse wahrheitsgemäß einzugestehen. Stattdessen schaltet der Nachfrager ein Überwachungsinstitut ein, das mit dem Werbungdurchführenden als Kontrolliertem zusammenarbeitet. Auch der Anbieter selbst kann mit der Aufsicht über seine Tätigkeit ein neutrales Institut beauftragen, das betroffenen Kunden auf Anfrage Einblick in seine Kontrollberichte gewährt. Die freiwillige Unterwerfung unter eine unabhängige Prüfinstanz fördert das Vertrauen der Kunden in die Anbieter und schafft Nachfragepräferenzen.

Als Einrichtung dieser Art präsentiert sich z.B. die "Informationsgemeinschaft zur Feststellung der Verbreitung von Werbeträgern e.V." (IVW), die als Tochterorganisation dem ZAW angehört[1]. Die IVW überprüft stichprobenweise die vier Anschlagstellentypen der ZAW-Richtlinie[2] im Hinblick auf Reparaturbedürftigkeit, Sichtbarkeit, Abstand zu Nachbarstellen und Sauberkeit des Anschlags und versendet laufend statistische Mängelübersichten an die Interessenverbände der werbungtreibenden Wirtschaft. Da eine vollständige Durchsicht bei der Vielzahl der registrierten Stellen ausscheidet, melden die angeschlossenen Werbungdurchführenden ihre Stellenbestände und die Anzahl werbungtragender öffentlicher Verkehrsmittel in bestimmten Zeitabständen summarisch an die IVW. Die Standortübersichten sind von den Gemeinden (bei Allgemeinstellen), den Verkehrsbetrieben oder einem Notar zu beglaubigen. Fehlerhafte Angaben ziehen Vertragsstrafen nach sich. Der Kontrollumfang des IVW reicht für die heutigen Ansprüche der Abnehmer allerdings nicht mehr aus. Der Nachweis, daß sich eine Plakatwand zu einem bestimmten Zeitpunkt in akzeptablem Zustand befand, gibt einem Werbungdurchführenden noch keine Auskunft darüber, ob auch sein Plakat gezeigt wurde.

---

1) Zur Tätigkeit der IVW in der Außenwerbung vgl. WOLLEMANN (o.J.), S. 60 ff.

2) Vgl. S. 40 ff. dieser Arbeit.

Wesentliche Voraussetzung für die Klebekontrolle durch Dritte ist der Zugang zu den entsprechenden Tourenplänen der Klebekolonnen bzw. Umlaufplänen der Verkehrsmittel. Will die Kontrollinstitution rationell arbeiten, beobachtet sie nicht jede Kampagne isoliert, sondern überwacht die Plakatierungen mehrerer Abnehmerfirmen gleichzeitig. Sie stützt sich daher bevorzugt auf die Buchungsunterlagen der Werbungdurchführenden, da in diesen alle Kunden eines Anbieters gemeinsam erfaßt sind[1].

Da auch die Werbungdurchführenden die Klebeleistung häufig fremdbeschaffen, liegt es in ihrem eigenen Interesse, die Leistungserfüllung ihrer Vorlieferanten zu überprüfen[2]. In diesem Falle führen auch eigene Mitarbeiter stichprobenartige Kontrollen durch, deren Ergebnisse auf Wunsch den Abnehmern zugänglich gemacht werden. Eventuelle Reklamationen können an den Kleber weiterbelastet werden, es sei denn, der eingetretene Wirkungsverlust geht aufgrund vertraglicher Abmachungen zu Lasten des Kunden (z.B. bei Unfallschäden, die der Fahrer eines öffentlichen Verkehrsmittels an der Beschriftung verursacht[3]).

Eine Form der Kontrolleistung, die ein Werbungdurchführender ohne Mißtrauen seiner Kunden selbst erbringen kann, stellt die Dokumentation der ordnungsgemäßen Klebung durch Fotos dar. Besteller von Superpostern erhalten Sofortbilder von jedem belegten Standort[4]. Die Übertragung auf Massenbelegungen an Großflächen belastet jedoch den Abnehmer mit der Auswertung einer Vielzahl von Fotos. Als problematisch erweist sich dabei besonders die Klärung der Frage, ob sich die abgebildete Plakattafel wirklich am genannten Standort

----

1) Hierbei wird allerdings vorausgesetzt, daß zwar die Belegungspläne ordnungsgemäß erstellt werden, jedoch die darin vorgesehene Klebung aus verschiedenen Gründen (z.B. schlechte Witterung, Behinderungen am Standort oder Ausfälle beim Personal) unterbleibt.

2) Die Firma MOPLAK setzt nach eigener Auskunft Mitarbeiter als Kontrolleure für die Klebung ein.

3) Lt. Auskunft der Deutschen Eisenbahn-Reklame vom 17.05.82.

4) Lt. Verkaufsunterlage der Superposter-Werbegesellschaft (o.J.), Liebes 18/1, ich bin ein 40/1, S. 11.

befindet. Denkbar wären z.B. Ausweichplakatierungen auf minderwertigen Stellen.

3.1.3.3. Selbständig vermarktbare Leistungen

Zur Durchführung einer Außenwerbemaßnahme gehört als dritter Hauptbestandteil neben der Werbeträger-Vermietung und der Werbemittel-Montage die Anfertigung des benötigten Außenwerbemittels. Erfordert die besondere Form der Präsentationsvorrichtung ein spezielles Werbemittel, das nicht in gleicher Weise auch auf den Anschlagstellen anderer Anbieter zum Einsatz kommen kann, bietet sich als horizontale Diversifizierung die Erweiterung des Leistungsspektrums um die **Werbemittel-Herstellung** an. Der Werbungdurchführende muß zu diesem Zweck keine eigene Druckerei einrichten, sondern kann Partnerunternehmen mit der Zulieferung beauftragen. Die Bündelung aller Bestellungen einer selteneren Plakat-Form lastet Spezialmaschinen günstiger aus, woran die Kunden über einen Preisnachlaß teilhaben können. Da sich die Mitarbeit der Abnehmer auf die rechtzeitige Einreichung druckfähiger Entwürfe beschränkt, entfällt für sie die Aufgabe, sich mit den technischen Einzelheiten der Außenwerbeform vertraut zu machen. Für den Anschlagunternehmer ergibt sich zudem der Vorteil, daß Komplikationen durch fehlerhafte Plakatlieferungen weitgehend ausgeschlossen werden.

Wird dagegen das Werbemittel bei mehreren Stellenanbietern plakatiert, darf ein Anschlagunternehmer wegen der hohen Fixkosten des Druckvorganges nur dann mit einer Auftragserteilung rechnen, wenn er die gesamte benötigte Auflage herstellt und den nicht im eigenen Netz ausgehängten Teil an seine Konkurrenzunternehmen weiterreicht. Verfolgt z.B. ein Werbungdurchführender vorrangig das Ziel, den Markteintritt einer relativ neuen Präsentationsform zu unterstützen, so profitiert er von den Aktivitäten anderer Anbieter des gleichen Werbeträger-Typs, insbesondere wenn sie die neuen Standorte in anderen Regionen als das eigene Unternehmen einrichten. Die Anfertigung von Werbemitteln zum Aushang auf fremden Tafeln leistet in diesem Falle über die Markterschließung einen indirekten Beitrag zur langfristigen Auslastung der eigenen Werbeträger.

Der Umfang des Leistungsbündels erweitert sich nochmals, wenn der Werbungdurchführende auch bei der **Entwicklung des Werbemittels** Hilfestellung leistet. Gerade bei lokalen Werbungtreibenden werden nicht alle Kommunikationsmaßnahmen durchgängig von einer Werbeagentur betreut. Häufig lohnt sich bei der Werbemittel-Gestaltung der Rückgriff auf einen Spezialisten nicht, z.B. wenn auf einem Omnibus nur auf Name und Anschrift eines Händlers hingewiesen werden soll. Hier könnte der Vermieter dem Kunden Entwurfshilfen an die Hand geben, mit denen dieser selbst Schrifttyp, Schriftgröße und Farbzusammenstellung festlegt. Fühlt sich der Nachfrager überfordert oder hegt er kompliziertere Wünsche, die er nicht in Eigenleistung graphisch umsetzen kann, sollte ihn der Werbungdurchführende bei der Erstellung eines Konzeptes unterstützen. Die Gestaltungsleistung, die normalerweise eine Agentur erbringt, könnte einem hauseigenen Graphiker übertragen oder von einer außenstehenden Agentur zugekauft werden.

Einer eigenen Agenturabteilung eröffnet sich ein weites Betätigungsfeld in der einheitlichen Betreuung sämtlicher Außenwerbemaßnahmen lokaler Anbieter, wie z.B. Ladenfrontgestaltung, Lichtwerbung, Plakat- und Verkehrsmittelwerbung. In Anbetracht der begrenzten sonstigen Werbemöglichkeiten im lokalen Bereich ließe sich dieses Angebot zu einer Art "Full-Service"-Beratung ausbauen, das in einer Spezial-Agentur verselbständigt werden könnte. Der Flächenvermieter rundet auf diese Weise seine Leistungspalette ab; im Gegenzug kann er darauf hoffen, daß ihm die eigenständige Werbeagentur Kunden zuführt[1].

---

1) Die DSR unterhält zu diesem Zweck die Agentur Werbering in Frankfurt.

Teile der Außenwerbung nehmen auch in der Werbeplanung überregional tätiger Unternehmen eine Sonderstellung ein. Wenn sich die Mietzeiten der Außenwerbeträger auf relativ lange Zeiträume erstrecken, lehnen sich die Werbemittel nicht mehr an die kurzfristigen Kommunikationskonzepte für die anderen Medien an, sondern werden speziell auf die vorgesehene Einsatzdauer zugeschnitten. In diesem Falle könnte ebenfalls das Außenwerbeunternehmen die Gestaltung übernehmen. Losgelöst von Werbeträger-Mietverträgen ließe sich das Know-How darüber hinaus dazu einsetzen, Entwürfe für die Lackierung kundeneigener Fuhrparks oder die Konzeption von Farbzusammenstellungen für Bürogebäude und Ladenfronten vorzulegen[1]. Der Trend zur Durchsetzung von "Corporate-Identity"-Konzepten führt dazu, daß die Unternehmen zunehmend auch Fahrzeuge und Gebäude in ihr einheitliches Firmen-Erscheinungsbild integrieren wollen[2].

3.1.4. Markierung von Sortimentsbestandteilen

Die Markierung von Dienstleistungen scheitert an deren physischer Gestaltlosigkeit. Stellvertretend wird daher häufig das Erstellungspotential gekennzeichnet. Auf dem Gebiete der Außenwerbung eignen sich vor allem die Präsentationsvorrichtungen für die Werbemittel als Anbringungsort einer Markierung. Plakattafeln können mit Namensschildern des Vermieters versehen werden und weisen Interessenten auf die Kontaktadresse hin. Auch die zumeist in der unteren Ecke eines Plakates aufgeklebte Tektur reicht zur Aufnahme eines Hinweises auf den Werbungdurchführenden aus. Schließlich können bestimmte Gestaltungselemente des Werbeträgers (z.B. farbige Umrahmungen von Großflächen) ebenso wie die IVW-Kennzeichen[3] für Branchenkenner unter den Abnehmern als Identifikationshilfe fungieren.

---

1) Zahlreiche Lichtwerbefirmen bieten aus einer Hand auch Laden- und Fahrzeuggestaltungen an.
2) Vgl. BALMER/FISCHER/TROXLER (1985), S. 117, Abb.2.
3) Branchenkenner identifizieren auch aus den IVW-Kennzeichen an den Werbeflächen den zuständigen Vermieter, da die beiden Buchstaben zu Beginn des Codes den Anbieter symbolisieren.

Der Informationswert der Markierung liegt zunächst vor allem in der Nennung des zuständigen Vermieters. Umfaßt die Kennzeichnung zusätzlich ein Qualitätsversprechen, soll sie das gute Image eines Werbungdurchführenden auf jede einzelne seiner Stellen übertragen. Formuliert ein Unternehmen Mindestanforderungen an die Qualität seiner Standorte, so wird die Bereitschaft eines Abnehmers, ihm persönlich unbekannte Werbestellen zu belegen, nur dann nennenswert wachsen, wenn alle von ihm bisher beobachteten, markierten Tafeln dieser Vorgabe genügten. Markierungen erfüllen ihren Zweck, Nachfragerpräferenzen zu schaffen, nur bei konsequentem Durchhalten der Qualitätsstandards im gesamten gekennzeichneten Werbeträger-Bestand[1]. Einen Werbeeffekt erzielt die Markierung außerdem, wenn sich der Vermieter eines Werbeträgers durch Nebenleistungen bei den Nachfragern positiv profiliert. Bei Außenwerbeformen, deren Beschaffung durch die Gestaltung der Nebenleistungen wesentlich mitbestimmt wird, lohnt sich die Hervorhebung dieser Bestandteile des Leistungsbündels durch eine Namensgebung.

---

1) Das Qualitätsversprechen durch eine Markierung kann auch einem ausgewählten Teil des Bestandes vorbehalten bleiben, der durch andere absatzpolitische Maßnahmen (z.B. Preis) ebenfalls hervorgehoben wird.

3.2. DISTRIBUTIONSPOLITIK

3.2.1. Gestaltungsmöglichkeiten der Vertriebswegeentscheidung für Werbungdurchführende in der Außenwerbung

Die in der Literatur vorzufindenden Gliederungsraster für die Vertriebswegeentscheidung lassen sich auch auf die Außenwerbung übertragen1). Direkter und indirekter Vertrieb können einzeln, aber auch parallel als vertikale Organisationsformen auf die Vermarktung von Außenwerbeträgern angewendet werden. Die Möglichkeiten der horizontalen Zusammenarbeit mehrerer Anbieter in Gemeinschafts- und Anschlußabsatz werden an dieser Stelle nicht behandelt, sondern den Strategieüberlegungen im 4. Kapitel zugeordnet. Aspekte der physischen Distribution spielen auf dem Gebiete der Außenwerbung nur für die Außendienstorganisation eine Rolle, Probleme der Lagerhaltung und Auslieferung entfallen für ein immaterielles Gut. An deren Stelle tritt bei Dienstleistungen die Bereitschaftsplanung des Dienstepotentials, wenngleich mit der Aufstellung der Plakatwände dieser Aufgabenbereich für die Werbungdurchführenden bereits weitgehend abgedeckt ist2).

3.2.2. Direkter Absatz

Der Direktabsatz von Außenwerbeträgern erfolgt in Abhängigkeit von der regionalen Abgrenzung der Zielgruppe in zwei verschiedenen Organisationsformen, die nebeneinander bestehen können. Überregionale Abnehmer werden in der Praxis von einem zentralen Standort aus bedient, während örtliche Niederlassungen die lokalen Abnehmer innerhalb des Vertriebsgebiets betreuen.

---

1) Vgl. das Schaubild bei ENGELHARDT/PLINKE (1980), S. 139. Ähnliche Gliederungen wählen MEFFERT (1978), S. 393ff., und NIESCHLAG/DICHTL/HÖRSCHGEN (1985), S. 373ff.

2) Pflege und Wartung der Außenwerbeträger zählen ebenfalls zum Erhalt der Vermarktungsfähigkeit, fallen gegenüber den Installationskosten aber weniger ins Gewicht. Die Werbemittel-Montage (Klebung) bildet einen davon unabhängigen Leistungsbereich.

3.2.2.1. Zentraler Vertrieb

Der weitaus größte Teil des Datenflusses zwischen einem Werbungdurchführenden und seinen überregionalen Abnehmern besteht aus standardisierten Daten (z.B. Standortbezeichnungen, Terminen etc.), die ohne Schwierigkeiten per Telefon und Telex übertragen werden können. Eine grundlegende Einführung in die technischen Besonderheiten des Mediums ist kaum erforderlich, da die Gesprächspartner auf der Kundenseite als Mediafachleute über Erfahrung im Umgang mit Außenwerbung verfügen. Das Routinegeschäft kann auf diese Weise kostengünstig abgewickelt werden. Außerdem ergibt sich für die Kunden beim heutigen Stand der Kommunikationstechnologien der wichtige Vorteil, daß sie mit derjenigen Abteilung des Anbieters korrespondieren können, die unverzüglich verbindliche Auskünfte über freie Stellen und Termine gewährt. Dieser Aspekt verliert erst dann an Gewicht, wenn dezentrale Geschäftsstellen über on-line-fähige Terminals ebenfalls ohne Zeitverzug auf einen zentralen Buchungscomputer zugreifen können.

Wird dennoch näherer Kontakt zu den Abnehmern gesucht, kann ein großer Teil dieses Kundenkreises durch einzelne Niederlassungen in den Ballungsorten der Werbeagenturen - insbesondere Frankfurt und Düsseldorf - abgedeckt werden[1].

Die zentrale Steuerung des Vertriebs gestattet zudem eine Interessenabwägung bei mehreren konkurrierenden Aufträgen. Einzelne Bestellungen werden bevorzugt und komplett bearbeitet, während sich die restlichen knappen Stellen in einem bestimmten Verhältnis auf die anderen Nachfrager aufteilen. Die Terminplanung für den üblichen Zeitraum von einem Jahr erfolgt regelmäßig im Herbst des Vorjahres[2]. Da nicht alle Aufträge zum gleichen Zeitpunkt beim Werbungdurchführenden eingehen, merken manche Anbieter gute Standorte für Stamm-

----

1) Der besonderen Bedeutung Frankfurts als Agenturmetropole hat seinerzeit sogar der FAW durch eine Sitzverlegung Rechnung getragen.

2) Lt. Auskunft eines Werbungdurchführenden beginnt die Einplanung im September.

kunden vor, deren Bestellung noch aussteht. Umgekehrt geschieht es häufiger, daß wichtige Abnehmer ihre ausgewählten Stellennetze zunächst für eine größere Anzahl von Dekaden reservieren lassen als sie später tatsächlich belegen wollen. Dies stürzt den Werbungdurchführenden in den Konflikt, bei der Verweigerung der nachträglichen Rücknahme von Terminen einen wichtigen Kunden zu verärgern, während andererseits bei zu später Freigabe reservierter Stellen auch qualitativ gute Standorte nicht mehr vermietet werden können. Da sich einige bedeutende Abnehmer (z.B. Zigarettenhersteller) der wirtschaftlichen Bedeutung ihrer Aufträge für den Anschlagunternehmer bewußt sind und diese Kenntnis zu ihren Gunsten ausspielen, wird auf der Geschäftsführerebene des Anbieters über die Akzeptanz oder Ablehnung dieser Reservierungswünsche zu entscheiden sein.

Den üblichen Planungszeiträumen folgend, finden etwa einmal jährlich Preisverhandlungen mit den Großabnehmern statt. Es spricht für zentralen Vetrieb, daß dem Gesprächspartner der Kundenseite der Geschäftsführer oder sein Stellvertreter gegenüberstehen sollte, um die Bedeutung zu unterstreichen, die der Werbungdurchführende dem Vertragsabschluß beimißt[1)].

Wie bereits im Zusammenhang mit der Nebenleistung "Standort-Selektion" angesprochen wurde, legen einige Abnehmer Wert auf die kontrollierende Mitwirkung bei der Zusammenstellung ihres Netzes. Diese Kunden fordern beschreibende Unterlagen mit den Standortmerkmalen, Fotos etc. an. Aus Kostengründen wird das zugehörige Archiv normalerweise nur am Sitz der Zentrale vorgehalten[2)].

Trifft der Abnehmer selbst eine Vorauswahl anhand eines Standortverzeichnisses auf Datenträger, reduziert sich der Distributionsvorgang auf die anschließende Abstimmung der Belegungstermine mit der Buchungszentrale des Anbieters.

---

1) Zur Abstimmung des hierarchischen Status der Gesprächspartner aufeinander vgl. z.B. BACKHAUS (1982), S. 66.

2) Die Übermittlung von Daten stößt auf geringe Probleme, der Versand von Fotos kann gegenwärtig jedoch nur brieflich erfolgen.

3.2.2.2. Dezentraler Vertrieb

Die Einrichtung von Niederlassungen neben einer Vertriebszentrale erscheint sinnvoll, wenn das Verbreitungsgebiet der Außenwerbeträger zu weitläufig ist, um die lokalen Kunden vom Verwaltungssitz aus angemessen zu betreuen. Neben der Pflege laufender Vertragsverhältnisse nimmt die Zweigstelle auch die Aufgabe der Gewinnung neuer Kunden wahr. Während die großen Markenartikelhersteller zumeist bereits über Erfahrungen mit der Außenwerbung verfügen und nach eigener Auskunft in der empirischen Erhebung auch in Eigeninitiative (71%)[1] aktuelle Marktinformationen einholen, müssen die potentiellen Nachfrager auf Ortsebene intensiver auf die verschiedenen Angebote aufmerksam gemacht werden. Hier haben 61% der Fragebogenrücksender noch nie Unterlagen von Unternehmen der Außenwerbebranche angefordert[2]. Die Anbieter geben daher dem persönlichen Verkauf über eine Außendienstorganisation den Vorzug. Von den 86% der Befragten im Erhebungsteil NATIONAL, die von Werbungdurchführenden angesprochen wurden, erhielten 94% schriftliches Informationsmaterial, eine persönliche Vorstellung der Angebotspalette fand dagegen nur bei 45% der Unternehmen statt[3]. Die lokal tätigen Firmen berichteten zu Dreivierteln von einer Kontaktinitiative eines Außenwerbeunternehmens; hier erfolgte die Informationsübermittlung nahezu gleichgewichtig auf schriftlichem (71%) und mündlichem Wege (64%)[4]. Da die wirtschaftliche Bedeutung der Außenwerbeunternehmen hier den Interessenten zumeist nicht bekannt ist, verliert außerdem die hierarchische Stellung des Außendienstmitarbeiters an Bedeutung.

Die Niederlassung kann sich passiv verhalten und darauf warten, daß Interessenten selbst den Weg zu ihr finden. Das setzt jedoch voraus, daß den Abnehmern ihr Ansprechpartner bekannt ist bzw. von denjenigen Personen (z.B. Behörden,

---

1) Vgl. NATIONAL, Frage 15.
2) Vgl. LOKAL, Frage 6.
3) Vgl. NATIONAL, Frage 16.
4) Vgl. LOKAL, Frage 5.

Kammern etc.) genannt wird, die der Interessent voraussichtlich um Auskunft bitten wird. In diesem Falle reicht eine personell schwach besetzte Geschäftsstelle aus, die sich um bestehende Verträge kümmert. Im Gegensatz dazu können Außendienstmitarbeiter auch aktiv potentielle Kunden ansprechen.

Die Niederlassung stellt außerdem den Kontakt zu den zentralen Einrichtungen her, die für die Erstellung begleitender Dienstleistungen verantwortlich zeichnen. So sind z.B. Aufträge für die Werbemittel-Herstellung möglicherweise über den Hauptsitz an die Partnerunternehmen weiterzuleiten; auch läßt sich eine Abteilung für agenturähnliche Leistungen vermutlich nur auf der zentralen Ebene wirtschaftlich betreiben. Im Gegenzug reicht die Zentrale Betreuungsaufgaben an die Niederlassungen weiter, falls sich lokale Kunden ohne Kenntnis der Existenz eines örtlichen Büros an sie wenden. Dies geschieht beispielsweise, wenn die Tekturen auf den Plakaten nur die Anschrift des Gesellschaftssitzes angeben.

Der Entscheidungsfreiraum der Niederlassungen richtet sich danach, welches Gewicht dem örtlichen Absatzanteil der jeweiligen Außenwerbeform beigemessen wird. Im Extremfall übt das örtliche Büro nur beratende Tätigkeiten aus, während die Abwicklung sämtlicher Verträge an die Zentrale überwiesen werden muß. Diese Konstellation ist z.B. typisch für Großflächen, die sehr stark von überregionalen Abnehmern gebucht werden. Hier genießen Großaufträge Vorrang vor den Belegungswünschen lokaler Kaufleute, die nur wenige Stellen umfasen. Dem steht eine weitgehende Dispositionsfreiheit der Niederlassungen für Allgemeinanschlag oder Verkehrsmittelwerbung gegenüber[1]. Interne Regelungen treffen Vorsorge dafür, daß ein überregionaler Auftrag für diese Werbeformen, der in einer Außenstelle eingeht, zur Koordination an die Zentrale weitergemeldet wird.

----

1) Mehrere Gruppen miteinander verbundener Anschlagunternehmen unterhalten für die Außenwerbeformen mit lokalem Absatzschwerpunkt rechtlich selbständige Vertriebsorganisationen mit örtlichen Geschäftsstellen.

3.2.3. Indirekter Absatz

Da die Werbungdurchführenden im Regelfall für die Gestaltung der Belegungsrechte an Außenwerbeträgern verantwortlich zeichnen[1], soll auch die Vertriebswegeentscheidung aus ihrem Blickwinkel beurteilt werden. Demnach erfolgt ein indirekter Absatz nur dann, wenn ein zwischengeschalteter Werbemittler einen Werbeträgerbestand anlegt und vermarktet, ohne ihn mit weiteren agenturtypischen Dienstleistungen zu einem umfassenden Werbekonzept für einen Kunden zu kombinieren[2]. Spezialagenturen dieser Art buchen eine große Anzahl von Außenwerbeträgern auf Vorrat und bilden aus den Anschlagstellen mehrerer Anbieter nach bestimmten Gesichtspunkten Netze, die sie an verschiedene Abnehmer weitervermieten. Sie ersparen ihren Kunden die Kontaktaufnahme mit einer Vielzahl von Werbungdurchführenden und erbringen somit eine Sortimentsleistung. Weitere Dienste (z.B. Gestaltungsentwürfe) gehören dagegen nicht zu ihrem Angebotsspektrum. Daneben betätigen sich gelegentlich auch Full-Service-Agenturen als reine Makler für Außenwerbeträger, so daß sich der indirekte Vertrieb durch die Absatzwege (4) bis (6) in Abbildung 2 charakterisieren läßt[3].

Der Werbungdurchführende verliert den direkten Kundenkontakt, da die Spezialagentur bei den Buchungsverhandlungen noch nicht weiß, an wen die Tafeldekaden weitervermietet werden. Für den Anbieter entfällt zudem die Gelegenheit, seinen Kunden neue Werbeträger-Typen im Rahmen eines Verkaufsgespräches für die herkömmlichen Außenwerbeformen vorzustellen. Die Marktsegmentierung nach den Werbeaufgaben der Kunden wird stark erschwert, da sich die benötigten Informationen über die werblichen Zielsetzungen am ehesten im unmittelbaren Kontakt gewinnen lassen. Die Umrahmung der Werbeträger-Kontrakte mit begleitenden Dienstleistungen sucht

---

1) Vgl. die Ausführungen auf S. 199f. dieser Arbeit.
2) Hier wird wiederum der Standpunkt vertreten, daß Full-Service-Agenturen nicht als Mittler im Sinne des indirekten Absatzes anzusehen sind, sondern Außenwerbeträger als Vorleistungen für die Erstellung ihrer Agentur-Dienstleistung beschaffen.
3) Vgl. Abbildung 2 auf S. 34 dieser Arbeit.

der Spezialmittler ohnehin nach Kräften zu vereiteln, da er sich ja gerade selbst durch Standortauswahl, Klebekontrolle etc. bei seinen Abnehmern profilieren möchte.

Zwar ziehen die Werbungdurchführenden aus den Absatzbemühungen der Spezialagenturen auch Vorteile, sie geraten jedoch leicht in eine starke Abhängigkeit. Die Nachfrager schalten einen Mittler ein, weil sie ihre Werbeträger möglichst aus einer Hand beziehen möchten[1]. Für einen Außenwerber, der zu einer bedeutenden Spezialagentur keine Geschäftsbeziehungen unterhält, sind deren Kunden nicht mehr erreichbar. Für einen Anbieter spezieller Werbeträger-Typen oder -Standorte, die ohnehin nicht zum Standardsortiment der Mittler gehören, fällt dieser Aspekt weniger ins Gewicht. Betroffen sind vor allem Vermieter von Großflächen, bei denen Anbieterzahl und Wettbewerbsintensität zur kommerziellen Vorauswahl durch Spezialagenturen einladen.

Gegen die starke Beteiligung an den Netzen von Spezialmittlern sprechen außerdem schwerwiegende Erlös- und Sortimentsnachteile. In der heutigen Praxis decken Werbeagenturen die Kosten, die ihnen aus der Abwicklung der Werbeträger-Buchung im Auftrage ihrer Klienten entstehen, durch einen Preisnachlaß, der werbungtreibenden Unternehmen bei direkter Bestellung nicht gewährt wird. Diese Spanne hat sich bei allen Medien auf 15% eingependelt. Schiebt sich zwischen Vermieter und Werbeagentur ein Spezialmittler, taucht das Problem auf, welche Marktseite dessen Tätigkeit vergütet. Da die Agenturen Kürzungen ihrer gewohnten Provision verweigern[2], sucht der Mittler eine Erhöhung des Nachlasses über 15% hinaus zu erlangen. In diesem Bemühen waren die Spezialagenturen in der Vergangenheit bereits teilweise erfolgreich. Dies verlockt große Agenturgruppen und weitverzweigte Hersteller-

---

1) Über die Vor- und Nachteile der Mediabetreuung durch Full-Service- oder Spezial-Agenturen aus der Sicht der werbungtreibenden Unternehmen berichtet der Aufsatz o.V. (1985), Mediabetreuung - durch wen?, S. 68ff.

2) Die Agenturprovision wird u.a. mit dem Argument verteidigt, daß aus ihr je nach Abrechnungssystem auch andere Leistungen neben der reinen Werbeträger-Buchung bestritten werden.

unternehmen (z.B. die Zigarettenhersteller) zur Gründung rechtlich selbständiger Spezialagenturen. Sie nehmen keine anderen Funktionen wahr als die bisherigen Mediaeinkaufsabteilungen, fordern jedoch die zusätzliche Mittlervergütung ein. Ähnliche Probleme treten gelegentlich auf, wenn Firmen ihre Werbeabteilungen zum Schein verselbständigen, um in den Genuß der Agenturprovisionen zu gelangen. Die Wettbewerbslage bietet den Werbungdurchführenden nur wenige Anhaltspunkte, durch preispolitische Maßnahmen an anderer Stelle (z.B. gegenüber den werbungtreibenden Firmen) die erhöhten Kosten der teilweise unfreiwillig verlängerten Vertriebswege auszugleichen.

Nachteile für die Sortimentspolitik ergeben sich dadurch, daß die Spezialagenturen ihre Werbeträger-Auswahl auf lange Sicht vornehmen und deshalb entsprechend sorgfältig vorgehen können. Unter Hinweis auf die wirtschaftliche Bedeutung des Gesamtauftrages wird das angemietete Stellennetz durch die Konzentration auf gute Standorte im Zeitablauf qualitativ optimiert, wobei sich die Durchschnittsqualität des verbleibenden, frei vermietbaren Netzes des Werbungdurchführenden vermindert. Konnte bisher der Vermieter die befriedigende Durchschnittsqualität eines dem Kunden zugewiesenen Teilnetzes durch die darin enthaltenen guten Standorte unterstreichen, werben nun die Spezialagenturen damit, daß sich diese guten Stellen nur noch in ihrer Hand befinden, so daß das Angebot der Werbungdurchführenden dagegen qualitativ erheblich abfällt.

3.3. KOMMUNIKATIONSPOLITIK

Die Überlegungen zur Kommunikationspolitik beschäftigen sich an dieser Stelle zum einen mit den Zielgruppen der Ansprache und zum anderen mit den Kommunikationsinhalten. Informationen fließen keineswegs nur auf direktem Wege an die Abnehmer, sondern z.B. auch über die Beeinflusser im Sinne des Buying-Center-Konzeptes. Medienwerbung für Außenwerbeträger und persönlicher Verkauf ergänzen sich, während Verkaufsförderungsmaßnahmen hier nur eine untergeordnete Rolle spielen.

3.3.1. Ansprache der Kommunikationszielgruppen

3.3.1.1. Abnehmer

Die Plakatanschlagunternehmer können zu ihren Kunden über Medienwerbung, sowie schriftlich und persönlich Kontakt aufnehmen. Vor allem die Fachzeitschriften der Werbebranche eignen sich für die indirekte Kommunikation, da sie von zahlreichen Agenturen, aber auch werbungtreibenden Firmen gehalten werden (Beispiele: werben & verkaufen, Der Kontakter usw.). Insbesondere die in loser Folge veröffentlichten Beiträge und Sonderteile mit Marktübersichten zu ausgewählten Werbeformen bieten sich zur Umrahmung durch Anzeigen an[1]. Ähnliches gilt für diverse Handbücher (z.B. Media-Plakat), die in regelmäßigem Abstand als Planungshilfen für die Mediaselektion auf den Markt kommen.

Kleinunternehmen, die im lokalen Bereich als Abnehmer gewonnen werden sollen und weder eine eigene Werbeabteilung unterhalten noch von von einer Agentur betreut werden, erreicht der Anbieter günstiger über Anzeigen in den Fachzeitschriften der jeweiligen Branche. Andere Publikationen kommen wegen der hohen Streuverluste hier kaum in Betracht. Konzentriert sich dagegen auch der Werbeträger-Bestand auf

----

1) Im August 1985 veröffentlichte z.B. die Zeitschrift "kommunikation" einen Sonderteil mit dem Titel "Forum Außenwerbung". Zwölf Seiten mit vier redaktionellen Beiträgen wiesen zusätzlich neun Anzeigen von Außenwerbeunternehmen auf.

einen engumgrenzten Bereich (z.B. Einsatzgebiet öffentlicher Verkehrsmittel), kann sich auch die Plazierung von Inseraten in der örtlichen Tageszeitung lohnen.

Eine Anzeige regt ein persönliches Verkaufsgespräch für Außenwerbeträger nur an, kann es aber nicht ersetzen. Potentielle Abnehmer verschaffen sich zunächst unverbindlich einen Eindruck von dem Angebot des Werbungdurchführenden, indem sie von einer Einladung innerhalb des Inserats, Informationsmaterial anzufordern, Gebrauch machen. Die Rückkopplung durch ernsthafte Interessenten erlaubt den rationelleren Einsatz einer kleinen Außendienstorganisation in einem weiträumigen Absatzgebiet, da nur solche Werbungtreibenden persönlich aufgesucht werden, die den Wunsch nach einer näheren Kontaktaufnahme bekunden.

Der Werbungdurchführende kann auch direkt schriftlich an potentielle Abnehmer herantreten, indem er die Anschriften der Betriebe einschlägigen Branchenverzeichnissen entnimmt. Örtliche Firmen werden von Außendienstmitarbeitern in ihren Geschäftsräumen aufgesucht.

3.3.1.2. Beeinflusser

Als **Beeinflusser** wirken in erster Linie diejenigen Personen und Institutionen, die bei der Planung einer Werbemaßnahme beratend hinzugezogen werden. Tätigt die werbende Unternehmung den Mediaeinkauf selbst, richten sich die Aktivitäten eines Anschlagunternehmers auf die betreuende Agentur, damit diese in ihren Vorschlägen Außenwerbung berücksichtigt.

Besonderes Gewicht in künstlerischer Hinsicht genießen innerhalb einer Agentur die Werbemittel-Gestalter[1]. Wenn

---

1) Zahlreiche werbungtreibende Firmen sahen Mitte der Siebziger Jahre die hauptsächliche Schwachstelle des Plakates weniger in seiner ungesicherten Werbewirksamkeit als vielmehr in den beschränkten gestalterischen Ausdrucksmöglichkeiten. FRIEDRICH (1977), S. 586, sammelte damals einige Praktikeräußerungen diesen Inhalts. Nachdem die "Plakat-Renaissance" diesen Werbeträger in das Bewußtsein der Kreativen rückte, bedurften andere Außenwerbeformen ebenfalls entsprechender Anstösse. Vgl. FRIEDRICH (1981), S. 682, zur Verkehrsmittelwerbung.

diese unter ihren Entwürfen auch solche präsentieren, die auf das Plakat zugeschnitten sind, regen sie dadurch möglicherweise die Aufnahme von Außenwerbung in ein Media-Mix an. Einen Anreiz, sich mit dieser Kommunikationsform intensiver zu beschäftigen, erhält diese Personengruppe vor allem durch eine Demonstration der kreativen Möglichkeiten, die in der Außenwerbung stecken. Plakatwettbewerbe und die Veröffentlichung außergewöhnlicher Kampagnenbeispiele regen die sog. "Kreativen" am ehesten zu eigenen Versuchen an und wecken Verständnis für die besonderen Gestaltungsanforderungen der Plakatentwürfe. Auf diese Weise kann zugleich der phantasielosen Unsitte Einhalt geboten werden, Plakatmotive durch Vergrößerung aus Illustriertenanzeigen abzuleiten, ohne der völlig anderen Wahrnehmungssituation Rechnung zu tragen. 65% der Werbeagenturen bestätigten in der empirischen Erhebung diese Vorgehensweise[1)], bei der die eventuellen Kosteneinsparungen nicht deutlich genug zu den Wirksamkeitseinbußen ins Verhältnis gesetzt werden.

Als Beeinflusser wirken auch die Ersteller der anderen Hauptelemente einer Außenwerbemaßnahme. Schriftenmaler- oder Graphikbetriebe hatten schon 62% der Befragten im Erhebungsteil LOKAL Angebote für eine Außenwerbung unterbreitet. Sie beschränkten sich dabei nicht nur auf Entwürfe für Geschäftsfassaden (41% der Offerten) oder Giebelbemalungen (19%), sondern schlugen in 40% der Fälle Verkehrsmittelbeschriftungen vor[2)]. Diese Aktivitäten von Werbemittel-Herstellern münden im Erfolgsfalle in die Anmietung der entsprechenden Werbeträger.

Davon abgehoben sollen hier als **Meinungsführer** Personen oder Organisationen bezeichnet werden, die sich nicht direkt an einer anstehenden Werbeplanung beteiligen, sondern in einer

---

1) Vgl. AGENTUR, Frage 18.
2) Vgl. LOKAL, Frage 7. Allerdings nur 41% der Adressaten eines Angebotes für eine Verkehrsmittelwerbung haben diesen Werbeträger auch tatsächlich mindestens einmal belegt, dagegen tragen die Liefer- oder Kundendienstfahrzeuge dieser Firmen alle Namen und Anschrift des Unternehmens, vgl. LOKAL, Frage 4.

Vorphase oder zeitlich unabhängig von der Werbeentscheidung zur Beschäftigung mit einem Medium anregen[1].

Ein starker Vervielfältigungseffekt geht von Herstellerunternehmen aus, die ihre Handelspartner zur Durchführung von Außenwerbemaßnahmen animieren und dabei ideelle und materielle Hilfestellung leisten. Die Teilnehmer an einer solchen Aktion rufen die gewünschte Plakatanzahl bei der federführenden Unternehmung ab und lassen Aufkleber mit der Anschrift ihres Handelsbetriebes anfertigen, um das Standardplakat des Herstellers für den Anschlagort zu individualisieren. Gelingt es dem Werbungdurchführenden, einen Hersteller für eine Partner-Aktion zu gewinnen, sorgt dieser seinerseits für die Weckung des Interesses seiner Handelskunden[2]. Der Werbungdurchführende unterrichtet seine örtlichen Niederlassungen darüber, daß sie mit entsprechenden Aufträgen rechnen dürfen. Da sehr wahrscheinlich im Rahmen einer solchen Aktion viele Teilnehmer erstmalig mit dem Medium in Kontakt treten, versetzt eine Vorabinformation über den geplanten Ablauf der Aktion die Niederlassungen in die Lage, den Neukunden den Buchungsvorgang stark zu erleichtern. Zudem kann mit der Leitunternehmung ein besonderes Leistungsbündel vereinbart werden, das allen örtlichen Teilnehmern unaufgefordert bereitgestellt wird (z.B. Unterstützung bei der Anfertigung der Adreßaufkleber), so daß positive erste Erfahrungen der Neukunden mit Außenwerbung die Vertrauensgrundlage für Folgeaufträge nach Ablauf der Aktion legen. Im Erhebungsteil LOKAL berichteten 38% der potentiellen Adressaten von der Durchführung vertikaler Gemeinschaftswerbungen mit ihren Lieferanten, darunter viele, die vorher nicht über eigene Erfahrungen mit Plakatanschlag verfügten[3].

---

1) Zum Begriff des Meinungsführers vgl. KROEBER-RIEL (1985a), S. 548.

2) Die Firma Warner Home Video lieferte ihren angeschlossenen Verleihern im Herbst 1983 entgeltfrei Großflächen- und Kleinplakate mit Informationen über das aktuelle Filmangebot, wenn sich die Videotheken zur Teilnahme an einer drei Dekaden umspannenden Werbeaktion bereit erklärten. Eine ähnliche Aktion führte die Agentur McCann-Erickson im Sommer 1982 für den Jeans-Hersteller Levi's durch.

3) Vgl. LOKAL, Frage 11, in Verbindung mit LOKAL, Frage 1.

Ebenso kann man sich das Vertrauen der angepeilten Kundengruppen zu ihren Verbandszusammenschlüssen oder Drittinstitutionen zunutze machen. Hierzu zählen sowohl Einkaufsorganisationen (z.B. Zentralen der freiwilligen Handelsketten wie EDEKA etc.) und Werbegemeinschaften, als auch Handelskammern und Wirtschaftsberatungsunternehmen. Die Gewinnung der Verbandsspitze erleichtert den Zugang zu den Angehörigen der Organisation, wenn beispielsweise in der Mitgliederzeitschrift der Vereinigung in einem redaktionellen Beitrag die Durchführung einer Außenwerbemaßnahme empfohlen oder durch Beispiele und technische Hinweise erläutert wird[1]. Im Erhebungsteil LOKAL hatten immerhin schon 36% der antwortenden Firmen Informationen über Preise und Abwicklung von Außenwerbung in ihrem Branchenfachblatt vorgefunden[2]. Außerdem kann versucht werden, daß auf den Verbandsversammlungen ein Vertreter der Außenwerbebranche in Referaten für das Medium wirbt und Einzelheiten vorstellt.

Auch das Bild von der Außenwerbung in der **Öffentlichkeit** beeinflußt die Bereitschaft der Werbungtreibenden, das Medium in ihrer Kommunikationsplanung berücksichtigen. Wenn es gelingt, die Bewertung durch die Konsumenten zu verbessern, geht hiervon ein Anreiz zu verstärktem Einsatz aus. Als Maßnahmen eignen sich beispielsweise Plakataktionen mit Künstlern, die die Aufmerksamkeit der Bevölkerung auf das Medium lenken und zugleich das Image verbessern[3].

3.3.2. Kommunikationsinhalte

Die Kommunikationsaussagen über Außenwerbung lassen sich grob zweiteilen in Sachinformationen und Anmutungsinforma-

---

1) Einige Beispiele: EDEKA-HandelsRundschau: o.V. (1984), Dreiklang der Werbung: seltene Harmonie, S. 42ff.; allgemeine fleischerzeitung: o.V. (1982), Gemeinschaftswerbung auf der Stadtbahn; Börsenblatt für den Deutschen Buchhandel: BRUHN (1982), Auf dem Bus geht es los.
2) Vgl. LOKAL, Frage 8.
3) So stellte z.B. die DSR im Sommer 1985 für eine Aktion des Bochumer Künstlerbundes 20 Großflächen entgeltfrei über zwei Dekaden zur Verfügung. Vgl. o.V. (1985), Kunst auf 20 Tafeln, S. BO 4.

tionen[1]. Konkrete Zahlenangaben charakterisieren den erstgenannten Botschaftstyp, während auf der anderen Seite Kampagnenbeispiele aus der Praxis und emotionale Inhalte den potentiellen Abnehmer von der Vorteilhaftigkeit einer Außenwerbemaßnahme zu überzeugen suchen.

3.3.2.1. Sachinformationen

Auch die einfachste Sachangabe - die **Existenzinformation** - darf nicht vernachlässigt werden, wenn ein potentieller Abnehmer erfahren soll, an wen er sich bezüglich der Anmietung von Außenwerbeträgern wenden kann. Ebenso muß dort, wo mehrere Werbungdurchführende an einem Ort vertreten sind, das eigene Angebot deutlich herausgestellt werden. Eine besondere Notwendigkeit hierfür ergibt sich, wenn die kommunalen Behörden wegen der teilweisen Verflechtung ihrer Gemeinde mit der DSR dieses Unternehmen bevorzugt empfehlen. Gerade in dieser Wettbewerbslage sollten die Werbeträger eine auffällige Kennzeichnung tragen, die die Existenzinformation übermittelt. Nur 53% der lokalen Werbungtreibenden kennen laut der empirischen Erhebung die für die Beklebung der Litfaßsäulen in ihrer Stadt zuständige Firma[2].

Ein Werbungdurchführender weist auch dadurch auf sich hin, daß er jeden nicht vermieteten Werbeträger in der entsprechenden Dekade mit Eigenwerbung beklebt. Allerdings sollte er von dieser Möglichkeit nur sparsam Gebrauch machen, da die Eigenwerbung den Nichtverkauf der Tafel für jedermann offensichtlich dokumentiert. Potentielle Kunden, die dies zu häufig beobachten, könnten die schwache Auslastung als Indiz für zu geringe Attraktivität (Werbewirksamkeit) werten und von der Belegung Abstand nehmen.

Die **Angebotsinformation** unterrichtet den Abnehmer über Werbeträger-Formen und -Größen sowie über Handhabungs- und

----

1) Vgl. MEYER/HERMANNS (1981), S. 28ff., und TIETZ/ZENTES (1980), S. 216ff. KOPPELMANN (1981), S. 301ff., behandelt ausführlich Gestaltungshinweise, die auf die Zielsetzungen von Sach- und Anmutungsinformationen Bezug nehmen.

2) Vgl. LOKAL, Frage 9.

Abwicklungsbedingungen. Die Angaben werden in Informationsbroschüren, Preislisten und Geschäftsbedingungen niedergelegt. Preisberechnungen für Musterbelegungen verhelfen den Abnehmern zu einer fundierten Vorstellung von den Kosten einer Außenwerbemaßnahme. Auf die Dienstleistungen, die das Leistungsbündel begleiten, kann ebenfalls hingewiesen werden. Die empirische Erhebung erkundigte sich bei den lokalen Werbungtreibenden nach einigen grundlegenden Kenntnissen über die Abwicklung einer Außenwerbemaßnahme. Daß die Mindestmietzeit einer Plakattafel 10 Tage beträgt, wußten nur etwa 54% der Befragten; 36% nahmen 4 Wochen als Belegungsintervall an und 10% vermuteten sogar eine dreimonatige Abschlußdauer[1]. Der bessere Informationsstand über die Verkehrsmittelwerbung resultiert vermutlich aus der Tatsache, daß sich wesentlich mehr lokale Firmen mit dieser Außenwerbeform bereits näher beschäftigt haben. Über 78% der Antworten ordneten die Mietkosten für die Rumpfflächen an einem Normalomnibus zutreffend in das Intervall zwischen 2.000 und 6.000 DM ein, der Rest schätzte diesen Betrag zu etwa gleichen Teilen zu niedrig bzw. zu hoch ein[2].

In fortgeschrittenen Vertragsverhandlungen ergänzen speziellere Angaben zu einzelnen Werbeträgern die allgemein gehaltenen Angebotsinformationen über die Produkte im weiteren Sinne. Die Grundlage bilden Verzeichnisse mit den genauen Standortbezeichnungen, die später auch für die Aufträge und die zugehörigen Bestätigungen Verwendung finden. Die Listen ermöglichen beiden Vertragspartnern die Identifikation der Werbestellen[3] und schaffen, dadurch auch die Voraussetzungen für Belegungskontrollen durch den Abnehmer. Die Werbeträger-Verzeichnisse folgen i.d.R. der geographischen Gliederung (Anordnung nach Orten), können aber durch Sortierungen nach Ortsgrößenklassen, Nielsengebieten etc. verfeinert werden.

---

1) Vgl. LOKAL, Frage 10.
2) Vgl. LOKAL, Frage 12.
3) Auch vor Ort abgelesene IVW-Nummern kann der Kunde auf diese Weise eindeutig einer Standortbezeichnung und weiteren, mitgelieferten Merkmalen zuordnen.

Diese Vorarbeiten erleichtern Planungen auf der Basis von Wirksamkeitskriterien. Da die Stärken und Schwächen anderer Medien bei der Zielgruppenansprache teilweise regional streuen, werden im ersten Schritt häufig die zu belegenden Orte festgelegt und im Anschluß daran die einzelnen Stellen nach Standortmerkmalen ausgewählt.

Eine besonderes Gewicht kommt der Kommunikation bei Einführung neuer Werbeträger-Formen zu. Zwei Drittel der Werbeagenturen in der empirischen Erhebung forderten bereits einmal Informationsmaterial über neue Außenwerbeformen bei dem jeweiligen Vermieter an. Das größte Interesse fanden Plakate auf den Parkplätzen von Einkaufszentren (76% der Anfragen), gefolgt vom Superposter (71%). Auf Abribus bezogen sich 57% der Prospektwünsche, auf die Belegung von Lastkraftwagen 52%[1].

3.3.2.2. Anmutungsinformationen

Es gelingt nicht immer, die Abnehmer von der Vorteilhaftigkeit einer Außenwerbemaßnahme durch die Mitteilung von Fakten zu überzeugen. Gerade der örtliche Kunde verfügt selten über die Gelegenheit, umfangreicheres Zahlenmaterial für seine Zwecke auszuwerten. Da er die Entstehung der Daten auch methodisch zumeist nicht nachvollziehen kann, verbleibt ihm das Unbehagen, möglicherweise einer Manipulation zu unterliegen. Zwar hatten 60% der Befragten im Erhebungsteil LOKAL angeblich schon einmal etwas über die Werbewirksamkeit der Verkehrsmittelwerbung gehört[2]. Die offene Frage nach ihrer Reichweite beantworteten aber nur 18% von ihnen, einen annähernd richtigen Wert[3] nannten sogar nur noch 5%[4].

Für den regionalen oder lokalen Werbungtreibenden ist es daher aussagekräftiger, zu erfahren, welche ihm bekannte

---

1) Vgl. AGENTUR, Frage 12.
2) Vgl. LOKAL, Frage 13.
3) Zugrundegelegt wird hier der vom FAW und anderen Autoren weithin verbreitete Wert von 62% aus der Infratest-Studie, vgl. S. 135 dieser Arbeit.
4) Vgl. LOKAL, Frage 14.

Firma bereits Außenwerbung betreibt und welcher Gestaltungsmittel sie sich dabei bedient[1]. Hierbei können Sammlungen von Beispielfotos, aber auch Fallstudien eingesetzt werden. Die Fallstudien stellen Werbungtreibende vor, die ihre Zielsetzungen erläutern und schildern, welchen Beitrag Außenwerbung ihrer Meinung nach zu deren Erfüllung geleistet hat[2]. Als positive Erfahrungen gelten dabei nicht nur Meßwerte wie z.B. die festgestellte Erhöhung des Bekanntheitsgrades, sondern auch subjektive Einschätzungen, daß sich die Kundenfrequenz erhöht habe, oder die Beobachtung, daß sich Kunden beim Verkaufsgespräch positiv über die Werbung äußern. Der Akzent liegt hier also nicht auf nachvollziehbaren und kontrollierbaren Wirkungsdaten, sondern auf der Erzeugung eines positiven Eindrucks beim potentiellen Abnehmer. Die Außenwerbung kann sich durchaus als modernes, aktuelles und flexibles Medium darstellen, ohne daß der Beweis für diese Behauptungen überhaupt definitiv angetreten werden könnte.

Einen Wirksamkeitsanspruch, der keinerlei methodischem Anspruch genügt, verfolgt auch eine spezielle Eigenwerbung auf Außenwerbeträgern. Der Plakattext legt einem angesprochenen Werbungtreibenden nahe, die Tatsache, daß er selbst die Botschaft wahrnimmt, als Beleg für hohe Reichweiten oder Kontaktzahlen bei anderen Personen zu werten[3].

---

1) Musterkampagnen namhafter Firmen wirken hier ähnlich wie Referenzanlagen bei der Vermarktung von Sachgütern. Vgl. ENGELHARDT/GÜNTER (1981), S. 127. In o.V. (1976), Werber auf Plakat-Trip, S. 29, wird ein Werbeleiter zitiert, das wichtigste Argument für den Plakateinsatz sei, "daß gerade die Unternehmen, die am meisten von Werbung verstehen und genau wissen, was sie tun, ich denke an Henkel oder Procter and Gamble, Plakat belegen."

2) Beispiele für Fallstudien mit verschiedenen Argumentationsschwerpunkten: Bahlsen Leibniz-Keks: JAEKEL (1983a), S. 36; Juno Niedrigpreis-Zigarette: JAEKEL (1983b), S. 14ff.; Positionierung einer Biermarke: o.V. (1983), Zwei Marken - eine Kampagne, S. 14f.; regionales Autohaus: Klingspon-März (1983), S. 11. Der Aufsatz o.V. (1983), Zeitung per Großfläche, S. 24ff., unterstreicht die Flexibilität des Plakatanschlages durch den Bericht über eine Aktion des Bielefelder Westfalen-Blattes, in der über zwei Dekaden an je 220 Tafeln täglich morgens eine vergrößerte Kopie des Titelblatts der aktuellen Ausgabe plakatiert wurde.

3) So wirbt z.B. die DSR auf Omnibussen in Bochum mit dem Slogan "Buswerbung ist unübersehbar - wie sie sehen!".

Einige Außenwerbeunternehmen führen ihre Kunden vor Ort zu den Standorten der Werbeträger, damit sich die Abnehmer durch eigenen Augenschein einen Eindruck von der Standortqualität verschaffen können. Vor allem werden dabei auch Güteaspekte offenkundig, die sich in Zahlen nicht anschaulich ausdrücken lassen (z.B. Verkehrsdichte, Geschäfte in der Umgebung etc.)[1].

Werbeaktionen für das eigene Werbeträger-Angebot, mit denen sich der Anschlagunternehmer direkt an die Bevölkerung wendet, verfolgen gleichzeitig zwei Ziele. Einerseits erregen sie durch originelle Gestaltungen nicht nur die Aufmerksamkeit der Konsumenten, sondern stellen auch zu den Werbungtreibenden Kontakte her. Andererseits finden die Aktionen ihren Niederschlag im redaktionellen Teil anderer Medien und fördern das Image der Außenwerbung bei den Kunden der Werbungtreibenden. Das Presseecho kann aufbereitet und den Abnehmern als Beweis für ein positives Image präsentiert werden[2]. Diese Vorgehensweise verursacht nur geringe Kosten, da die Aktionen überwiegend auf Werbeträgern, die in einer Dekade nicht anderweitig vermietet werden konnten, oder in Perioden geringer Werbeträger-Nachfrage stattfinden. Außerdem entzieht sich das Resultat dem Vorwurf einer methodischen Manipulation, wie er z.B. das Befragungsergebnis eines Marktforschungsinstituts treffen könnte.

---

1) Die Firma Abribus fährt mit zweifelnden Kunden eine Reihe von Standorten in ihrem Kölner Netz an. Die Angebotserweiterung um Ludwigshafen verfolgt nicht zuletzt das Ziel, den Mediaeinkäufern der Frankfurter Agenturen ein Musternetz als Anschauungsobjekt in der Nähe des Agentursitzes vorführen zu können.

2) Über die FAW-Aktion im Winter 1984/85 berichtete z.B. das Magazin "Der Spiegel", vgl. o.V. (1985), Plakate werben für Plakate, S. 81.

3.4. PREISPOLITIK

3.4.1. Preisgestaltung innerhalb des Leistungsbündels

Als Entgelt für das Produkt im engsten Sinne ist der reine Mietpreis für die Werbeträger-Belegung anzusehen. Dieser orientiert sich zum einen an den Pachten, die der Werbungdurchführende seinerseits an die Grundstückseigentümer oder die Bereitsteller der Fahrzeuge zahlt, zum anderen an den auf dem Markt für Außenwerbeträger erzielbaren Absatzpreisen. Den Kosten kommt dabei die Funktion einer Preisuntergrenze zu[1]. Da schon die Beschaffungsmieten nicht alle gleich hoch ausfallen, sondern von der Güte der Standorte und dem Verhandlungsgeschick des Akquisiteurs abhängen, müßte eine Ausrichtung an den Kosten zu individuellen Entgelten für jeden einzelnen Werbeträger führen. Auch die unterschiedlichen Standortmerkmale sprechen für eine Differenzierung der Preise als Ausdruck variierender Werbewirksamkeiten der Standorte. Dagegen haben sich in der Praxis Einheitspreise herausgebildet, denen zur Berechnung der Deckungsbeiträge einzelner Stellen die jeweiligen Einzelkosten gegenübergestellt werden[2].

Die besondere Schwierigkeit besteht in der Festlegung der Unterscheidungskriterien, auf denen eine individuelle Entgeltfestsetzung basieren sollte. Die verschiedenen Kategorien der "Preisdifferenzierung" kommen hier zunächst nicht in Betracht, da sich an Merkmalen der Abnehmer, nicht jedoch an den Eigenschaften der abzusetzenden Leistung ausrichten.

Die einfachste Methode versieht alle diejenigen Außenwerbeträger mit einem Aufpreis, die sich bei einheitlichem Entgelt besonders starker Nachfrage erfreuen, während die geringer ausgelasteten Stellen entsprechend verbilligt werden.

---

1) Zur Problematik der Festlegung von Preisuntergrenzen vgl. z.B. SIMON (1982), S. 94ff. Die Schwierigkeiten bei der Bestimmung des zutreffenden Kostenbetrages sollen hier nicht diskutiert werden.

2) Werbungdurchführende, die die Klebeleistung gegen ein festes Stück-Entgelt zukaufen, können neben den Pachtsätzen auch diese Beträge den Einzelkosten zuschlagen.

Dieser "preispolitische Ausgleich"[1] unterstellt dabei implizit, daß die Nachfrageunterschiede auf Qualitätsdifferenzen beruhen, die von den Nachfragern bei der Auswahlentscheidung berücksichtigt werden, denn nur dann führt die Auffächerung der Entgeltforderungen zu der erwünschten gleichmäßigen Belegung[2]. Die Belegungen verteilen sich jedoch bei der derzeitigen Buchungspraxis teilweise noch willkürlich, weil vielen Kunden ihre Werbeträger-Netze vom Anbieter zugewiesen werden. Auch die Durchführung einer Standort-Selektion für einen Abnehmer überläßt häufig dem Werbungdurchführenden die endgültige Präzisierung des Kundennetzes innerhalb seines Bestandes, da zumeist mehr Standorte als benötigt die Wunschkriterien erfüllen.

Wie bereits dargestellt, hängt die voraussichtliche Werbewirksamkeit eines Außenwerbeträgers vor allem von seinen Standortmerkmalen ab. Diese Informationen lassen sich nun prinzipiell für jede Anschlagstelle zu einem Qualitätsindex verrechnen, wenngleich die Gewichtungen der Zielbeiträge einzelner Kriterienausprägungen noch in vertiefenden Forschungen ermittelt werden müßten. Den Indexwerten entsprechend könnte der Werbeträger-Bestand anschließend z.B. in eine beschränkte Anzahl von Preisstufen gruppiert werden, um die Übersichtlichkeit der Preisstruktur zu wahren. Voraussetzung für die Anwendung dieses Systems ist jedoch die durchgängig positive Beurteilung der den Preis bestimmenden Kriterien durch die Abnehmer. Die Indexberechnung bewertet ja auch Merkmale als verteuernd, die ein Kunde möglicherweise nicht ausdrücklich verlangt hat. So bewirkt z.B. die Nähe einer Großfläche zu einer Schule keine Erhöhung des Werbeerfolgs, wenn sich die Botschaft vor allem an ältere Menschen richtet. Daher kann sich die Bildung von allgemeingültigen Preisgruppen nur auf wenige Wirkungsaspekte stützen.

---

1) Zum Begriff des preispolitischen Ausgleichs vgl. ENGELHARDT/PLINKE (1980), S. 243f., oder NIESCHLAG/DICHTL/HÖRSCHGEN (1985), S. 313ff.
2) Die Nachfrage muß so flexibel beschaffen sein, daß z.B. Preissenkungen über eine günstigere Beurteilung des Kosten-Nutzen-Verhältnisses tatsächlich in verstärkte Nachfrage münden.

In der empirischen Erhebung sprachen sich 73% der Agenturen und 76% der bundesweit tätigen Unternehmen für die Einteilung der Plakatanschlagstellen in Qualitätsstufen mit unterschiedlichen Preisen aus[1]. Die anschließende Bitte um eine Begründung der Antwort läßt besonders bei den Agenturen ein ausgeprägtes Gespür für die Qualitätsunterschiede zwischen den Standorten erkennen; zugleich warnen jedoch einige Rücksender vor den zusätzlichen Kosten und den geringen Möglichkeiten zur Kontrolle dieser Art der Preisbildung.

Der Anbieter des Superposters berechnet für jede seiner Tafeln sogar einen individuellen Tagespreis aus drei Elementen. Die Anzahl der Personen ab 14 Jahren, die das Superposter sehen können, wird mit einem Grundpreis pro 1.000 Kontakte multipliziert. Zusätzlich klassifiziert ein Qualitätsfaktor die Standorte im Hinblick auf die Kriterien Sichtweite, bestehende Sichtbehinderungen und Beleuchtung, und führt für weniger gute Stellen zu einem Preisabschlag[2].

Eine Variante dieser Vorgehensweise versieht jedes Merkmal, das sich in der Werbewirkung niederschlägt, mit einem separaten Aufpreis, der einem Abnehmer bei der Anforderung des Kriteriums in Rechnung gestellt wird. Diese Form der Entgeltbestimmung weist den Nachteil auf, daß der gleiche Werbeträger somit in verschiedenen Kundennetzen mit abweichenden Preisen zu Buche schlägt. Einem Kunden ohne Standortpräferenzen könnte zudem eine qualitativ hochwertige Werbestelle auch ohne Aufgeld zufallen. Die Abnehmer stehen daher vor der Entscheidung, ob die Garantie, daß eine belegte Plakattafel das gewünschte Merkmal aufweist, einen Aufpreis rechtfertigt, wenn eine gewisse Chance besteht, auch ohne Mehraufwand in den Genuß leistungsfähiger Anschlagstellen zu gelangen. Diese Differenzierung kann gegenüber Spezialagenturen nicht angewendet werden, weil diese bei der Zusammenstellung ihres Netzes zumeist noch nicht genau wissen, an

---

1) Vgl. AGENTUR, Frage 7, und NATIONAL, Frage 10.
2) Vgl. die Verkaufsunterlage der Superposter-Werbegesellschaft (o.J.), Liebes 18/1, ich bin ein 40/1, S. 7f.

welche Kunden mit welchen Standortwünschen sie die Werbeträger später weitervermieten.

Bei der Vermarktung von Großflächen stellt die kleinste Entgelteinheit bereits einen Bündelpreis dar, der neben der Werbeträger-Miete die Auswahlleistung und die Klebekosten umfaßt. Die Mindestlaufzeit der Buchung erstreckt sich auf eine Dekade, die auch dann zu honorieren ist, wenn das Plakat nur für kürzere Zeit ausgehängt wird. Zwar nennen die Preislisten einen Tagessatz; er dient jedoch nur zur Begründung der abweichenden Rechnungsbeträge bei zehn- bzw. elftägiger Dekadenlänge. Der Verzicht auf die Klebung führt nicht zu einer Ermäßigung, da der Anbieter dadurch kaum Einsparungen verwirklicht. Außenwerbeformen, die für unterschiedlich lange Zeiträume belegt werden können, weisen dagegen die Klebekosten getrennt aus[1)].

Standort-Selektion und Klebekontrolle werden in der Praxis bislang nicht als Teilleistungen mit eigenständiger Entgeltforderung angeboten. Vielmehr haben sie als Nebenleistungen nur akquisitorischen Charakter; der Bündelpreis ändert sich nicht in Abhängigkeit von ihrer Inanspruchnahme. Wird jedoch die Auswahlleistung "auf Vorrat" produziert, also eine Anzahl von Werbeträgern unter bestimmten Gesichtspunkten zu einem festen Netz gekoppelt, so kann der Mietpreis für diese Teilnetze höher angesetzt werden, da sie ihrem Nutzer höhere Reichweiten oder größere Kontakthäufigkeiten bei besonderen Zielgruppen verheißen. Allerdings muß die Exklusivität dieses Angebotes gesichert sein. Dem Abnehmer darf nicht die Alternative offenstehen, mit geringeren Kosten ein vergleichbares Netz aus dem normalen Bestand des Anbieters selbst zusammenzustellen.

Produktpolitische Maßnahmen sollten die Angemessenheit höherer Entgeltforderungen unterstreichen. Werden beispielsweise

---

1) Die Anbringung kleiner Folienplakate in Reisezugwagen der DB wird auf Monatsbasis abgerechnet; die Mietdauer kann aber mehrere Jahre umfassen. Daher weist die Deutsche Eisenbahn-Reklame einen gesonderten Montagepreis aus.

qualitativ hochwertige Standorte mit neuartigen Präsentationseinrichtungen versehen, kann sich damit gleichzeitig eine Preisanhebung verbinden, die den Kunden nur durch subjektiv empfundene Anmutungen, nicht jedoch durch entsprechende Verbesserungen der Werbewirksamkeit plausibel gemacht werden kann[1]. Eine Effizienzsteigerung ließe sich beim derzeitigen Stand der Forschung ohnehin nur quantitativ nachweisen, so daß der Vorteil veränderter Präsentationsvorrichtungen in Zahlen kaum auszudrücken ist.

Die Preissetzung für selbständig vermarktbare Teilleistungen richtet sich danach, wie einfach die Abnehmer die Leistungen anderweitig beschaffen können und welche Bedeutung ihnen im Rahmen der Werbemaßnahme zukommt. Gibt es z.B. nicht viele Druckereien, die ein aufwendiges Werbemittel herstellen können, wird der Kunde mangels Alternativen gern die Produktion dem Werbungdurchführenden übertragen. Sie kann daher auch im Bündelpreis inbegriffen sein. Handelt es sich dagegen um gängige Außenwerbemittel, die auch auf den Anschlagstellen anderer Anbieter zum Einsatz kommen können, ist für die Plakat-Beschaffung ein separater Aufpreis vorzusehen, um Nachfrager, die ihre Werbemittel selbst zuliefern, nicht zu benachteiligen. Strebt der Werbungdurchführende die Übernahme der Werbemittel-Herstellung nicht nur aus akquisitorischen Gründen, sondern zur Schaffung zusätzlicher Erlöspotentiale an, so sollte sein Preis konkurrenzfähig angesetzt sein. Möglicherweise kann der verbleibende Bündelpreis teilweise die Sekundärleistung subventionieren[2].

Die **vertikale Preisdifferenzierung** eröffnet dagegen mehrere Möglichkeiten, das gleiche Leistungsbündel an verschiedene

----

1) Die Preise für Abribus liegen wesentlich höher als die Mieten für normale Großflächen an den Wartehallen vergleichbarer Nahverkehrs-Haltestellen. Diese Differenz kann durch unterschiedliche Passagefrequenzen nicht begründet werden; sie honoriert also allein die höherwertige Präsentation der Plakate. Es bleibt offen, ob die zu erwartende Verbesserung der Werbewirkung den Zuschlag rechtfertigt. Dennoch erfreut sich Abribus reger Nachfrage.

2) Für einen niedrigen - subventionierten - Preis der Sekundärleistung spricht auch der Wunsch, die zu ihrer Erstellung beschafften Leistungspotentiale auszulasten.

Käufergruppen mit unterschiedlichen Preisen abzusetzen[1]. Folgende Beispiele sind hier denkbar[2]:

- **Personelle Preisdifferenzierung:** Die Werbeträger werden an Parteien und karitative Einrichtungen günstiger vermietet als an Industrieunternehmen und Agenturen[3].
- **Zeitliche Preisdifferenzierung:** Während der Urlaubszeit und im Winter sinkt der Auslastungsgrad der Anschlagstellen. Niedrigere Preise regen hier möglicherweise die Nachfrage an.
- **Räumliche Preisdifferenzierung:** In Gebieten mit starker Präsenz der Wettbewerber werden niedrigere Preise gefordert als in schwächer besetzten Regionen[4].
- **Quantitative (mengenmäßige) Preisdifferenzierung:** Bei der Abnahme einer hohen Tafelzahl ermäßigt sich das Entgelt pro Werbeträger[5]. Ähnlich kann z.B. bei der Verkehrsmittelwerbung ein Abschlag bei langen Mietzeiten eingeräumt werden. Da der Preisabschlag für die Überwälzung von Dispositionsleistungen des Anbieters auf den Nachfrager gewährt wird, kann hier nicht von einer "echten" Preisdifferenzierung geprochen werden.

Voraussetzung für die genannten Fälle abweichender Preise in Abhängigkeit von der Abnehmergruppe ist vor allem die möglichst konfliktfreie Isolierbarkeit der Märkte. Die Werbungdurchführenden müssen die Nachfrager eindeutig ihren Gruppen zuordnen können, auch darf die Besserstellung einzelner

----

1) Vgl. z.B. BUSSE VON COLBE/HAMMANN/LASSMANN (1985), S. 217ff., und SIMON (1982), S. 375ff.

2) Ein sinnvolles Beispiel für die **verwendungsbezogene Preisdifferenzierung** läßt sich kaum bilden, wenn nicht z.B. bei der Belegung einer Plakatwand noch nach Typen von Werbebotschaften unterschieden werden soll. Die ebenfalls in der Quelle erwähnte **qualitative** Preisdifferenzierung bleibt hier unbeachtet, da sie gegen die Prämisse ungleicher Preise für **identische** Leistungsbündel verstößt.

3) Zur preislichen Bevorzugung von Parteienwerbung und amtlichen Mitteilungen vgl. RAUCH (1966), S. 980.

4) Die Nachfrager in den schwächer mit Werbeträgern besetzten Regionen müssen die höheren Preise akzeptieren, der kleinere Bestand darf nicht nur Ausdruck geringeren Bedarfs sein.

5) Der Mengenrabatt berührt nicht die allgemein akzeptierte Agenturprovision von 15%. Diese wird erst auf der Basis des rabattierten Betrages errechnet. Dadurch vermindert sich allerdings auch die Aufwandsentschädigung für die Agentur.

Abnehmer nicht den Unmut derjenigen Kunden hervorrufen, die ein höheres Entgelt zu zahlen haben.

3.4.2. Die Preissetzung als Instrument zur Auslastungssteuerung

Die Standortbeschaffung von Dritten auf Pachtbasis bringt es mit sich, daß sich das Werbeträger-Angebot der meisten Außenwerbeformen kurz- und mittelfristig kaum an Nachfrageschwankungen anpassen kann. Dabei erwachsen nicht nur aus den Standortpachten, sondern auch aus der Bereithaltung des Klebepersonals und der Pflege aller - auch der unverkauften - Tafeln hohe Fixkosten. Ein ähnlich starres Angebot findet man sonst nur bei Hörfunk und Fernsehen, die ihre vorgegebenen Sendezeiten zu füllen haben. Der in der Praxis vorherrschende Nachfrageüberhang verkehrt jedoch hier das Problem gegenüber der Unterauslastung der Außenwerbung in sein Gegenteil. Dagegen können sich z.B. Zeitungen und Zeitschriften in gewissen Grenzen flexibel an die Nachfragesituation anpassen.

Langfristige Hoch- oder Niedrigpreis-Strategien beeinflussen die durchschnittliche Auslastung eines Werbeträger-Typs. Attraktive neue Präsentationstechniken können mit hohen Mietpreisen in den Markt eingeführt werden, wenn sie dem Abnehmer eine gewisse werbliche Exklusivität garantieren[1]. Allerdings locken hohe Entgelte andere Anbieter an, die für eine rasche Bestandsvergrößerung sorgen[2]. Weniger gebräuchliche Außenwerbeformen sollten z.B. durch niedrigere Mietpreise auch die Mehrkosten der Anfertigung spezieller Werbemittel berücksichtigen.

Die Festlegung einer längerfristig gültigen Preislage ist durch eine preispolitische Detailentscheidung zu ergänzen, die auch Schwankungen der Nachfrage innerhalb des Jahresab-

---

1) Zu den Argumenten für das Einschlagen einer Hoch- bzw. Niedrigpreis-Strategie vgl. SIMON (1982), S. 254ff.

2) Der große Erfolg der Abribus-Flächen gab den Anstoß zur Gründung der Degesta, die sehr ähnliche Werbeträger anbietet.

laufes auffängt. Das Entgelt könnte z.B. in den schwach ausgelasteten Perioden generell niedriger liegen als in den stärker gefragten. Der Preisunterschied sollte jedoch so deutlich ausfallen, daß er für die Abnehmer tatsächlich einen Anreiz darstellt, auf die aus ihrer Sicht weniger werbewirksamen Termine auszuweichen. Außerdem muß der Mehrerlös der zusätzlich vermieteten Anschlagstellen die Einbuße übersteigen, die dadurch auftritt, daß eine Preisermäßigung auch den Abnehmern ohnehin verkaufter Tafeldekaden zugute kommt. Dies setzt eine hohe Preiselastizität der Nachfrage nach Außenwerbeträgern voraus, deren Vorhandensein hier bezweifelt wird. Die zeitliche Entzerrung der Nachfrage gelingt nur, wenn die Kommunikationspolitik zugleich überzeugend darlegt, daß z.B. der qualitative Wirkungszuwachs einer Botschaft durch die geringeren Konkurrenzaktivitäten in den werbeschwachen Zeiten den quantitativen Reichweitenrückgang weitgehend kompensiert[1].

Eine weitere Möglichkeit besteht darin, dem Mieter der Vordekade anzubieten, sein Plakat nach Ablauf der Belegungszeit nicht zu beseitigen, sondern gegen Zahlung eines ermäßigten Entgelts[2] weiter zu zeigen, wenn die Anschlagstelle für die folgende Dekade nicht verkauft werden konnte. Diese Möglichkeit ist im Sommer durch die längere Plakathaltbarkeit durchaus gegeben. Sie wirft jedoch gewisse Abstimmungsprobleme auf. So wird die Werbeplanung der meisten Unternehmen abgeschlossen und damit auch das Budget weitgehend verteilt sein, wenn der Werbungdurchführende schließlich unvermietete Dekaden für diese Art der Nutzung freigibt. Da die

---

1) WÖHLER (1984), S. 88ff., beschreibt in einer Fallstudie die erfolgreiche Umverteilung eines Werbebudgets für Fernsehen und Illustrierte auf die werbeschwachen Monate Januar bis März und Juli/August. BRÖNNER (1984), S. 40, hebt hervor, daß sich Plakateinsatz gerade in den Sommermonaten besonders lohnt, da sich die Menschen zu dieser Zeit stärker im Freien aufhalten. Nur 10% der deutschen Bevölkerung entziehen sich durch Auslandsreisen der werblichen Ansprache.

2) Da der Klebevorgang für die Freiaushang-Plakate entfällt, könnten die Werbungdurchführenden auf ein Entgelt für die Belegungsverlängerung sogar verzichten. Es müßte nur die Genehmigung des vorherigen Auftraggebers eingeholt und um die Lieferung von Reserveplakaten für Reparaturen gebeten werden. Dieses Vorgehen benachteiligte jedoch Abnehmer, die in Folge belegte Dekaden voll bezahlen.

ursprüngliche Tafeldichte nur noch lückenhaft fortbesteht, muß auch mit einem stark verminderten Werbedruck des Restaushangs gerechnet werden.

Bei Abnehmern, die größere Werbeträger-Stückzahlen anmieten, lassen sich zwei grundlegende Muster der zeitlichen Verteilung der gebuchten Dekaden beobachten. Eine kontinuierliche Belegung, bei der die Dekadensumme gleichmäßig über einen längeren Zeitraum streut, dient z.B. der fortlaufenden Erinnerungswerbung. Konzentriert sich die Abnahme dagegen auf große Tafelzahlen in nur zwei oder drei hintereinanderliegenden Terminen, soll dies z.B. bei der Einführung von Neuprodukten die rasche Bekanntmachung des Markennamens gewährleisten[1]. Punktuelle Aufträge können häufig entweder mengenmäßig nicht befriedigt werden, weil nicht genügend freie Standorte zur Verfügung stehen, oder sie gefährden Langzeitaufträge, die zu einzelnen Terminen nun nicht mehr vollständig ausgeführt werden können. Die ausgeprägten saisonalen Schwankungen der Werbeträger-Nachfrage verstärken dieses Problem.

---

1) Unabhängig von den beispielhaft genannten Zielsetzungen kommen ähnliche Verteilungen durch "pulsierende" Kommunikationskonzepte zustande. Vgl. SIMON (1983), S. 60ff.

3.5. Kontrahierungspolitik

Die unzureichenden Kapazitäten zu manchen Terminen bringen es mit sich, daß sich die Werbungtreibenden bereits vor der endgültigen Fertigstellung ihres Kommunikationskonzeptes frühzeitig um die besten Standorte und Dekaden bemühen. Dabei scheuen sie die Erteilung von Festaufträgen, da die gebuchten Stellen möglicherweise nicht vollständig benötigt werden (z.B. wenn sich der Einführungszeitpunkt eines neuen Produktes verschiebt). Die Werbungdurchführenden verlangen jedoch erhebliche Rücktrittsentschädigungen[1)]. Die Kombination von Preis- und Kontrahierungspolitik eröffnet folgende Wahlmöglichkeiten:

- **Festaufträge** erstrecken sich auf ausgesuchte Standorte und Termine. Werden sie nicht mit einem Kündigungsrecht ausgestattet, kann der Werbungdurchführende die durch ihren Abschluß erzielte Planungssicherheit mit einem Nachlaß auf den Rechnungsbetrag honorieren[2)].
- **Rahmenaufträge** legen Termine und Tafelzahlen, nicht jedoch die konkreten Standorte fest. Die erleichterte Kündigungsmöglichkeit bezahlt der Abnehmer mit dem Risiko, bei zu später Umwandlung in einen Festauftrag Standorte minderer Qualität zugewiesen zu bekommen.
- Als eigenständige Leistung gegen Entgelt kann der Werbungdurchführende eine **Reservierung** ausgesuchter Anschlagstellen für die Dauer der Planungsphase des Nachfragers vornehmen. Die vorübergehende Sperrung für andere Kunden wird solange aufrecht erhalten, wie deren Ansprüche auch von anderen Werbeträgern des Bestandes erfüllt werden können[3)].

Ein weiterer Gesichtspunkt, der dem Entscheidungsbereich der Kontrahierungspolitik angehört, beschäftigt sich mit der

---

1) Die Allgemeinen Geschäftsbedingungen für den Plakatanschlag räumen ein Rücktrittsrecht bis 90 Tage vor Anschlagbeginn ein.

2) Die Firma MOPLAK gewährt in ihrer Preisliste Nr. 35, gültig ab 01.01.84, für Festaufträge, die mindestens 18 Dekaden vor Anschlagbeginn erteilt werden, einen Bearbeitungsnachlaß von 2%.

3) Lt. Auskunft eines Werbungdurchführenden werden auch jetzt schon für gute Kunden entgeltfreie Reservierungen vorgenommen.

juristischen Beurteilung der Vertragsabschlüsse. Die Erweiterung der Werbeträger-Vermietung um zusätzliche Leistungselemente verändert die rechtliche Charakteristik des Kontraktes. So lassen sich die relevanten Vertragstypen hier wie folgt unterscheiden:

- Bei der Überlassung eines Außenwerbeträgers zum vorgesehenen Gebrauch durch den Abnehmer handelt es sich um einen **Mietvertrag** (§§ 535ff. BGB). Beispiel: Ein Werbungdurchführender vermietet Werbeflächen an Verkehrsmitteln, die der Abnehmer in eigener Regie mit selbstgefertigten Siebdruckfolien beklebt.
- Die Montage zugelieferter Werbemittel auf fremden Werbeträgern stellt dagegen einen **Dienstvertrag** (§§ 611ff. BGB) dar.
- Schließlich begründet eine Vereinbarung über die Anfertigung eines speziellen Außenwerbemittels einen **Werkvertrag** (§§ 631ff. BGB).

Wird die Bereitstellung eines Außenwerbeträgers mit der Anfertigung und der Montage der Werbemittel zu einer Gesamtleistung verknüpft, schließen die beiden Parteien darüber einen Werkvertrag ab. Der Bundesgerichtshof stuft in seiner bereits erwähnten Entscheidung darüber hinaus auch die Kombination von Werbeträger-Bereitstellung und Werbemittel-Montage als Gegenstand eines Werkvertrages ein[1], obgleich sich hier das Leistungsbündel eigentlich nur aus einem Miet- und ein Dienstverhältnis zusammensetzt. Die rechtliche Beurteilung der vermarkteten Leistung berührt vor allem Fragen der Gewährleistung und Haftung, deren Einfluß auf den Vermarktungserfolg von Außenwerbeträgern an dieser Stelle nicht geklärt werden kann. Um eventuell auftretende Probleme auszuräumen, besteht jedoch die Möglichkeit, die Bündelbestandteile formal selbständig anzubieten, indem z.B. für die Werbemittel-Montage ein von der Werbeträger-Vermietung unabhängiges Unternehmen verantwortlich zeichnet[2].

---

1) Vgl. BUNDESGERICHTHOF (1984), S. 2402f.
2) Da in der Praxis z.B. vielfach selbständige Subunternehmer die Klebung der Plakate im Auftrag der Großflächenanbieter vornehmen, könnten diese bei Bedarf auch selbst als Vertragspartner für die Montageleistung auftreten.

3.6. Mengen- und Zeitaspekte der Vermarktungstätigkeit

Die Unternehmensziele eines Anbieters von Außenwerbeträgern stellen nicht zwangsläufig darauf ab, die Vermarktungstätigkeit in mengenmäßiger und zeitlicher Hinsicht auf das größtmögliche Maß auszudehnen. Vielmehr sprechen einige Argumente für selbstgewählte Beschränkungen bei diesen Handlungsparametern.

Versteht man unter der **Mengendimension** die Anzahl der von einem Anbieter bereitgehaltenen Werbeträger, so muß man auch deren räumlicher Anordnung besondere Aufmerksamkeit schenken. Ein gegebener Stellenbestand kann sich sowohl auf ein engumgrenztes Gebiet konzentrieren als auch regional weitläufig verteilen.

Die Beschränkung auf wenige, stark verstreute Werbeträger in einem Gebiet resultiert nicht nur aus finanziellen Engpässen des Anbieters, sondern empfiehlt sich sogar als gezielte absatzpolitische Maßnahme, wenn dadurch die Exklusivität eines Werbeträger-Typs in den Augen der Abnehmer unterstrichen wird. Obwohl sie weitere, vergleichsweise hochwertige Werbeflächen verfügbar machen könnten, verzichten manche Werbungdurchführenden auf deren Nutzung, um die Aufmerksamkeitswirkung der vorhandenen Werbeträger zu erhöhen. Aus diesem Grunde limitieren z.B. einige Anbieter von Verkehrsmittelwerbung die Zahl der für Ganzlackierungen freigegebenen Fahrzeuge[1]. Daneben schätzen Abnehmer, die in ihrer Kommunikationspolitik eine Differenzierung von ihren Wettbewerbern anstreben, bei begrenzten Angeboten die Chance, mit vertretbaren Mitteln bereits so große Anteile der vorhandenen Bestände belegen zu können, daß andere werbungtreibende Unternehmen der gleichen Branche von der Nutzung dieser Außenwerbeform weitgehend ausgeschlossen werden[2].

----

1) Lt. Mitteilung eines Werbungdurchführenden.
2) Der sog. "Konkurrenzausschluß" kann vertraglich vereinbart werden und knüpft sich i.d.R. an Mindestabnahmemengen. Daneben kann ein bedeutender Nachfrager die Kapazität eines kleineren Werbeträger-Netzes bereits allein weitgehend ausschöpfen.

Da Häufungen von Werbeflächen (z.B. die "Mehrfachstandorte" bei Großflächen) die Aufmerksamkeit der Betrachter für die einzelnen Werbemittel mindern, verbessert möglicherweise auch hier der Verzicht auf die Ausnutzung aller räumlichen Reserven die Akzeptanz der verbliebenen Einzelstellen durch die Abnehmer soweit, daß sich Mehrerlöse durch höhere Entgelte und gestiegene Auslastungsgrade erzielen lassen.

Selbstbeschränkungen beim Umfang des angebotenen Werbeträger-Bestandes lohnen sich jedoch nur dann, wenn dem Abnehmer der versprochene Qualitätsgewinn verdeutlicht werden kann. Die Werbeträger sollten daher bereits einzeln starke Aufmerksamkeitseffekte erzielen und in dem betrachteten Gebiet nicht allzu weit verbreitet sein. Dagegen eignen sich Werbeflächen, die ihre Wirkung gerade aus ihrem massenhaftem Auftreten schöpfen, ebensowenig für eine selektive Standortpolitik wie Außenwerbeformen, die die Wettbewerber am gleichen Orte ebenfalls in hoher Stückzahl bereithalten (z.B. Großflächen). Ausgesonderte Standorte werden dann früher oder später von konkurrierenden Werbungdurchführenden wiederbesetzt. Im Falle begrenzter Beschaffungsmöglichkeiten kann es sich umgekehrt sogar lohnen, jeden erreichbaren Standort mit einer Werbetafel zu versehen, um ihn für die Konkurrenz zu sperren. Ein vor Ort dominierender Anbieter stellt auf diese Weise sicher, daß sich die Nachfrager wegen seines bedeutenden Stellenvorrats stets auch an ihn wenden.

Die Konzentration einer bestimmten Stellenzahl auf ein kleines Gebiet weist gegenüber der regionalen Bestandsstreuung den Vorteil auf, daß die Fahrstrecken für Klebe- und Wartungspersonal recht kurz und kostensparend ausfallen. Ebenso kann die Vermarktung zentral vom Firmensitz aus erfolgen. In die Bedienung bundesweiter Belegungen teilen sich dabei mehrere räumlich getrennt operierende Firmen. Exklusiv-Anbieter spezieller Werbeträger-Typen müssen dagegen allein für einen räumlich breiten Bestand sorgen[1].

---

1) Den umgekehrten Weg beschreitet erfolgreich die Firma Abribus, die nur in einigen ausgewählten Großstädten dichte Netze ihrer beleuchteten Werbeflächen anbietet.

Da die überregionale Vermarktung von Werbeflächen hohe Anforderungen an Kommunikationspolitik und Außendienstorganisation stellt, erweist sich eine bestimmte Mindestgröße für das Unternehmen als notwendig. Daneben schließen bereits die Beschaffungsmöglichkeiten einiger Werbeträger-Typen kleine Firmen als Anbieter aus. Beispiele liefern hier Allgemeinanschlag und Verkehrsmittelwerbung in Großstädten, die stets nur einem einzigen, entsprechend leistungsfähigen Werbungdurchführenden verpachtet werden.

Der **zeitliche Aspekt** bei der Vermarktung von Außenwerbeträgern stellt in diesem Zusammenhang nicht auf die Länge der Vermietungsintervalle ab, sondern erfaßt die Regelmäßigkeit des Absatzprozesses. Nicht alle Anbieter betreiben die Werbeträger-Vermietung als ihr Hauptgeschäft, aus dem sie kontinuierliche Einkünfte zu ziehen suchen. So beschaffen Werbeagenturen ihren Kunden gelegentlich auch spezielle Außenwerbeträger, ohne den gleichen Bestand anschließend auch an weitere Klienten zu vergeben. In diesem Fall kann sich der Werbemittler nicht durch feste Mietverträge an den Bereitsteller binden, sondern muß das Netz jeweils individuell aufbauen. Folglich schlagen sich die hohen Beschaffungskosten in entsprechenden Entgeltforderungen nieder, die sich nur durch die besondere Exklusivität oder Originalität der Werbeträger rechtfertigen lassen. Die ständige Unterhaltung eigener Werbeträger-Bestände überfordert dagegen Werbeagenturen, denen die notwendige Vermarktungsorganisation zur kostendeckenden Auslastung des Potentials fehlt.

4. Ansatzpunkte für die Übertragung strategischer Konzepte auf die Vermarktung von Außenwerbeträgern

4.1. Der Begriff der "Strategie"

Die meisten der zur Ausarbeitung des folgenden Kapitels herangezogenen Quellen verwenden den Begriff der "Strategie", ohne ihn inhaltlich festzulegen oder von seinem Gegenbegriff "Taktik" abzugrenzen[1]. Im Rahmen dieser Arbeit sollen unter Strategien vollständige Aktionsprogramme für das Verhalten von Unternehmungen auf ihren relevanten Märkten verstanden werden, die sich besonders durch ihre längerfristige Perspektive auszeichnen. Das im Rahmen eines strategischen Konzeptes zusammenzustellende Maßnahmenbündel bleibt bei seiner Umsetzung in die Praxis zumeist für mehrere Jahre als Leitlinie der Geschäftspolitik bindend. Im Vordergrund steht dabei das aktive Bemühen, eine in der Zielplanung der Unternehmung formulierte Marktposition zu erlangen; eine an der Marktentwicklung ausgerichtete Fortschreibung der erwarteten Absatzzahlen genügt dagegen nicht den Ansprüchen an ein strategisches Konzept[2]. Der von einer Strategie gesetzte Rahmen schlägt sich in kurzfristig wirksamen taktischen Maßnahmen nieder, die hauptsächlich innerhalb einer laufenden Planperiode Bedeutung erlangen. Da auf dem Gebiete der Werbung dem Jahr als Zeiteinheit der Planung herausragende Bedeutung zukommt, sei hier auch für die Unterscheidung "strategisch/taktisch" der Schnitt gelegt[3].

Während der Absatzprozeß fortlaufend die Durchführung taktischer Maßnahmen erzwingt, bedarf es für strategische Überlegungen zumeist eines Anstoßes[4]. Die Höhe der Mietpreise für Außenwerbeträger muß z.B. nahezu zwangsweise jährlich

---

1) Die meisten Autoren erklären "Strategie" allein durch die Aufzählung der zu ihr gehörenden inhaltlichen Elemente, so z.B. AAKER (1984), S. 4ff., ABELL/HAMMOND (1979), S. 9f., und PORTER (1983), S. 16ff. Der Versuch von HINTERHUBER (1980), Strategie und Taktik zu unterscheiden, führt nicht zu einer überzeugenden Abgrenzung.

2) Vgl. BECKER (1983), S. 72.

3) HEINEN (1976), S. 120, weist kurzfristigen Planungen allgemein einen Zeithorizont von einem Jahr zu.

4) ANSOFF (1966), S. 145, spricht hierbei von einem "Warnsignal".

unter Beachtung der firmeninternen Kostenverläufe und der Marktentwicklung überdacht werden, dagegen springt z.B. die Chance, sich durch die Einführung von Güteklassen bei der Preissetzung einen Wettbewerbsvorteil zu verschaffen, nicht von selbst ins Auge. Sehen die Leitlinien der Geschäftspolitik nicht ohnehin die Überarbeitung der strategischen Konzeption in festen Zeitabständen vor, kann die ungünstige Entwicklung der Unternehmenssituation Impulse hierfür liefern. Im günstigsten Fall weist dabei der auslösende Indikator einen zeitlichen Vorlauf gegenüber den wichtigsten Erfolgsgrößen auf, um die Ergreifung von Anpassungsmaßnahmen anzuregen, bevor die Verschlechterung der Ertragslage die Finanzierbarkeit der Maßnahmen in Frage stellt oder gar die Existenz der Unternehmung gefährdet. Die Anwendung des Begriffes der Strategie setzt in diesem Zusammenhang voraus, daß die betrachteten Firmen ihre Existenz in ihrem relevanten Markt auf lange Sicht erhalten und dabei ihre unternehmerische Selbständigkeit bewahren wollen.

4.2. Die Wettbewerbssituation der Anbieter von Außenwerbeträgern

4.2.1. Die historische Entwicklung der Wettbewerbssituation als Auslöser für Strategie-Überlegungen

Jedes einzelne Unternehmen der Außenwerbebranche kann sich durch eine negative, aber auch durch eine besonders günstige Entwicklung seines Geschäftsverlaufes genötigt sehen, seine strategische Konzeption den veränderten Gegebenheiten anzupassen. An dieser Stelle soll jedoch keine Analyse individueller firmeninterner Stärken und Schwächen, die eine Revision der Strategie notwendig erscheinen lassen, vorgenommen, sondern die historische Entwicklung im Absatzmarkt für Außenwerbeträger, die sämtliche Anbieter gleichermaßen betrifft und zu Reaktionen herausfordert, skizziert werden.

Bis zum Beginn der Siebziger Jahre lieferte die Absatzentwicklung für Außenwerbeträger noch keinen offensichtlichen

Warnhinweis für eine fällige Erneuerung der strategischen Leitlinien. Die Außenwerbung nahm an der Aufwärtsentwicklung der gesamten Werbebranche teil, wenngleich auch schon damals mit unterdurchschnittlichen Zuwachsraten[1]. Da Allgemeinanschlag und Verkehrsmittelwerbung aufgrund ihrer eingeschränkten Beschaffungsmöglichkeiten nur geringe Fortschritte verzeichneten, wuchs des Angebot vorwiegend durch die hervorragende Entwicklung der "jungen" Großfläche[2]. Der Investitionsbedarf zur Aufstellung neuer Tafeln lastete dabei die finanziellen Reserven der zumeist kleineren Anschlagunternehmen weitgehend aus. Die nicht nur nominal, sondern auch real kräftig anwachsenden Werbebudgets der Industrie ließen daneben aber auch Raum für eine Nachfrageausweitung zugunsten der elektronischen Medien Rundfunk und Fernsehen. Letztere teilen mit der bedeutendsten Werbeträger-Gruppe - den Zeitschriften und Zeitungen - die Eigenschaft, daß der Werbung lediglich die Funktion einer Geldquelle zukommt, aus der die Hauptaufgabe des Erscheinens - die Verbreitung von Nachrichten und Unterhaltung - mitfinanziert wird.

Die Rundfunkanstalten bildeten dabei wegen des hohen technischen Aufwandes für Produktion und Ausstrahlung relativ große Unternehmenseinheiten[3]. Dem Einbruch des Fernsehens in ihr Geschäftsfeld der Informationsverbreitung versuchten die Presseunternehmen durch starke Rationalisierung und Verlagskonzentrationen entgegenzuwirken[4]. Als Ergebnis bil-

----

1) Vgl. WÜNDRICH (1967), S. 9ff. Der Autor zeichnet die Umsatzentwicklung der Medien für den Zeitraum von 1952 bis 1966 auf. Außenwerbung büßt 2,3% Marktanteil ein, während Zeitschriftenanzeigen um 5,8% und Fernsehwerbung um 11,2% zunehmen.

2) Vgl. WÜNDRICH (1967), S. 13. Das Schaubild auf S. 26 zeigt aber auch, daß sich die Auslastung des Plakatanschlags im genannten Zeitraum nur zwischen 45% und 61% der theoretischen Höchstkapazität bewegte.

3) Die Marktverschiebungen durch das Vordringen des Fernsehens wurden z.B. bereits von POTTHAST (1963), S. 875f., erkannt. Er glaubte damals jedoch an eine baldige Stabilisierung der Marktanteile. Der "Zwang zur Größe" bei den Fernsehanstalten erscheint erst in jüngerer Zeit durch den technischen Fortschritt überwindbar zu werden. Die Überlebenschancen lokaler TV-Projekte werden allerdings noch sehr zwiespältig beurteilt.

4) Den Konzentrationsprozeß bei den Tageszeitungen des Ruhrgebietes skizziert beispielhaft der Aufsatz o.V. (1985), Publizistische Vielfalt in einer Hand, S. 25ff.

deten sich einige Verlagsgruppen heraus, bei denen mehrere überregionale Zeitschriften und teilweise auch Zeitungen erscheinen[1]. Konkurrenzfähige Absatzpreise für die Druckerzeugnisse wurden dabei nicht nur durch Kostensenkungen im redaktionellen Teil, sondern auch durch Erlössteigerungen im zweiten wichtigen Geschäftsbereich - der Werbung - ermöglicht. Die Zeitschriften nutzten dabei den Vorteil, daß ihnen bei der Ausschöpfung der Nachfrage keine starren Kapazitätsrestriktionen gesetzt sind. Vielmehr können sie die Zahl der Anzeigen in weiten Grenzen dem Auftragseingang anpassen[2]. Obwohl Anzeigen und redaktioneller Teil in einem ausgewogenen Verhältnis zueinander stehen müssen, erlaubt die Bevorratung mit Artikeln die Abstimmung des Heftumfangs auf die Bestellungen der Werbungtreibenden, während entsprechende Ausgleichsmaßnahmen für die Außenwerbung nicht zur Verfügung stehen. In Zeiten geringer Werbeträger-Nachfrage sinken die Erlöse nicht proportional, da die Einnahmen aus dem Verkauf der Zeitschriften den Verlagen weiterhin zufließen.

Die besondere Bedeutung der Werbeeinnahmen für ihre Existenzsicherung veranlaßte die Verlagshäuser, den Wettbewerb um die Budgets der Industrieunternehmen durch den geschickten Einsatz ihres Marketing-Instrumentariums zu intensivieren. Die Bereitstellung aufwendiger Entscheidungshilfen für die Mediaselektion verfolgte beispielsweise zum einen das Ziel, die hohe Werbewirksamkeit von Presseveröffentlichungen zu dokumentieren, daneben versuchten sich aber auch einzelne Verlage durch die Schaffung dieses Service-Angebotes von ihren Konkurrenten abzusetzen[3].

---

1) Zur Verlagsgruppe Springer gehören z.B. die Programmzeitschriften "Funk Uhr" und "Hör Zu", die Fachzeitschrift "Rallye Racing" und die Tageszeitungen "Die Welt" und "Bild". Vgl. ARBEITSGEMEINSCHAFT MEDIA-ANALYSE E.V. (1982), S. 18.

2) In Abhängigkeit von der Anzeigennachfrage erscheinen die Hefte bei gleichem Verkaufspreis mit unterschiedlichen Seitenzahlen. Die Ausgaben einiger Illustrierter weisen in den Sommerferienmonaten bisweilen nur etwa die Hälfte des üblichen Umfanges auf.

3) Auf den Zweck der Profilierung einzelner Verlage weisen die Titel der Studien hin, die die Verlags- oder Zeitschriftenbezeichnung als Namensbestandteil tragen (z.B. "Brigitte-Typologie").

Die positive Resonanz der Abnehmer auf das Datenmaterial führt für die heutige Situation zu zwei Konsequenzen. Da die Pressemedien Vorreiter für die Lieferung von Planungsdaten waren, diktieren sie heute den Standard, welche Daten zu erheben und welche Methoden zu ihrer Gewinnung anzuwenden sind. Eine dieser Meßlatten ist das Vorgehen der **Arbeitsgemeinschaft Media-Analyse e.V. (AG.MA)**[1]. Die werbungtreibende Industrie und deren Agenturen bauen ihre Werbeplanungen auf den Daten und Methoden der AG.MA auf und fordern nun von allen anderen Medien die Bereitstellung vergleichbaren Zahlenmaterials[2].

Zugleich wird unter Hinweis auf die raschen Veränderungen in der Konsumentenstruktur die Notwendigkeit der fortlaufenden Erhebung aktueller Daten betont. Die AG.MA erneuert daher ihr Zahlenmaterial in jährlichem Rhythmus. Diesem aufwendigen Verfahren haben sich die Rundfunkanstalten im Jahre 1971 angeschlossen; außerdem gehören Lesezirkel- und Filmtheaterwerbung der Arbeitsgemeinschaft als Mitglieder an[3]. Der Beitritt der Außenwerbung wurde diskutiert, jedoch nicht in die Tat umgesetzt.

Gescheitert ist dieser Wunsch vor allem an der Forderung der bisherigen AG.MA-Mitglieder, daß die Außenwerbebranche akzeptable Vergleichskriterien erarbeiten und deren Anwendbarkeit durch empirische Erhebungen beweisen solle[4]. Da außerdem die Verpflichtung entstanden wäre, sich in den jährlichen Erhebungszyklus einzureihen, wurde aus Kostengründen auf die Teilnahme verzichtet.

Auf dem Gebiete der Auftragsabwicklung drängt die Konzentration der Zeitschriftenverlage die Außenwerbung ebenfalls in

---

1) Die Media-Analyse 1985 der AG.MA weist z.B. für 105 Zeitschriftentitel Reichweiten und Tausend-Kontakte-Preise aus. Vgl. o.V. (1985), Wettbewerb der Werbeträger, S. 67ff.
2) Mehrere Werbeagenturen und Herstellerunternehmen brachten diesen Wunsch gegenüber dem Verfasser zum Ausdruck.
3) Vgl. KOCIUBA (1981), S. 663ff. Der AG.MA gehörten 1981 15 Werbungtreibende, 38 Agenturen und 72 Werbeträger-Anbieter an. Die Abnehmerseite verfügt stets über 50% des Stimmrechtes in den AG.MA-Gremien.
4) Lt. Auskunft des FAW-Geschäftsführers.

eine Außenseiterposition[1]. Die kleineren lokalen Tageszeitungen teilen dagegen aufgrund mangelnder Vereinheitlichung der Druckverfahren noch den umständlichen flächendeckenden Buchungsvorgang mit dem Plakatanschlag[2].

Im Wettbewerb um die überregionalen Nachfrager geriet die Außenwerbebranche folglich unter spürbaren Druck, während sie im lokalen Bereich erst bei weiterem Fortschreiten der neuartigen Kommunikationstechnologien mit einer heftigeren Konkurrenz um die Abnehmer rechnen muß. Der Begriff der "Neuen Medien" streut in der Literatur über die gesamte Breite der in jüngerer Zeit entwickelten Verfahren zur Übertragung von Informationen[3]; engere Definitionen zählen hierzu Bildschirmtext, Kabel- und Satellitenfernsehen. Da der Zweckoptimismus der zukünftigen Anbieter die meisten Veröffentlichungen zu diesem Themenkreis prägt, soll auf die Wiedergabe dieser Quellen hier weitgehend verzichtet werden. Auf der Grundlage einer Expertenbefragung prognostizieren WITTE/SENNE die Marktanteile der Werbeträger für das Jahr 1995[4]. Demnach drohen der Außenwerbung im Bereich des lokalen Einzelhandels erhebliche Einbußen. Ihr Anteil an den Werbebudgets schrumpft auf 0,9% gegenüber 2,3% im Jahre 1983. Auch die Tageszeitungen erfahren Abstriche an ihrer dominierenden Rolle durch die Konkurrenz des lokalen Kabelfernsehens[5]. Dagegen bleibt die Nachfrage nach Außenwerbeträgern auf dem überregionalen Markt relativ stabil. Die Großunternehmen des Einzelhandels kürzen ihren Budgetanteil voraussichtlich um etwa 10%, die Herstellerunternehmen behalten die Quote der Außenwerbung sogar bei. Diese Resultate decken sich mit den Einschätzungen der Befragten in der empirischen Erhebung. 83% der Werbeagenturen und 80% der überregionalen Güterproduzenten glauben nicht, daß die elektronischen Medien die herkömmliche Außenwerbung schon in wenigen Jahren veraltet erscheinen lassen könnten[6]. Wenn-

----

1) Vgl. z.B. FAW (1975b), S. 47.
2) Vgl. WIELE (1984), S. 190ff.
3) Vgl. z.B. die Übersicht bei MICHAEL (1984), S. 21.
4) Vgl. WITTE/SENNE (1983), S. 1042ff.
5) Vgl. WITTE/SENNE (1983), S. 1048, Tabelle 4.
6) Vgl. AGENTUR, Frage 15, und NATIONAL, Frage 19.

gleich die Tauglichkeit der Außenwerbung als Basismedium bestritten wird, so erfüllt sie als Ergänzungsmedium trotzdem eine wichtige Funktion. Dafür spricht in der empirischen Erhebung die sehr eindeutige Bestätigung ihrer Eignung zur Abrundung eines Werbeplans[1]. Dennoch bekannte ein beträchtlicher Teil der befragten Unternehmen (50%) und Agenturen (33%), daß bei einer Budgetkürzung der für Außenwerbung vorgesehene Betrag bevorzugt als Korrekturposten herhalten muß[2].

Zusammenfassend läßt sich festhalten, daß die Attraktivität des Werbeträgers "Außenwerbung" als Wahlalternative zur Befriedigung eines Kommunikationsbedürfnisses in den Augen der potentiellen Nachfrager gesunken ist. Die Verbreiterung des Werbeträger-Angebotes durch das Erscheinen neuer Werbeformen seit Beginn der Sechziger Jahre (z.B. Fernseh- und Hörfunkwerbung) führte nur indirekt zu einer Verschlechterung der Wettbewerbsposition der Außenwerbung; zu jener Zeit wuchs das Medium selbst noch mit zufriedenstellenden Raten. Die Zeitschriftenverlage als starke und seit langem im Markt vertretene Anbietergruppe fühlten sich jedoch dazu herausgefordert, ihre Marktposition durch ein aktiveres und aggressiveres Marketing gegen die vermeintlichen neuen Konkurrenten zu verteidigen. Der Erfolg dieser Abwehrmaßnahmen wirkte sich letztlich kaum negativ auf die durch politisch motivierte Begrenzungen der Sendezeit in ihrer Angebotspolitik stark behinderten elektronischen Medien aus. Stattdessen wurden diejenigen Werbeformen getroffen, die es in der Folge versäumten, auf den Trend der Verlagshäuser, ihre Werbeträger-Angebote mit umfangreichen Sekundärleistungen aufzuwerten, angemessen zu reagieren. Dies gilt für die Außenwerbung in zweierlei Hinsicht: Die Anschlagunternehmer bauten weder ihrerseits konsequent ein Angebot von zugkräftigen Nebenleistungen auf, noch verdeutlichten sie ihren Abnehmern überzeugend, welche andersartigen Vorteile innerhalb des Leistungsbündels (z.B. Preisnachlässe) das Fehlen

----

1) Vgl. AGENTUR, Frage 13 (94% Zustimmung), und NATIONAL, Frage 17 (97% Zustimmung), bei Mittelwerten von 5,1 in beiden Erhebungsteilen.
2) Vgl. AGENTUR, Frage 20, und NATIONAL, Frage 23.

dieser Dienste kompensieren könnten. Daneben wurde die in der Verlagskonzentration zu beobachtende Anbieterzusammenfassung zu marktstarken Unternehmensgruppen nicht nachvollzogen. Den Einzelfirmen fehlen aber bis auf wenige Ausnahmen die finanziellen und technischen Möglichkeiten, die teilweise sehr anspruchsvollen Sekundärleistungen (z.B. Informationen zur Werbewirkung) in eigener Regie zu erbringen.

Die Strategie-Überlegungen innerhalb dieses Kapitels gliedern sich daher analog zu diesen beiden Problemkreisen in zwei Teile. Die strategischen Grundentscheidungen im Hinblick auf die Marktbearbeitung zeigen Alternativen auf, wie sich ein einzelnes Unternehmen gegenüber den von ihm als Konkurrenten angesehenen Anbietern verhalten könnte. Finden sich dagegen einige Wettbewerber zu Kooperationen zusammen, streben sie die Aufhebung des Konkurrenzdenkens zwischen den Partnern an. Der Schwerpunkt der Darstellung liegt dabei auf der Regelung ihres Innenverhältnisses.

4.2.2. Abgrenzung des relevanten Marktes und der relevanten Wettbewerber

Am Beginn der Planung einer Marketing-Strategie steht regelmäßig die sachliche Festlegung des von einer Unternehmung ins Auge gefaßten Tätigkeitsbereiches. In der amerikanischen Literatur hat ABELL für diesen Schritt die Bezeichnung "Defining the Business" geprägt[1]. In den Veröffentlichungen zur Methodik der strategischen Planung wird im Hinblick auf die beanspruchte Allgemeingültigkeit der Aussagen stets ein Unternehmen als Musterfall angenommen, das über seine gewünschten Aktivitäten noch in relativ weiten Grenzen bestimmen kann. Demgegenüber trifft die Themenstellung dieser Arbeit bereits eine Vorentscheidung in der Weise, daß vor allem die Vermarktung von Außenwerbeträgern untersucht werden soll. Die zu entwerfenden Strategien eignen sich demnach nur für Unternehmen, die das Angebot von Außenwerbeträgern

----

1) Vgl. ABELL/HAMMOND (1979), S. 9, und ABELL (1980).

zumindest als einen unter mehreren Bestandteilen ihrer Geschäftstätigkeit begreifen. Soweit die Grenzen des zugehörigen Marktes überschritten werden, finden in dieser Arbeit vorwiegend Diversifikationen nach außen - also Ergänzungen eines bestehenden Außenwerbeangebotes - Beachtung, während die Handlungsmotive und Vermarktungsstrategien branchenfremder Firmen, die ihr Sortiment um Anschlagflächen verbreitern, weitgehend unberücksichtigt bleiben.

Nennenswerte Schwierigkeiten bereitet einem Anbieter von Außenwerbeträgern bei der Bestimmung des relevanten Marktes im Grunde nur die sachliche Abgrenzung, welche fremden Angebote mit der eigenen Leistung um die Nachfrager konkurrieren[1]. In dem Augenblick, wo werbungtreibende Unternehmen ihre Werbeträger-Nachfrage auf dem Markt zum Ausdruck bringen, ist die interne Verteilung der Budgets bereits abgeschlossen. Dementsprechend bewerben sich um die jeweils ausgewiesenen Budgetanteile scheinbar nur noch Anbieter gleicher Werbeträger-Typen. Aus dieser Beobachtung könnte der Schluß gezogen werden, daß es einen eigenständigen Bedarf für Außenwerbeträger gibt, den die Anbieter von Werbeflächen über den "Markt für Außenwerbeträger" befriedigen. Diese enge Sichtweise begrenzt den Kreis der relevanten Wettbewerber auf die Anschlagunternehmen. Ergänzend könnte hier noch hinzugefügt werden, daß die Firmen in der Praxis ihren Markt noch untergliedern in Außenwerbeträger für den überregionalen und den lokalen Bedarf. Obwohl diese abnehmerbezogene Zweiteilung aus der Sicht des Marketing lediglich als grobe Segmentierung eines einzigen Marktes anzusprechen wäre, erklären die geringen Gemeinsamkeiten zwischen den angebotenen Leistungsbündeln das bei den Unternehmen weitverbreitete Verständnis von zwei getrennten relevanten Märkten.

----

1) Der relevante Markt ist zwar nicht nur in sachlicher, sondern auch in räumlicher, zeitlicher und marktstufenbezogener Hinsicht zu bestimmen (vgl. z.B. HAMMANN (1985), S. 01 01 01), jedoch bereitet lediglich die sachliche Abgrenzung größere Probleme. Daher beschränken z.B. NIESCHLAG/DICHTL/HÖRSCHGEN (1985), S. 617ff., ihre Ausführungen zum relevanten Markt allein auf die Darstellung sachlicher Abgrenzungsalternativen. Einen Überblick über alternative Abgrenzungskonzepte vermittelt z.B. HAMMANN (1985), S. 01 01 03.

Die Annahme eines **"Marktes für Außenwerbeträger"** erleichtert den Anschlagfirmen zwar die Bestimmung ihrer Wettbewerbsposition, weist aber den schwerwiegenden Nachteil auf, daß die Anbieter die Planungsphase der werbungtreibenden Unternehmen, in der die verfügbaren Finanzmittel auf die Werbeformen aufgeteilt werden, in ihrer Geschäftspolitik vernachlässigen. Die Planer legen den Budgetanteil der Außenwerbung jedoch nicht unabhängig und nicht willkürlich fest, sondern stellen ihr "Media-Mix" auf der Grundlage von Informationen zusammen, die den Beitrag jeder einzelnen in Betracht gezogenen Werbeform zu dem angestrebten Kommunikationsziel ausdrücken.

Folglich bezieht sich der Bedarf einer werbungtreibenden Firma im ersten Planungsschritt nicht auf einen konkreten Werbeträger-Typ als solchen, sondern auf ein Hilfsmittel zur Erreichung eines Kommunikationszieles. Für diese Vorgabe eignen sich aber - wenngleich in unterschiedlichem Maße - stets mehrere Werbeformen. Zwischen diesen besteht in der Einschätzung der Mediafachleute in weiten Grenzen Austauschbarkeit[1)]. Daher warnte LEVITT schon 1960 vor den Gefahren zu enger, produktbezogener Marktdefinitionen und plädierte für eine an den Bedürfnissen der Abnehmer ausgerichtete, breitere Sichtweise, die Freiräume für die technologische Weiterentwicklung oder den vollständigen Ersatz der bisherigen Leistung vorsieht[2)]. Aus dieser Perspektive konkurrieren die Medien auf einem **"Markt für Kommunikationsleistungen"** miteinander, noch bevor der erste Anbieter zur Abgabe eines konkreten Angebotes für die bevorstehende Werbemaßnahme aufgefordert wird. Die in der Praxis der Außenwerbung teilweise zu beobachtende Vernachlässigung dieser Planungsphase der Nachfrager mag daher rühren, daß die einzelnen Anbieter nicht an eine Beeinflussungsmöglichkeit glauben, weil sie auf den Entscheidungsprozeß scheinbar nicht direkt einwirken können.

----

1) Das hierin zum Ausdruck kommende "Konzept der subjektiv empfundenen Substituierbarkeit" geht zurück auf DICHTL/ANDRITZKY/SCHOBERT (1977), S. 291ff.

2) LEVITT (1975), S. 26ff.

Es lassen sich jedoch Marketing-Maßnahmen benennen, die sehr wohl auf das Ergebnis der Medienauswahl einwirken. Hierzu zählt z.B. die Bereitstellung jeglichen Informationsmaterials, das den Entscheidungsträgern ihre Arbeit erleichtert und ihnen zugleich die Berücksichtigung des betreffenden Werbeträgers nahelegt. Darüber hinaus erhöhen positive Erfahrungen der Abnehmer bei früheren Belegungen eines Mediums gleichsam in Form eines "Carry-over-Effektes" die Chancen zur wiederholten Schaltung, so daß die bedarfsgerechte Ausgestaltung eines realisierten Leistungsbündels zugleich auch immer den nächstfolgenden Beschaffungsvorgang vorbereiten hilft. Als Nachteil einer aktiven Abnehmerbeeinflussung in diesem frühen Planungsstadium stellt sich jedoch heraus, daß die unter Einsatz von Kommunikationsmaßnahmen erzeugte Präferenz für ein Medium nicht zwangsläufig dem informierenden Anbieter zugute kommt. Entschließt sich ein Hersteller aufgrund einer Werbewirkungsstudie zur Schaltung von Plakattafeln, kann es z.B. geschehen, daß der Kunde die vorgesehenen Werbestellen nicht bei dem Herausgeber der Studie, sondern bei dessen direktem Branchenkonkurrenten bucht, weil nur jener über einen ausreichenden Bestand in der gewünschten Stadt verfügt.

Innerhalb des zweistufigen Beschaffungsprozesses für Werbeträger richten sich also die absatzpolitischen Bemühungen eines Anschlagunternehmers zunächst gegen einen umfassenden, danach gegen einen engen, branchenspezifischen Wettbewerberkreis. Bei der Grobauswahl der Medien durch die planende Unternehmung stehen alle Werbeträger-Typen im Wettbewerb um die Nachfrage nach Kommunikationsleistungen, die Feinverteilung der Budgetposten geschieht dagegen nur noch innerhalb der Werbeträger-Gruppe. Da die Außenwerbebranche der erstgenannten, weitergefaßten Perspektive bislang zu wenig Aufmerksamkeit geschenkt hat, soll diese den Schwerpunkt der nachfolgenden Ausführungen bilden.

4.3. Grundentscheidungen der Vermarktungsstrategie

In der Literatur zur strategischen Marketing-Planung werden verschiedene Gliederungskriterien für Strategie-Muster vorgeschlagen, die häufig für sich allein genommen keine befriedigende Strukturierung des Entscheidungsproblems liefern. Während z.B. ANSOFF[1] in seiner Matrix-Darstellung eine Produkt-Markt-Beziehung herausstreicht, betont PORTER[2] den Aspekt der Marktstimulierung. Im Gegensatz dazu betrachtet BECKER[3] gleich vier Entscheidungsfelder als grundlegend für eine erfolgversprechende Marketing-Strategie. Er bindet die Vorschläge von ANSOFF und PORTER in seinen mehrdimensionalen Ansatz ein, läßt jedoch bereits durch die Anordnung seiner Kapitel erkennen, daß seiner Ansicht nach jede dieser vier Entscheidungen unabhängig von den anderen getroffen werden kann. Abweichend davon setzt der Verfasser dieser Arbeit die Marktsegmentierungsentscheidung[4] an die Spitze einer Entscheidungshierarchie, weil Festlegungen in einem Bereich den Freiraum nachfolgender Planungsphasen mitbestimmen. An die Abnehmergruppierung schließen sich regionale Marktbegrenzung, Wahl der Marktstimulierungsmethode und Marktfeldbestimmung an.

4.3.1. Entscheidung über die Marktsegmentierung

Im Rahmen der Entwicklung einer Marketing-Strategie steht die Bestimmung der Abnehmerzielgruppe an erster Stelle. Für diesen Zweck wird die sachliche Abgrenzung des relevanten Marktes wiederaufgegriffen, da als potentieller Nachfrager nur in Frage kommt, wer das der Marktdefinition zugrundeliegende Bedürfnis aufweist. Der planenden Unternehmung eröffnet sich dabei zunächst die einfache Möglichkeit, die Gesamtheit aller Nachfrager auf ihrem relevanten Markt als eine einheitlich reagierende Gruppe aufzufassen, die mit

---

1) Vgl. ANSOFF (1966), S. 130ff.
2) Vgl. PORTER (1983), S. 62ff.
3) Vgl. BECKER (1983), S. 76ff.
4) BECKER spricht hier von der "Marktparzellierungsentscheidung", vgl. BECKER (1983), S. 128ff.

nur einer einzigen Kombination der absatzpolitischen Instrumente angesprochen wird. Diese Vorgehensweise birgt die Gefahr in sich, daß die entsprechend allgemein gehaltene Ausstattung des Leistungsbündels den Bedürfnissen der meisten Nachfrager nicht voll entspricht und sich daher nur relativ wenige Interessenten finden. Der Vorteil dieses **undifferenzierten** Marketing liegt jedoch in den geringen Kosten der Marktbearbeitung, so daß sich seiner heute noch vor allem kleinere Firmen der Außenwerbebranche bedienen.

Differenziertes und **konzentriertes** Marketing stützen sich dagegen auf die Untergliederung des Gesamtmarktes in verschiedene Gruppen, von denen man annimmt, daß sich die Mitglieder in ihrem Beschaffungsverhalten untereinander deutlich stärker ähneln als den übrigen Abnehmern. Der Zuschnitt spezieller Strategien auf jedes dieser Marktsegmente soll den Kunden das Gefühl besserer Bedürfniserfüllung und somit stärkere Beschaffungsanreize vermitteln. Entschließt sich eine Unternehmung zur Durchführung einer Marktsegmentierung, bedarf es der sachgerechten Auswahl des zugrunde zu legenden Gruppierungskriteriums und der Entscheidung, ob alle (differenziertes Marketing) oder nur eines oder wenige dieser Segmente (konzentriertes Marketing) zur Bearbeitung aufgegriffen werden sollen.

In der Praxis der Außenwerbung stellt die Unterscheidung der Abnehmer nach überregionalen und lokalen Werbungtreibenden den wichtigsten Ansatz zur Marktsegmentierung dar. Die Relevanz dieses Gliederungskriteriums für das Beschaffungsverhalten der Unternehmen und Agenturen soll im folgenden näher untersucht werden.

Werbungtreibende mit überregionalem Absatzgebiet greifen aus den Angeboten der Außenwerbebranche bevorzugt die Großfläche als Werbeträger-Typ heraus, örtliche Werbekunden bedienen sich dagegen relativ häufig der Beschriftungsmöglichkeiten auf den Fahrzeugen der Nahverkehrsbetriebe. Als Motive für dieses Wahlverhalten könnten zunächst Präferenzen der Kunden für die Werbeträger-Typen vermutet werden, denen die Anschlagunternehmen durch die Zweiteilung ihrer Vermarktungsbemühungen entsprochen haben. Erforscht man die Ursachen für die Unterschiede in der Akzeptanz der genannten Außenwerbeformen in Abhängigkeit von der Größe der Absatzgebiete der werbungtreibenden Unternehmungen genauer, verbergen sich dahinter nicht so sehr abweichende Einschätzungen der werblichen Leistungsfähigkeit, sondern bestimmte Vorstellungen im Hinblick auf die gewünschte Werbeträger-Anzahl und das Streugebiet der Werbemaßnahme, die es mit wirtschaftlichem Einsatz der Budgetmittel zu verwirklichen gilt.

Die relativ teure handwerkliche Beschriftung von Straßenbahnen und Bussen verbietet normalerweise selbst Unternehmen mit bedeutenden Werbeetats die Belegung der für weitreichende Kommunikationsmaßnahmen benötigten Werbeträger-Anzahl. Sie scheidet daher für großflächige Streuungen aus. Umgekehrt erscheint der Einsatz von Papierplakaten mit seinen relativ hohen Fixkosten für die Erstellung einer Druckvorlage und den sehr niedrigen variablen Kosten des Bogendrucks nur bei großen Auflagen lohnend, die im lokalen Werbeumfeld nicht benötigt werden.

Nach Ansicht der Anschlagunternehmer tragen daneben unterschiedliche Laufzeitwünsche zu den beobachteten Abweichungen des Nutzungsverhaltens bei. Während demnach lokale Einzelhändler vorzugsweise langanhaltende Erinnerungswerbung treiben und deshalb Nahverkehrsfahrzeuge anmieten, legen überregionale Anbieter ihren Schwerpunkt eher auf kurzfristige Kommunikationsaussagen und bedienen sich dazu des Plakats. In der Praxis kann man jedoch auch kurzfristige Werbebotschaften von örtlichen Handelsbetrieben (z.B. über Sonderangebote) beobachten, die sich nur deshalb nicht auf kommerziell vermittelten Außenwerbeträgern finden, weil die Anschlagunternehmer keine geeigneten Leistungsbündel dafür anbieten. Stattdessen tragen die Schaufenster der Ladenlokale die einfachen handgeschriebenen Plakate. Den Bedarf überregionaler Werbungtreibender für Erinnerungswerbung unterstreichen dagegen die zahlreichen Lichtwerbungen bedeutender Markenartikelhersteller.

Die herkömmliche Zweiteilung in der Vermarktung stationärer und mobiler Plakatflächen beruht demnach nicht auf dem bewußten Zuschnitt der Leistungsbündel auf die Unterschiede im Beschaffungsverhalten der Segmente, vielmehr verfügen die Anschlagunternehmer über bestimmte, ihnen relativ unveränderlich erscheinende Leistungspotentiale, für die sie sich nachträglich die passenden Kunden gesucht haben. Ein Blick auf die Beschaffungsprozesse der Werbungdurchführenden läßt erkennen, daß sich der Aufbau eines Werbeträger-Bestandes nur selten an den Bedürfnissen der Nachfrager orientiert und stattdessen die Wahrnehmung günstiger Beschaffungsmöglichkeiten Vorrang genießt. Der Zwang zur Übernahme kompletter Wagenparks oder Allgemeinstellen-Netze von der öffentlichen Hand bietet allerdings auch nur einen beschränkten Spielraum zur aktiven Werbeträger-Gestaltung. Die Schaffung segmentspezifischer Leistungsbündel scheitert demnach möglicherweise an der fehlenden Fähigkeit oder Bereitschaft der Anbieter, die zugehörigen Werbeträger mit den benötigten funktionalen Leistungselementen zu beschaffen. Von der Möglichkeit, diesen Mangel durch die Ergänzung ihres Werbeträger-Angebotes um vielfältige Nebenleistungen zumindest teilweise auszugleichen, machten die Firmen ebenfalls nur sehr zögerlich, zumeist erst nach deutlichen Forderungen der Abnehmerseite[1]), Gebrauch.

Es stellt sich nun die Frage, welches Marktsegmentierungskriterium die bisherige, vom Leistungspotential vorgegebene Zweiteilung der Nachfrager ablösen sollte. Das zweite Kapitel dieser Arbeit behandelt ausführlich einige in der Literatur vorgeschlagene Ansätze zur Gruppierung der Abnehmer in relativ homogene Teilmärkte und versucht, die Konzepte auf die Gegebenheiten der Außenwerbung zu übertragen. Bei ge-

1) So geht z.B. die Einführung des "Standort-Beschreibungsbogens" auf Anstösse mehrerer Markenartikelhersteller, darunter die Firma Henkel, zurück.

nauer Betrachtung lassen sich die meisten Unterschiede im Beschaffungsverhalten der werbungtreibenden Unternehmen auf Aspekte im Zusammenhang mit der selbstgestellten Kommunikationsaufgabe zurückführen, zugleich wird aber auch offensichtlich, daß ein einstufiger Ansatz der Komplexität des Beschaffungsprozesses nicht gerecht wird.

Deshalb wird hier ein mehrstufiges Gliederungsverfahren vorgeschlagen, das die Gesamtheit der Nachfrager von Kommunikationsleistungen in einem ersten Schritt nach ihren Werbeaufgaben in Gruppen einteilt. Die besonderen Anforderungen bestimmter Werbeaufgaben lassen sich wie folgt in einer Auswahl beispielhaft für die Außenwerbung skizzieren:

- **Bekanntmachung eines Neuprodukts:** Der Hersteller benötigt zum vorgegebenen Termin der Markteinführung eine große Anzahl von Werbeträgern für einen relativ kurzen Zeitraum. Aufmerksamkeitsstarke Werbemittel müssen einsetzbar sein, besondere Bedeutung kommt der breiten Streuung der Werbeflächen zu.
- **Steigerung der Markenbekanntheit:** Die Kommunikationsmaßnahme folgt bezüglich der gewünschten Zeiträume und Werbeträger-Mengen zwar den Vorgaben eines Werbeplans, jedoch ist die Einhaltung dieser Daten wesentlich weniger zwingend als beim Start eines Neuprodukts. Im Falle pulsierender Werbung besteht häufig der Wunsch nach mehrfach wiederholter Belegung des gleichen Teilnetzes. Umfaßt die Werbeaktion mehrere Medien, konzentrieren sich die gebuchten Orte möglicherweise auf Gebiete, die von den anderen Werbeträger-Typen nur ungenügend abgedeckt werden.
- **Unterstützung von Verkaufsförderungsaktionen:** Die Ankündigungen beschränken sich oft auf ausgewählte Orte (z.B. bei Produktvorführungen durch ein reisendes Team des Herstellers) oder auf bestimmte Betriebstypen des Handels (z.B. SB-Warenhäuser). Im Vordergrund steht die Nähe des Standortes zum Aktionsort, die Belegung der einzelnen Werbefläche erfolgt häufig nur einmalig und für ein kurzes Intervall.

- **Erinnerungswerbung:** Der Abnehmer wirbt auf relativ wenigen Werbeträgern über einen langen Zeitraum. Bei Anmietung der Anschlagstellen für die gesamte Laufzeit ohne Unterbrechung lohnt sich aus der Sicht der Nachfrager der Aufwand für die sorgfältige Auswahl der Standorte und die Montage hochwertiger Werbemittel.

Da die Mengen- und Laufzeitunterschiede bei den Belegungswünschen innerhalb der Beschreibungen dominieren, bieten sie sich auf den ersten Blick als einfaches Ersatzkriterium an. Auch das bisherige Angebot der Außenwerbebranche hebt im Grunde lediglich auf die Befriedigung von Zeit- und Mengenpräferenzen ab und bedient zwei Kombination dieser beiden Merkmale. Papierplakate stehen für "große Mengen/kurze Laufzeit", Verkehrsmittel- und Lichtwerbung empfehlen sich dagegen für "kleine Mengen/lange Laufzeiten". Die alleinige Anpassung der segmentspezifischen Ausgestaltungen der absatzpolitischen Instrumente an Zeit- oder Mengenpräferenzen würde jedoch weitere wichtige Ansatzpunkte zur Verbesserung der Bedürfnisbefriedigung durch das Leistungsbündel vernachlässigen, da z.B. die Intensität von Beratung und Hilfe bei der Standortauswahl unberücksichtigt bliebe.

Die geringe Neigung der Werbungdurchführenden, die Marktsegmentierung nach den Kommunikationsaufgaben der Abnehmer einzuführen, gründet sich auf die Befürchtung, jede Nachfragergruppe mit einem eigenen Werbeträger-Typ bedienen zu müssen. Die erwarteten hohen Kosten der Bestandserweiterungen wirken dabei abschreckend. Ein großer Teil der notwendigen Differenzierungen in den Leistungsbündeln läßt sich jedoch auch ohne aufwendige Umrüstungen der Präsentationsvorrichtungen allein durch die unterschiedliche Ausstattung der Leistungsbündel mit Nebenleistungen wie Beratung, Auswahlhilfen etc. erreichen. Daneben erschließen Weiterentwicklungen in der Werbemittel-Herstellung ein breiteres Nutzungsspektrum für die vorhandenen Werbeträger-Typen.

So könnte sich z.B. die Außenwerbung an Verkehrsmitteln durchaus auch als kurzfristig und kurzzeitig belegbares

Medium präsentieren. Experimente mit Siebdruckfolien zeigen, daß sich optisch ansprechende Werbemittel für Nahverkehrsfahrzeuge produzieren lassen, die selbst bei geringen Aushangzeiten von wenigen Wochen oder Tagen als vergleichsweise wirtschaftlich gelten dürfen. Die Anbieter haben jedoch versäumt, die organisatorischen Voraussetzungen für kurzfristige Belegungen herzustellen. So ist es bei keinem Werbungdurchführenden möglich, zu einem bestimmten Termin eine größere Anzahl von mobilen Werbeflächen gleichzeitig anzumieten. Würde ein bestimmter Prozentsatz der Busse und Bahnen an jedem Ort von der Dauerbelegung ausgenommen und für Buchungen in schnellerem Rhythmus (z.B. zwei oder vier Wochen) reserviert, käme Verkehrsmittelwerbung auch für die Steigerung des Bekanntheitsgrades eines Produktes oder die Unterstützung von Verkaufsförderungsaktionen in Betracht. Ein Beispiel mit umgekehrter Zielrichtung zeigt die MOPLAK mit ihrem Angebot, Handels- und Handwerksbetrieben Großflächen in der Nähe ihrer Firmenräume zur Dauerbelegung mit lackierten Holztafeln anzubieten.

Sieht sich ein kleinerer Werbungdurchführender trotz des teilweise geringen materiellen Aufwandes für die segmentspezifische Differenzierung der Leistungsbündel nicht in der Lage, für jede denkbare Kommunikationsaufgabe seiner Abnehmer eine eigenständige Kombination der absatzpolitischen Instrumente zu entwickeln, so sollte er sich im Sinne des konzentrierten Marketing auf eines oder wenige dieser Segmente spezialisieren. Um allerdings den potentiellen Nachfragern dieses Teilmarktes das Gefühl zu geben, daß sie mit einer leistungsfähigen Problemlösung für ihre Kommunikationsaufgabe bedient werden, muß möglicherweise auch der auf ein Segment spezialisierte Anschlagunternehmer sein Leistungsbündel mit besonderen Nebenleistungen anreichern. Nur so kann er darauf hoffen, seinen Werbeträger-Bestand auszulasten.

Einige Anbieter wählten einen anderen Ansatzpunkt zur Spezialisierung, indem sie ihren Werbeträger-Bestand konsequent auf die Erreichung einer bestimmten, denkbaren Zielgruppe der werblichen Ansprache (z.B. Jugendliche) ausgerichtet haben[1]. Um dieses Vorgehen zu beurteilen, muß die Frage geklärt werden, ob die Zielgruppenpräferenz der Nachfrager eine Vorrangstellung gegenüber der Kommunikationsaufgabe einnimmt. Bei sachgemäßer Werbeplanung orientiert sich aber auch die Ausgestaltung des Kontaktes zu einem ausgewählten Personenkreis vorrangig an den Zielsetzungen der Kommunikationsmaßnahme. Daraus folgt, daß auch ein sog. "Zielgruppenmedium" nur dann erfolgreich vermarktet werden kann, wenn es in seinem Belegungsmodus und den Sekundärleistungen mit den Vorstellungen des Auftraggebers harmoniert, ihm also die Realisierung seiner Werbeziele verspricht. Die Differenzierung nach Kommunikationszielgruppen der Abnehmer kann daher auf einer nachgeordneten Stufe innerhalb des hier behandelten mehrstufigen Marktsegmentierungskonzeptes angesiedelt werden.

Ähnliches gilt für die in der Praxis verbreitete getrennte Ansprache von überregionalen und lokalen Abnehmern. Beide Nachfragergruppen unterscheiden sich im Grunde nicht in den Werbezielen, die sie verfolgen können. Die Ankündigung der Markteinführung eines neuen Produktes ähnelt in den Anforderungen an die Werbeträger-Belegung stark der Bekanntmachung der Neueröffnung eines Handelsbetriebes und weicht im Ablauf des Planungsprozesses vom letztgenannten Werbeanlaß hauptsächlich dadurch ab, daß sich der entsprechende Buchungsvorgang auf zahlreiche Städte - und nicht nur auf einen einzigen Ort - bezieht. Der Arbeitsgang der Werbeträger-Auswahl folgt bei einem großen Auftrag den gleichen Selektionskriterien und vervielfältigt sich lediglich um die Anzahl der beteiligten Orte. Die Bemühungen der Anbieter haben also unabhängig von der Unternehmensgröße der Kundenfirmen nur dann Erfolg, wenn die potentiellen Nachfrager von der Eignung der betreffenden Außenwerbeform für die anstehende Kommunikationsaufgabe überzeugt werden können. Erst wenn die

---

1) So bezeichnet z.B. die Fa. CONCEPT-TEAM ihre Beschriftungen von Volkswagen-Käfern als Zielgruppenmedium für die Ansprache von Jugendlichen.

Aussicht besteht, diesen Aspekt der Funktionalqualität des Mediums den Abnehmern erfolgreich zu vermitteln, kann auf einer nachgeordneten Ebene des Vermarktungsstrategie sinnvoll über die Anpassung der offerierten Leistungsbündel an die Größe des abzudeckenden Werbezielgebietes nachgedacht werden.

Im Anschluß an die erste Stufe des Segmentierungsansatzes sollte zusätzlich noch eine Verfeinerung der Abnehmergliederung vorgenommen werden, die an die Einstellungen der Nachfrager zur Außenwerbung anknüpft. Der Vermarktungserfolg eines Werbeträger-Typs ist nämlich noch nicht sichergestellt, wenn das Leistungsbündel lediglich aus der Sicht der Anbieter den Anforderungen der werbungtreibenden Unternehmen gerecht werden müßte. Vielmehr muß die Eignung als Problemlösung den potentiellen Abnehmern in den meisten Fällen noch durch entsprechende Kommunikationsmaßnahmen verdeutlicht werden. Die Ansprache der Nachfrager sollte deshalb auch nach den unterschiedlichen Einschätzungen der Werbewirksamkeit der Außenwerbung differenzieren und jeweils die spezifischen Defizite der Abnehmerseite zu beseitigen suchen. Es handelt sich dabei nicht immer nur um einen ungenügenden Wissensstand, der durch Forschungsdaten behoben werden könnte, sondern oft auch um emotionale Vorbehalte, z.B. gegenüber der Glaubwürdigkeit der vorgelegten empirischen Daten, denen vor allem vertrauensbildende Maßnahmen entgegenwirken. Schließlich kann die herausragende Bedeutung einzelner Nebenleistungen für die Beschaffungsentscheidungen einer Abnehmergruppe eigene Marktsegmente begründen, für die jeweils die "Grundausstattung" des Leistungsangebots für eine Kommunikationsaufgabe um besondere Anstrengungen bei den beschaffungsrelevanten Nebenleistungen ergänzt werden muß.

4.3.2. Entscheidung über die regionale Marktabgrenzung

Den alternativen Möglichkeiten zur regionalen Bestimmung des Zielmarktes, von BECKER "Marktarealstrategien" genannt[1], setzt die räumliche Abgrenzung des relevanten Marktes einen Höchstrahmen. Innerhalb dieser Grenzen erstreckt sich das Absatzgebiet einer Unternehmung im Regelfall auf die von eigenen und fremden Vertriebsorganen bearbeiteten oder erschließbaren Zonen des Gesamtmarktes. Bei der Außenwerbung beeinflussen zusätzlich - und deutlich stärker als die Vertriebsorganisation - die Standorte der Werbeträger die räumliche Beschreibung des Nachfragerkreises, dessen Ansprache Erfolg verspricht. Anbieter mobiler und wechselnd-stationärer Außenwerbeträger unterliegen in dieser Hinsicht teilweise anderen Beschränkungen als die Vermieter stationärer Anschlagflächen. Die durch das Dienstepotential auferlegten Restriktionen tauchen dabei nicht nur im Zusammenhang mit Überlegungen zur Expansion in ausländische Märkte auf, sondern müssen bereits bei der Auswertung des inländischen Bedarfs an Kommunikationsleistungen beachtet werden.

Im Gegensatz zum Ablauf bei der Vermarktung von Sachgütern und zahlreichen Dienstleistungen, die am Wohnort des Nachfragers erbracht werden müssen, handelt es sich beim Vertrieb von Kommunikationsleistungen auf Außenwerbeträgern lediglich um den Abschluß bzw. die Vermittlung körperloser Kontrakte. Die Bereitstellung der Werbefläche - die Kernleistung des Vertrages - erfolgt am Standort des Leistungspotentials des Anbieters, ohne daß fertige Sachgüter oder Potentialfaktoren an den Aufenthaltsort des Kunden transportiert werden müssen. Die Vermarktung eines Werbeträger-Belegungsrechtes ist dadurch weitgehend befreit von den üblichen Problemen der physischen Distribution, die sich im Zwang zur Schaffung der Präsenz von Waren oder Betriebseinrichtungen in der Nähe des Kunden äußern. Das Vertriebsgebiet von Werbeträger-Belegungen erfährt in dieser Hinsicht

----

1) Vgl. BECKER (1983), S. 162ff.

durch den Sitz des Nachfragers kaum nennenswerte Einschränkungen, während sich das Marktareal eines Sachgüterhersteller stets auch an seinen Kapazitäten zur Auslieferung und Zwischenlagerung der Produkte orientieren muß.

Die Vertriebsorganisation für Außenwerbeträger besteht im Zielgebiet also lediglich aus den Mitarbeitern, die mit Kommunikationshilfen wie Katalogen, Fotos etc. die potentiellen Abnehmer besuchen. Produktvorführungen beim Nachfrager scheiden aus technischen Gründen aus, bestenfalls können Referenzstandorte in der Nähe des Kundensitzes oder Muster der Präsentationstechniken im Rahmen von Messen oder Ausstellungen gezeigt werden. Da in vielen Fällen für den Abschluß eines Mietvertrages ein persönlicher Besuch nicht zwingend erforderlich ist, kann der Nachfrager ersatzweise schriftlich oder telefonisch Kontakt mit dem Werbungdurchführenden aufnehmen. Die erfolgreiche bundesweite Vermarktung von Außenwerbeträgern durch Unternehmen, die nicht über Niederlassungen außerhalb ihres Hauptsitzes verfügen, belegt, daß Probleme bei der Einrichtung einer Vertriebsorganisation nur geringen Einfluß auf die regionale Marktabgrenzung ausüben.

Die überwiegende Zahl der Außenwerbeträger befindet sich **stationär** an festen Standorten. Die mit ihnen verbundenen Belegungsrechte lassen sich sinnvollerweise nur an solche Abnehmer vermarkten, die im Umfeld der Anschlagfläche eine Werbeaussage verbreiten möchten. Verfügt ein Werbungdurchführender z.B. nur über Werbeflächen im Stadtgebiet von Köln, so besteht sein potentieller Kundenkreis aus den lokalen Werbungtreibenden in Köln und näherer Umgebung, allen regionalen Firmen, die ihre Leistungen auch in Köln vertreiben, und allen nationalen Herstellern und Dienstleistungsunternehmen. Beschränkt der Vermieter nun seine Absatzbemühungen auf den Einzugsbereich seines Werbeträger-Bestandes, so erfaßt er - läßt man vermeintliche Präferenzen für bestimmte Werbeträger-Typen dabei außer Acht - sowohl alle lokalen Firmen als auch diejenigen überregionalen Unternehmen, die in Köln anbieten und dort beheimatet sind. Die Ausdehnung der Vertriebstätigkeit auf das Kölner Umland erweitert die denkbare Abnehmerzahl noch einmal deutlich, während die Kundensuche in entfernteren Gebieten von zahlenmäßig abnehmendem Erfolg begleitet sein wird, weil von dort keine lokalen und regionalen Abnehmer mehr hinzugewonnen werden können. Während die hohe Anzahl der potentiellen Nachfrager in Köln die Einrichtung eines Vetriebsbüros rechtfertigt, lohnt sich in den weiter entfernten Gebieten möglicherweise eher ein selektives Vorgehen. So kann sich der Anbieter auf die direkte Ansprache mutmaßlicher Großkunden, Inserate in den Fachzeitschriften besonders werbefreudiger Branchen oder die Eröffnung von Niederlassungen in Städten, die für eine Häufung von Kundenunternehmungen oder Werbeagenturen (z.B. Frankfurt oder Düsseldorf) bekannt sind, beschränken.

Der Aufbau weiterer Teilnetze in anderen Städten - z.B. neben Köln auch in Düsseldorf - erweitert die Anzahl der potentiellen nationalen Nachfrager im Prinzip nicht mehr. Lediglich die lokalen und regionalen Unternehmen des neuen Ortes können zusätzlich erschlossen werden. Der regionale Ausbau des Werbeträger-Bestandes erhöht jedoch die Chance, in den Beschaffungsplänen von Werbungtreibenden, die ein größeres Zielgebiet abdecken wollen, berücksichtigt zu werden, da diese über die Reduzierung der Anzahl von Vertragspartnern Kosteneinsparungen anstreben. Zudem verursacht die Vermarktung zusätzlicher Anschlagstellen an die vorhandenen nationalen Kunden kaum zusätzliche Kosten, da die bestehende Absatzorganisation unverändert beibehalten werden kann. Dagegen müssen für die lokalen Abnehmer in den neuen Städten jeweils Niederlassungen und Beratungsstellen eingerichtet und für die Bekanntmachung des Angebots neue Werbeträger (z.B. örtliche Tageszeitungen) erschlossen werden.

Diese Überlegungen gelten für **mobile** Außenwerbeträger nur unter dem Vorbehalt, daß die einzelnen Werbeflächen den Einzugsbereich eines lokalen Nachfragers normalerweise nicht verlassen. Diese Einschränkung trifft auf die Fahrzeuge der meisten kommunalen Verkehrsbetriebe zu. Die Werbemöglichkeiten bei regionalen Omnibusunternehmen oder auf den S-Bahn-Linien der Deutschen Bundesbahn besitzen dagegen für lokale Werbungtreibende wegen der hohen Streuverluste kaum noch Bedeutung. Handelsunternehmen in den angesteuerten Orten belegen diese Verkehrsmittel nur noch dann, wenn sie auf zahlreiche Käufer aus dem Umland hoffen dürfen. Beschriftungen auf Lastkraftwagen im Fernverkehr oder Auslagen in den Schnellzügen der Bundesbahn stoßen schließlich nur noch auf das Interesse von bedeutenden Markenartikelherstellern und solchen kleineren Firmen, für die die Werbemaßnahme aufgrund einer hohen Zielgruppenabdeckung wirtschaftlich günstig erscheint (z.B. Werbung für ein Hotel in der Nähe einer wichtigen Haltestation des Zuges).

Demgegenüber spielt die Größe des vom Nachfrager abzudeckenden Zielgebietes für die Vermarktung **wechselnd-stationärer** Werbeträger kaum eine Rolle, da die Breitenwirkung der Kommunikationsmaßnahme bei ihnen weniger über den gleichzeitigen Einsatz einer größeren Anzahl von Werbeträgern, sondern eher durch zeitlich aufeinanderfolgende Besuche der Zielorte mit dem gleichen Werbeträger erzeugt wird. Obwohl wechselnd-stationäre Werbeträger oft auch von lokalen Nachfragern gebucht werden, muß ihre Vermarktung dennoch zwangsläufig in größerem regionalen Rahmen erfolgen. Der besondere Aufmerksamkeitseffekt von Doppeldeckeromnibussen, Kutschen etc. nutzt sich bei zu häufigem Einsatz am gleichen Ort sehr schnell ab, so daß der Zeitraum zwischen zwei erfolgversprechenden Einsatzterminen in einer Stadt durch eine Tournee mit vielen auswärtigen Stationen überbrückt werden muß.

Die Bestimmung des von der Vertriebsorganisation zu bearbeitenden Kundenkreises tritt also bei den meisten Außenwerbeformen in ihrer strategischen Bedeutung hinter die Festlegung der Aufstellungsorte für das Werbeträger-Netz zurück. Die Auswahl geeigneter Städte erfolgt in der Praxis, abgesehen von der bereits angesprochenen Ausschöpfung von Nachfrageverbunden, vorwiegend unter Konkurrenzgesichtspunkten. Eine hohe Belegungsquote garantieren vor allem Orte, in denen die vorhandenen Werbeflächen der starken Nachfrage noch nicht genügen.

Die Beschränkung auf einen begrenzten Werbeträger-Bestand kann sich lohnen, wenn durch einen mit ihm verknüpften Wettbewerbsvorteil der Aufwand für die Vermarktung wesentlich reduziert werden kann. Eine verteidigungsfähige Sonderstellung im Markt verschaffen z.B. Standortmonopole für bestimmte Werbeträger-Typen (z.B. in der Verkehrsmittelwerbung). Jedoch müssen den Nachfragern Außenwerbeform und Angebotsort so attraktiv erscheinen, daß sie den Vermieter in ihrer Streuplanung keinesfalls übergehen möchten und der Werbungdurchführende nicht auf die Realisierung von Mengenverbunden angewiesen ist. In einer vergleichbaren Situation befinden sich Werbungdurchführende, die über große Bestände in Städten verfügen, die aufgrund einer zurückhaltenden Genehmigungspraxis der Gemeindeverwaltungen unterdurchschnittlich mit Standorten ausgestattet oder als Zielort bei den Kunden besonders gefragt sind.

Weniger geschützt sind Standortvorteile, bei denen Wirtschaftlichkeitserwägungen möglichen Konkurrenten Zurückhaltung auferlegen. In ländlichen Gebieten kann oft nur eine geringe Werbeträger-Anzahl ausgelastet werden. Verfügt ein Anbieter bereits über ein entsprechendes Netz, muß ein Wettbewerber bei seinem Markteintritt stets damit rechnen, nicht nur dem etablierten Werbungdurchführenden zu schaden, sondern auch selbst auf Dauer kein befriedigendes Vermarktungsresultat zu erwirtschaften.

Dagegen spricht der Aspekt der Risikostreuung für räumlich breit angelegte Werbeträger-Netze. Verdrängungswettbewerb in Städten mit einem Überangebot an Werbeflächen, aber hoher Bedeutung für die Ausnutzung von Nachfrageverbunden, kann in seinen Konsequenzen für das Gesamtunternehmen durch relativ sichere Einnahmen aus Orten mit weniger starkem Konkurrenzkampf abgemildert werden.

4.3.3. Entscheidung über das Vorgehen zur Marktstimulierung

Hat der planende Unternehmer seinen Zielmarkt sowohl in sachlicher als auch räumlicher Hinsicht innerhalb der Vorgaben seines relevanten Marktes hinreichend präzisiert, kann er in einem nächsten Schritt darüber nachdenken, auf welche Weise er die Abnahmebereitschaft seiner Nachfragerzielgruppe anregen möchte. Wie der Begriff des "Preis-Leistungs-Verhältnisses" zum Ausdruck bringt, vergleichen die Abnehmer in ihrer Beurteilung ein angebotenes Leistungsbündel mit dem dafür geforderten Entgelt. Die Günstigkeit eines Angebotes verbessert sich für den Kunden, wenn der Preis bei gleichbleibender Qualität des Gutes sinkt oder bei konstanter Entgeltforderung die Leistungsqualität steigt. Da ein Anbieter von der gezielten Verbesserung seines Preis-Leistungs-Verhältnisses gegenüber früheren eigenen Angeboten, aber auch gegenüber Offerten seiner Wettbewerber, erhöhte Absatzchancen erwarten darf, bezeichnet BECKER die beiden gerade skizzierten Handlungsalternativen der "Preis-Mengen-Strategie" und der "Präferenz-Strategie" als Maßnahmen zur "Marktstimulierung"[1].

Wählt ein Anbieter die **Preis-Mengen-Strategie**, hält er bei der Kernleistung seines Leistungsbündels stets eine von den Abnehmern allgemein geforderte Mindestqualität ein. Die Nebenleistungen beschränken sich auf das zur Vermarktung unverzichtbare Minimum (z.B. Auftragsabwicklung, Auslieferung). Als Wettbewerbsparameter dienen damit allein Preis und Angebotsmenge. Diese Vorgehensweise kommt in Betracht, wenn auf dem Markt genügend Abnehmer vermutet werden, die zugunsten finanzieller Ersparnisse Abstriche bei den Sekundärleistungen hinnehmen. Die Preis-Mengen-Strategie erbringt nur dann einen akzeptablen Gewinn, wenn den geringen Stückdeckungsbeiträgen der Gütereinheiten hohe Absatzzahlen gegenüberstehen. Dazu bedarf es innerhalb des Unternehmens, das diese Strategie wählt, bestimmter betriebswirtschaft-

----

1) BECKER (1983), S. 97ff.

licher Voraussetzungen, die PORTER durch seine Kennzeichnung der Strategie als "Umfassende Kostenführerschaft"[1] andeutet. Im Vordergrund stehen dabei günstige Produktionskosten, die sich im Zeitablauf z.B. durch die Effekte der Erfahrungskurve realisieren lassen[2]. Im Unterschied zu BECKER, der die Preis-Mengen-Strategie vor allem im Hinblick auf ihre Akzeptanz bei den Abnehmern beurteilt, sieht sie PORTER eher als ein Instrument zur Ausnutzung einer Stärke des eigenen Unternehmens gegenüber den Wettbewerbern.

Im Gegensatz dazu werden den Nachfragern im Rahmen der **Präferenz-Strategie** Leistungsbündel offeriert, die ihren spezifischen Bedürfnissen durch die differenzierte Ausgestaltung von Haupt- und Nebenleistungen stärker als ein standardisiertes Angebot entgegenkommen. Die Nachfrager bevorzugen das auf ihre Vorstellungen am besten zugeschnittene Gut, das ihnen mithin den höchsten Nutzen verspricht. Der Anbieter vertraut darauf, daß die Nachfrager seine Bemühungen durch die Zahlung höherer Entgelte honorieren. Die größere Problemlösungsfähigkeit differenzierter Leistungsbündel soll das eigene Angebot im Urteil der Beschaffungsseite von dem der Konkurrenten absetzen und dadurch den Wettbewerbsdruck vermindern, dem sich das Unternehmen ausgesetzt sieht. Da spezialisierte Leistungsbündel auf einen engeren Interessentenkreis als Universalgüter treffen, müssen nämlich relativ hohe Stückdeckungsbeiträge erwirtschaftet werden, um die geringeren Absatzzahlen bei der Realisierung des erwarteten Gewinns auszugleichen.

Daneben kann sich ein Unternehmen natürlich auch dazu entschließen, beide Bereiche - Ausstattung des Leistungsbündels

---

1) PORTER (1983), S. 62ff., unterscheidet durch die Bezeichnungen "Umfassende Kostenführerschaft" und "Differenzierung" ähnliche Vorgehensweisen wie BECKER, jedoch stets mit dem Gesamtmarkt als Aktionsfeld. Die Beschränkung auf ein Segment (konzentriertes Marketing) faßt er separat unter den Begriff "Konzentration auf Schwerpunkte".
2) Zu den Ansatzpunkten, die Produktionskosten wirksam zu senken, vgl. neben PORTER (1983), S. 65f., z.B. auch AAKER (1984), S. 218ff., und PORTER (1985), S. 99ff.

und Entgeltforderung - gleichzeitig als Aktionsbereiche zu betrachten. Hierbei könnte man von "Mischstrategien"[1]) sprechen.

Einschränkend muß hier bereits angemerkt werden, daß die Wahl zwischen Preis-Mengen-Strategie und präferenzbildender Marktbearbeitung von der zuvor getroffenen Zielgruppenentscheidung abhängen kann. Die Kostenvorteile standardisierter Leistungsbündel lassen sich zumeist nur dann verwirklichen, wenn der gesamte Markt mit dem gleichen Gut bedient wird. Die Ausarbeitung unterschiedlicher Leistungsbündel für mehrere Marktsegmente ähnelt dagegen schon der Präferenz-Strategie. Beschränkt sich ein Anbieter auf eine einzige Abnehmergruppe, so muß deren Bedienung mit einem auf ihre Bedürfnisse zugeschnittenen Gut aus der Sicht des Gesamtmarktes als präferenzbildende Maßnahme interpretiert werden, selbst wenn der Anbieter seine Kapazitäten nur zur kostengünstigen Erstellung dieser einzigen Leistung einsetzt[2]).

4.3.3.1. Preis-Mengen-Strategie

Vergleicht man die Angebote verschiedener Werbeträger auf dem Markt für Kommunikationsleistungen miteinander, fällt ins Auge, daß die Außenwerbebranche traditionell eine Preis-Mengen-Strategie betreibt. So wird beispielsweise die Vermarktung von Großflächen bislang nur durch relativ wenige Auswahlhilfen und Beratungsleistungen unterstützt. Dagegen steht der äußerst günstige Tausend-Kontakte-Preis häufig als denkbarer Beschaffungsanreiz im Mittelpunkt der Verkaufsargumentation. Die Nachfrager bezweifeln jedoch die behauptete Preiswürdigkeit und kritisieren stattdessen die ungenügende Bereitstellung von empirischen Belegen für die Werbewirksamkeit.

Die Nachfrager scheinen diese Informationen so hoch einzuschätzen, daß Werbeträger, die auf diesem Gebiet einen be-

---

1) BECKER (1983), S. 116ff.
2) Vgl. hierzu z.B. die Ausführungen bei BECKER (1983), S. 97f. und 111ff., PORTER (1983), S. 67ff., und AAKER (1984), S. 221ff.

stimmten Standard unterschreiten, nur noch geringe Chancen haben, in ein Media-Mix aufgenommen zu werden. Es ergibt sich daraus das definitorische Problem, ob die bisherige Art der Vermarktung von Außenwerbeträgern überhaupt noch eine gültige Preis-Mengen-Strategie darstellt, da sich die Ansprüche der Nachfrager im Zeitablauf möglicherweise soweit erhöht haben, daß die Leistungsbündel der Anschlagunternehmer nicht mehr die für eine Preis-Mengen-Strategie vorausgesetzte Minimalqualität als Problemlösung garantieren.

Diese Überlegung mündet in die Frage, ob die mittlerweile von vielen Werbeformen angebotenen und von den Nachfragern positiv aufgenommenen Sekundärleistungen (z.B. Reichweitendaten) die Anforderungen der Abnehmer an die akzeptable Mindestqualität der Werbeträger tatsächlich heraufgesetzt haben. Nimmt man diese Überlegung als zutreffend an, verfolgen die mit diesen Hilfestellungen operierenden Medien lediglich eine Preis-Mengen-Strategie auf einem gestiegenem Niveau, dem sich die Außenwerbung in jedem Fall anzupassen hätte. Darüber hinaus müßten die absatzpolitischen Instrumente aber auch noch genügend gestalterischen Freiraum für die Individualisierung von Angeboten im Sinne der Präferenz-Strategie bieten. Da sich der Nachholbedarf der Außenwerbebranche jedoch nicht auf die Hauptleistung, sondern fast ausschließlich auf Nebenleistungen bezieht, soll die Ergänzung der reinen Werbeträger-Belegung mit einem annähernd wettbewerbsfähigen Bündel von Nebenleistungen als Ausdruck einer präferenzbildenden Vorgehensweise betrachtet werden. Sieht man also davon ab, ein angehobenes Mindestniveau zu definieren, und schreibt den relativen Rückstand der Außenwerbebranche dem erfolgreichen Einsatz der Präferenz-Strategie durch konkurrierende Medien zu, müssen die Zukunftschancen der Preis-Mengen-Strategie für die Außenwerbung bezweifelt werden, da es dem Medium nicht mehr gelingt, sich bei Einhaltung der Qualitätsanforderungen ohne Sekundärleistungen auf dem Markt erfolgreich zu behaupten.

Im Regelfall erfolgt die Wahl zwischen den beiden genannten Strategietypen im Hinblick auf das Beschaffungsverhalten der Nachfrager. Die Marktstimulierung bezweckt die Kombination der absatzpolitischen Instrumente in einer Weise, die einen möglichst hohen Beschaffungsanreiz auf die Abnehmer ausübt. Im vorliegenden Fall leidet die Entscheidungsfreiheit der Anschlagunternehmer darunter, daß sie mit einer Preis-Mengen-Strategie neben den erfolgreichen Präferenz-Strategien einiger bedeutender Medien (z.B. Zeitschriften, Fernsehen) nicht mehr am Markt bestehen können. Ihnen bleibt - von kleineren Freiräumen abgesehen - nur noch die Alternative eines angepaßten, reagierenden Verhaltens. Über die Freiheit, ihre Vermarktungsstrategien unabhängig von den Vorgaben anderer Medien zu gestalten, verfügen sie demnach nur noch begrenzt.

Die Außenwerbebranche ist in diese ungünstige Wettbewerbsposition auf dem Markt für Kommunikationsleistungen nicht zuletzt auch deshalb geraten, weil sie sich überwiegend passiv verhalten hat. Dies mochte bisher durch das Streben nach geringen Kosten im Rahmen einer Preis-Mengen-Strategie vertretbar erscheinen. Sollen dagegen die erheblichen Aufwendungen für die Nebenleistungen eines präferenzbildenden Angebotes erwirtschaftet werden, müssen die Entgeltforderungen für die Leistungsbündel deutlich angehoben werden. Die Außenwerbung kann jedoch nicht zusätzliche Budgetmittel der Nachfrager für sich beanspruchen, ohne die Marktpositionen anderer Medien zu beeinträchtigen. Da sich die Werbeaufwendungen der Nachfrager nach dem Kommunikationsbedarf auf deren Absatzmärkten richten, unterliegt die Bestimmung des zur Verteilung auf die Medien vorgesehenen Betrages kaum dem Einfluß der Werbeträger. Eine aktive Marktbearbeitung im Sinne einer Ausweitung der Gesamtnachfrage scheidet also weitgehend aus, zusätzliche Erlöse können nur durch ein aggressives Verhalten gegenüber den Wettbewerbern erzielt werden.

4.3.3.2. Präferenz-Strategie

Im Gegensatz zur Preis-Mengen-Strategie, die nur über Preis und Angebotsmenge als Gestaltungsparameter verfügt, kann eine Präferenz-Strategie aus der ganzen Breite des absatzpolitischen Instrumentariums Anregungen für die Profilierung von Leistungsbündeln schöpfen.

Die zuvor konstatierte Notwendigkeit für die Außenwerbung, sich dem durch andere, marktstärkere Medien vorgezeichneten Trend zu präferenzerzeugenden Marketing-Strategien anzuschließen, darf jedoch nicht in dem Sinne mißverstanden werden, daß zwangsläufig auch alle von den Vorreitern ergriffenen Maßnahmen übernommen werden müssen. Die erfolgreiche Schaffung von Präferenzen verlangt vielmehr von einem Anbieter, daß er ein individuelles Leistungsbündel entwickelt, daß die daran interessierten Nachfrager nur von ihm beziehen können[1]. In der Praxis läßt sich daneben häufig auch beobachten, daß erfolgreiche Leistungsbündel von Wettbewerbern bewußt kopiert werden, um an den Markterschliessungserfolgen ihrer Urheber teilzuhaben.

Die eigenständigste Präferenz-Strategie verfolgt ein Anschlagunternehmer, der sich in seinem Angebot bereits von seinen Branchenkollegen deutlich unterscheidet. Ein Beispiel hierfür zeigt die Firma Abribus mit ihren für Deutschland neuartigen beleuchteten und verglasten Plakattafeln. Auf dem weiten Markt für Kommunikationsleistungen heben sich aber auch alle Leistungsbündel, die Außenwerbung enthalten, als Gruppe von den Offerten anderer Werbeträger-Typen ab. Der Eindruck, über Auswahlalternativen zu verfügen, bleibt möglicherweise in den Augen der Nachfrager selbst dann bestehen, wenn sich alle Anbieter eines Mediums untereinander auf einige gemeinsame Richtlinien ihrer Vermarktungspolitik verständigen. Außenwerbung wahrt ihren eigenständigen Charakter neben Zeitschriften- und Fernsehwerbung z.B. auch

----

1) Vgl. PORTER (1983), S. 65f.

dann noch, wenn sich alle Anbieter auf gleiche Tafelgrößen und Laufzeiten einigen. Da die werbungtreibenden Firmen auf dem Markt für Kommunikationsleistungen in der ersten Stufe der Mediaselektion nur eine Grobauswahl der Medien vornehmen, bleibt ohnehin die Frage offen, ob sich Differenzierungen zwischen Anbietern des gleichen Mediums dort überhaupt auswirken.

Eine Imitationsstrategie auf dem Markt für Kommunikationsleistungen bedingt dagegen den betonten Einsatz derjenigen Marketing-Instrumente, derer sich die als Hauptwettbewerber aufgefaßten Anbieter ebenfalls bedienen. Als Anpassungsmaßnahme in dieser Richtung könnte z.B. der Versuch interpretiert werden, Außenwerbung in die Werbewirkungsforschung der Arbeitsgemeinschaft Media-Analyse (AG.MA) aufnehmen zu lassen. Gleicht nur ein einzelner Anbieter sein Leistungsbündel an die Vermarktungsweise anderer Medien an, so ergibt sich trotz der imitierenden Handlungsweise eine Differenzierung von den Branchenkollegen. So folgt z.B. die Firma Abribus mit einer siebentägigen Aushangzeit den Erscheinungsintervallen der Wochenzeitschriften und weicht zugleich von der im Plakatanschlag vorherrschenden Dekade ab.

Hohe Aufwendungen für die Entwicklung und Markteinführung präferenzbildender Maßnahmen zahlen sich allerdings nur dann aus, wenn die realisierte Nachfrage genügend hoch ausfällt. An der potentiellen Nachfrage partizipieren jedoch auch mögliche Nachahmer, so daß der Anbieter eines spezialisierten Leistungsbündels versuchen sollte, seine Alleinstellung durch den Aufbau bzw. die Ausnutzung von Wettbewerbsvorteilen abzusichern.

Als Ansatzpunkte zur Wahrung von Wettbewerbsvorteilen kommen in der Außenwerbung folgende Merkmale eines Unternehmens in Betracht:

- **Technologische Aspekte:** Ein Anbieter verfügt z.B. aus anderen, branchenfremden Unternehmensbereichen über spezielles Know-How für eine Präsentationstechnik, das anderen Werbungdurchführenden fehlt oder wegen darauf liegenden Schutzrechten nicht zugänglich ist (Beispiel: Luftwerbung bleibt Fluggesellschaften vorbehalten).

- **Schaffung von Standortmonopolen:** Einem Anbieter gelingt die Zusammenführung aller oder eines wesentlichen Teiles der für einen bestimmten Werbeträger-Typ geeigneten Standorte (z.B. sämtliche öffentlichen Verkehrsmittel in einer Stadt) oder die Anmietung sämtlicher Standorte eines bestimmten, gut frequentierten räumlichen Bereiches (z.B. Bahnhöfe).
- **Finanzielle Aspekte:** Einrichtung und Unterhaltung eines bestimmten Werbeträger-Typs überfordern die Kapitalreserven der meisten Wettbewerber. So können z.B. die meisten der traditionellen Anbieter die Mittel für die breite Einführung elektronischer Außenwerbeträger nicht aufbringen.

Neben diesen an den Werbeträgern selbst ausgerichteten Wettbewerbsvorteilen verschafft auch eine gutausgebaute Vertriebsorganisation einem Anbieter Vorsprünge vor seinen Konkurrenten, wenn die Abnehmer eine überdurchschnittliche Kundennähe und Beratungsintensität durch verstärkte Nachfrage honorieren. Ähnlich positiv wirken sich Aufwendungen für Werbewirkungsforschungen aus, die den Kunden ihre Beschaffungsentscheidungen erleichtern. Der Wettbewerbsvorteil besteht in diesem Fall jedoch nur solange, bis Konkurrenten ebenfalls entsprechende Daten liefern. Diese Frist verlängert sich tendenziell mit den Kosten und dem Zeitbedarf der Erhebungen, da andere Unternehmen dadurch weniger leicht nachziehen können.

4.3.4. Entscheidung über das Marktfeld

Die in der Literatur im Zusammenhang mit der Marktfeldentscheidung angebotenen Handlungsalternativen gehen zurück auf das ANSOFF-Schema[1], das vier strategische Stoßrichtungen in einer Matrix-Darstellung abbildet. Durch die Ausrichtung der Unternehmensaktivitäten auf das Angebot gegenwärtiger bzw. neuer Produkte auf gegenwärtigen bzw. neuen Märkten ergeben sich die im folgenden dargestellten Strategiemuster[2]:

- **Marktdurchdringung:** Eine Unternehmung versucht, den Absatz ihres bisherigen Leistungsbündels auf den angestammten Märkten zu verbessern. Als Wege zu diesem Ziel lassen sich die Intensivierung der Nutzung durch die bisherigen Kunden, die Abwerbung von Kunden der Konkurrenz und die Gewinnung von Nicht-Nutzern nennen.
- **Marktentwicklung:** Eine Unternehmung sucht neue Märkte für ein vorhandenes Leistungsbündel. Die Erschließung zusätzlicher regionaler Absatzgebiete kommt hierfür ebenso in Betracht wie die Anpassung an die speziellen Bedürfnisse bisher nicht bedienter Kundengruppen.
- **Produktentwicklung:** Das Nachfragepotential bestehender Märkte soll durch neue Leistungsbündel, die die bisherigen Angebote ergänzen, gründlicher ausgeschöpft werden.
- **Diversifikation:** Das Sortiment erfährt eine Erweiterung um Leistungen, die für das Unternehmen Neuheiten darstellen und zugleich an einen bis dahin nicht bearbeiteten Abnehmerkreis vermarktet werden.

Die Bestimmung des Marktfeldes beinhaltet einen wesentlich ausgeprägteren dynamischen Aspekt als andere strategische Entscheidungen. Während z.B. die Zielgruppe in allen Phasen des betrieblichen Lebenszyklusses relativ frei gewählt werden kann und nur von Zeit zu Zeit überprüft werden muß, unterliegt die Entscheidungsfreiheit über das Marktfeld begrifflichen Grenzen, die sich aus der aktuellen sachlichen und räumlichen Marktabgrenzung ergeben. Ein neuzugründendes

---

1) Vgl. ANSOFF (1966), S. 125ff., insbesondere das Schaubild auf S. 132.
2) Die folgenden Kurzbeschreibungen der Strategiemuster lehnen sich an BECKER (1983), S. 79ff., an.

Unternehmen kann nicht sogleich Produkt- oder Marktentwicklung in Angriff nehmen, da es rein definitorisch zuerst "gegenwärtige Märkte" mit "gegenwärtigen Produkten" erschließen muß, um den Rahmen zu setzen, der durch die Schaffung "neuer Produkte" oder die Eröffnung "neuer Märkte" überschritten werden soll. BECKER spricht daher von typischen "Strategiepfaden"[1], denen ein Unternehmen im Zeitablauf folgt. Wachstumsentwicklungen gehen dabei stets von der Phase der Marktdurchdringung aus[2]. Strategische Entscheidungen auf der Grundlage des ANSOFF-Schemas setzen sich allerdings in Widerspruch zu den zuvor behandelten Festlegungen der Marktabgrenzung, wenn z.B. die Diversifikation den Eintritt in neue Märkte vorsieht, von denen in früheren Planungsphasen noch nicht die Rede war. Dieses Beispiel verdeutlicht die starken gegenseitigen Abhängigkeiten zwischen den hier behandelten Entscheidungsbereichen.

4.3.4.1. Marktdurchdringungsstrategie

Für ein im Markt bestehendes Unternehmen der Außenwerbebranche bietet sich stets zunächst die Ausschöpfung des vorhandenen Absatzpotentials an. Es liegt daher nahe, eine Marktdurchdringungsstrategie zu verfolgen, um die getätigten Investitionen zu amortisieren und die vorhandenen Kapazitäten auszulasten. So lassen sich die herkömmlichen Angebote von Außenwerbeträgern möglicherweise mit geringem Aufwand an die Bedürfnisse bisheriger Nicht-Verwender anpassen. Vielen lokalen Werbungtreibenden erscheint die ausreichende Wirksamkeit einer Außenwerbemaßnahme zwar grundsätzlich gewährleistet, doch übersteigen die Kosten ihre finanziellen Möglichkeiten. Den Zugang zu diesem potentiellen Kundenkreis

----

1) BECKER (1983), S. 94ff., unterscheidet "typische" von "nicht-typischen" Strategiepfaden. Den "Regelweg" sieht er in der oben gewählten Reihenfolge der Kurzbeschreibungen. "Typisch" sind für ihn Auslassungen einzelner Stufen des Regelweges von der Marktdurchdringung zur Diversifikation; "nicht-typische" Wege kennzeichnet vor allem ein Vorziehen der Diversifikation vor das Ausschöpfen der Reserven in den gegenwärtigen Aktionsbereichen.

2) BECKER (1983), S. 78, bezeichnet die Marktdurchdringung als "marketing-strategische Urzelle" jeden Unternehmens. In Stagnations- und Schrumpfungsphasen kann der Prozeß auch umgekehrt verlaufen.

findet ein Anbieter ohne wesentliche Veränderung seines Leistungsbündels, wenn es ihm z.B. gelingt, mehrere dieser Nachfrager zu einer Abnehmergemeinschaft zusammenzuführen. Zwei örtliche Einzelhändler teilen sich das Entgelt für die Rumpfflächen eines Busses, indem jeder der beiden Partner nur eine Fahrzeugseite zur Gestaltung übernimmt[1]. Die Nutzer profitieren über die Verminderung der Kostenbelastung hinaus von den Effekten einer Gemeinschaftswerbung, wenn die Aufschriften nicht unabhängig, sondern nebeneinander auf der gleichen Werbefläche Platz finden, und räumliche oder sachliche Beziehungen zwischen den Partnern zum Ausdruck bringen. Benachbarte Geschäfte in einer Einkaufsstraße stellen z.B. den Namen des Stadtviertels heraus oder Anbieter von Produkten, die von den Konsumenten im Verwendungsverbund (z.B. Sanitärbedarf und Fliesen) gekauft werden, empfehlen einander gegenseitig in der Fahrzeugbeschriftung. Der Werbungdurchführende könnte auch Vertragshändler nationaler Hersteller dazu anregen, ihre Werbung mit dem Markennamen eines ihres Lieferanten zu kombinieren und diesen um einen Zuschuß zu den Werbekosten zu bitten. In der Lichtwerbung, insbesondere im Gastronomiebereich, ist diese Vorgehensweise bereits sehr weit verbreitet[2].

Die Hauptprobleme der gleichzeitigen Nutzung eines Außenwerbeträgers durch voneinander unabhängige Nachfrager dürften in der Abstimmung der Laufzeitwünsche und der internen Zuweisung von Teilflächen mit unterschiedlichen Qualitäten (z.B. Türseite und Nichttürseite von Bussen) zu sehen sein.

---

1) Der Aufsatz o.V. (1984), Eine Litfaßsäule für 14 Mark, S. 114ff., überträgt diesen Vorschlag auf Plakatflächen. Danach könnten z.B. mehrere Fachhändler unterschiedlicher Branchen gemeinsam ein gutes Plakatnetz auf Dauer anmieten und abwechselnd bekleben. Setzen die Partner über längere Zeit Standardmotive ein, trägt auch die Aufteilung des Gesamtnetzes in Partien, die von den Mitgliedern der Abnehmergemeinschaft umschichtig genutzt werden, dazu bei, Abnutzungseffekten der Werbewirkung vorzubeugen. Dieses Vorgehen ähnelt der Anmietung von Dauernetzen durch Großabnehmer mit mehreren Produktmarken, jedoch genießt dort die Sicherung guter Standorte Vorrang vor Kostenüberlegungen.

2) Der Anstoß zu einer vertikalen Werbekooperation zwischen Hersteller und Händler kann auch vom Hersteller ausgehen. Dazu vgl. S. 246f. dieser Arbeit.

Das Konfliktpotential fällt jedoch möglicherweise geringer aus, wenn die Initiative zur Bildung einer Werbegemeinschaft von den Nachfragern selbst ausgeht.

Darüber hinaus lassen sich Standardleistungen auch flexibel an örtliche Sonderwünsche anpassen. Dies verdeutlicht z.B. das Angebot von Einzelaushängen mit Papier- oder dauerhaften Folienplakaten in der Nähe von Kundenbetrieben[1].

Einen Beitrag zur Gewinnung neuer Nutzer und zur Schaffung von Präferenzen leistet auch die Vorlage von Musterfotos, die eine Außenwerbeform besser als Texte veranschaulichen. Gemeinsam mit konkreten Preisbeispielen verschaffen sie dem Betrachter sowohl einen Eindruck vom Effekt der Werbung als von den mit einzelnen Gestaltungsvarianten verbundenen Kosten. Dies erleichtert die Entscheidung des Kunden vor allem bei Werbeträger-Typen mit einer großen Bandbreite für die Werbemittel-Ausstattung (z.B. Verkehrsmittel). Der Einsatz von Musterfotos als Referenzen gewinnt an Effekt, wenn die abgebildeten Werbungen von Unternehmen stammen, denen die Nachfrager Kompetenz bei der Medienauswahl zubilligen. Bedeutenden Markenartikelherstellern traut ein Interessent eher als unbekannten Werbungtreibenden zu, daß sie das Kosten-Nutzen-Verhältnis einer Außenwerbeform sorgfältig geprüft und für günstig befunden haben.

Handelt es sich bei dem Vermarktungsobjekt um einen weniger verbreiteten Werbeträger-Typ, der am Sitz des Nachfragers nicht vorhanden ist, reichen Fotos zur Überzeugung des Nachfragers möglicherweise nicht aus. In diesem Falle könnte versucht werden, den Entscheidungsträger zur Besichtigung der realen Standorte, die seinem Firmensitz am nächsten liegen, einzuladen[2].

Spezielle Mustermappen für einzelne Branchen verstärken die akquisitorische Wirkung von Referenzen, da sie die Nutzbar-

---

1) KLINGSPON-MÄRZ (1983), S. 11, zeigt ein Muster für Plakate mit wechselnden Fahrzeitangaben zum nächsten Betrieb des Werbungtreibenden.
2) Vgl. hierzu S. 252 dieser Arbeit.

keit einer Außenwerbeform für Aussagen über eine bestimmte Güterklasse durch vielfältige Beispiele unterstreichen. Der Nachfrager bezieht zudem aus den Werbegestaltungen seiner Branchenkollegen Anregungen für sein eigenes Werbemittel. Ein lokaler Kunde kann schließlich sogar einen Musterentwurf aus einer anderen Stadt, der ihm besonders zusagt, für sich übernehmen, ohne in den Augen der heimischen Konsumenten als Nachahmer zu wirken.

Zur Marktdurchdringung tragen daneben alle Verbesserungen der angebotenen Leistungsbündel bei, die dem Auskunftsbedarf der Nachfrager entgegenkommen und ihnen die Abwicklung ihrer Aufträge erleichtern[1]. Die für Außenwerbeträger in Frage kommenden Zusatzleistungen gewinnen neben der reinen Vermietung jedoch ein derart starkes Gewicht, daß durch sie neue, eigenständige Leistungsbündel begründet werden, die im Rahmen der Produktentwicklung bzw. der Strategien der Zusammenarbeit von Wettbewerbern dargestellt werden sollen.

4.3.4.2. Marktentwicklungsstrategie

Mit dem Begriff der Marktentwicklung verbindet sich der Gedanke der Schaffung neuer Märkte für ein bestehendes Produkt. BECKER nennt hierfür drei Anhaltspunkte[2]. Der erste Vorschlag bezieht sich auf Erschließung zusätzlicher geographischer Absatzgebiete. Daneben können neue Abnehmergruppen gesucht werden, die sich von den bisherigen Kunden in bestimmten Merkmalen unterscheiden. Als dritte Möglichkeit bietet sich die Befriedigung neuer Bedürfnisse an, für die

----

1) Ein anschauliches Beispiel der erfolgreichen Marktdurchdringung durch die Dokumentation von Werbewirkungsdaten zeigt die Zeitschrift "Wiener". Das österreichische Gegenstück zur MA, die "Mediaanalyse", weist in zweijährigem Abstand und mit einigem Nachlauf zur durchgeführten Erhebung die Reichweiten der wichtigsten Medien aus. Der Verlag arbeitete gezielt darauf hin, im Berichtsband für 1984 mit Werten verzeichnet zu werden, die in der Folge die Akzeptanz durch die Werbungtreibenden sichern. Dies gelang durch aufwendige Ausstattung des Blattes und großzügige Verlagswerbung, die sich ohne den erhofften Auflagenzuwachs nicht amortisiert hätten. Vgl. SCHMID/LUGER (1986), S. 150. Das Vorgehen ähnelt den Vorschlägen zur Etablierung der Außenwerbung in der deutschen Media-Analyse.

2) Vgl. BECKER (1983), S. 81. Er bezeichnet die drei Erweiterungsmöglichkeiten als Gebiete-, "Zusatzmarkt"- und "Teilmarkt"-Ansatzpunkt.

sich das Produkt ebenfalls eignet, es aber bisher nicht als Problemlösung angeboten wurde.

Die Möglichkeiten der räumlichen Marktentwicklung decken sich weitgehend mit den Alternativen bei der regionalen Marktabgrenzung. Strebt ein Anschlagunternehmen die Ausweitung seines Absatzgebietes an, muß es zusätzliche potentielle Werbungtreibende zur Belegung seines Werbeträger-Bestandes bewegen. Bei zentralem Vertrieb stehen verstärkte Kommunikationsmaßnahmen in der neuen Zielregion im Vordergrund der Aktivitäten, so z.B. Inserate in entsprechenden Werbefachzeitschriften, die von zahlreichen Agenturen und Herstellerunternehmen gehalten werden. Hat sich der Anbieter dagegen entschlossen, seine Abnehmer vor Ort durch eigenes Personal zu betreuen, erweitert die Eröffnung neuer Niederlassungen den Einzugsbereich der Vertriebsorganisation. Mit wesentlich höherem Aufwand verbindet sich dagegen die Einrichtung neuer Werbeträger-Standorte in bisher nicht besetzten Orten, um das Potential der lokalen und regionalen Abnehmer des neuen Zielgebietes auszuschöpfen.

Daneben wendet sich die Marktentwicklung auch an potentielle Nachfrager, deren Kommunikationsbedarf sich nicht auf den Absatz von Produkten oder Dienstleistungen richtet. Zu denken wäre hier etwa an nichtkommerzielle Organisationen, öffentliche Einrichtungen und Privatpersonen, die sich mit vielfältigen Anliegen an die breite Bevölkerung wenden. Hierzu zählen z.B. neben Spendenaufrufen karitativer Verbände und Kunstaktionen auf Flächen, die die Gemeinden bereitstellen, auch die Bekanntmachung politischer Anliegen durch Bürgerinitiativen oder die Übermittlung von Grüßen zu besonderen Anlässen durch Privatpersonen. Zwar unterscheidet sich ein Plakat für das Deutsche Rote Kreuz technisch nicht von einer normalen Markenartikelwerbung, doch wirken bei der Beschaffungsentscheidung außer reinen Effizienzaspekten auch noch andere Überlegungen mit. So bevorzugen Wohltätigkeitseinrichtungen möglicherweise Einzelstandorte, um nicht direkt mit Produktwerbungen um die Aufmerksamkeit der Passanten konkurrieren zu müssen. Auch sollte das Umfeld der Ernsthaftigkeit des Kommunikationsgegenstandes entsprechen. Dagegen wollen Kunstaktionen und politische Aussagen den Betrachter provozieren. Um den Aufmerksamkeiteffekt zu erhöhen, bemühen sich die Nutzer um originelle Gestaltungen mit eigenen Mitteln. Zu diesem Zweck geeignete Großflächen sollten daher z.B. für Bemalungen gut zugänglich sein, dreidimensionale Objekte tragen können und Kunstwerken durch ihren Anbringungsort Schutz vor Zerstörung gewähren.

Auch die hier dargestellte Gewinnung zusätzlicher Kundengruppen kann nur unter Vorbehalt als eigenständige Maßnahme der Marktentwicklung angesehen werden, da diese Vorgehensweise im Grunde auf die Bearbeitung zusätzlicher Marktsegmente im Rahmen eines größeren Gesamtmarktes abzielt. Der Kommunikationsbedarf nichtkommerzieller Nutzer von Werbeträgern stellt lediglich einen weiteren Ausschnitt aus dem Markt für Kommunikationsleistungen dar und müßte bei methodisch sauberer Vorgehensweise im Rahmen der Marktsegmentierungsentscheidung als zur Wahl stehender Teilmarkt sichtbar werden. Über seine Bearbeitung oder Nichtbearbeitung hätte demnach auch bereits im Rahmen der Marktsegmentierung entschieden werden müssen. Das Beispiel erscheint hier nur dann mit gewisser Berechtigung, wenn die vorgenommene Marktabgrenzung die Beschränkung auf kommerzielle Kommunikationsmaßnahmen beinhaltet.

In diesem Falle handelt es sich jedoch bereits um die Befriedigung von Bedürfnissen außerhalb des gewählten Zielmarktes. Während die theoretischen Modelle stets von "idealen" Gütern ausgehen, für die sich durchaus mehrere Verwendungszwecke definieren lassen, ergeben sich für Außenwerbeträger keine realistischen Ansatzpunkte, welchen Aufgaben sie neben der Verbreitung von Kommunikationsinhalten dienen könnten. Diese Aussage gilt jedoch einschränkend nur für die Präsentationsvorrichtungen, da einige Außenwerbeträger (z.B. Fahrzeuge) beispielsweise auch Transportleistungen erbringen. Im Normalfall gehört die jeweilige Hauptfunktion ohnehin nicht zum Verfügungs- und Vermarktungsbereich des Werbungdurchführenden.

4.3.4.3. Produktentwicklungsstrategie

Die Idee der Produktentwicklungsstrategie beruht auf der Schaffung neuer Problemlösungen für einen vorhandenen Nachfragerkreis. Ein Unternehmen kann dabei eigene Produkte weiterentwickeln, Angebote der Wettbewerber kopieren oder Marktneuheiten (Innovationen) herausbringen.

Den geringsten Originalitätsgrad weist die Nachahmung von bereits auf dem Markt vorhandenen Leistungen auf. Im Bereich der Außenwerbung kann es für kleinere Werbungdurchführende allerdings sinnvoll sein, sich an Neuerungen der bedeutenderen Anbieter anzupassen, um wettbewerbsfähig zu bleiben. Da sich in Anbetracht der Werbemittel-Grundkosten stets nur eine begrenzte Anzahl von Plakatformaten bei den Nachfragern durchsetzt, kann es einem weniger bedeutenden Anschlagunternehmer kaum gelingen, eine eigene Bogengröße zu etablieren. Die geringe Aufnahmefähigkeit des Marktes für Formatvariationen zwingt daher alle Anbieter, sich in einer neuen Größenkategorie stets an den Vorgaben erfolgreicher Innovatoren zu orientieren. Selbst die Deutsche Gesellschaft für Stadtverkehrsanlagen (DEGESTA), ein Zusammenschluß der wichtigsten FAW-Mitglieder, imitiert mit ihren verglasten und beleuchteten Werbeflächen an Haltestellenunterständen die unter der Bezeichnung "Abribus" von der Firma GUVE installierten Außenwerbeträger.

Ansatzpunkte für die Schaffung neuer Leistungsbündel aus der Weiterentwicklung bestehender Angebote bieten sowohl Veränderungen der Kernleistung als auch Ergänzungen des Leistungsbündels um zusätzliche Nebenleistungen. Neben Variationen der Belegungszeiten rechtfertigt auch die Einführung neuartiger Präsentationstechniken bzw. die Anpassung vorhandener Vorrichtungen an wirtschaftlichere Werbemittel, von neuen Primärleistungen zu sprechen.

Da sich die Preiswürdigkeit eines Handelsbetriebes nach Meinung der Unternehmen nur durch regelmäßige Sonderangebote im Bewußtsein der Verbraucher verankern läßt, besteht ein Bedarf für die Bekanntmachung von Niedrigpreis-Offerten. Der zehntägige Wechselrhythmus erweist sich hierfür jedoch normalerweise als zu lang und zu ungenau[1]. Mit herkömmlichen Plakaten kann also bestenfalls auf Werbewochen, Schluß- und Ausverkäufe hingewiesen werden[2]. Demnach liegt es nahe, Handelsunternehmen kürzere Aushangzeiten für Papierplakate einzuräumen. Die Akzeptanz dieser produktpolitischen Maßnahme hängt dabei vor allem von der Verpflichtung des Werbungdurchführenden ab, Montage und Entfernung der Plakate präzise auf die Laufzeiten der Sonderangebote abzustimmen. Eventuellen Preisnachlässen für die verkürzten Belegungsfristen kommt demgegenüber geringere Bedeutung zu. Verkehrsmittel können im Inneren mit Wechselrahmen versehen werden, deren Aushänge mit Preisangaben während der nächtlichen Betriebspause ausgetauscht werden[3]. An den Außenseiten der Fahrzeuge sind dementsprechend innerhalb aufwendiger Dauerbeschriftungen Felder vorzusehen, die mit kostengünstig herzustellenden Siebdruckfolien beklebt werden, die nur Namen und Preise der Aktionswaren nennen[4]. Die stückbezogenen Werbemittel-Kosten der Nachfrager sinken erheblich, wenn die Zentralen überregionaler Handelsketten ihren Anschlußbetrieben neben dem Werbematerial für Verkaufsräume und Schaufenster auch entsprechende Verkehrsmittelaufkleber mitliefern. Die grundsätzliche technische Realisierbarkeit dieses Vorschlags belegen die seit vielen Jahren bei einigen Verkehrsbetrieben zu beobachtenden Kleinplakate für Sonderveranstaltungen (Messen, Volksfeste etc.) mit vom Allgemeinanschlag abgezweigten Papierbogen.

---

1) Sonderangebote erscheinen im wöchentlichen Rhythmus, zumeist donnerstags als Vorankündigung für das Wochenende.

2) Die Eignung hierfür betont die Broschüre des FAW (o.J.), Die Bedeutung der Außenwerbung bei der Sommer- und Winterschlußverkaufs-Werbung der Kauf- und Warenhäuser.

3) So nehmen z.B. im Inneren der Stockholmer U-Bahn-Wagen Metallschienen leicht auswechselbare, bedruckte Pappstreifen mit Preisangeboten auf.

4) TRENKLER (1983), S. 35, berichtet von einem bayerischen Möbelhaus, das an den Heckflächen von 100 Omnibussen wöchentlich wechselnd in Wort und Bild Sonderangebote zeigt, während die Fahrzeugseiten Dauerbeschriftungen tragen.

Abschnitt 3.1.2. dieser Arbeit[1] zeichnete bereits einige produktpolitische Handlungsalternativen eines Anbieters von Außenwerbeträgern auf. Während die Optimierung eines vorhandenen Standort-Netzes (3.1.2.1.) den Zuspruch der Nachfrager verstetigt und somit der Marktdurchdringung dient, muß die Einführung neuer Präsentationstechniken - gleichgültig ob an vorhandenen (3.1.2.3.) oder neuen Standorten (3.1.2.4.) - stets als Maßnahme der Produktentwicklung interpretiert werden. Weniger eindeutig läßt sich dagegen die Erschließung zusätzlicher Standorte mit vorhandenen Präsentationstechniken (3.1.2.2.) einordnen. Entsprechen die neuen Lokalitäten in ihren Merkmalen den bisher genutzten Plazierungen, bezweckt ihre Besetzung entweder als Netzverdichtung eine Kapazitätserweiterung im bisherigen Tätigkeitsgebiet (Marktdurchdringung) oder als räumliche Expansion eine Marktentwicklung im Hinblick auf zusätzliche lokale und regionale Nachfrager. Weiterhin begründen neue Standorte auch neuartige Leistungsbündel, wenn die hinzugekommenen Werbeträger kommunikative Qualitäten besitzen, die das bisherige Netz in dieser Form nicht aufweist. Als ein Beispiel für eine innovative Standortpolitik sei hier auf die Einrichtung von Großflächen an den Parkplätzen von Großbetriebsformen des Einzelhandels hingewiesen. Dahinter steht die Annahme, daß die umworbenen Konsumenten Produkthinweise, denen sie auf dem Wege zu ihrer Einkaufstätte begegnen, zuverlässiger als andere Werbeappelle in Kaufentscheidungen umsetzen. Die betreffenden Tafeln eignen sich besonders zur Belegung im Rahmen von Verkaufsförderungsaktionen, da von ihrer Werbewirkung jeweils bevorzugt der Handelsbetrieb profitiert, in dessen Nähe sie stehen. Die Konsumgüterhersteller nutzen diese Möglichkeit zu dem Versuch, bei der Festlegung der Lieferkonditionen durch die gezielte Unterstützung des Absatzes in den ausgewählten Läden der Partner Zugeständnisse bei den Fabrikabgabepreisen zu vermeiden. Hierin äußert sich die Hoffnung, daß die Handelsunternehmen die ihnen in Form von Werbemaßnahmen zufließenden Mittel ähnlich positiv ein-

---

1) Vgl. S. 203ff. dieser Arbeit.

zen wie direkte Preisnachlässe, zugleich aber eine aus geringeren Beschaffungskosten resultierende Preissetzung auf unerwünscht niedrigem Niveau unterlassen.

Die Ausführungen in Abschnitt 3.1.2. setzen die traditionelle Vorgehensweise voraus, bei der ein Unternehmen der Außenwerbebranche seinen Werbeträger-Bestand mit festgelegten Präsentationstechniken für einen anonymen Kundenkreis aufbaut und erst nach Abschluß der Vorbereitungsarbeiten Mieter für seine Anschlagstellen sucht. Der Sortimentsbegriff in der gewählten weiten Fassung schließt jedoch auch die Möglichkeit ein, daß ein Anschlagunternehmer erst auf eine Bestellung hin neue Werbeträger einrichtet. Es wäre z.B. denkbar, daß ein Kunde seine Vorstellungen von der für ihn idealen Außenwerbeform in einem Gespräch mit dem Werbungdurchführenden konkretisiert und ihn anschließend beauftragt, die entsprechenden Präsentationsvorrichtungen zu entwickeln und passende Standorte zu beschaffen. Ein bedeutender Zigarettenhersteller trat z.B. an mehrere Werbungdurchführende mit der Bitte heran, für ihn ein Netz mit hochkant stehenden Großflächen einzurichten. Diese Tafeln nutzen Standorte aus, die für 18/1 Bogen im Querformat nicht mehr geeignet sind. Die abweichende Anordnung der Anschlagstellen hebt die Plakate des Auftraggebers von den Werbungen anderer Firmen ab und sichert, da sie den Einsatz eines speziellen Werbemittel-Formates erfordert, die Exklusivität der Tafeln für den Zigarettenhersteller.

Die Einrichtung eines Spezialnetzes mit besonderen Präsentationsvorrichtungen im Kundenauftrag wirft für den Werbungdurchführenden das Problem auf, die hohen Beschaffungs- und Unterhaltungskosten dieses Sonderbestandes zunächst einmal allein aus dem Geschäftsverhältnis mit dem Auftraggeber erwirtschaften zu müssen. Selbst wenn der aufwendige Beschaffungsprozeß separat abgerechnet wird, bindet sich der Anschlagunternehmer als Mieter zumeist für mehrere Jahre gegenüber den Bereitstellern von Standorten, deren Auslastung über die gesamte Mietdauer keineswegs als gesichert gelten kann. Handelt es sich z.B. um kurzlebige Papierplakate, werden nur wenige Herstellerunternehmen in der Lage sein, ihr reserviertes Netz kontinuierlich mit wechselnden Werbungen für eigene Marken zu belegen. Daher sollte der Werbungdurchführende sinnvollerweise anstreben, dem Auftraggeber sämtliche potentiellen Belegungszeiträume in Rechnung zu stellen. Er könnte sich im Gegenzug bereiterklären, für die Werbepausen des ursprünglichen Bestellers anderweitige Nutzer zu suchen und dessen Konto die erzielten Erlöse nach Abzug einer Provision gutzuschreiben. Mietet der Auftraggeber den Sonderbestand nur für einen Teil der Laufzeit verbindlich an, hängt die Akzeptanz der Bestellung durch den Anschlagunternehmer von der Beurteilung des Risikos ab, daß sich wegen ungewöhnlicher Merkmale des Spezialnetzes nur wenige oder keine anderen Interessenten zur Überbrückung der nichtbelegten Intervalle finden. Schließlich können die Eigenarten dieser Außenwerbeträger den Werbungdurchführenden auch zur Anschaffung von Gerätschaften zwingen, die sich erst durch eine Mehrzahl realisierter Aufträge amortisieren lassen. Gedacht sei hier z.B. an den Kauf eines Hubsteigers zur Beklebung hochliegender Plakatflächen (z.B. ähnlich dem Großplakat Superposter), der sich für ein kleines Spezialnetz nicht wirtschaftlich einsetzen läßt.

4.3.4.4. Diversifikationsstrategie

Folgt man dem genauen Wortlaut des ANSOFF-Schemas, erfolgen Diversifikationen stets mit neuen Produkten auf neuen Märkten. Die Betonung der "neuen Märkte" schlösse jedoch die Möglichkeit von Diversifikationen durch Unternehmen der Außenwerbebranche innerhalb des Marktes für Kommunikationsleistungen aus. Der Versuch, die Eigenschaften denkbarer zusätzlicher Engagements der Anschlagunternehmen außerhalb des im Mittelpunkt dieser Arbeit stehenden Marktes zu bestimmen, nimmt aber den Charakter reiner Spekulation an, da der Phantasie der Unternehmer bei der Erweiterung ihrer Geschäftstätigkeit kaum Grenzen gesetzt sind. Im Rahmen der **lateralen** Diversifikation wird gerade angestrebt, Aktivitäten in Gebieten aufzunehmen, die möglichst wenig Verwandtschaft zum angestammten Geschäftsfeld aufweisen, um eine Streuung des Unternehmensrisikos zu erreichen[1]. ANSOFF weicht jedoch schon selbst von dieser strengen Definition ab, indem er zusätzlich zur lateralen[2] noch die horizontale und die vertikale Diversifikation einführt[3]. Diese beiden Typen der Geschäftsfelderweiterung weisen starke Bindungen zu den bestehenden Aktivitäten der betrachteten Unternehmen auf.

Die **horizontale** Diversifikation knüpft an besondere Stärken innerhalb des bestehenden Aktionsfeldes einer Unternehmung an, um diese in Sortimentserweiterungen umzusetzen. Dazu zählt beispielsweise eine günstige Marktstellung, die dazu ausgenutzt werden kann, neue Leistungen zur Befriedigung anderer als der bisher betreuten Bedürfnisse an den bereits erschlossenen Kundenkreis abzusetzen. Daneben liefern aber auch Verfahrenswissen, spezielle Beschaffungsquellen etc. Anregungen für Versuche, verwandte Produkte an zusätzliche Kunden zu vermarkten.

Im Rahmen dieser Arbeit verdienen horizontale Sortimentserweiterungen, die sich an den gleichen Abnehmerkreis wie die Werbeträger-Vermietungen wenden, besondere Aufmerksamkeit. Die Realisierung einer Werbemaßnahme erfordert die Zusammenführung mehrerer, im Prinzip voneinander unabhängiger Teilleistungen wie z.B. Werbeträger-Vermietung, Werbemittel-Herstellung, Werbemittel-Streuung[4] und Werbeerfolgs-

----

1) Als Hauptmotiv der lateralen Diversifikation gilt die Risikostreuung analog zum Portfolio-Gedanken in der Finanzierung bzw. die ertragreiche Anlage von Finanzmitteln, deren Reinvestition in den ursprünglichen Geschäftszweig als nicht erfolgversprechend beurteilt wird. Vgl. hierzu z.B. NIESCHLAG/DICHTL/HÖRSCHGEN (1985), S. 832. Laterale Diversifikationen scheitern häufig an Managementfehlern bei der Einschätzung der neuen Märkte oder im Umgang mit ungewohnten Technologien.

2) ANSOFF spricht noch von kombinierter Diversifikation, vgl. ANSOFF (1966), S. 154.

3) Vgl. ANSOFF (1966), S. 154.

4) Als Werbemittel-Streuung ist bei der Außenwerbung die Anbringung der Plakate auf den angemieteten Tafeln anzusehen, bei anderen Werbeträgern stellt dieser Teilbereich gänzlich andere Anforderungen an die ausführende Unternehmung.

kontrolle. Die herkömmlichen Leistungen der Anschlagunternehmer vereinigen häufig schon jetzt zwei eigenständige Bestandteile - Werbeträger-Vermietung und Werbemittel-Montage - miteinander, die um weitere Komponenten aus den beispielhaft genannten Bereichen ergänzt werden könnten. Da hierbei ein umfangreiches Leistungsbündel entsteht, als dessen Kern die meisten Nachfrager die Werbeträger-Vermietung empfinden[1], wurden einige Anhaltspunkte für zusätzliche Leistungen bereits im Rahmen des Abschnittes 3.1.3. über Produkt- und Sortimentsgestaltung im weiteren Sinne angesprochen[2].

Im Bereich der Außenwerbung erschließt vor allem der Ausbau der Angebotspalette um die Werbemittel-Herstellung akquisitorische Potentiale. Für den Planer einer Kommunikationsmaßnahme entfällt der Zwang, sich mit den Maßen und gestalterischen Besonderheiten spezieller Werbemittel vertraut zu machen und für deren rechtzeitigen Versand an die Außenläger des Werbungdurchführenden Sorge zu tragen. Außerdem setzen die Nachfrager bei ihrer Beschaffungsentscheidung die Gesamtkosten einer Außenwerbemaßnahme einschließlich der Werbemittel-Kosten in Beziehung zu alternativen Werbemöglichkeiten. Ein Anschlagunternehmer, der die wesentlichen Teilleistungen aus einer Hand anbietet, gewinnt daher zugleich die Kontrolle über die wichtigsten Entgeltforderungen, die der Kunde als Grundlage für seinen Werbeträger-Vergleich heranzieht. Bereits die Angabe von Richtwerten für die Werbemittel-Kosten erleichtert einem Interessenten die Beurteilung von Außenwerbeformen, bei denen die Werbemittel-Gestaltung gegenüber der Miete eine erhebliche Kostenposition darstellt (z.B. in der Verkehrsmittelwerbung). Das Angebot eines umfangreicheren Leistungsbündels verschafft einem Anschlagunternehmer zudem einen wertvollen preispolitischen Spielraum. Die Ausschöpfung günstiger Beschaffungsquellen für Werbemittel (z.B. eine sehr leistungsfähige Plakat-

----

1) Im Rahmen der Außenwerbung werden die genannten zusätzlichen Dienstleistungen im Regelfall als Sekundärleistungen zur Werbeträger-Vermarktung angesehen.

2) Vgl. S. 222ff. dieser Arbeit.

druckerei) durch den Anbieter vermindert die Gesamtkosten für einen Kunden gegenüber der Situation, in der dieser selbst zu den Konditionen eines Einzelauftrages seine Plakate herstellen läßt. Niedrige Werbemittel-Kosten kann ein Anbieter außerdem dazu nutzen, auf dem Wege des preispolitischen Ausgleiches einzeln ausgewiesene Teilpreise seines Leistungsbündels zu subventionieren, von denen er annimmt, daß sie den Abnehmern bevorzugt als Bewertungsmaßstab dienen. Gelingt einem Anbieter z.B. die Plakatbereitstellung zu wesentlich geringeren als den marktüblichen Kosten, so sollte er innerhalb seiner Entgeltberechnung einen Teil dieser Einsparungen nicht direkt an den Kunden weitergeben, sondern stattdessen, falls ihn dies im Konkurrenzvergleich besonders günstig abschneiden läßt, den Mietpreis des Werbeträgers optisch senken.

Das Beispiel der Werbemittel-Herstellung zeigt zugleich, daß ein Werbungdurchführender nicht in jedem Falle mit hohem Aufwand eigene Kapazitäten zur Herstellung von Werbemitteln einrichten muß, sondern den gewünschten akquisitorischen Effekt auch schon erreichen kann, wenn er Teile seines Leistungsbündels von Dritten fremdbezieht. Durch die gesammelte Ausführung einer Vielzahl von Kundenaufträgen für ein spezielles Plakatformat realisiert eine Vertragsdruckerei Mengeneffekte, die sie an den Werbungdurchführenden weitergibt. Selbst wenn die Herstellung dieser Werbemittel nicht den ganzen Betrieb auslastet, rechtfertigt die hohe Stückzahl aber eventuell den Kauf aufwendiger Spezialmaschinen, die sich in einem normalen Druckhaus durch die geringere Anzahl der Plakataufträge nicht amortisieren. Dadurch gewinnt der Werbeträger-Anbieter einen Kostenvorteil, der den Abnehmern bei der Auftragsvergabe an Druckereien eigener Wahl versagt bleibt. Analog könnte er z.B. auch die Computer-Kapazität für Selektions-Programme bei Dienstleistungs-Rechenzentren oder sogar bei befreundeten großen Werbeagenturen zukaufen.

Bei den bisher dargestellten Vorschlägen für diversifizierte Teilleistungen handelte es sich stets um Angebote in enger

Verwandtschaft zur Außenwerbebranche. Horizontale Sortimentserweiterungen, die an Nachfrager von Kommunikationsleistungen vermarktet werden sollen, können jedoch auch die Grenzen der Außenwerbung überschreiten. Dies wäre z.B. der Fall, wenn sich ein Anschlagunternehmer an einem Zeitungsverlag beteiligte. Wie bereits angedeutet, entstehen den Werbungdurchführenden im örtlichen Bereich zukünftig möglicherweise starke Wettbewerber in den sog. Neuen Medien, die sich als lokale Hörfunk- oder Fernsehsender etablieren. Die betroffenen Pächter des örtlichen Allgemeinanschlags könnten daher versuchen, ihre guten Kontakte zu den Stadtverwaltungen zu nutzen, um an den Lizenzen für diese zukunftsweisenden Projekte zumindest beteiligt zu werden. Sollten die Anschlagunternehmer später tatsächlich einen Teil ihrer Außenwerbeträger auf elektronische Präsentationsvorrichtungen umrüsten[1], könnte sich die Zusammenarbeit mit Partnern, die über das benötigte technologische Know-How verfügen, als sehr nützlich erweisen. Gerade im Hinblick auf kostenintensive elektronische Projekte müssen die eher mittelständischen und kleinen Unternehmen der Außenwerbebranche jedoch genau abwägen, ob die für die Diversifikation freizumachenden Finanzmittel dem Außenwerbezweig der Firma entzogen werden können, ohne die Wettbewerbsfähigkeit des Stammgeschäftes zu gefährden.

Demgegenüber zeichnet sich die **vertikale** Diversifikation dadurch aus, daß sie zusätzliche Leistungen nicht auf der gleichen Marktstufe wie das ursprüngliche Angebot, sondern in vor- oder nachgelagerten Phasen der Leistungserstellung ansiedelt. Von **Rückwärtsintegration** spricht man, wenn ein Unternehmen Firmen gründet oder sich an ihnen beteiligt, die Vorleistungen für das eigene Haupttätigkeitsfeld produzieren. Im Bereich der Außenwerbung könnte man z.B. daran denken, die Fertigung von anspruchsvollen Präsentationsvorrichtungen, die man bisher von Spezialunternehmen zugekauft hat, in eigene Regie zu übernehmen. Der Begriff der Rück-

---

1) Vgl. hierzu die Vorschläge auf S. 219ff. dieser Arbeit.

wärtsintegration hebt jedoch nicht nur auf eine Vergrößerung der Fertigungstiefe ab, sondern setzt zusätzlich voraus, daß mit den Gütern der Vorstufe auch Nachfrager beliefert werden, die auf der gleichen Fertigungsstufe wie das eigene Unternehmen stehen. Für den Fall der Produktion von Präsentationsvorrichtungen bedeutet dies also, daß auch andere Werbungdurchführende Plakattafeln, Leuchtkästen etc. von der neuen Sparte beziehen. In vergleichbarer Weise nutzt z.B. das französische Mutterhaus der Firma GUVE seine Erfahrungen bei der Anfertigung von beleuchteten und verglasten Werbeeinrichtungen zur Vermarktung von Verkehrsschildern, Ampeln etc.[1]).

Für die **Vorwärtsintegration** - die Angliederung von weiterverarbeitenden Betrieben bzw. Handelsunternehmen - bieten sich einem Anbieter auf dem Markt für Kommunikationsleistungen nur wenige Ansatzpunkte. Zwar hat ein Belegungsrecht für einen Außenwerbeträger Vorleistungscharakter innerhalb der Kommunikationspolitik eines Güterproduzenten, aber die Idee, ein Herstellerunternehmen, das Außenwerbeträger in seiner Werbung einsetzt, aufzukaufen, scheidet für einen Werbungdurchführenden logischerweise aus. Demnach kann sich eine Ausdehnung auf nachgelagerte Stufen stets nur auf die zwischengeschalteten Werbemittler beziehen.

Werbeagenturen nehmen je nach Intensität ihres Beratungsverhältnisses zum Kunden zwei verschiedene Funktionen wahr. Zum einen arbeiten sie - wie regelmäßig auch die Spezialgenturen - als Mittler für Werbeträger. Die Übernahme dieser Funktion bedeutet für einen Werbungdurchführenden lediglich eine Ausdehnung und Perfektionierung seiner Vertriebstätigkeit. Zum anderen dient die Werbeträger-Belegung bei vielen Agenturen auch als Vorleistung für eine komplexe, als Einheit für den Kunden zu erstellende Kommunikationsstrategie. Dieses "Full-Service"-Leistungsbündel einer Agentur umfaßt jedoch eine Vielzahl von Beratungs- und Auswahlaufgaben, die

1) Lt. Mitteilung der Fa. GUVE vom 02.05.85.

einen Werbungdurchführenden mit neuen und ungewohnten Anforderungen konfrontieren.

Analog zur Rückwärtsintegration wird der Diversifizierungseffekt bei der Hinzunahme nachgelagerter Stufen nur dann wirksam, wenn der neue Unternehmensteil nun auch zu Wettbewerbern auf der ursprünglichen Stufe Geschäftsbeziehungen aufbaut. Eine Spezialagentur kann diese Bezeichnung z.B. nur dann für sich beanspruchen, wenn sie engen Grenzen des Werbeträger-Bestandes einer einzelnen Unternehmung überschreitet und ihren Kunden aus den Sortimenten mehrerer Anschlagunternehmer zusammengestellte Netze offeriert. Spezialagenturen für Außenwerbeträger erfahren jedoch den heftigen Widerstand aller Anschlagunternehmer, die ihnen die zusätzlich geforderten Mittlerprovisionen nicht gewähren wollen. Eine Zusammenarbeit kam nur dort zustande, wo die Spezialagenturen bedeutende Nachfrager (z.B. einen Zigarettenkonzern) unter ihren Kunden nachweisen konnten[1]. Gründet ein Außenwerbeunternehmer eine Spezialagentur ohne Rückendeckung durch einen Großabnehmer, muß er daher damit rechnen, daß ihm seine Branchenkollegen entweder jegliche Unterstützung versagen oder ihm stets nur ihre schwerverkäuflichen, minderwertigen Standorte überlassen und die besseren Teile ihres Bestandes selbst zu vermarkten suchen[2].

Noch schwieriger gestaltet sich die Angliederung einer eigenen Werbeagentur, da die benötigten Werbeträger-Belegungen nicht nur in der eigenen Branche, sondern auch bei vielen anderen Medien zugekauft werden müssen. Da der Anteil der Miete für Außenwerbeträger an den Kosten eines umfassenden Kommunikationskonzeptes relativ gering ausfällt, steht der organisatorische Aufwand für diese Art der Vorwärtsintegra-

---

1) Da einige Spezialagenturen als Tochterunternehmen von Werbeagenturen oder großen Werbungtreibenden gegründet wurden, kann sich kaum ein Anschlagunternehmer leisten, den Kontakt zu ihnen abzubrechen, wenn er nicht bedeutende Erlösausfälle hinnehmen will.

2) Ansatzpunkte zur gemeinschaftlichen Einrichtung von Spezialagenturen durch mehrere Werbeträger-Anbieter behandelt der folgende Abschnitt dieser Arbeit.

tion nicht mehr in wirtschaftlicher Relation zum gewünschten Effekt der Sicherung des eigenen Absatzes. Die Angliederung einer spezialisierten Werbeagentur lohnt sich allerdings für solche Kommunikationsaufgaben, die in der Werbeplanung des Kunden eine Sonderstellung einnehmen und von Außenwerbung überdurchschnittlich gut erfüllt werden können, z.B. die werbliche Unterstützung von Verkaufsförderungsaktionen durch Plakate und wechselnd-stationäre Werbeträger oder Erinnerungswerbungen mit länger haltbaren Werbemitteln. Erfolg verspricht eine eigene Agentur auch dort, wo der Kunde ohnehin nur über wenige Werbeträger-Alternativen verfügt. Als potentielle Kunden kommen daher z.B. alle lokalen Nachfrager in Betracht, die lediglich zwischen Außenwerbeträgern, Anzeigenwerbung und Wurfsendungen wählen können.

4.4. Ansatzpunkte für das Zusammenwirken von Wettbewerbern auf dem Markt für Kommunikationsleistungen

Die ungünstige Wettbewerbsposition der Außenwerbeunternehmen auf dem Markt für Kommunikationsleistungen deutet auf erhebliche Schwächen ihrer absatzpolitischen Konzepte hin. Die Ursachen für diese Defizite sind teilweise sicherlich in der bisher eher geringen Marketing-Ausrichtung der Einzelanbieter zu suchen, daneben lassen sich aber auch einige Wettbewerbsnachteile des Mediums Außenwerbung identifizieren, die sich erschwerend auf die Vermarktungsprozesse selbst solcher Anschlagunternehmer auswirken, die ihr individuelles Marketing-Mix im Rahmen ihrer wirtschaftlichen Möglichkeiten optimal gestalten. Diese Wettbewerbsnachteile resultieren aus dem Angebot beschaffungsrelevanter Sekundärleistungen durch andere Werbeformen, für die ein einzelner Anbieter von Außenwerbeträgern mangels finanzieller Ressourcen kein ausreichendes Gegengewicht aufzubieten vermag. Abhilfe verspricht hier die Bündelung der wirtschaftlichen Kräfte mehrerer Anbieter zur Realisierung entsprechender Vermarktungshilfen. Dieses Zusammenwirken kann in unterschiedliche rechtliche Konstruktionen münden, die sich vor allem in der Bindungswirkung für den einzelnen Partner unterscheiden.

Die unverbindlichste Form der Zusammenarbeit führt zur Gründung eines Verbandes. Dessen Aufgabe besteht zumeist in der Vermittlung eines positiven Bildes der Branche nach außen, gelegentlich aber auch in der Ausarbeitung von Vorschlägen für den einheitlicheren Marktauftritt seiner Mitglieder. Wesentlich stärkeren Verpflichtungscharakter nimmt eine Kooperation mehrerer Firmen an, die durch vertragliche Übereinkünfte oder die Gründung von Gemeinschaftsunternehmen auf einen Teil ihrer wirtschaftlichen Selbstbestimmungsrechte verzichten. Während diesen beiden Alternativen noch ein Partnerschaftsgedanke zugrundeliegt, führt der rechtliche Zusammenschluß mehrerer Anbieter lediglich zu einer Verbesserung der Wettbewerbsposition des Aufkäufers, die übernommenen Firmen scheiden dagegen als selbständige Organisationen aus dem Markt aus. Unter Berücksichtigung der Prämisse, daß diese Arbeit Ansatzpunkte zur Sicherstellung des Überlebens einer Unternehmung im Markt für Kommunikationsleistungen aufzeigen soll, richtet sich der zuletzt skizzierte Handlungsvorschlag nur an aufkaufende Unternehmungen als handelnde Subjekte. Den absorbierten Kapazitäten kommt hierbei allenfalls Objektcharakter zu.

In der Praxis nehmen Verbände sehr häufig die Funktion wahr, sämtliche Anbieter eines relevanten Marktes gegenüber den Nachfragern und der Öffentlichkeit zu repräsentieren. Diese Zusammenschlüsse unterstützen bei Bedarf die Markterschließung durch ihre Mitglieder und schaffen ein günstiges Klima für die Marktbearbeitung bei den politischen Entscheidungsträgern und in der öffentlichen Meinung. Im Markt für Kommunikationsleistungen wirkt z.B. der ZAW in diesem Sinne. Von den Erfolgen seiner Tätigkeit profitieren im Idealfalle[1] alle Anbieter gleichermaßen. Im Gegensatz dazu möchte dieser Abschnitt jedoch Hinweise dafür liefern, wie sich eine Gruppe von Anbietern durch die Bündelung ihrer Ressourcen Wettbewerbsvorteile gegenüber einzelnen oder der Gesamtheit der verbleibenden Konkurrenten verschafft. Folglich umfassen die hier zu behandelnden Verbunde stets nur einen Teil der Anbieter des relevanten Marktes, die jedoch nicht notwendigerweise alle der Außenwerbebranche angehören müssen.

4.4.1. Wahrnehmung von Gemeinschaftsaufgaben durch einen Verband

Da ein Unternehmensverband in der Regel in die Vermarktungstätigkeit seiner Mitglieder nicht eingreift und keine nennenswerte eigene wirtschaftliche Tätigkeit entfaltet, verfügt er lediglich über die in Form von Beiträgen bereit-

----

1) Die Einschränkung auf den "Idealfall" soll zum Ausdruck bringen, daß die Tätigkeit des ZAW eben nicht allen Werbeträgern gleichmäßig zugute kommt, weil sich die Medien je nach der eingesetzten Technologie unterschiedlich starken und häufigen Eingriffen in ihre Vermarktungstätigkeit ausgesetzt sehen, die den ZAW zu Aktivitäten anregen.

gestellten Finanzmittel. Diese verwendet er zur Erfüllung seiner satzungsgemäßen Aufgaben. Dabei lassen sich Innen- und Außenwirkungen der Aktivitäten unterscheiden. Nach innen - also auf die angeschlossenen Firmen - richten sich alle Vorschläge von Kommissionen und Arbeitskreisen, die die Abstimmung und Angleichung der Vermarktungstätigkeit der Mitglieder zum Inhalt haben. Eine Außenwirkung ergibt sich hierbei nur mittelbar durch den von den Nachfragern wahrnehmbaren, einheitlicheren Auftritt der Partner auf dem Markt. Dagegen zielen vor allem Kommunikationsmaßnahmen direkt auf die potentiellen Abnehmer.

Wie viele andere Medien verfügen auch die Unternehmen der Außenwerbung mit dem FAW über einen Verband, der ihre gemeinsamen Interessen im Markt für Kommunikationsleistungen vertritt. Trotz der Zusammenfassung des Anschlagwesens im FAW unterhalten die Anbieter von Lichtwerbungen parallel dazu den FVL. Eine Kooperation zwischen FAW und FVL wäre sicherlich in vielen übergeordneten Fragen des Mediums "Außenwerbung" denkbar, erfolgt aber derzeit kaum. Daneben haben sich nicht alle potentiellen Mitgliedsfirmen dem FAW angeschlossen. Die erst in jüngerer Zeit mit neuartigen Präsentationstechniken auf dem Markt erschienenen Anbieter[1] gehören fast ausnahmslos nicht dazu; der FAW unternimmt auch nur geringe Anstrengungen, seinen Mitgliederkreis um diese Firmen zu erweitern[2].

In der Kommunikation nach außen hat der FAW bereits zahlreiche Einzelaktionen durchgeführt. Außerdem gibt er ein regelmäßiges Mitteilungsblatt heraus ("Außenwerbung Information", AWI)[3]. Im wesentlichen beschränkt sich hier die

----

1) Hierzu zählen z.B. Abribus, CVW, IVTW, Superposter und SCW. Die letztgenannte Gesellschaft fand erst durch ihren Verkauf an die Firmengruppe um das "Außenwerbekontor" den Zugang zum FAW.

2) Der FAW macht die Erfüllung der Aufnahmewünsche neuer Mitglieder laut Auskunft seines Geschäftsführers von zweijähriger erfolgreicher Arbeit in der Branche abhängig. Der Beitritt der Firma IVTW scheiterte an der angeblich mißbräuchlichen Verwendung von Forschungsergebnissen des FAW. Als Hintergrundinformation vgl. FRIEDRICH (1981a), S. 21f.

3) "Außenwerbung Information" erscheint zweimal jährlich mit einem Umfang von etwa 30 bis 40 Seiten.

Verbandsarbeit jedoch auf zwei Bereiche. Für die verschiedenen Eigenwerbe-Kampagnen des Mediums auf Außenwerbeträgern leitet der FAW die Planung und liefert seinen Mitgliedern die notwendigen Werbemittel. Daneben verschickt er an einen ausgewählten Adressatenkreis auf direktem Wege Informationsmaterial. Hierbei handelt es sich vor allem um Begleitdokumentationen für die Eigenwerbe-Kampagnen[1]. Der Rückgriff auf die Anschriftenkartei des FAW eröffnet den relativ kostengünstigen Zugang zu den wichtigsten national tätigen Agenturen und Werbungdurchführenden. In der Fachpresse der Werbebranche erscheinen dagegen die Anschriften der Anbieter in Einzelinseraten.

Die wichtigere Funktion des FAW liegt in der Ausarbeitung von Empfehlungen, wie die Mitglieder ihr absatzpolitisches Instrumentarium im Wettbewerb mit anderen Medien wirksamer einsetzen können. So besteht z.B. ein dringender Bedarf zur Vereinheitlichung für die an die Abnehmerseite weiterzugebenden Informationen über die Produkte im engeren Sinne bzw. im Rahmen der Sekundärleistungen, die Auswahl- und Bewertungshilfen zum Inhalt haben. Die bei der Zusammenstellung eines Werbeträger-Netzes anfallenden Daten wachsen bei größeren Aufträgen schnell auf ein Ausmaß an, das sehr hohe Anforderungen an die Auswertungs- und Verarbeitungskapazitäten stellt.

Der Anstoß für eine produktpolitische Kooperation geht häufig von einzelnen Unternehmen aus, die sich im Kollegenkreis die entsprechenden Partner für ein flächendeckendes Angebot einer neu einzuführenden Außenwerbeform suchen. Die Verbände - FAW oder FVL - können diese Entwicklung aufgreifen und den erfolgreichen Werbeträger-Entwurf eines Mitglieds - sofern es zustimmt - allen angeschlossenen Firmen zur Vervielfältigung empfehlen, um die breite und rasche Markteinführung der Außenwerbeform zu unterstützen. Soll eine Präsentationstech-

----

1) Als Beispiel diene hier die Pressemappe des FAW (o.J.), Betrifft: Lehrstellen, die eine Aktion zur Bekämpfung der Jugendarbeitslosigkeit dokumentiert, für die im Februar 1984 etwa 35.000 Anschlagstellen bereitgestellt wurden.

nik nach bestimmten Gesichtspunkten völlig neu entworfen werden, kommen die Verbände auch als Federführer bei der Entwicklung genormter Außenwerbeträger in Betracht. Sie sollten ihren Mitgliedern Anregungen für neuartige Leistungen vermitteln, da die Attraktivität der Angebote in der empirischen Erhebung nicht durchgängig als hoch angesetzt wurde. 71% der Agenturen und 53% der überregionalen Unternehmen glauben nicht, daß sich die Anschlagunternehmer stets um zugkräftige Angebote bemühen, die den Wünschen der Werbungtreibenden entgegenkommen[1]. Die Übertragung neuartiger elektronischer Kommunikationsformen auf die Außenwerbung könnte z.B. auf Verbandsebene geprüft und anschließend kleineren Mitgliedsfirmen durch technologische Beratung erleichtert werden.

Die Einschaltung eines Verbandes empfiehlt sich auch immer dann, wenn die Vereinheitlichung einer bereits im Markt vorhandenen Außenwerbeform zur Debatte steht. Die Anpassung der nicht dem neuen Standard entsprechenden Anschlagstellen verursacht hohe Kosten, so daß die betroffenen Werbungdurchführenden nur ungern ungünstige Normen für sich akzeptieren. Ein Verband wird eher als ein Einzelanbieter in der Lage sein, diesen Anpassungsprozeß im Markt durchzusetzen, wenngleich auch um den Preis langsamerer und weniger weitreichender Fortschritte[2].

Die Vereinheitlichung von Werbeträgern verfolgt die beiden Ziele, durch das Angebot gleichartiger Präsentationstechniken dem potentiellen Abnehmer die Aufwendungen für mehrere unterschiedliche Werbemittel-Formate und -Materialien zu ersparen und die dem Auswahlprozeß zugrundeliegende Informationsvielfalt abzubauen. Dies resultiert aus der Beobachtung, daß die Beschäftigung mit Format- und Laufzeitabweichungen von den Abnehmern als unproduktiv empfunden wird, da diesen - eher geringfügigen - Merkmalsvariationen keine

----

1) Vgl. AGENTUR, Frage 16, und NATIONAL, Frage 20.

2) Die Geschwindigkeit eines vom FAW gesteuerten Vereinheitlichungsprozesses muß auf die finanzschwächsten Mitglieder Rücksicht nehmen.

wesentlichen Einflüsse auf die Wirksamkeit einer Werbemaßnahme zugeschrieben werden. Dem steht der Wunsch gegenüber, die Effektivität der eingesetzten Finanzmittel dadurch zu erhöhen, daß die als bedeutsam für die Werbewirkung empfundenen Merkmale einer Außenwerbeform im Selektionsprozeß stärker berücksichtigt werden. Der Umfang des Informationsflusses nimmt demnach per saldo nicht ab; stattdessen verändert sich die Qualität der zu übermittelnden Daten.

Voraussetzung für die Weitergabe von Daten ist ihre Erfassung und Speicherung beim Werbungdurchführenden. Viele Anbieter verfügen zwar über eine Kartei mit einigen knappen Lageangaben des Standortes, die steigenden Qualitätsansprüche der Abnehmer erfordern jedoch die Bereithaltung aller entscheidungsrelevanten Standortmerkmale[1]. Aus der Vielzahl der prinzipiell gewinnbaren Informationen über einen Außenwerbeträger müssen deshalb zunächst diejenigen Datenkategorien herausgefiltert werden, die von einer möglichst großen Abnehmerzahl als wichtig erachtet und für eine Beschaffungsentscheidung in der Summe als hinreichend akzeptiert werden. Einige Standortmerkmale scheiden dabei aus, weil sie von den Anbietern nicht mit wirtschaftlich vertretbarem Aufwand für jede einzelne Anschlagstelle erhoben werden können (z.B. Passagefrequenzen)[2]. Auch dürfen die Datensätze je Werbeträger nicht zu umfangreich werden, um die Erhebungskapazitäten der Anbieter nicht zu überfordern. Nicht tatsächlich notwendige Datenangaben verlängern zudem den Auswahlprozeß, wenngleich die Bedeutung dieses Aspektes durch die Verwendung von EDV-Anlagen zukünftig schwindet.

Besondere Aufmerksamkeit gebührt der hinreichend präzisen Definition der Datenkategorien. Das Erhebungspersonal der Werbungdurchführenden muß am Standort relativ einfach und

---

1) Die Schwierigkeiten bei der Plakatplanung auf der Basis der bisher verfügbaren Daten verdeutlichen die Modellrechnungen bei MEIER (1984), S. 35ff.

2) MEYER-ROCHOW (1979), S. 547, weist jedoch darauf hin, daß gerade die komplexen Passagedaten unbedingt notwendig sind, um Außenwerbeträger wirklich mit Print-Medien vergleichbar zu machen.

überdies eindeutig feststellen können, welche Ausprägung eines bestimmten Kriteriums als vorhanden gelten darf. An die Stelle nicht direkt beobachtbarer Merkmale treten dabei wahrnehmbare Indikatoren, die mit bestimmten Ausprägungen korrelieren. So läßt z.B. die Tatsache, daß ein Werbeträger an einer Bundesstraße steht, bereits auf starken Automobilverkehr am Standort schließen[1].

In der Vergangenheit versuchten bereits einige Markenartikelhersteller und Agenturen, die sehr stark Außenwerbung betreiben, eigene Werbeträger-Archive anzulegen, indem sie die für sie maßgebenden Standortmerkmale in umfangreichen Formblättern zusammengestellt und anschließend diese Erfassungsbögen an die Werbungdurchführenden mit der Bitte um Eintragung der Daten versandt haben[2]. Die individuelle Zusammenstellung der gewünschten Daten für einzelne Kunden birgt für die Anschlagunternehmer jedoch die Gefahr, daß bestimmte Informationen im Archiv nicht gespeichert vorliegen und daher aufwendig vor Ort beschafft werden müßten.

Damit die Anbieter nicht von allen bedeutenden Kunden mit eigenen Merkmalskatalogen konfrontiert werden, hat der FAW daher in Zusammenarbeit mit den wichtigsten national tätigen Herstellerunternehmen und Agenturen für seine Mitglieder einen **Standort-Beschreibungsbogen**[3] entwickelt, der alle als wesentlich erachteten Kriterien erfaßt[4]. Auf diese Weise wurde eine für die Beschaffungsentscheidung der Nachfrager heute sehr bedeutsame Sekundärleistung der Anbieter standardisiert, denn die Standort-Selektion geschieht bei allen

---

1) Da sich der Vorgang der Datenbeschaffung auf eine Übergangsphase konzentriert, muß geprüft werden, ob besonders geschultes Erhebungspersonal vorübergehend zu tragbaren Kosten verfügbar gemacht werden kann (z.B. über ein Marktforschungsinstitut) oder eigene Mitarbeiter (z.B. das Klebepersonal) diese Aufgabe mitübernehmen sollen. In letzterem Falle muß die Auslegung des Erhebungsprozesses auch auf die geringere Erfahrung der Beteiligten Rücksicht nehmen.
2) Z.B. Henkel, BAT und die Agentur Foote, Cone & Belding.
3) Vgl. das Muster in Anhang 4.
4) Vgl. ZAW-Jahrbuch (1981), S. 163f. Nach mehrjähriger Entwicklungs- und Testdauer veröffentlichte der FAW im Januar 1981 die Richtlinien zur Erstellung des Bogens.

Nutzern des Bogens auf der Grundlage der gleichen Datenkategorien. Das ausgefüllte Formblatt dient als Stammkarte des Firmenarchivs; Kunden erhalten davon auf Anfrage Fotokopien, lediglich die beiden Fotos mit Blick von und zum Standort müssen gegenwärtig noch als Originalabzüge beigefügt werden. Da die Anordnung der Informationen auf dem Formular festgelegt und mit Kennziffern versehen ist, kann zukünftig die Mitteilung der Daten auch in EDV-Ausdrucken erfolgen. Die Kategorien bleiben durch die Kennziffern identifizierbar[1)].

Überläßt ein Kunde die Selektion seines Stellennetzes dem Anbieter, dokumentiert ein der Auftragsbestätigung beigefügter Satz der Standort-Beschreibungsbogen die ordnungsgemäße Umsetzung der Merkmalsvorgaben. Die Bogen können aber auch einem Angebot beigefügt werden, aus dem der Kunde anhand der Informationen selbst eine Auswahl trifft[2)]. Agenturen, die über eine Werbeträger-Datenbank verfügen, beziehen für jeden neueingerichteten Standort eine Kopie des Bogens zur Aktualisierung ihres Archivs. Schließlich können die Kriterien des Standort-Beschreibungsbogens auch der vorweggenommenen Gliederung eines Werbeträger-Bestandes in Teilnetze zugrunde gelegt werden.

Die Standardisierung des Datenbestandes führt zu einer Rationalisierung des Buchungsvorganges, wenn die Kunden die gewünschten Standortmerkmale nicht mehr umschreiben, sondern sich auf die Mitteilung der zugehörigen Kennziffern beschränken. Der Bogen ist EDV-gerecht konzipiert und die zugehörigen Rechnerprogramme bewältigen die Selektion der Außenwerbeträger auch bei der Vorgabe mehrerer miteinander verknüpfter Merkmalsvorgaben[3)].

Die negativen Auswirkungen des Standort-Beschreibungsbogens auf die anderen Außenwerbeformen dürfen an dieser Stelle

---

1) Die Kennziffern ermöglichen auch die Auswertung der Daten per EDV.
2) Lt. Mitteilung eines Werbungdurchführenden wird von dieser Möglichkeit reger Gebrauch gemacht.
3) Bei der Firma MOPLAK berücksichtigt das Selektionsprogramm die eingegebenen Kriterien wahlweise additiv und alternativ.

jedoch nicht übersehen werden. Der Bogen dient als exklusive Vermarktungshilfe für den häufigsten Werbeträger-Typ - die Großfläche. Deren Präsentationsvorrichtungen gleichen sich bei allen Anbietern, auch zur Bedeutung der Standortmerkmale für die Werbewirkung liegen bereits einige wissenschaftliche Erkenntnisse vor. Dagegen existieren für alle anderen ortsfesten und mobilen Außenwerbeträger, insbesondere für solche mit neuen Präsentationstechniken, nur wenige Untersuchungen über deren Effizienz. Es besteht daher die Gefahr, daß diese Gestaltungsformen durch ihren relativen Attraktivitätsverlust noch stärker in eine Abseitsposition neben der Großfläche geraten. Selbst für die Gruppe der Papierplakate wurde die Möglichkeit versäumt, zu einem integrierten Auswahl- und Bewertungsmodell aller unterschiedlichen Trägervarianten zu gelangen. Die vorgesehenen Leerpositionen innerhalb des Bogens reichen nicht aus, um die Besonderheiten von Superposter, Abribus etc. zu erfassen. Die Einbeziehung der Verkehrsmittelwerbung mit ihren vielfältig zersplitterten Angebotsformen scheint einer solchen Systematisierung gegenwärtig ohnehin nicht zugänglich zu sein. Aber auch innovative Präsentationstechniken (z.B. Prismenwender, Videowand) finden in dieser Ordnung keinen Raum, so daß die schrittweise Umwandlung von herkömmlichen Großflächen in fortentwickelte Werbeträger-Typen durch den bestehenden Standort-Beschreibungsbogen nicht unterstützt wird. Möglicherweise hemmt der Bogen sogar die Einführung neuer Techniken, da kein Anbieter aus einer allseits gut eingeführten Großfläche eine unbekannte Spezialstelle machen möchte. Die nicht dem Kriterienkatalog entsprechenden Anschlagstellen fallen voraussichtlich bei den zukünftigen EDV-gestützten Übertragungs- und Auswahlsystemen aus der Menge der in den Selektionsprozeß einbezogenen Anschlagstellen heraus, so daß sie zumindest an überregionale Nachfrager nur noch mit großen Schwierigkeiten vermietet werden können. Der Standort-Beschreibungsbogen trägt folglich trotz seiner unbestreitbaren Vorteile für die Vermarktung von Großflächen durch seine enge Auslegung dazu bei, die Struktur der Werbeträger-Bestände bei den Anbietern festzuschreiben, und erschwert die produktpolitische Anpassung an zukünftige Erfordernisse des Marktes.

Die Kriterien des Standort-Beschreibungsbogens ermöglichen über die Vereinfachung des Informationsflusses hinaus die Einführung eines differenzierten Preisbildungsverfahrens für Großflächen, das der FAW in Zusammenarbeit mit Vertretern der Nachfragerseite ausarbeiten könnte. Dabei wird jedem Standort ein Qualitätsindex zugeordnet, der sich aus den erfaßten Merkmalen - möglicherweise nach deren Bewertung mit Bedeutungsgewichten - errechnen ließe. In der Folge träten mehrere Preisklassen an die Stelle der bisherigen einheitlichen Entgelte.

In der empirischen Erhebung hielten es Dreiviertel der befragten Werbeagenturen (73%) und nationalen Unternehmen (76%) für zweckmäßig, Plakatanschlagstellen in verschiedene Qualitätsstufen mit unterschiedlichen Preisen einzuteilen[1]. Die Befürworter ließen bei der Bitte um eine Begründung (offene Frage) erkennen, daß ihnen die sehr stark variierenden Standortqualitäten durchaus bewußt sind. Die genannten Argumente für eine Entgeltdifferenzierung zeigen jedoch kein einheitliches Bild, so daß ein allseits akzeptierter Bewertungsmodus wahrscheinlich nicht leicht zu finden sein wird. Für diese Vermutung spricht auch, daß lediglich 48% der Agenturen und 39% der Unternehmen die Kriterien des vorhandenen Standort-Beschreibungsbogens für ausreichend erachten, um solche Qualitätsstufen zu bilden[2].

Gegen die Differenzierung der Preise wird z.B. die geringe Überprüfbarkeit der Einstufungen durch die Nachfrager angeführt. Einige Kritiker halten die Einigung auf eine allgemeinverbindliche Bewertungsmethode sogar für grundsätzlich nicht wünschenswert. Nach ihrer Meinung hängt die Gewichtung der Merkmale allein vom beworbenen Produkt ab und entzieht sich daher einer Standardisierung; die Kundennetze seien

---

1) Vgl. AGENTUR, Frage 7, und NATIONAL, Frage 10.
2) Vgl. AGENTUR, Frage 8, und NATIONAL, Frage 11.

daher auf jeden Fall nach individuellen Vorgaben zu optimieren. Schließlich wird der Standpunkt vertreten, daß die Werbungdurchführenden qualitativ geringerwertige Anschlagstellen nicht im Preis senken, sondern ganz aus den Sortimenten streichen sollten, um die Durchschnittsqualität der Gesamtbestände zu verbessern.

Neben der Ausarbeitung von Vereinheitlichungsvorschlägen für die Ausgestaltung einzelner absatzpolitischer Instrumente, deren Akzeptanz den Mitgliedern weitgehend freisteht, kommt einem Verband häufig auch die Aufgabe zu, kostspielige Gemeinschaftsprojekte in Angriff zu nehmen, die die finanziellen Möglichkeiten der einzelnen Mitgliedsfirmen überfordern. Zwar könnte auch eine Arbeitsgemeinschaft mehrerer Anschlagunternehmer solche Projekte zu realisieren versuchen, doch spricht die Branchenstruktur eher für die Einschaltung des FAW[1]. Da beispielsweise für Gemeinschaftsstudien zur Erforschung der Werbewirkung alle Teilnehmer erhebliche finanzielle Beiträge leisten müssen, genießt der Verband gleichsam als Treuhänder am ehesten des Vertrauen in die ordnungsgemäße Verwendung der Mittel. Daneben verhindert die Abhängigkeit der Ausführung eines Projektes von der Zustimmung aller Mitglieder, daß einzelne Firmen von den Resultaten profitieren, ohne sich an deren Kosten zu beteiligen. Die Übernahme des Standort-Beschreibungsbogens durch "Trittbrettfahrer" außerhalb des FAW kann der Verband wirksam unterbinden, da das Formblatt urheberrechtlich geschützt ist. Dagegen fehlt eine Handhabe gegen die Verwendung der zentralen Daten aus der Werbewirkungsforschung[2].

Wenngleich verschiedene Anbieter in der Vergangenheit eigene Studien präsentiert haben, so haften diesen doch einige Mängel an, die ihre Einsetzbarkeit als Verkaufshilfe erheblich einschränken[3]:

----

1) Auf die für anspruchsvolle Forschungsprojekte ungünstige Firmenstruktur weist z.B. KÜSTER hin. Vgl. FAW (1975b), S. 47.
2) Vgl. hierzu den kritischen Aufsatz von FRIEDRICH (1981a), S. 21f.
3) Allgemeine Mängel von Werbewirkungsstudien nennt STEFFENHAGEN (1984), S. 102f.; mit den Unzulänglichkeiten der Plakatanschlagstellen-Analyse (PA) beschäftigt sich z.B. DOHMEN (1973), S. 40.

- Die Daten genügen nicht den Anforderungen der werbungtreibenden Wirtschaft; sie beantworten die wesentlichen Fragen nicht.
- Die Erhebungsmethoden werden angezweifelt; die Stichproben fallen aus Kostengründen zu klein aus.
- Kleine und unbekannte Marktforschungsinstitute führen die Untersuchungen durch. Es fehlt ihnen der Vertrauensvorschuß, den die Abnehmer namhaften Forschungseinrichtungen entgegenbringen.

Um diesen Zweifeln entgegenzuwirken, arbeitet der FAW bereits seit Jahren mit Infratest zusammen, da die Aussagekraft der Ergebnisse dieses renommierten Marktforschungsinstituts in methodischer Hinsicht nicht in Frage steht.

Die Werbungdurchführenden setzen die Ergebnisse der FAW-Forschung als Sekundärleistung mit produkt- und kommunikationspolitischen Aspekten ein. So war den Studien zur Werbewirksamkeit von Plakaten und Verkehrsmittelwerbung zunächst ein beachtlicher Aufmerksamkeitserfolg beschieden, der die erstmalige Anwendung deutlich fortgeschrittener Meßmethoden würdigte. Im Laufe der Zeit ließ der Werbeeffekt der zugehörigen Publikationen allerdings erheblich nach. Da die Daten mit den Ergebnissen der AG.MA-Erhebungen nicht kombiniert werden können, erwarten die Abnehmer statt gelegentlich erfolgender Aktualisierungen die Fortentwicklung der Untersuchungen in Richtung auf eine Kompatibilität mit der MA.

Daneben soll die Bereitstellung der Erhebungsergebnisse aber auch als Planungshilfe dienen. Ein Fragenblock innerhalb der empirischen Erhebung erforschte die Nutzung des Datenmaterials durch die Werbeagenturen und national tätigen Unternehmen für diesen Zweck. Die Verbreitung von vier Publikationen des FAW zeigte zumindest für die Agenturen beachtliche Ergebnisse. Die Schriften lagen bei 65% bis 77% der Werbeberater vor; 80% der Agenturen verfügten über mindestens eine von ihnen. Ein weniger einheitliches Bild zeichnete die gleiche Frage im Erhebungsteil NATIONAL; nur

39% führten wenigstens eine der Veröffentlichungen in ihrer Bibliothek und nur 8% besaßen alle vier Schriften[1].

Publikation	AGENTUR	NATIONAL
Plakatanschlagstellen-Analyse PA II (1975)	65%	16%
Plakatanschlag in Deutschland (1978)	77%	32%
Wie wirbt man mit Plakaten (1983)	68%	39%
Wirksamkeitskontrolle der Verkehrsmittelwerbung (1978)	65%	23%

Tab. 13: Die Verbreitung von vier ausgewählten FAW-Publikationen bei den Teilnehmern der empirischen Erhebung[2].

76% der Werbeagenturen, bei denen Unterlagen vorhanden waren, setzen sie bei der Planung ihres Einsatzes von Außenwerbeträgern ein, desgleichen 50% der Produzentenunternehmen[3]. Die Nichtnutzer, aber auch der größte Teil der Nutzer, bestätigten jedoch eine Reihe von vermuteten Schwachstellen:

Kritikpunkt	AGENTUR	NATIONAL
Daten nicht vergleichbar	50%	17%
Daten veraltet	58%	42%
Daten reichen für sinnvolle Planung nicht aus	54%	33%
Daten kaum zu verstehen	13%	0%

Tab. 14: Zustimmung zu vorgegebenen Kritikpunkten an ausgewählten FAW-Publikationen in der empirischen Erhebung[4].

Die empirische Erhebung unterstreicht also deutlich, daß die bisher veröffentlichten Forschungsergebnisse nach Struktur und Menge nicht den Anforderungen genügen. An anderer Stelle des Fragebogens stimmten 97% der Agenturen und 89% der Produzenten der These zu, daß die Schwierigkeit, vergleichbare Daten zu erheben, ein Hauptproblem der Außenwerbung

---

1) Vgl. AGENTUR, Frage 9, und NATIONAL, Frage 12.
2) Vgl. AGENTUR, Frage 9, und NATIONAL, Frage 12.
3) Vgl. AGENTUR, Frage 10, und NATIONAL, Frage 13.
4) Vgl. AGENTUR, Frage 10, und NATIONAL, Frage 13. Nur die Besitzer von mindestens einer Publikation kamen hier als Beantworter in Frage.

darstellt[1]. Unabhängig von methodischen Aspekten fällt zudem die mangelnde Aktualität der Zahlen besonders negativ auf. Handhabungsprobleme bestehen dagegen kaum.

Der akquisitorische Effekt einer der untersuchten Studien erwies sich als besonders gering. Die "Wirksamkeitskontrolle der Verkehrsmittelwerbung" veranlaßte jeweils nur eine Agentur und ein Unternehmen zur verstärkten Empfehlung bzw. Erprobung dieser Außenwerbeform. Dem Ziel, neue nationale Abnehmer für die Verkehrsmittelwerbung zu gewinnen, ist der FAW durch die Veröffentlichung dieser Daten also kaum näher gekommen[2].

Nicht nur im Hinblick auf die Werbewirksamkeit, sondern auch in Bezug auf die erzielten Umsätze werden die Medien von den Werbungtreibenden gern miteinander verglichen. Die meistgenutzte Zusammenstellung stammt von dem Marktforschungsinstitut Schmidt & Pohlmann. Plakate und Anzeigenblätter werden darin jedoch nicht ausgewiesen[3]. Hier könnte sich der FAW um die Einbeziehung der Außenwerbung bemühen, zumal weitere Analysen wie z.B. der GfK-Werbeindikator[4] auf den Daten von Schmidt & Pohlmann aufbauen. Ebenso fehlte bislang eine befriedigende Hilfe zur Konkurrenzbeobachtung. Die Werbungtreibenden wünschen Informationen über die Werbeaktivitäten ihrer direkten Wettbewerber, um jederzeit auf deren laufende Kampagnen reagieren zu können. Seit 1985 erscheint deshalb viermal jährlich eine farbige "Großflächen-Plakatbeobachtung" als Publikation einer Interessengemeinschaft, der siebzehn Firmen bzw. Firmengruppen angehören[5]. Sie entwickelt einen einfacheren Vorläufer der Deutschen Städte-Reklame fort.

---

1) Vgl. AGENTUR, Frage 17, und NATIONAL, Frage 21.
2) Vgl. AGENTUR, Frage 11, und NATIONAL, Frage 14.
3) Der Artikel o.V. (1985), Positive Werbebilanz 1984, S. 70, gibt einen kurzen Überblick über den Umfang der Schmidt & Pohlmann-Analysen.
4) Den GfK-Werbeindikator beschreibt o.V. (1983), GfK-Werbeindikator, S. 534f.
5) Vgl. SCHUMACHER (1985), S. 11ff, und SCHUMACHER (1983), S. 21ff.

Der Bedarf an Werbewirkungsdaten läßt sich differenzieren in wissenschaftlich weniger anspruchsvolle Grunddaten und Informationen über komplexe Sachverhalte der Effizienzforschung. Die einfachen Werte dienen den gebräuchlichen Mediaselektions-Modellen als Basis; besondere Akzente liegen hier auf der Vergleichbarkeit der Medien untereinander und hoher Aktualität des Zahlenmaterials. Die eher routinemäßigen Untersuchungen bedürfen nur geringer begleitender Forschungen[1)], als Kostenfaktor wirken vor allem die umfangreichen Stichproben und kurzen Erhebungsintervalle. Da sich viele der hier benötigten Auskünfte auf die individuellen Bestände und Standorte einzelner Anbieter beziehen, könnten diese die entsprechenden Erhebungen in eigener Regie durchführen, wobei lediglich methodische Empfehlungen des FAW zu beachten wären. Die Übertragung der Federführung für die Studien auf den Verband vermeidet unnötige Doppelberechnungen der globalen Größen (z.B. Reichweiten) durch mehrere Mitglieder.

Daneben stoßen auch Forschungen, die sich mit komplexen Hypothesen zur Werbewirkung beschäftigen, zunehmend auf das Interesse der Werbungtreibenden. Anspruchsvolle Projekte unterstreichen zwar die "Modernität" eines Mediums, die Ergebnisse fließen jedoch zumeist noch nicht direkt in Planungsmodelle ein, da zunächst die Annahmen getestet und die Methoden zu ihrer Prüfung entwickelt werden müssen. Aufgrund des geringen Nutzens für den routinemäßigen Vermarktungsprozeß entwickeln nur wenige Anbieterunternehmen die Initiative zur Realisierung solcher Studien. Stellvertretend sollte daher der FAW innovative Forschungsansätze aufgreifen und versuchen, mit den parallelen Erhebungen anderer Medien Schritt zu halten. Bereits die praxisgerechte Formulierung der Untersuchungsziele stellt hohe Anforderungen an den Wissensstand der Auftraggeber, so daß auf die Bildung eines fachkundigen Ausschusses auf Verbandsebene, zu dem auch

---

1) Über die langsame methodische Weiterentwicklung der MA informieren o.V. (1984), Ringen um Reichweite, S. 67ff., und o.V. (1985), Wettbewerb der Werbeträger, S. 67ff. Die Auswertungen beschränken sich auf Reichweiten, Zielgruppenmerkmale und Überschneidungen.

Fachleute der Agenturen und werbungtreibenden Unternehmen gehören, nicht verzichtet werden kann.

Die begleitende Erläuterung neuartiger Erhebungsansätze trägt wesentlich zur Akzeptanz der Resultate bei. Nur wenige Rücksender in der empirischen Erhebung gestehen ein, das Datenmaterial der diversen Infratest-Studien wegen methodischer Unklarheiten nicht voll zu nutzen. Daß diesem Kritikpunkt von den bundesweit anbietenden Unternehmen überhaupt nicht zugestimmt wurde, muß wohl so interpretiert werden, daß die meisten Firmen die - objektiv vorhandenen - problematischen Details der Studien gar nicht erst erkannt haben. Eine Auskunftsquote von nur 33% bei dieser Frage[1] spricht ebenfalls für geringe Erfahrungen der potentiellen Anwender mit den Datensammlungen[2].

Als ein Beispiel für innovative Forschungstätigkeit auf dem Gebiet der Werbewirkung sei hier das Institut für Konsum- und Verhaltensforschung in Saarbrücken erwähnt. Da dessen Resultate in der Praxis zukünftig sicherlich breitere Beachtung finden, sollte der FAW die Initiative ergreifen und Forschungsaufträge erteilen, die sicherstellen, daß der Praxis z.B. Meßansätze für die Aktivierungswirkung von Außenwerbeträgern gleichzeitig mit den entsprechenden Methoden für Anzeigen- oder Fernsehwerbung zur Verfügung stehen. Die Kosten halten sich möglicherweise in finanzierbaren Grenzen, wenn es gelingt, bereits vorliegende Ergebnisse für die Zwecke der Außenwerbung lediglich zu modifizieren. Die frühzeitige Einbringung des Mediums in den Kreis der Forschungsobjekte sichert die gleichberechtigte Berücksichtigung der Außenwerbung bei der Interpretation der Resultate.

---

1) Vgl. NATIONAL, Frage 13.
2) Die Erschwerung der Dateninterpretation in der PA II beklagen KERNEBECK und ERNST, vgl. FAW (1975b), S. 52 und 59. FRIEDRICH (1977), S. 585, bescheinigt der PA I den "Charme eines Telefonbuches" und glaubt, daß die Daten zunächst nur von solchen Werbefachleuten in die Planung einbezogen wurden, die darin ihre persönlichen Erfahrungen mit der Leistungsfähigkeit des Plakatanschlags bestätigt fanden.

Neuartige Werbewirkungshypothesen werden häufig zuerst in der Hochschulforschung aufgestellt und getestet. Außenwerbung findet in den entsprechenden Studien jedoch nur selten Berücksichtigung[1]. Möglicherweise schaffen ideelle Unterstützung und finanzielle Zuschüsse Anreize, sich verstärkt mit dem Medium zu beschäftigen. Es wäre schon als erheblicher Fortschritt zu bewerten, wenn die Außenwerbung Eingang in vergleichende Untersuchungen fände, die von den verschiedenen verhaltenswissenschaftlich orientierten Lehrstühlen durchgeführt werden[2].

Ein weiterer Rationalisierungseffekt der Zusammenarbeit im Rahmen der Werbewirkungsforschung liegt darin, daß der Verband die potentiellen Abnehmer in den Unternehmen und Agenturen nur einmal mit den wichtigsten Grundinformationen versorgt, damit die Abnehmer ähnliche Unterlagen nicht mehrfach von ihren verschiedenen Werbeträger-Lieferanten erhalten[3]. Die Erstellung einheitlicher Prospekte und Broschüren führt selbst bei dezentraler Verteilung durch die Einzelunternehmen zu preisgünstigen Auflagengrößen und einer breiten Umlagebasis für die Gestaltungskosten. Die Bereitstellung durch den FAW verhilft vor allem kleineren Anbietern, die sich eigene Prospekte finanziell nicht leisten könnten, zu akzeptablem Werbematerial[4].

---

1) Frei zugängliche Forschungsergebnisse des Saarbrücker Instituts enthalten z.B. die Dissertationen "Wirksame Fernsehwerbung" (von KEITZ 1983) und "Aktivierungswirkung von Anzeigen" (MEYER-HENTSCHEL 1983). Außenwerbung gehört nicht zu ihren Forschungsobjekten. Auch eine Agenturumfrage des gleichen Lehrstuhls zur Zukunft der Werbeträger (ANDRESEN/RUGE 1985, S. 64ff.) läßt Außenwerbung unberücksichtigt. Eine Quellensammlung des VERBANDES DEUTSCHER ZEITSCHRIFTENVERLEGER (1984) dokumentiert 47 Studien zum Intermedia-Vergleich Publikumszeitschriften - Werbefernsehen. Keine der Analysen, auch nicht die von Universitäten getragenen, beziehen zugleich Außenwerbung mit ein.
2) Die in Fußnote 1 erwähnte Quellensammlung nennt drei Vergleichsstudien, die sich mit der Gehirntätigkeit beim Betrachten von Werbebotschaften beschäftigen. Alle drei stammen von wissenschaftlichen Forschungseinrichtungen; keine umfaßt Außenwerbung.
3) Die Überlastung kleiner und mittlerer Agenturen mit vielfältigem, inhaltlich aber verwandtem Datenmaterial beklagt z.B. EISENMANN (1984), S. 139.
4) Die FAW-Broschüre "Wie wirbt man mit Plakaten" (1983) trägt nur einen dezenten Herausgeberhinweis und kann nachträglich mit einer Eigenwerbung des verteilenden Unternehmens bedruckt werden.

Die allgemein gehaltenen Informationen des FAW erleichtern darüber hinaus die nachgelagerte auftragsspezifische Kommunikation erheblich, da sie Begriffe definieren und erläutern, die bei Vertragsverhandlungen eine wesentliche Rolle spielen. Insbesondere der Standort-Beschreibungsbogen leistet hierzu einen bedeutenden Beitrag, da er zahlreiche komplexe und entscheidungsrelevante Werbeträger-Merkmale auflistet. Der Anbieter entnimmt ihm die für seinen Bestand zu erhebenden Kriterien und der Abnehmer erfährt, welche Daten er mit Aussicht auf Erfolg erfragen und seiner Planung zugrundelegen darf.

4.4.2. Kooperation wirtschaftlich selbständiger Unternehmen

Grundsätzlich können die im vorhergehenden Abschnitt dargestellten Ansatzpunkte für die Vereinheitlichung absatzpolitischer Maßnahmen oder die Bündelung finanzieller Mittel zur Durchführung anspruchsvoller Forschungsprojekte auch von einer Arbeitsgemeinschaft wirtschaftlich selbständiger Unternehmen ohne die Einschaltung eines Verbandes aufgegriffen und verwirklicht werden. Die Tätigkeit des FAW bewahrt sich jedoch immer einen bestimmten Grad von Unverbindlichkeit, weil die Mitglieder keiner Übernahmepflicht unterliegen und der FAW sich in den Dialog zwischen Anbieter und Nachfrager nicht einmischt. Die hier vorgestellten Beispiele für Kooperationen funktionieren dagegen nur, wenn sich die Partner vertraglich auf eine gemeinsame Vorgehensweise einigen und dafür freiwillig Abstriche in ihrer wirtschaftlichen Unabhängigkeit hinnehmen. Die Verbandsvorschläge müssen daneben in gewissem Sinne als neutral angesehen werden, weil alle Anbieter der Außenwerbebranche von ihnen Gebrauch machen dürfen. Während die FAW-Arbeit die Wettbewerbsposition sämtlicher Anschlagunternehmer im Markt für Kommunikationsleistungen zu verbessern sucht, brancheninterN aber unparteiisch bleibt, können andere Kooperationen durchaus auch anstreben, einzelnen Außenwerbefirmen Wettbewerbsvorteile gegenüber Branchenkollegen zu verschaffen.

Als Partner für eine Zusammenarbeit kommen dabei nicht nur andere Anbieter von Werbeträgern (horizontale Kooperation) in Betracht, sondern auch Unternehmen, die auf vor- oder nachgelagerten Marktstufen (vertikale Kooperation) angesiedelt sind. Gruppenbildungen auf der gleichen Stufe beschränken sich zudem nicht allein auf die Außenwerbebranche, sondern können auch die Grenzen des Mediums überschreiten, indem z.B. ein Anschlagunternehmer Verbindungen mit Verlagen und Rundfunkanstalten eingeht. Als Aktionsfelder einer Zusammenarbeit eignen sich dabei sowohl einzelne absatzpolitische Instrumente (bevorzugt Produktpolitik und Vertrieb) als auch vollständige Marketing-Konzepte.

Die erfolgreiche überregionale Vermarktung einer Außenwerbeform im Wettbewerb mit Print- und Funkmedien setzt voraus, daß dem Nachfrager eine möglichst große Anzahl weitgehend homogener Werbeträger zur Auswahl steht, weil nur auf diesem Wege der notwendige Werbedruck mit vertretbarem Aufwand aufgebaut werden kann. Als einziger Werbeträger-Typ erfüllt die Großfläche diese Anforderungen schon seit längerer Zeit sowohl durch die Normung ihrer Außenmaße als auch durch die einheitliche Grundmietzeit von einer Dekade. Aber schon bei den ebenfalls weitverbreiteten Ganzstellen und im Allgemeinanschlag besteht diese Einheitlichkeit der Formate nicht mehr[1]. Noch zersplitterter präsentieren sich Verkehrsmittelwerbung und Spezialstellen. Als Basismedium eignen sich jedoch nur Werbeformen, für die bundesweit oder zumindest in großen zusammenhängenden Gebieten standardisierte Präsentationsvorrichtungen bereitstehen.

Neben der weitreichenden räumlichen Abdeckung einer Zielgruppe sollte auch die notwendige Dichte der Kontaktpunkte innerhalb des Zielgebietes herstellbar sein. Es genügt nicht, daß ein Unternehmen seine spezielle Präsentationstechnik zwar im gesamten Bundesgebiet, aber nur in geringen Stückzahlen und nicht an allen Orten anbietet. Hier sollte ein Werbungdurchführender im eigenen Interesse versuchen, Kollegenunternehmen für die Einführung eines gemeinsamen Werbeträger-Typs zu gewinnen, um regionale Lücken und mangelnde Präsenz zu vermeiden.

Da neuartige Präsentationstechniken sehr häufig mit hohen Einführungskosten verbunden sind, könnte dieser Kooperationsversuch in eine Marktaufteilung münden, bei der jeder Teilnehmer seine Kräfte auf bestimmte Verbreitungsregionen konzentriert, die Gesamtheit der Partner jedoch eine Vollabdeckung des Zielgebietes erreicht. Als Vorteil gegenüber einer nicht abgestimmten Standortstreuung läßt sich anführen, daß die Partner an attraktiven Aufstellungsorten nicht

----

1) Vgl. BRÖNNER (1984), S. 39.

sofort untereinander im Belegungswettbewerb stehen, während gleichzeitig weniger aussichtsreiche Standorte unbesetzt bleiben. Die angestrebte Vollabdeckung kommt allerdings nur zustande, wenn allen Partnern eine zufriedenstellende Mischung von attraktiven und weniger attraktiven Zielorten zugewiesen werden kann.

Eine größere Gruppe bedeutender deutscher Anbieter vermied das in einer Gebietsaufteilung verborgene Konfliktpotential, indem sie für die Vermarktung verglaster Anschlagflächen an den Haltestellen des öffentlichen Nahverkehrs eine Tochtergesellschaft unter dem Namen DEGESTA gründete[1]. Das Gemeinschaftsunternehmen imitiert nicht nur die erfolgreichen Präsentationsvorrichtungen der GUVE (Abribus), sondern folgt auch bei der Markteinführung der Strategie des Innovators. Die GUVE ging von der Annahme aus, daß die Nachfrager eher eine starke Präsenz in wenigen wichtigen Städten als eine schwache Werbeträger-Verbreitung in einem größeren Gebiet akzeptieren, und hatte sich daher zunächst auf einige ausgewählte Großstädte beschränkt. Die DEGESTA konzentrierte sich bei ihrem Markteintritt ebenfalls auf wenige Städte, um von Beginn an attraktive Teilnetze anbieten zu können. Da der Startbestand mit den gebündelten Einlagen aller Kooperationspartner eingerichtet wurde, schied die Übertragung der Vermarktungsrechte an die örtlich dominanten Teilnehmer als akzeptable Handlungsalternative zur Gründung eines Gemeinschaftsunternehmens aus.

Wie bereits an anderer Stelle angesprochen, leidet die Verkehrsmittelwerbung in den Augen der Nachfrager unter dem Mangel, daß nur selten zu einem gewünschten Termin eine größere Anzahl von Fahrzeugen verfügbar gemacht werden kann. Falls dieser Wunsch dennoch erfüllt wird, verteuern zudem die sehr verschiedenartigen Anforderungen an die Werbemittel eine umfangreichere Werbemaßnahme unnötig. Es stellt sich daher die Frage, warum nicht mehrere Anbieter einen bestimm-

---

1) Die im Dezember 1983 gegründete "Deutsche Gesellschaft für Stadtverkehrsanlagen mbH" vereinigt die bedeutendsten Großflächenbieter.

ten Ausschnitt aus ihren Wagenparks gemeinsam als "Netz" mit gleichgeschaltetem Mietzeitraum vermarkten. Startzeitpunkte und Laufzeiten müßten dabei so flexibel ausgelegt sein, daß die Nachfrager die Außenwerbemaßnahmen mit ihrem sonstigen Medieneinsatz synchronisieren können. Die technischen Voraussetzungen für den breitgestreuten Einsatz eines normierten Folienplakates bestehen bislang nur für die relativ weitverbreiteten deutschen Standard-Linienbusse. Für Seitenscheibenplakate einigten sich die Anbieter mittlerweile auf ein Standardformat (15 cm hoch und 50 cm breit). Um auch in der Außenbeschriftung Folien noch rationeller verwendbar zu machen, sollen zukünftig alle Fahrzeugtypen für ein Modul von 50 cm x 300 cm ausgelegt werden, das z.B. auf Omnibussen viermal und auf S-Bahnen sechsmal angebracht wird[1].

Im Rahmen der kooperativen **Distributionspolitik** für partnereigene Werbeträger-Netze stehen als Vertriebsformen der Gemeinschafts- und der Anschlußabsatz zur Wahl[2]. Um den zentralisierten Vermarktungsorganisationen der Rundfunkanstalten und Verlagshäuser gewachsen zu sein, gründen z.B. mehrere Außenwerbeunternehmen eine rechtlich selbständige Buchungszentrale, die den Absatz aller Außenwerbeträger der Partnerfirmen im **Gemeinschaftsabsatz** übernimmt[3]. Die Kooperationsmitglieder behalten nur Klebung und Werbeträger-Pflege in eigener Regie, wobei lediglich fallweise regionale Umverteilungen vorgenommen werden. So besorgt z.B. ein Werbungdurchführender diese Dienste an seinem Firmensitz auch für alle Anschlagstellen seiner Kooperationspartner, während diese an für ihn ungünstiger gelegenen Standorten tätig werden.

Die Ergebnisse der empirischen Erhebung unterstreichen recht deutlich die Verbesserungsbedürftigkeit des Belegungsvorganges. 57% der Agenturen und 47% der Unternehmen sehen in

---

1) Vgl. LEIMBACH (1985), S. 36 und 38.
2) Vgl. ENGELHARDT/PLINKE (1980), S. 138f.
3) Den Vorschlag, beim Vertrieb über gemeinschaftlich genutzte EDV-Anlagen zu kooperieren, machte POTTHAST bereits 1970. Vgl. POTTHAST (1970), S. 188.

der umständlichen Buchungsabwicklung tendenziell ein größeres Problem als in der mangelnden Werbewirksamkeit[1]. Deshalb glauben 53% der Werbeberater, daß sich die Kosten für die Einschaltung einer Spezialagentur lohnen[2]. Die aktuelle Marktstruktur empfinden sie wegen der Vielzahl der Anbieter als unübersichtlich (79%)[3]. Eine zentrale Buchungsstelle für alle Werbungdurchführenden könnte nach eigenem Bekenntnis immerhin 54% der Agenturen zum verstärkten Einsatz von Außenwerbeträgern bewegen[4]. Der Wettbewerb zwischen den Anschlagunternehmen führt nach Ansicht von 87% der Beantworter auch nicht zu Preisvorteilen, die die Beibehaltung des zersplitterten Angebotes rechtfertigen[5].

Der Gemeinschaftsabsatz auf nationaler Ebene wirft jedoch eine Reihe von Problemen auf. Wenn ein kooperierender Anbieter einen Werbeträger-Typ zugleich selbständig im lokalen Bereich vermarkten möchte, stellt sich fallweise die Frage nach der Priorität. Bei konkurrierenden Belegungswünschen muß eine Absprache regeln, ob ein von der Zentrale bearbeiteter Auftrag bei der Bereitstellung der Außenwerbeträger Vorrang vor den Buchungen auf lokaler Ebene genießt.

Vorbehalte gegenüber einer weitreichenden Kooperation erwachsen auch aus der Notwendigkeit, daß alle Teilnehmer ihre zuvor mühevoll geknüpften Kundenbeziehungen an die Gemeinschaftseinrichtung abtreten müssen. Sie verlieren dadurch selbst den direkten Kundenkontakt und begeben sich in starke absatzpolitische Abhängigkeit von der Zentrale. Ein späteres Verlassen des Verbundes bei Unzufriedenheit mit dem Vermarktungsergebnis wird nur unter großen Schwierigkeiten möglich sein.

Von den eingebrachten Kundenbeziehungen profitieren auch diejenigen Unternehmen, die bisher weniger erfolgreich auf

----

1) Vgl. AGENTUR, Frage 19, und NATIONAL, Frage 22.
2) Vgl. AGENTUR, Frage 23.
3) Vgl. AGENTUR, Frage 27.
4) Vgl. AGENTUR, Frage 28.
5) Vgl. AGENTUR, Frage 26.

dem Markt tätig waren. Zur Vermeidung von vermeintlichen Benachteiligungen müßte die Zentrale einen akquirierten Auftrag für eine Stadt nach einem bestimmten Schlüssel auf sämtliche dort präsenten Werbeträger-Anbieter verteilen. Dadurch würden aber auch Standorte von Werbungdurchführenden mitvermietet, die bisher zu diesem Kunden keinen Kontakt unterhielten. Ein solches "Proporzdenken" verträgt sich jedoch nicht mit den Qualitätsvorstellungen von Nachfragern, die sich durch Merkmalsvorgaben oder individuelle Standortauswahl ein Netz zusammenstellen lassen möchten, das sich möglicherweise einem Verteilungsschlüssel nicht unterordnen läßt. Die Realisierung einer gleichmäßigen Quotierung setzt demnach voraus, daß alle Außenwerbeträger innerhalb einer Kooperation qualitativ annähernd gleichwertig sind[1]. Lassen sich dagegen unterschiedliche Auslastungsgrade auf Dauer nicht beseitigen, kommen darin Qualitätsmängel der schwächer nachgefragten Werbestellen zum Ausdruck. Die Kooperation sollte daher bei ihrer Gründung bereits möglichst objektiv nachvollziehbare Kriterien festlegen, nach denen sich minderwertige Standorte als solche identifizieren lassen. Nur so kann den betroffenen Werbungdurchführenden verdeutlicht werden, daß tatsächliche Mängel - und nicht Manipulationen einzelner Kooperationspartner - die Unterschiede in der Auslastung verursachen.

Beschränkt sich die Kooperation auf die Buchungsabwicklung, behalten die Präferenzen der Nachfrager für einzelne Werbungdurchführende, die sich durch gute Klebeausführung und ordentlichen Pflegezustand ihrer Anschlagstellen ausgezeichnet haben[2], ihr Gewicht für die Beschaffungsentscheidung. Daher werden zahlreiche Kunden eine Zuteilung der Werbeträger-Lieferanten ablehnen und durch die Nennung ihrer Wunschfirmen ebenfalls eine quotierte Belegung vereiteln. In diesem Falle sollte die Kooperation im Interesse aller Teil-

----

1) Natürlich muß nicht jeder einzelne Auftrag quotiert zugeteilt werden, der Ausgleich kann auch für größere Gebiete und Zeiträume angestrebt werden. Dabei bleiben jedoch Steuerungsprobleme nicht aus.

2) Hierin schlägt sich das Vertrauen in die ordnungsgemäße Anschlagdurchführung nieder. Unbekannte Vermieter erhöhen den Kontrollaufwand.

nehmer entweder auch für die Sekundärleistungen einen einheitlichen Standard vereinbaren, oder die in ihrem Qualitätsniveau deutlich unterscheidbaren Leistungsbündel getrennt vermarkten.

Die angesprochenen Qualitäts- und Leistungsunterschiede werfen die Frage auf, inwieweit eine Buchungszentrale die Preissetzungsfreiheit der Partner beschneidet. Den geringsten Eingriff stellt die Beschränkung auf reine Reservierungstätigkeiten dar. In diesem Falle nehmen die angeschlossenen Firmen das Inkasso ihrer autonom festgesetzten Entgelte selbst vor. Die Vertriebseinrichtung könnte die Werbeträger-Mieten aber auch stellvertretend für die Partner einziehen. In beiden Fällen vergüten die angeschlossenen Unternehmen die Tätigkeit der Zentrale mit einem Betrag, der sich z.B. nach der betreuten Stellenzahl (nicht erfolgsabhängig) oder den vermittelten Belegungsintervallen (erfolgsabhängig) richtet. Auf der nächsthöheren Stufe der Zusammenarbeit steht die Einführung einer einheitlichen Preisstruktur. Die vermieteten Intervalle werden den Werbeträger-Eigentümern mit einem von den Partnern gemeinsam festgelegten Durchschnittssatz honoriert. Schließlich könnte auch das Vermarktungsrisiko an die Zentrale übergehen, indem diese die Gesamtbestände jeweils gegen Zahlung einer pauschalen Summe anmietet. Das summarische Entgelt ergibt sich dabei aus dem Gesamterlös als Durchschnittssatz je Standort. Da der sichtbare Zusammenhang einer Pauschalzahlung mit dem Vermarktungserfolg des zugehörigen Teilnetzes fehlt, einigen sich die Kooperationspartner bei diesem Verfahren noch am ehesten darauf, die höheren Aufwendungen von Anbietern in Regionen mit überdurchschnittlichen Bereitstellungskosten durch Mehrzahlungen aufzufangen.

Erhebliches Konfliktpotential birgt auch die Neubeschaffung von Werbeträger-Standorten in sich. Einzelne Kooperationspartner könnten versuchen, durch die Vergrößerung ihrer Bestände ihre Berücksichtigungsquoten bei den Buchungen bzw. den Pauschalentgelten zu erhöhen. In manchen Ballungsgebieten herrscht jedoch bereits ein Überangebot an Werbestellen, deren Auslastungsgrad nicht den Ansprüchen genügt. Die Gemeinschaft hat daher in diesen Regionen kein Interesse an der Erschließung zusätzlicher Standorte. Der Kooperationsvertrag sollte deshalb genau festlegen, ab welcher Belegungsquote Netzerweiterungen gerechtfertigt erscheinen. Zur Wahrung der Bedeutungsgewichte der Partner müßte allerdings die Möglichkeit vorgesehen werden, verlorengegangene Standorte in Problemgebieten in gleicher Stückzahl durch neue ersetzen zu dürfen.

Falls die Erschließung neuer Standorte (z.B. in unterbesetzten Regionen) dem erweiternden Unternehmen einen höheren Erlösanteil verspricht, tritt möglicherweise eine kritiklose Massenakquisition an die Stelle einer maßvollen Standortpolitik, bei der die Werbungdurchführenden auch einmal auf Außenwerbeträger verzichten, die nicht bestimmten Mindestanforderungen an die Standortqualität entsprechen. Die Ausgleichsbeschaffungen für Standortverluste tragen ebenfalls nur bedingt zu einer Qualitätsverbesserung des Gesamtbestandes bei, da der betreffende Anschlagunternehmer unter Zeitdruck seine Stellendefizite auszugleichen sucht[1].

Bei stellenzahlbezogener Pauschalvergütung stoßen auch qualitätspolitische Korrekturen des vorhandenen Bestandes auf den Widerstand der betroffenen Unternehmen. Ein Kooperationsmitglied wird kaum bereit sein, minderwertige Stellen aus seinem Bestand zu streichen, wenn nicht die Partnerunternehmen ebenfalls ihre Netze in der entsprechenden Größenordnung bereinigen. Selbst die proportionale Verkleinerung des Werbeträger-Pools in Gebieten mit einem Überangebot trifft solche Anbieter, die hauptsächlich in dieser Region vertreten sind, relativ stärker als Firmen, die über einen weitgestreuten Werbeträger-Vorrat verfügen. Diese Probleme dürften jedoch regelmäßig durch eine erfolgsabhängige Einzelvergütung zu beseitigen sein.

----

1) Da gute Standorte heute nur noch unter Schwierigkeiten angemietet werden können, führt Zeitdruck zur Hinnahme von Qualitätseinbußen.

Alternativ zur sehr engen Zusammenarbeit in der Form des Gemeinschaftsabsatzes kann als lockere Form der Vertriebskooperation die **Clearing-Stelle** gewählt werden. Diese Institution versucht, das von einem Kunden gewünschte Werbeträger-Kontingent in einem Rundfrageverfahren bei den Mitgliedsunternehmen zusammenzustellen, ohne schon vorab über einen reservierten Stellenbestand zu verfügen. Sie arbeitet also ähnlich wie eine Spezialagentur und beschneidet daher weder die absatzpolitische Autonomie der angeschlossenen Werbungdurchführenden, noch genießt sie Vorrang vor dem Eigengeschäft der Anschlagunternehmer.

In der unverbindlichsten Form einer Vertriebskooperation übernimmt eine zentrale Beratungsstelle die einführende Information potentieller Nachfrager über die Anbieter und deren Sortimente in den gewünschten Zielgebieten, ohne sich selbst in die Buchungsvorgänge einzuschalten.

Im Gegensatz zum Gemeinschaftsabsatz wird beim **Anschlußabsatz** die Vertriebsfunktion nicht an eine rechtlich selbständige Einrichtung ausgegliedert, sondern die kooperierenden Unternehmen übertragen bestimmte Marketingaufgaben auf einen der Partner[1]. Dabei kann im Hinblick auf die Marktposition der Partner unterschieden werden, ob ein Bedeutungsgleichgewicht oder ein Über-/Unterordnungsverhältnis entsteht.

Im **Über-/Unterordnungsverhältnis** treten die kleineren Partner zumeist die bundesweite Vermietung ihrer Außenwerbeträger an einen marktstarken Werbungdurchführenden ab. Dieser vervollständigt sein Angebot, erreicht durch geschickte Partnerwahl eine weiträumigere Flächenabdeckung und lastet seine Vertriebskapazitäten (EDV-Anlagen, Niederlassungen) besser aus. Der Anschlußnehmer erreicht auf diesem kostensparenden Wege mehr potentielle Abnehmer, zu denen er allerdings keinen direkten Kontakt herstellt. Als mögliche Gegen-

---

1) So vermarktet die bei der Stadtreklame Recklinghausen angesiedelte Plakat-Anschlag-Verwaltungs-Gemeinschaft neben den Werbeträgern der genannten Firma die Stellenbestände von vier weiteren Kleinunternehmen.

leistung erfüllt er z.B. an seinem Firmensitz für das örtliche Geschäft des Anschlußgebers die Funktion einer Niederlassung.

Die Juniorpartner müssen bei erfolgsabhängiger Vergütung allerdings damit rechnen, daß der Absatzverantwortliche sie übervorteilt, indem er einlaufende Buchungswünsche zunächst aus seinem eigenen Bestand befriedigt und nur bei Kapazitätsengpässen Werbeträger der Anschlußnehmer vermietet. Die Kontrolle einer gerechten Aufteilung scheitert auch hier an den nur schwer überprüfbaren Qualitätsvorgaben der Kunden, die die Leitunternehmung überdies in Beratungsgesprächen zu ihren Gunsten beeinflussen kann. Der Vermarkter blockiert außerdem erfolgreich Netzerweiterungen angeschlossener Firmen, wenn er sich weigert, angeblich nicht genügend auslastbare Standorte in den Pool einzustellen.

Die Stabilität der Kooperation wird also auch beim Anschlußabsatz nicht unwesentlich durch die vorgesehene Vergütung für die Anschlußnehmer bestimmt. Führt der Anschlußgeber für jede Tafel ein eigenes Erfolgskonto, überweist er dessen Ertrag nach Abzug der anteiligen Vertriebskosten an den Eigentümer des Werbeträgers. Der Zahlungsempfänger muß dabei starkes Vertrauen in das Vermarktungsgeschick und die Fairneß des Anschlußgebers aufbringen. Um zumindest den Verdacht der Diskriminierung von Partnerfirmen auszuschließen, könnte die Leitunternehmung auch den kompletten Stellenbestand eines angeschlossenen Werbungdurchführenden gegen Zahlung einer Pauschalsumme anmieten. Als Berechnungsmaßstäbe kämen dabei ein auszuhandelnder Satz je Werbeträger oder der Durchschnittsertrag des gesamten Pools in Betracht, wobei jeweils Qualitätsdifferenzen der Standorte gesondert berücksichtigt werden könnten. Dies führt zwar zu einer gerechteren Risikoverteilung zwischen den Partnern, jedoch hat diese Konstellation nur dann Erfolgschancen, wenn der Träger der Absatzfunktion als Ausgleich für das mitübernommene Risiko tatsächlich nennenswerte Verbundeffekte auf Angebots- und Nachfrageseite realisiert.

Beziehen die Eigentümer kleinerer Anschlagunternehmen ihr persönliches Einkommen nicht nur aus der Werbeträger-Vermietung, sondern zugleich auch wesentlich aus der Klebung der Plakate, so kann ihnen der Anschlußgeber als Entgeltkomponente eine ihrer Kapazität entsprechende Stellen-Zahl aus seinem eigenen Bestand zur technischen Betreuung übertragen und diese Leistung entsprechend honorieren. Dies lohnt sich für ihn vor allem dann, wenn die abgetretenen Klebetouren wegen ungünstiger Lage oder geringer Tafelzahl ihn selbst mit vergleichsweise hohen Kosten belasten.

Beim **wechselseitigen Anschlußabsatz** tauschen **gleichrangige** Unternehmen Teile ihrer Werbeträger-Bestände untereinander aus[1]. So gibt z.B. ein Werbungdurchführender Plakatwände in einer Region, in der er schwach vertreten ist, an eine dort ansässige Kollegenfirma zur Vermarktung ab und übernimmt von ihr Anschlagstellen in seinem eigenen Schwerpunktbereich. Er erspart sich dadurch möglicherweise die Unterhaltung gering genutzter Niederlassungen und verstärkt seine Marktposition in seinem Stammgebiet. Konflikte können sich ergeben, wenn der Anschlußnehmer für flächendeckende Belegungen vorübergehend selbst über die abgetretenen Stellen verfügen möchte. Die Kooperationsabsprache sollte für diesen Fall vorsehen, den nicht ausgeführten Teil der Bestellung an den Partner zur Erledigung weiterzureichen.

Ähnliche Austauschbeziehungen sind auch zwischen Anbietern mehrerer Werbeträger-Typen denkbar, die auf die eigenständige Vermarktung von bestimmten Präsentationsformen zugunsten von Kollegenfirmen verzichten. Ein kleinerer lokaler Anbieter könnte beispielsweise seine wenigen Großflächen einem Partner übertragen, für den er im Gegenzug Allgemeinstellen oder Verkehrsmittelflächen am Ort vermietet. Viele Anschlagunternehmer sehen in einer solchen Absprache den Vorteil, sich der Sorge um kleinere Werbeträger-Bestände, die von der eigenen Firma nicht mit genügender Aufmerksam-

---

1) Diesen Vorschlag machte z.B. RUHFUS bereits 1966, vgl. RAUCH (1966), S. 982.

keit betreut werden könnten, zu entledigen, ohne die Standorte völlig aufgeben zu müssen. Die Hauptschwierigkeit liegt hier wiederum in der Kontrolle der ordnungsgemäßen Vermarktung durch den übernehmenden Partner. Da auch die Vertriebskosten zwischen den Werbeträger-Typen differieren können, verfügt der Anschlußnehmer außerdem nicht über aussagefähige Vergleichswerte, welche Vergütung für die Bemühungen des Partners angemessen erscheint.

Eine sehr lockere Form des wechselseitigen Abschlußabsatzes umfaßt den gesamten Werbeträger-Bestand des jeweiligen Partners. Tritt ein Kunde mit einem bundesweit gestreuten Auftragsvolumen an einen Werbungdurchführenden heran, wird der Anschlagunternehmer häufig nicht in der Lage sein, die Bestellung allein zu bedienen. In dieser Situation kann er als Einzelanbieter nur darauf hoffen, daß der Abnehmer die stückweise Erfüllung seiner Wünsche hinnimmt und sich selbst bei anderen Werbeträger-Vermietern um die entsprechenden Ergänzungen bemüht. Möglicherweise verzichtet aber der Kunde angesichts des zusätzlichen Buchungsaufwandes auf die Fehlstellen, so daß dieses Volumen dem Medium verlorengeht. Im noch ungünstigeren Fall storniert der Abnehmer sogar den gesamten Auftrag und sucht sich einen leistungsfähigeren Geschäftspartner. Um diesem Problem vorzubeugen, kann sich der zuerst angesprochene Anbieter darum bemühen, selbst die nicht verfügbaren Anschlagstellen bei Kollegenfirmen zu reservieren. Dabei nimmt er entweder die Weitervermietung in eigenem Namen vor oder vermittelt den Nachfrager lediglich an ein Partnerunternehmen, das den Fehlbedarf decken kann.

Eine Zusammenarbeit auf der Basis von Empfehlungen gelingt nur bei starkem gegenseitigen Vertrauen der Partner. Die Richtigkeit der Provision für seine Bemühungen kann der Empfehlende kaum überprüfen, da er nicht notwendigerweise erfährt, wieviele Werbeträger der Kunde bei dem Kollegenunternehmen anmietet. Außerdem leistet auch der Partner durch eigene Marketingbemühungen (z.B. Beratung) einen Beitrag zum Absatzerfolg, der von der Provision ausgenommen werden muß.

Stellt ein Werbungdurchführender ein Kundennetz gleichsam als "Generalunternehmer" aus den Werbeträger-Beständen verschiedener Kollegenfirmen zusammen, empfindet der Kunde den Vorteil, nur zu einem einzigen Anbieter Kontakt halten zu müssen. Da eine unverbindliche Empfehlung ebenfalls nicht ohne umfangreiche Erkundigungen bei den Partnerunternehmen ausgesprochen werden kann, erwächst aus der Übernahme der Maklerfunktion nur ein begrenzter Mehraufwand, dem ein erheblicher präferenzbildender Effekt gegenübersteht. Daneben behält der federführende Anbieter den Überblick über den Erfüllungsgrad der Kundenwünsche und kann entsprechende Provisionen von seinen Sublieferanten einfordern.

Allerdings konkurriert dabei der nachfragende Werbungdurchführende stets mit dem Eigengeschäft der Kollegenfirmen. Daher eignet sich der wechselseitige Anschlußabsatz vermutlich eher für den regionalen Ausgleich als für die Abdeckung zeitlicher Nachfragespitzen. Es hängt vom Auslastungsgrad des Angesprochenen ab, ob es zu einer Übertragung kommt. Hat dieser seinen Sitz in einem Gebiet mit einem Werbeträger-Überangebot, wird er gern die Gelegenheit eines Zusatzgeschäftes wahrnehmen. Der Anfragende erspart sich dadurch vor allem, im Hinblick auf Nachfrageverbunde Standorte in Regionen zu akquirieren, in denen ein ohnehin dichtes Stellennetz keine insgesamt lohnende Vermietung erwarten läßt[1]. Herrscht in dem Zielgebiet jedoch ein Stellenmangel, der sich auch auf absehbare Zeit nicht beheben läßt, schöpft der Empfänger der Nachfrage selbst sein Potential mühelos aus[2]. Er wird dann nur zur Unterstützung des Anfragenden bereit sein, wenn er umgekehrt ebenfalls zur Sicherung eines Großauftrages gelegentlich auf dessen Werbeträger-Bestand

----

1) Hier ist die kostenträchtige Bereithaltung von Werbeträgern zur Abdeckung gelegentlicher Großaufträge in einem ansonsten nicht intensiv bearbeiteten Gebiet gemeint.

2) Bei diesen Mangelgebieten handelt es sich nicht nur um vielgefragte Großstädte, sondern auch in ländlichen Gegenden (z.B. Zonenrandgebiet) kann ein Quasi-Monopolist tätig sein, da eine geringe Gesamtzahl von Anschlagstellen und eine eher schwache Nachfrage die gleichzeitige Präsenz mehrerer Werbungdurchführender unrentabel erscheinen lassen.

zurückgreifen muß. Sieht der Anfragende ohne die Hilfe des Partners einen bedeutenden Auftrag oder eine Kundenbeziehung gefährdet, kann er allerdings den anderen Werbungdurchführenden möglicherweise durch preisliche Zugeständnisse zur Unterstützung bewegen. Überschneiden sich die Tätigkeitsgebiete der beiden Unternehmen und erstreckt sich das Hilfeersuchen auf eine gemeinsam bearbeitete Region, dann werden sich die Konkurrenten nur dann aushelfen, wenn der Angesprochene große Mühe hat, seinen Bestand allein zu vermieten[1].

Sollen saisonale Nachfragespitzen abgedeckt werden, findet sich nur in Ausnahmefällen ein Unternehmen, das über unvermietete Restbestände verfügt. Zusätzlich wirkt sich wesentlich stärker als bei regionalem Ausgleich das Problem aus, daß die noch freien Anschlagstellen möglicherweise den Qualitätsansprüchen des Großabnehmers nicht mehr genügen.

Die bis hierher dargestellten Ansatzpunkte für Kooperationen zeichnen sich dadurch aus, daß alle Partner weitgehend ähnliche Leistungen in die Zusammenarbeit einbringen. Daneben sind aber auch horizontale Verbundangebote denkbar, für die sich Werbungdurchführende aus verschiedenen Medien zusammenschließen, um sich bei der Erfüllung bestimmter Werbeaufgaben des Kunden gegenseitig zu ergänzen. So gründeten z.B. im Saarland der landeseigene Hörfunk, eine Saarbrücker Tageszeitung und das Außenwerbeunternehmen Fabry einen Testmarkt-Verbund, der sich durch besondere Hilfestellungen bei der Streuung der Testwerbung von den herkömmlichen Leistungsbündeln abhebt.

In vertikalen Kooperationen arbeiten dagegen die der Außenwerbung vor- oder nachgelagerten Stufen mit den Werbeträger-

1) Verfügt z.B. ein langjährig ortsansässiger Werbungdurchführender über die Mehrzahl der vorhandenen Anschlagstellen, ohne überregional tätig zu sein, wird er gern Lücken von Anbietern füllen, die in dieser Stadt ihren eigenen (knappen) Bestand bereits ausverkauft haben. Ebenso beteiligen sich andere Anbieter gern an dem Großauftrag eines Kollegen, wenn sie ihre eigenen Stellen wegen Überangebots nicht anderweitig vermieten können.

Anbietern zusammen. Die Einführung neuartiger und technisch sowie finanziell anspruchsvoller Präsentationstechniken läßt z.B. die Einbindung des Herstellers der Präsentationsvorrichtungen geraten erscheinen. Sollte sich die Außenwerbebranche den "Neuen Medien" öffnen, kann das Know-How zum Betrieb von Videoanlagen als "Stadtfernsehen" aus dem Kontakt zu einem Gerätehersteller bezogen werden. In einer relativ begrenzten Kooperation entwickelt der Produzent lediglich im Dialog mit den Werbungdurchführenden Sonderausführungen der Bildschirme und Recorder, die den besonderen Anforderungen im Bereich der Außenwerbung gerecht werden; möglicherweise beteiligt sich der Produzent aber auch an einer gemeinsamen Vertriebsgesellschaft für die Werbezeiten. Im Extremfall bleiben die Geräte im Eigentum des Herstellers und der Werbungdurchführende nimmt lediglich als Dienstleister gegen Provision die Vermarktung vor.

Werbungdurchführende, die engere Kontakte zu nachgelagerten Marktstufen knüpfen wollen, streben sinnvollerweise stärkeren Einblick in die Geschäftspolitik der Spezialmittler an. Sollte sich dieser Absatzweg auf Dauer im Markt etablieren, verlieren die Werbeträger-Anbieter ihren direkten Kontakt zu den Nachfragern. Die Spezialmittler werden für diese Firmen daher zu einer wichtigen Informationsquelle über die Nachfragerwünsche. Möglicherweise honorieren die Spezialagenturen auch das besondere Entgegenkommen eines einzelnen Anbieters bei bestimmten Belegungsaufträgen mit dessen verstärkter Berücksichtigung bei der Auftragsvergabe. Darüber hinaus wäre es zukünftig vorstellbar, daß die Mittler ihren Leistungsumfang für Dauerkunden erweitern, indem sie in deren Auftrag geeignete potentielle Standorte auswählen und kooperationswillige Anschlagunternehmer gegen Gewährung einer Belegungsgarantie mit der Aufstellung und Betreuung der Werbeträger beauftragen.

Kooperationen mit Werbeagenturen bezogen sich in der Vergangenheit vor allem auf die Zulieferung EDV-gerechter Planungsunterlagen. Der durch diese Nebenleistung begründete

Wettbewerbsvorteil einzelner Anbieter schwindet allerdings in dem Maße, wie der Standort-Beschreibungsbogen des FAW zur Lieferung aller entscheidungsrelevanten Daten auch durch kleine Firmen beiträgt. Präferenzbildend wirkt daneben aber auch die Bereitschaft, in Zusammenarbeit mit einer Agentur originelle Werbemaßnahmen zu realisieren. Dabei geht es nicht nur um die Verfügbarmachung spezieller Standorte, sondern auch um die flexible Ausführung von Nebenleistungen wie z.B. termingenauer Klebung oder Montage dreidimensionaler Werbemittel.

4.4.3. Wirtschaftliche Verknüpfung mehrerer Unternehmen

Die Strategien zur Zusammenarbeit mehrerer Anbieter bezwecken die Schaffung marktstarker Organisationen, die sich gegenüber Wettbewerbern innerhalb der Außenwerbebranche und in anderen Medien behaupten können. Während bei Kooperationen die Partner mehr oder weniger gleichberechtigt die Geschäftspolitik des Verbundes steuern, stärkt die kapitalmäßige Bündelung mehrerer selbständiger Firmen in einer Hand lediglich die Marktposition des Aufkäufers. Daher wendet sich dieser Strategievorschlag nur an Unternehmer, die über die notwendigen Finanzmittel verfügen, um sich an anderen Werbeträger-Anbietern zu beteiligen. Die kleinen Werbungdurchführenden, die vom Markt verschwinden oder ihre wirtschaftliche Unabhängigkeit verlieren, verfolgen diese Strategie nur dann autonom, wenn sie die Anlehnung an einen starken Partner bewußt suchen und gezielt ihre Eigenständigkeit aufgeben wollen.

Alternativ dazu besteht zwar auch die Möglichkeit, daß mehrere kleinere Unternehmen auf gleichrangiger Basis zu einer größeren Einheit verschmelzen, an der die vormaligen Inhaber durch Kapitalanteile und Mitbestimmungsrechte beteiligt bleiben. Dieser Zusammenschluß unterscheidet sich aber im Hinblick auf seine Steuerungsprobleme kaum von der Form der Kooperation, die die Gründung einer gemeinsamen Vertriebsgesellschaft zum Inhalt hat. Als Motiv wirkt neben dem Ausbau der Wettbewerbsfähigkeit und der Nutzung von Kooperationsvorteilen (z.B. durch Computereinsatz) der Wunsch, die persönlichen Einkommensquellen zu sichern. Bringt ein Werbungdurchführender sein Unternehmen in einen Verbund ein und erhält im Gegenzug Geschäftsanteile, bleibt er möglicherweise in der Geschäftsleitung tätig und kann dafür sorgen, daß sein bisheriges Personal (z.B. Familienangehörige) weiterhin mit Wartung und Beklebung seiner früheren und zusätzlicher Außenwerbeträger betraut wird[1].

----

1) So fungiert z.B. der Inhaber der Stadtreklame Recklinghausen innerhalb der Firma MOPLAK als Geschäftsführer, da sein eigenes Unternehmen alle Großflächen in die MOPLAK eingebracht hat.

Untersucht man die Beweggründe eines größeren Unternehmens, sich an kleineren Werbungdurchführenden zu beteiligen, näher, lassen sich beschaffungs- und wettbewerbspolitische Motive voneinander unterscheiden.

Strebt ein Anbieter an, seinen Bestand in einer Weise zu ergänzen, daß seine Fähigkeit wächst, potentielle Nachfrager möglichst vollständig aus einer Hand zu bedienen, so entsteht daraus das Problem, neue Standorte für Werbeträger in bisher nicht oder weniger intensiv bearbeiteten Gebieten zu beschaffen. Wahlweise bietet sich an, die Werbeträger selbst zusätzlich zu den dort bereits bestehenden einzurichten oder den Bestand eines in der Zielregion aktiven Anbieters durch Aufkauf zu übernehmen. Für die zweite Alternative sprechen mehrere Argumente. Ist das betreffende Gebiet bereits stark mit Werbeträgern besetzt, erzeugt der Aufbau weiterer Kapazitäten ein Überangebot, daß möglicherweise den Auslastungsgrad aller Werbestellen unter ein akzeptables Niveau drückt. Liegt dagegen eher eine Werbeträger-Knappheit vor, rührt diese möglicherweise aus einer zurückhaltenden Genehmigungspraxis der zuständigen Gemeindeverwaltung her. In beiden Fällen offeriert die Angliederung eines bereits tätigen Werbungdurchführenden die aussichtsreichere Gelegenheit, in dem Gebiet selbst Fuß zu fassen[1]. Schließlich kann es sich als billiger erweisen, einen kompletten Bestand zu erwerben, wenn sich eine günstige Übernahmechance eröffnet. Zahlreiche Außenwerbeunternehmen entstanden in den Fünfziger Jahren als Familienbetriebe und verdanken ihre bescheidene Existenz der Phase des wirtschaftlichen Aufschwungs in der Bundesrepublik. Diese Firmen gelangen gegenwärtig in eine Phase, in der die Gründerpersönlichkeiten ihre Nachfolger als Geschäftsführer bestimmen müssen[2]. Häufig ist entsprechender Nachwuchs nicht vorhanden, oder es fehlt ihm das Interesse,

---

1) Eine Alternative hierzu kann in einer Kooperationsvereinbarung über (wechselseitigen) Anschlußabsatz gesehen werden, die allerdings mit erheblichen Koordinationsproblemen belastet ist.

2) Den Generationenwechsel innerhalb der Firmen dokumentieren z.B. die zahlreichen Meldungen über hohe Geburtstage der Firmengründer in AWI. Die Unbeweglichkeit mancher Unternehmerpersönlichkeiten kritisiert z.B. WÜNDRICH (1973), S. 13.

den Betrieb zu übernehmen. In dieser Situation suchen die Erben nach Käufern für die Firma und geben übernahmewilligen Großunternehmen die Gelegenheit, ihren Werbeträger-Bestand oder ihr Tätigkeitsgebiet vorteilhaft auszubauen[1].

Wird mit dem Aufkauf vorwiegend die Absicht verfolgt, in einer stark überbesetzten Region unliebsame Konkurrenten zu beseitigen, bleiben positive Sortimentseffekte aus, da die Übernahme nur zur Bereinigung des Bestandes um überzählige Stellen führt, ohne das Potential zur Erfüllung von Kundenwünschen zu vergrößern. Außerdem setzen zwei Faktoren dem Abbau ungenutzter Kapazitäten Grenzen. Langfristige Mietverträge für die Standorte verhindern die rasche Reduzierung des Bestandes, und die höhere Auslastung eines verkleinerten Netzes verlockt auswärtige Konkurrenten zur Ausdehnung ihres Tätigkeitsfeldes in diese Region. Gebietsschutz läßt sich jedoch mit wenigen, wenngleich wesentlichen Ausnahmen (z.B. städtische Pachtverträge für Allgemeinanschlag) nicht erreichen.

Der besondere Vorteil der Firmenkonzentration liegt für einen Aufkäufer darin, daß er die Größenvorteile eines Verbundes wahrnimmt, ohne unter den Koordinationsproblemen einer Arbeitsgemeinschaft selbständiger Firmen zu leiden. Er bindet jedoch erhebliche Finanzmittel beim Erwerb der Firmenanteile, die ihm für Investitionen - z.B. in neuartige Präsentationstechniken - nicht mehr zur Verfügung stehen. Der Aufkäufer kann allerdings auch etappenweise vorgehen, um seine finanzielle Belastung zeitlich zu strecken. Er bietet beispielsweise seinen potentiellen Übernahmeobjekten zunächst eine Vertriebskooperation an, die weitgehend unter seiner Kontrolle steht, d.h. die Partner übertragen seinen Vertriebsorganen die Vermarktung ihrer Außenwerbeträger. Die

---

1) So deckt z.B. die Plakat- und Filmring GmbH seit der Übernahme der Aachener Stadtreklame und der Omnia-Werbung den Allgemeinanschlag im ehemaligen Regierungsbezirk Aachen weitgehend ab. Für die Abnehmer entsteht daraus ein Rationalisierungseffekt. Vgl. FAW (1973), S. 9. Beispiele für den Konzentrationsprozeß liefern auch die Übernahme der Hoffmann-Gruppe durch die DSR und das Wachstum der AWK-Gruppe.

kleinen Partner können sich aus ihrer Abhängigkeit später kaum mehr lösen und der Aufkäufer unterbreitet bei Bedarf und Gelegenheit Angebote für den Erwerb von Eigentumsanteilen an diesen Firmen.

Die Vorteilhaftigkeit eines Firmenzukaufs bemißt sich danach, ob der Markterfolg des aufkaufenden Unternehmens tatsächlich langfristig gesichert werden kann. Die Netzerweiterung bei einem einzigen Werbeträger-Typ (z.B. Großfläche) lohnt sich, wenn das eigene Unternehmen dadurch für die potentiellen Abnehmer attraktiver erscheint. Ein von den Nachfragern aufgrund seiner Produktmerkmale nicht akzeptierter Werbeträger-Typ (z.B. unverglaste 4/1-Bogen-Tafel) steigt dagegen auch durch ein massiertes Angebot nicht in der Gunst der Werbungtreibenden. Daneben verhindert die Bindung aller Kapitalmittel in einem oder wenigen Geschäftsfeldern eine Streuung des Marktrisikos, wie sie Diversifizierungsbemühungen häufig zugrundeliegt. Weniger einseitig wirkt demgegenüber der Zukauf von Firmen aus anderen Medien oder die Angliederung von Unternehmen aus vor- oder nachgelagerten Marktstufen.

Abschließend stellt sich die Frage nach den Wettbewerbsverhältnissen innerhalb der Außenwerbebranche, wenn Konzentrationsprozesse zur Bildung einiger weniger, starker Anbieter geführt haben, die jeder für sich bundesweite Außenwerbekampagnen realisieren. Der medieninterne Konkurrenzkampf könnte zum Stillstand kommen und in eine Kooperation der Firmen zur Stärkung des Mediums im Intermedien-Wettbewerb münden, die sich an den bereits im vorigen Abschnitt dargestellten Alternativen orientiert.

5. Zusammenfassung

Wenngleich die vorliegende Arbeit mangels anderer grundlegender Quellen nicht ohne einen größeren deskriptiven Anteil auskommt, so liegt ihre vordringliche Zielsetzung dennoch nicht in der reinen Bestandsaufnahme. Die Analyse will darüber hinausgehen und der Außenwerbebranche Ansatzpunkte für die zukünftige Gestaltung ihrer Vermarktungsprozesse aufzeigen. Beispiele der jüngsten Vergangenheit beweisen, daß sich das passive Problembewußtsein der Werbungdurchführenden nun auch in die Bereitschaft zu originellen und neuartigen Maßnahmen wandelt. Die Orientierung an einem umfassenden strategischen Konzept für einen längeren Zeitraum ist jedoch vorerst noch nicht zu erkennen.

Die Hauptprobleme auf dem überregionalen Markt liegen in der Anbieter- bzw. Angebotsvielfalt und der mangelnden Datenkompatibilität begründet. Der auch in der empirischen Erhebung zu erkennende Trend zur Beschaffungsrationalisierung auf der Abnehmerseite führt mittelfristig zu einer Reduzierung der Vertragspartner, zu denen die werbungtreibenden Firmen Kontakte unterhalten. Kommen die Anbieter diesem Bedürfnis nicht durch eigene Zusammenschlüsse entgegen, fördern sie damit ungewollt die Entwicklung einer zwischengeschalteten Handelsstufe, die in der Gestalt der Spezialagenturen die gewünschte Bündelung vornimmt. Dadurch schneiden sich die Werbungdurchführenden den direkten Zugang zu ihren Abnehmern ab. Sollte es gelingen, den Einflußzuwachs der Spezialmittler erfolgreich zu verhindern, muß damit gerechnet werden, daß die Nachfrager ihre Geschäftsbeziehungen auf die leistungsfähigsten Anbieter limitieren und den kleineren Firmen die Existenzgrundlage entziehen. Zur Kooperation gibt es daher langfristig keine Alternative. Die Wahl besteht allein zwischen einem selbstbestimmten Zusammenschluß und einer vom Markt erzwungenen Vereinigung.

Das Problem der mangelnden Inter-Medien-Vergleichbarkeit der Werbewirkungsdaten entzieht sich dagegen einer so eindeutigen Empfehlung. Die Investition größerer Geldbeträge in Forschungsprojekte lohnt sich auf lange Sicht nur, wenn eine Angleichung an die Vorgaben der MA oder die Einigung auf einen entsprechenden Verrechnungsmodus ins Auge gefaßt wird. Im Augenblick besteht zudem noch die Chance, die Außenwerbung in medienübergreifende Forschungsvorhaben einzubringen, die sich die Entwicklung fortschrittlicher Meßmethoden zum Ziel gesetzt haben und die zukünftigen Verfahren der Werbeplanung voraussichtlich deutlich mitbestimmen werden. Da die wesentlich umsatzschwächere Filmtheaterwerbung an der MA teilnimmt, müßte auch die Außenwerbebranche die nötigen Finanzmittel aufbringen können, um den Anforderungen an die Mitgliedschaft in der Arbeitsgemeinschaft Media-Analyse zu genügen. Unterbleibt der Anschluß an die AG.MA, steht das akquisitorische Kosten-Nutzen-Verhältnis eigener Wirkungsdaten grundsätzlich in Frage. Einzelne spezialisierte Anbieter, die sich bewußt von ihren Wettbewerbern im Markt für Kommunikationsleistungen differenzieren wollen, können jedoch auf kostenintensive Erhebungen verzichten und ihre potentiellen Abnehmer auf andere Weise von der Vorteilhaftigkeit ihres Angebotes zu überzeugen suchen. Die Firma GUVE (Abribus) demonstriert die Tragfähigkeit dieser Vorgehensweise für ein Leistungsbündel, dessen offensichtliche Wirksamkeit für die Abnehmerseite außer Frage steht.

Die sog. "Neuen Medien" stellen auf lokaler Ebene eine wesentlich stärkere Bedrohung als auf dem nationalen Markt dar. Handelsbetriebe, die in die Bildschirmtext-Technik investieren, kürzen die benötigten Mittel voraussichtlich auch bei Verkehrsmittelwerbung und Allgemeinanschlag. Diesem Attraktivitätsverlust kann die Außenwerbung nur durch höhere Flexibilität bei den vorhandenen Werbeträger-Formen und die Neueinführung innovativer, aufmerksamkeitstarker Präsentationsformen begegnen. Zaghaft dringen zudem Elemente elektronischer Kommunikationstechnologien (z.B. Stadtfernsehen) auch in die ureigene Domäne der Außenwerbung ein. Die beste Zukunftssicherung verspricht in diesem Fall nicht die Abwehr der neuen Erscheinungsformen, sondern deren schrittweise

Aufnahme in das eigene Leistungsprogramm. Im Gegensatz zu den neuen Anbietern verfügt die Außenwerbung bereits über einen lokalen Kundenstamm, dem sie elektronische Außenwerbeformen andienen kann.

Zwar erzielen die "Neuen Medien" nach einer Periode der Euphorie gegenwärtig nur noch geringe Fortschritte bei ihrer Verbreitung, doch handelt es sich dabei nur um eine zeitlich begrenzte Phase der Konsolidierung, nach deren Ablauf ihr Marktanteil voraussichtlich wieder schneller wachsen wird. Dies verschafft der Außenwerbung eine Atempause, die jedoch nicht als Trendwende fehlinterpretiert werden darf, sondern zur Umstellung auf zukunftsweisende Marketing-Konzepte genutzt werden sollte.

ANHANG

Anhang 1: Fragebogen im Erhebungsteil AGENTUR

RUHR-UNIVERSITÄT BOCHUM

ABTEILUNG FÜR WIRTSCHAFTSWISSENSCHAFT
ANGEWANDTE BETRIEBSWIRTSCHAFTSLEHRE IV (MARKETING)
PROFESSOR DR. PETER HAMMANN

UNTERSUCHUNG ZUR AUSSENWERBUNG

EINFÜHRUNG

Diese Untersuchung beschäftigt sich mit dem Einsatz von Außenwerbeträgern im Rahmen von Werbekonzepten. Unter Außenwerbeträgern sollen hier im besonderen Plakattafeln sowie Werbeflächen an und in Verkehrsmitteln verstanden werden.

Ziel der Untersuchung ist es, Bestimmungsgründe zu ermitteln, die aus der Sicht einer Werbeagentur für oder gegen den Einsatz von Außenwerbung sprechen. Agenturinterne Daten werden nicht erhoben. Die absolute Anonymität Ihrer Angaben wird jederzeit garantiert!

I. Einige Fragen zum bisherigen Einsatz von Außenwerbeträgern

1) Haben Sie bereits für Kunden auf Plakattafeln oder Verkehrsmitteln (Straßenbahn, Omnibus, Taxi) geworben?

a) Plakattafeln

- Noch nie ☐
- Einmal ☐
- Gelegentlich ☐
- Regelmäßig ☐

b) Verkehrsmittel

- Noch nie ☐
- Einmal ☐
- Gelegentlich ☐
- Regelmäßig ☐

2) Schalten Sie bei der Buchung von Außenwerbeflächen auch Spezialagenturen ein?

- Ja ☐
- Nein ☐

3) Versuchen Sie, auch den Fuhrpark des Kunden (Auslieferungsfahrzeuge, Kundendienstwagen) in Ihr Werbekonzept einzubeziehen?

- Ja ☐
- Nein ☐

4) Für welche Werbeaufgabe ist Außenwerbung Ihrer Meinung nach geeignet?

	Sehr gut geeignet	Gut geeignet	Geeignet	Weniger geeignet	Nicht geeignet
a) Schnelle Bekanntmachung eines neuen Produkts/Dienstl.	☐	☐	☐	☐	☐
b) Steigerung der Markenbekanntheit	☐	☐	☐	☐	☐
c) Abbau von örtlichen Distributionslücken	☐	☐	☐	☐	☐
d) Unterstützung von Verkaufsförderungsaktionen	☐	☐	☐	☐	☐
e) Bekanntmachung bestimmter Produkteigenschaften	☐	☐	☐	☐	☐
f) Erinnerungswerbung	☐	☐	☐	☐	☐
g) Public Relations	☐	☐	☐	☐	☐

5) Übernehmen Sie in der Regel den Einkauf von Außenwerbeträgern für Ihren Kunden?

Ja ☐
Nein ☐

6) Kommt es schon mal vor, daß Sie nachträglich auf Wunsch Ihres Kunden Außenwerbung in ein Werbekonzept aufnehmen?

Ja ☐
Nein ☐

II. Nun folgen einige Fragen zur Abwicklung der Werbeträgerbelegung:

7) Halten Sie es für zweckmäßig, die Plakatanschlagstellen in verschiedene Qualitätsstufen mit unterschiedlichen Preisen einzuteilen?

Ja ☐
Nein ☐

Begründung:..

8) Reichen Ihrer Meinung nach die Kriterien des vorhandenen Standort-Beschreibungsbogens aus, um die Plakatanschlagstellen z.B. durch eine Punktbewertung in solche Qualitätsstufen einzuordnen?

Ja ☐
Nein ☐

9) Von den Unterlagen, die der Fachverband Außenwerbung e.V. über die Werbewirksamkeit der Außenwerbung herausgegeben hat, liegen Ihnen welche vor?

a) Plakatanschlagstellen-Analyse PA II (1975)............... ☐
b) Plakatanschlag in Deutschland (1978)..................... ☐
c) Wie wirbt man mit Plakaten(1983)......................... ☐
d) Wirksamkeitskontrolle der Verkehrsmittelwerbung (1978)... ☐

10) Werden diese Unterlagen bei der Planung des Einsatzes von Außenwerbeträgern von Ihnen benutzt?

Ja ☐

Ja, allerdings mit der Einschränkung,

daß............sie mit anderen Daten nicht vergleichbar sind. ☐

...sie mittlerweile veraltet sind. ☐

...die erhobenen Zahlen für eine sinnvolle Planung nicht ausreichen. ☐

...die Daten in der dargebotenen Form kaum zu verstehen sind. ☐

Nein, weil.....sie mit anderen Daten nicht vergleichbar sind. ☐

...sie mittlerweile veraltet sind. ☐

...die erhobenen Zahlen für eine sinnvolle Planung nicht ausreichen. ☐

...die Daten in der dargebotenen Form kaum zu verstehen sind. ☐

11) Hat Sie die Studie über die Verkehrsmittelwerbung dazu veranlaßt, Ihren Kunden verstärkt Verkehrsmittelwerbung zu empfehlen?

Ja ☐
Nein ☐

12) Haben Sie schon einmal Informationsmaterial über neue Außenwerbeformen von einem Anbieter angefordert?

Ja, und zwar über Flächen.....an Wartehäuschen (z.B. Abribus) ☐
...mit Übergrößen (Z.B. Superposter) ☐
...auf Lastkraftwagen ☐
...auf den Parkplätzen von Einkaufszentren ☐

Nein ☐

III. Die folgenden Fragen sind als Thesen formuliert. Hier kreuzen Sie bitte entsprechend der Antwortvorgabe den Grad Ihrer Zustimmung oder Ablehnung der Aussage an.

13) Außenwerbung eignet sich gut als Ergänzung zu anderen Medien.

Stimme völlig zu ☐
Stimme im wesentlichen zu ☐
Stimme eher zu ☐
Lehne eher ab ☐
Lehne im wesentlichen ab ☐
Lehne völlig ab ☐

14) Die Auswahl von Außenwerbeträgern im Hinblick auf eine bestimmte Zielgruppe ist möglich.

Stimme völlig zu ☐
Stimme im wesentlichen zu ☐
Stimme eher zu ☐
Lehne eher ab ☐
Lehne im wesentlichen ab ☐
Lehne völlig ab ☐

15) In wenigen Jahren werden die neuen elektronischen Medien (Z.B. Bildschirmtext, Stadtfernsehen) die herkömmliche Außenwerbung veraltet erscheinen lassen.

- Stimme völlig zu ☐
- Stimme im wesentlichen zu ☐
- Stimme eher zu ☐
- Lehne eher ab ☐
- Lehne im wesentlichen ab ☐
- Lehne völlig ab ☐

16) Die Unternehmen der Außenwerbebranche sind stets bemüht, durch neue attraktive Angebote den Wünschen der werbungtreibenden Wirtschaft entgegen zu kommen.

- Stimme völlig zu ☐
- Stimme im wesentlichen zu ☐
- Stimme eher zu ☐
- Lehne eher ab ☐
- Lehne im wesentlichen ab ☐
- Lehne völlig ab ☐

17) Ein Hauptproblem der Außenwerbung ist die Schwierigkeit, Daten über ihre Werbewirksamkeit zu erheben,die mit denen anderer Medien vergleichbar sind.

- Stimme völlig zu ☐
- Stimme im wesentlichen zu ☐
- Stimme eher zu ☐
- Lehne eher ab ☐
- Lehne im wesentlichen ab ☐
- Lehne völlig ab ☐

18) Die Plakatgestaltung lehnt sich in der Regel eng an die Motive der Zeitschriftenanzeigen an.

- Stimme völlig zu ☐
- Stimme im wesentlichen zu ☐
- Stimme eher zu ☐
- Lehne eher ab ☐
- Lehne im wesentlichen ab ☐
- Lehne völlig ab ☐

19) Das Hauptproblem der Außenwerbung ist weniger ihre mangelnde Werbewirksamkeit als vielmehr ihre umständliche Abwicklung.

- Stimme völlig zu ☐
- Stimme im wesentlichen zu ☐
- Stimme eher zu ☐
- Lehne eher ab ☐
- Lehne im wesentlichen ab ☐
- Lehne völlig ab ☐

20) Wenn ein Werbebudget gekürzt werden muß, wird zuerst bei der Außenwerbung gestrichen.

- Stimme völlig zu ☐
- Stimme im wesentlichen zu ☐
- Stimme eher zu ☐
- Lehne eher ab ☐
- Lehne im wesentlichen ab ☐
- Lehne völlig ab ☐

21) Beim Plakatanschlag die gewünschten Stellen und Termine zu erhalten, ist kaum möglich, da die besten Angebote immer schon von vornherein für Stammkunden reserviert sind.

- Stimme völlig zu ☐
- Stimme im wesentlichen zu ☐
- Stimme eher zu ☐
- Lehne eher ab ☐
- Lehne im wesentlichen ab ☐
- Lehne völlig ab ☐

22) Wenn ich den Außenwerbeunternehmen die Auswahl der Stellen selbst überlasse, kann ich darauf vertrauen, ein Netz von guter Standortqualität zu erhalten.

- Stimme völlig zu ☐
- Stimme im wesentlichen zu ☐
- Stimme eher zu ☐
- Lehne eher ab ☐
- Lehne im wesentlichen ab ☐
- Lehne völlig ab ☐

23) Die Kosten für die Einschaltung einer Spezialagentur lohnen sich, weil die von ihnen angebotenen Stellennetze stets eine höhere Standortqualität aufzuweisen haben als die von den Außenwerbeunternehmen zusammengestellten Netze.

- Stimme völlig zu ☐
- Stimme im wesentlichen zu ☐
- Stimme eher zu ☐
- Lehne eher ab ☐
- Lehne im wesentlichen ab ☐
- Lehne völlig ab ☐

24) Wenn ich kurzfristig noch Werbeträger buchen will, bekomme ich beim Plakatanschlag zwar immer noch etwas, aber die Standortqualität ist zweifelhaft.

- Stimme völlig zu ☐
- Stimme im wesentlichen zu ☐
- Stimme eher zu ☐
- Lehne eher ab ☐
- Lehne im wesentlichen an ☐
- Lehne völlig ab ☐

25) Außenwerbung ist ein preisgünstiges Medium mit einem niedrigen Tausender-Preis.

- Stimme völlig zu ☐
- Stimme im wesentlichen zu ☐
- Stimme eher zu ☐
- Lehne eher ab ☐
- Lehne im wesentlichen ab ☐
- Lehne völlig ab ☐

26) Der Wettbewerb der vielen Unternehmen hat den Vorteil, daß die einzelnen Außenwerbefirmen eher zu Preiszugeständnissen bereit sind.

- Stimme völlig zu ☐
- Stimme im wesentlichen zu ☐
- Stimme eher zu ☐
- Lehne eher ab ☐
- Lehne im wesentlichen ab ☐
- Lehne völlig ab ☐

27) Der Markt für Außenwerbeträger ist wegen der vielen Unternehmen sehr unübersichtlich.

- Stimme völlig zu ☐
- Stimme im wesentlichen zu ☐
- Stimme eher zu ☐
- Lehne eher ab ☐
- Lehne im wesentlichen ab ☐
- Lehne völlig ab ☐

28) Wir würden verstärkt Außenwerbung einsetzen, wenn die umständliche Abwicklung durch eine zentrale Buchungsstelle aller Unternehmen vereinfacht würde.

- Stimme völlig zu ☐
- Stimme im wesentlichen zu ☐
- Stimme eher zu ☐
- Lehne eher ab ☐
- Lehne im wesentlichen ab ☐
- Lehne völlig ab ☐

Bitte senden Sie den ausgefüllten Fragebogen an die untenstehende Anschrift. Zu Ihrer Erleichterung bedienen Sie sich dabei bitte des beigehefteten Adreßaufklebers.

Prof. Dr. Peter Hammann
Ruhr-Universität Bochum
Postfach 10 21 48

4630 Bochum 1

Herzlichen Dank für Ihre Mitarbeit!

Anhang 2: Fragebogen im Erhebungsteil NATIONAL

RUHR-UNIVERSITÄT BOCHUM

ABTEILUNG FÜR WIRTSCHAFTSWISSENSCHAFT
ANGEWANDTE BETRIEBSWIRTSCHAFTSLEHRE IV (MARKETING)
PROFESSOR DR. PETER HAMMANN

UNTERSUCHUNG ZUR AUSSENWERBUNG

EINFÜHRUNG

Diese Untersuchung beschäftigt sich mit dem Einsatz von Außenwerbeträgern im Rahmen von Werbekonzepten. Unter Außenwerbeträgern sollen hier im besonderen Plakattafeln sowie Werbeflächen an und in Verkehrsmitteln verstanden werden.

Ziel der Untersuchung ist es, Bestimmungsgründe zu ermitteln, die aus der Sicht einer Unternehmung für oder gegen den Einsatz von Außenwerbung sprechen. Firmeninterne Daten werden nicht erhoben. Die absolute Anonymität Ihrer Angaben wird jederzeit garantiert!

I. Einige Fragen zum bisherigen Einsatz von Außenwerbeträgern

1) Haben Sie bereits auf Plakattafeln oder Verkehrsmitteln (Straßenbahn, Omnibus, Taxi) geworben?

a) Plakattafeln

- Noch nie ☐
- Einmal ☐
- Gelegentlich ☐
- Regelmäßig ☐

b) Verkehrsmittel

- Noch nie ☐
- Einmal ☐
- Gelegentlich ☐
- Regelmäßig ☐

2) Haben Sie dabei nur für Ihr Unternehmen im allgemeinen oder auch für ein bestimmtes Produkt/eine bestimmte Dienstleistung geworben?

- Unternehmen allgemein ☐
- Produkt/Dienstleistung ☐
- Sowohl als auch ☐

3) Verfügen Sie über feste Auslieferungs- oder Kundendienstfahrzeuge?

a) Auslieferungsfahrzeuge — Ja, und zwar...firmeneigene Fahrzeuge ☐
beim Vertragsspediteur ☐
bei Vertragshändlern ☐

Nein ☐

b) Kundendienstfahrzeuge — Ja, und zwar...firmeneigene Fahrzeuge ☐
bei Kundendienstfirmen ☐

Nein ☐

4) Werden auf diesen Fahrzeugen Name und Firmensitz Ihres Unternehmens oder auch ein bestimmtes Produkt/eine bestimmte Dienstleistung genannt?

	Fahrzeug neutral	Name und Anschrift	Produkt-gruppe	Einzelnes Produkt
a) Eigene Auslieferungsfahrzeuge	☐	☐	☐	☐
b) Spediteurfahrzeuge	☐	☐	☐	☐
c) Vertragshändlerfahrzeuge	☐	☐	☐	☐
d) Eigene Kundendienstfahrzeuge	☐	☐	☐	☐
e) Fhzg. der Kundendienstfirmen	☐	☐	☐	☐

5) Werden die beworbenen Produkte/Dienstleistungen auf den Fahrzeugen von Zeit zu Zeit gegen andere ersetzt?

Ja, und zwar...........nicht häufiger als einmal im Jahr ☐
...mehr als einmal im Jahr ☐
...nur im Rahmen von Verkaufsförderungsaktionen ☐

Nein ☐

6) Setzen Sie für Ihr Unternehmen Lichtwerbung oder Dauerwerbung auch an fremden Gebäuden (z.B. Bahnhöfen, Brücken, Bürohochhäusern) ein?

a) Lichtwerbung — Ja ☐ Nein ☐

b) Dauerwerbung — Ja ☐ Nein ☐

7) Überlassen Sie den Einkauf von Außenwerbeflächen allein Ihrer Werbeagentur?

Ja ☐
Nein ☐

8) Hat Ihre Werbeagentur schon einmal auf Ihren Wunsch hin Außenwerbung nachträglich in ein Werbekonzept aufgenommen?

Ja ☐
Nein ☐

9) Für welche Werbeaufgaben ist Außenwerbung Ihrer Meinung nach geeignet? Geben Sie bitte den jeweiligen Grad der Eignung an!

	Sehr gut geeignet	Gut geeignet	Geeignet	Weniger geeignet	Nicht geeignet
a) Schnelle Bekanntmachung eines neuen Produkts/Dienstl.	☐	☐	☐	☐	☐
b) Steigerung der Markenbekanntheit	☐	☐	☐	☐	☐
c) Abbau von örtlichen Distributionslücken	☐	☐	☐	☐	☐
d) Unterstützung von Verkaufsförderungsaktionen	☐	☐	☐	☐	☐
e) Bekanntmachung bestimmter Produkteigenschaften	☐	☐	☐	☐	☐
f) Erinnerungswerbung	☐	☐	☐	☐	☐
g) Public Relations	☐	☐	☐	☐	☐

II. Nun folgen einige Fragen zur Abwicklung der Werbeträgerbelegung:

10) Halten Sie es für zweckmäßig, die Plakatanschlagstellen in verschiedene Qualitätsstufen mit unterschiedlichen Preisen einzuteilen?

Ja ☐
Nein ☐

Begründung:..

11) Reichen Ihrer Meinung nach die Kriterien des vorhandenen Standort-Beschreibungsbogens aus, um die Plakatanschlagstellen z.B. durch eine Punktbewertung in solche Qualitätsstufen einzuordnen?

Ja ☐
Nein ☐

12) Von den Unterlagen, die der Fachverband Außenwerbung e.V. über die Werbewirksamkeit der Außenwerbung herausgegeben hat, liegen Ihnen welche vor?

a) Plakatanschlagstellen-Analyse PA II (1975)............... ☐
b) Plakatanschlag in Deutschland (1978)...................... ☐
c) Wie wirbt man mit Plakaten (1983)......................... ☐
d) Wirksamkeitskontrolle der Verkehrsmittelwerbung (1978)... ☐

Falls Sie hier kein Kreuz gemacht haben, fahren Sie bitte bei Frage 15 fort!

13) Werden diese Unterlagen bei der Planung des Einsatzes von Außenwerbeträgern von Ihnen benutzt?

Ja,... ☐

mit der Einschränkung, daß...

Nein, weil.........sie mit anderen Daten nicht vergleichbar sind. ☐

...sie mittlerweile veraltet sind. ☐

...die erhobenen Zahlen für eine sinnvolle Planung nicht ausreichen. ☐

...die Daten in der dargebotenen Form kaum zu verstehen sind. ☐

14) Hat Sie die Studie über die Verkehrsmittelwerbung dazu veranlaßt, für Ihr Unternehmen Verkehrsmittelwerbung zu erproben?

Ja ☐
Nein ☐

15) Haben Sie schon einmal von einem Unternehmen der Außenwerbebranche Informationsunterlagen angefordert?

Ja ☐
Nein ☐

16) Sind Sie schon einmal von einem Unternehmen der Außenwerbebranche angesprochen worden?

Ja, und zwar....schriftlich ☐
...persönlich ☐

Nein ☐

III. Die folgenden Fragen sind als Thesen formuliert. Hier kreuzen Sie bitte entsprechend der Antwortvorgabe den Grad Ihrer Zustimmung oder Ablehnung der Aussage an.

17) Außenwerbung eignet sich gut als Ergänzung zu anderen Medien.

Stimme völlig zu ☐
Stimme im wesentlichen zu ☐
Stimme eher zu ☐
Lehne eher ab ☐
Lehne im wesentlichen ab ☐
Lehne völlig ab ☐

18) Die Auswahl von Außenwerbeträgern im Hinblick auf eine bestimmte Zielgruppe ist möglich.

Stimme völlig zu ☐
Stimme im wesentlichen zu ☐
Stimme eher zu ☐
Lehne eher ab ☐
Lehne im wesentlichen ab ☐
Lehne völlig ab ☐

19) In wenigen Jahren werden die neuen elektronischen Medien (z.B. Bildschirmtext, Stadtfernsehen) die herkömmliche Außenwerbung veraltet erscheinen lassen.

Stimme völlig zu ☐
Stimme im wesentlichen zu ☐
Stimme eher zu ☐
Lehne eher ab ☐
Lehne im wesentlichen ab ☐
Lehne völlig ab ☐

20) Die Unternehmen der Außenwerbebranche sind stets bemüht, durch neue attraktive Angebote den Wünschen der werbungtreibenden Wirtschaft entgegen zu kommen.	Stimme völlig zu Stimme im wesentlichen zu Stimme eher zu Lehne eher ab Lehne im wesentlichen ab Lehne völlig ab	☐ ☐ ☐ ☐ ☐ ☐
21) Ein Hauptproblem der Außenwerbung ist die Schwierigkeit, Daten über ihre Werbewirksamkeit zu erheben, die mit denen anderer Medien vergleichbar sind.	Stimme völlig zu Stimme im wesentlichen zu Stimme eher zu Lehne eher ab Lehne im wesentlichen ab Lehne völlig ab	☐ ☐ ☐ ☐ ☐ ☐
22) Das Hauptproblem der Außenwerbung ist weniger ihre mangelnde Werbewirksamkeit als vielmehr ihre umständliche Abwicklung.	Stimme völlig zu Stimme im wesentlichen zu Stimme eher zu Lehne eher ab Lehne im wesentlichen ab Lehne völlig ab	☐ ☐ ☐ ☐ ☐ ☐
23) Wenn ein Werbebudget gekürzt werden muß, wird zuerst bei der Außenwerbung gestrichen.	Stimme völlig zu Stimme im wesentlichen zu Stimme eher zu Lehne eher ab Lehne im wesentlichen ab Lehne völlig ab	☐ ☐ ☐ ☐ ☐ ☐
24) Beim Plakatanschlag die gewünschten Stellen und Termine zu erhalten, ist kaum möglich, da die besten Angebote immer schon von vornherein für Stammkunden reserviert sind.	Stimme völlig zu Stimme im wesentlichen zu Stimme eher zu Lehne eher ab Lehne im wesentlichen ab Lehne völlig ab	☐ ☐ ☐ ☐ ☐ ☐
25) Wenn ich den Außenwerbeunternehmen die Auswahl der Stellen selbst überlasse, kann ich darauf vertrauen, ein Netz von guter Standortqualität zu erhalten.	Stimme völlig zu Stimme im wesentlichen zu Stimme eher zu Lehne eher ab Lehne im wesentlichen ab Lehne völlig ab	☐ ☐ ☐ ☐ ☐ ☐
26) Wenn ich kurzfristig noch Werbeträger buchen will, bekomme ich beim Plakatanschlag zwar immer noch etwas, aber die Standortqualität ist zweifelhaft.	Stimme völlig zu Stimme im wesentlichen zu Stimme eher zu Lehne eher ab Lehne im wesentlichen ab Lehne völlig ab	☐ ☐ ☐ ☐ ☐ ☐
27) Außenwerbung ist ein preisgünstiges Medium mit einem niedrigen Tausender-Preis.	Stimme völlig zu Stimme im wesentlichen zu Stimme eher zu Lehne eher ab Lehne im wesentlichen ab Lehne völlig ab	☐ ☐ ☐ ☐ ☐ ☐

Bitte senden Sie den ausgefüllten Fragebogen an die untenstehende Anschrift. Zu Ihrer Erleichterung bedienen Sie sich dabei bitte des beigehefteten Adreßaufklebers.

Prof. Dr. Peter Hammann
Ruhr-Universität Bochum
Postfach 10 21 48

4630 Bochum 1

H e r z l i c h e n   D a n k   f ü r   I h r e   M i t a r b e i t !

Anhang 3: Fragebogen im Erhebungsteil LOKAL

RUHR-UNIVERSITÄT BOCHUM

ABTEILUNG FÜR WIRTSCHAFTSWISSENSCHAFT
ANGEWANDTE BETRIEBSWIRTSCHAFTSLEHRE IV (MARKETING)
PROFESSOR DR. PETER HAMMANN

UNTERSUCHUNG ZUR AUSSENWERBUNG

EINFÜHRUNG

Diese Untersuchung beschäftigt sich mit dem Einsatz von Außenwerbeträgern im Rahmen von Werbekonzepten. Unter Außenwerbeträgern sollen hier Plakattafeln, Werbeflächen an und in Verkehrsmitteln, Licht- und Dauerwerbungen verstanden werden.

Ziel der Untersuchung ist es, die Gründe herauszufinden, die aus Ihrer Sicht für oder gegen den Einsatz von Außenwerbung sprechen. Firmeninterne Daten werden nicht erhoben.

Die absolute Anonymität Ihrer Angaben wird jederzeit garantiert!

Zunächst einige Fragen zu Ihrem bisherigen Einsatz von Außenwerbung:

1) In welchen Werbeformen haben Sie bisher geworben? Kreuzen Sie bitte den Grad der Nutzung an!

	Noch nie	Einmal	Gelegentlich	Regelmäßig
a) Örtliche Tageszeitung............	☐	☐	☐	☐
b) Anzeigenwochenblatt..............	☐	☐	☐	☐
c) Handzettel.......................	☐	☐	☐	☐
d) Werbebriefe/Postwurfsendungen.....	☐	☐	☐	☐
e) Kino..............................	☐	☐	☐	☐
f) Bildschirmtext....................	☐	☐	☐	☐
g) Großplakat (18/1-Bogen)..........	☐	☐	☐	☐
h) Kleinplakat an der Litfaßsäule....	☐	☐	☐	☐
i) Verkehrsmittel (Omnibus, Taxi usw)	☐	☐	☐	☐
k) Stadionwerbung....................	☐	☐	☐	☐

2) Falls Sie schon einmal auf Verkehrsmitteln geworben haben, geben Sie bitte an, wieviele Fahrzeuge Sie im Höchstfall gleichzeitig belegt hatten:

...............Fahrzeuge

3) Besitzen Sie eigene Lieferfahrzeuge oder Kundendienstwagen?

Ja ☐
Nein ☐

4) Sind diese Fahrzeuge nur mit Ihrem Namen und Ihrer Anschrift versehen oder tragen Sie auch Werbebeschriftungen, die auf Ihre Lieferanten hinweisen?

Die Fahrzeuge..........sind neutral lackiert ☐
...tragen nur unseren Namen und unsere Anschrift ☐
...werben auch für ein anderes Unternehmen ☐

5) Sind Sie schon einmal von einem Unternehmen für Außenwerbung angesprochen worden?

Ja, und zwar...schriftlich ☐
...persönlich ☐

Nein ☐

6) Haben Sie selbst schon einmal von einem Unternehmen für Außenwerbung Unterlagen angefordert?

Ja ☐
Nein ☐

7) Hat Ihnen schon einmal ein Schriftenmaler-/Graphikbetrieb ein Angebot für eine Außenwerbung unterbreitet?

Ja, und zwar für......eine Verkehrsmittelwerbung ☐
...eine Giebelbemalung ☐
...eine Gestaltung der Geschäftsfassade ☐

Nein ☐

8) Haben Sie in einer Fachzeitschrift für Ihre Branche schon Informationen über Preise und Abwicklung von Außenwerbungen gefunden?

Ja ☐
Nein ☐

9) Wissen Sie, wer in Ihrer Stadt für die Beklebung der Litfaßsäulen zuständig ist?

Ja ☐
Nein ☐

10) Wie lang ist Ihrer Meinung nach die Mindestmietzeit für eine Plakattafel?

10 Tage ☐
4 Wochen ☐
3 Monate ☐

11) Haben Sie mit einem Ihrer Lieferanten schon einmal eine gemeinsame Plakatwerbeaktion durchgeführt, bei der z.B. in ein Plakat Ihres Lieferanten Ihr Name und Ihre Anschrift eingedruckt wurden?

Ja ☐
Nein ☐

12) Was kostet Ihrer Schätzung nach die Anmietung der Werbeflächen (keine Ganzbemalung) auf einem Normalomnibus in Ihrer Stadt für ein Jahr?

zwischen 1000 und 2000 DM ☐
zwischen 2000 und 6000 DM ☐
zwischen 6000 und 10000 DM ☐

13) Haben Sie schon einmal etwas über die Werbewirksamkeit der Verkehrsmittelwerbung gehört?

Ja ☐
Nein ☐

14) Wie hoch ist die "Reichweite" der Verkehrsmittelwerbung?

...........% Ist mir nicht bekannt ☐

Die folgenden Fragen sind als Thesen formuliert. Hier kreuzen Sie bitte entsprechend der Antwortvorgabe den Grad Ihrer Zustimmung oder Ablehnung der Aussage an.

15) Verkehrsmittelwerbung erregt Aufsehen.

Stimme völlig zu ☐
Stimme im wesentlichen zu ☐
Stimme eher zu ☐
Lehne eher ab ☐
Lehne im wesentlichen ab ☐
Lehne völlig ab ☐

16) Verkehrsmittelwerbung erreicht meine Zielgruppe besser als andere Werbeformen.

Stimme völlig zu ☐
Stimme im wesentlichen zu ☐
Stimme eher zu ☐
Lehne eher ab ☐
Lehne im wesentlichen ab ☐
Lehne völlig ab ☐

17) Im Vergleich zum Nutzen ist Verkehrsmittelwerbung viel zu teuer.

Stimme völlig zu ☐
Stimme im wesentlichen zu ☐
Stimme eher zu ☐
Lehne eher ab ☐
Lehne im wesentlichen ab ☐
Lehne völlig ab ☐

18) Die Verkehrsmittel fahren irgendwo in der Stadt, nur nicht dort, wo sich meine Kunden aufhalten.

Stimme völlig zu ☐
Stimme im wesentlichen zu ☐
Stimme eher zu ☐
Lehne eher ab ☐
Lehne im wesentlichen ab ☐
Lehne völlig ab ☐

19) Mit Verkehrsmittelwerbung kann ich mich von meinen Konkurrenten unterscheiden.

- Stimme völlig zu ☐
- Stimme im wesentlichen zu ☐
- Stimme eher zu ☐
- Lehne eher ab ☐
- Lehne im wesentlichen ab ☐
- Lehne völlig ab ☐

20) Die Omnibusse in unserer Stadt werden so schlecht gepflegt, daß die Werbung auf ihnen nicht gut zur Geltung kommt.

- Stimme völlig zu ☐
- Stimme im wesentlichen zu ☐
- Stimme eher zu ☐
- Lehne eher ab ☐
- Lehne im wesentlichen ab ☐
- Lehne völlig ab ☐

21) Ein Vorteil der Verkehrsmittelwerbung gegenüber anderen Werbeformen ist, daß ich meine Werbung farbig gestalten kann.

- Stimme völlig zu ☐
- Stimme im wesentlichen zu ☐
- Stimme eher zu ☐
- Lehne eher ab ☐
- Lehne im wesentlichen ab ☐
- Lehne völlig ab ☐

22) Die Anmietung eines Omnibusses, der Entwurf und die Anbringung der Werbung sind mirviel zu umständlich im Verhältnis zum Effekt.

- Stimme völlig zu ☐
- Stimme im wesentlichen zu ☐
- Stimme eher zu ☐
- Lehne eher ab ☐
- Lehne im wesentlichen ab ☐
- Lehne völlig ab ☐

Bitte senden Sie den ausgefüllten Fragebogen an die untenstehende Anschrift. Zu Ihrer Erleichterung bedienen Sie sich dabei bitte des beigehefteten Adreßaufklebers.

Prof. Dr. Peter Hammann
Ruhr-Universität Bochum
Postfach 10 21 48

4630 Bochum 1

H e r z l i c h e n   D a n k   f ü r   I h r e   M i t a r b e i t !

Anhang 4: Standort-Beschreibungsbogen des FAW

MOPLAK

MONUMENTAL- UND PLAKATREKLAME GMBH

4000 Düsseldorf 11 (Oberkassel) · Leostraße 31 · Telefon 0211/573015

STANDORTBESCHREIBUNG

Standort:

Ort:

Ortsteil:

Planquadrat:

Stellentyp:

IVW-Kennzeichen:

Stat. Ortskennzahl:

Stellenzahl:

Gesamtheit von Standorten

A Position der Werbeanlage zur Verkehrsachse

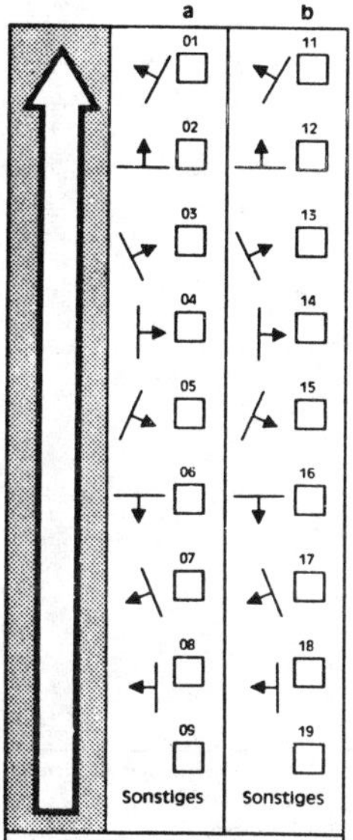

Wenn für Einbahnstraße:

Werbeanlage liegt in

☐ 10 Fahrtrichtung

☐ 20 Gegenfahrtrichtung

B Verkehrsflächentyp

a	b	
☐ 21	☐ 37	Bundesstraße
☐ 22	☐ 38	Ausfallstraße
☐ 23	☐ 39	Hauptstraße
☐ 24	☐ 40	Nebenstraße
☐ 25	☐ 41	Industriestraße
☐ 26	☐ 42	Geschäftsstraße
☐ 27	☐ 43	Wohnstraße
☐ 28	☐ 44	Fußgängerzone/Fußweg
☐ 29	☐ 45	Verbrauchermarktbereich
☐ 30	☐ 46	Bahnsteig/Bussteig
☐ 31	☐ 47	Passage öffentlicher Verkehrsmittel
☐ 32	☐ 48	Kreuzung
☐ 33	☐ 49	Gabelung
☐ 34	☐ 50	Einmündung
☐ 35	☐ 51	Einbahnstraße
☐ 36	☐ 52	

a = gilt für die Verkehrsfläche, auf/an der sich der Standort befindet

b = gilt für die Verkehrsfläche, von der aus der Standort weiterhin eingesehen wird

C Streubereich

	Zentrum Ja	Zentrum Nein
☐ 53 Innenstadt	1 ☐	☐ 2
☐ 54 Stadtbezirk	1 ☐	☐ 2
☐ 55 Vorort/Randgebiet	1 ☐	☐ 2

☐ 56 ländliche Streusiedlung

☐ 57 freies, teilweise unbebautes Gelände

☐ 58 Ortskern

☐ 59 Bahnhofsbereich

☐ 60

D Bebauungstyp

☐ 61 Geschäftsviertel/Büroviertel

☐ 62 Gewerbegebiet/Industriegebiet

☐ 63 Wohngebiet mit Dienstleistungsangebot, überwiegend Wohnblockbebauung

☐ 64 Wohngebiet mit Dienstleistungsangebot, überwiegend Eigenheimbebauung

☐ 65 Wohngebiet, überwiegend Wohnblockbebauung

☐ 66 Wohngebiet, überwiegend Eigenheimbebauung

E Geschäfts-/Betriebstypen

☐ 67 Warenhaus/Kaufhaus

☐ 68 Verbrauchermarkt

☐ 69 C + C-Geschäft

☐ 70 Einkaufszentrum

(68–70: jeweils mit größerer Parkplatzanlage)

☐ 71 Supermarkt/größeres Selbstbedienungsgeschäft

☐ 72 Industriebetriebe

☐ 73 Bürobetriebe/Dienstleistungsbetriebe

☐ 74

Infrastruktur

Detailangaben siehe Rückseite

☐ F Verkehr

☐ G Öffentliche Einrichtungen

☐ H Ausbildungsstätten

☐ I Geldwesen

☐ K Freizeiteinrichtungen/-bedarf

☐ L Wohn- und Baubedarf

☐ M Kraftfahrzeugtechnik

☐ N Körperpflege

☐ O Persönliche Ausstattung

☐ P Lebensmittel-Spezialgeschäfte

☐ O Sonstige Versorgungseinrichtungen

INFRASTRUKTUR

F Verkehr
- ☐ 75 Haltestelle Omnibus/Straßenbahn
- ☐ 76 Bahnhof U-/S-Bahn/Omnibushof
- ☐ 77 Taxistand
- ☐ 78 Bahnhof Fernbahn (Haupt-, Umsteige-, Endbahnhof)
- ☐ 79 Bahnhof, sonstiger Personenverkehr
- ☐ 80 Flughafen/Verkehrslandeplatz
- ☐ 81 Parkplatz/Parkhaus
- ☐ 82 Verkehrsampelanlage
- ☐ 83 Marktplatz/verkehrsreicher Platz
- ☐ 84 Schiffs-/Fähranleger
- ☐ 85

G Öffentliche Einrichtungen
- ☐ 86 Kirche/Altersheim
- ☐ 87 Krankenhaus/Apotheke/Arzt
- ☐ 88 Kaserne
- ☐ 89 Postamt
- ☐ 90 Messe/Ausstellungsgelände/Kongreß- u. Veranstaltungszentr.
- ☐ 91 Kulturelle Einrichtung (Theater, Oper, Konzerthaus, Museum, Bibliothek, etc.)
- ☐ 92 Park, öffentl. Grünanlage
- ☐ 93 Kinderspielplatz
- ☐ 94

H Ausbildungsstätten
- ☐ 95 Kindergarten/Kinderladen/Vorschulkindergarten
- ☐ 96 Volks-/Haupt-/Mittelschule
- ☐ 97 Gymnasium/Berufsschule
- ☐ 98 Universität/Hoch-/Fachschule
- ☐ 99

I Geldwesen
- ☐ 100 Bank/Kreditinstitut
- ☐ 101

K Freizeiteinrichtungen/-bedarf
- ☐ 102 Hotel/Pension
- ☐ 103 Restaurant/Gaststätte/Cafe/Eisdiele
- ☐ 104 Schnellimbiß:Trinkhalle/Imbißstand
- ☐ 105 Unterhaltungsstätten, wie Kino, Diskothek, Bowling, Kegelbahn, Spielautomatenhalle, Freizeitzentrum, Zoo etc.
- ☐ 106 Sportanlage, wie Hallenbad, Freibad, Sportplätze, Sporthallen etc.
- ☐ 107 Reisebüro
- ☐ 108 Sportgeschäft
- ☐ 109 Fotogeschäft
- ☐ 110 Musik- und Unterhaltungselektronik, wie HiFi-Center, Rundfunk-/Fernsehhaus, Schallplattengeschäft, etc.
- ☐ 111

L Wohn- und Baubedarf
- ☐ 112 Baumarkt
- ☐ 113 Gartencenter/Blumenhandlung
- ☐ 114 Möbel-/Einrichtungshaus/Wohnbedarf/Wohnaccessoires
- ☐ 115 Elektrogeschäft (allgemein)
- ☐ 116 Kunstgewerbe/Keramik/auch Geschenkartikel
- ☐ 117 Haushaltwaren, -geräte/Teppiche/Tapeten und Farben/Antiquitäten etc.
- ☐ 118

Foto zum Standort

Bestimmung:
möglichst deutliche Wiedergabe des Standortes sowie des Standort-Umfeldes

Film:

Negativ:

Aufnahmedatum:

Foto vom Standort

Bestimmung:
Blick von der Mitte des Standortes in den Sichtbereich des Standortes

Film:

Negativ:

Aufnahmedatum:

M Kraftfahrzeugtechnik
- ☐ 119 Tankstelle
- ☐ 120 Kfz-Werkstatt/-Zubehör/-Handel
- ☐ 121

N Körperpflege
- ☐ 122 Friseur/Kosmetiksalon/Drogerie/Parfümerie
- ☐ 123

O Persönliche Ausstattung
- ☐ 124 Textilgeschäft
- ☐ 125 Schuhe/Lederwaren
- ☐ 126 Uhren/Optik/Juwelen
- ☐ 127
- ☐ 128

P Lebensmittel-Spezialgeschäfte
- ☐ 129 Bäckerei/Konditorei
- ☐ 130 Metzgerei
- ☐ 131 Obst, Gemüse/Süßwaren/Spirituosen/Fisch/Milch, Molkereiwaren/Kaffee, Tee/Delikatessen
- ☐ 132

Q Sonstige Versorgungseinrichtungen
- ☐ 133 Kiosk
- ☐ 134 Automatenanlage (Zigaretten/Süßigkeiten/Blumen)
- ☐ 135 Tabakwaren, Zigaretten
- ☐ 136 Zeitschriften, Bücher/Papierwaren
- ☐ 137
- ☐ 138

Standortbeschreibung nach neuestem Informationsstand
erstellt am: von:

LITERATURVERZEICHNIS

1. Bücher und Zeitschriftenaufsätze

AAKER, David A.: Strategic Market Management, New York 1984.

ABELL, Derek F.: Defining the Business: The Starting Point of Strategic Planning, Englewood Cliffs (N.J.) 1980.

ABELL, Derek F. / HAMMOND, John S.: Strategic Market Planning, Englewood Cliffs (N.J.) 1979.

AMERICAN TRUCKING ASSOCIATIONS: To you this is a truck. But to your customers it's a mobile message, o.O., o.J.

AMERICAN TRUCKING ASSOCIATIONS: The Visual Impact of Trucks in Traffic, Washington 1977.

ANDRESEN, Thomas Björn / RUGE, Hans-Dieter: Die Zukunft der Werbeträger; in: absatzwirtschaft, 28. Jg. (1985), Heft 7, S. 64-67.

ANSOFF, Igor H.: Management-Strategie, München 1966.

ANTON, Manfred: Die Ziele der Werbung in Theorie und Praxis, Wiesbaden 1973.

ARBEITSGEMEINSCHAFT MEDIA-ANALYSE e.V.: MA 82, Berichtsband Vergleichende Übersichten, Frankfurt 1982.

AUMÜLLER, Wolfgang: Sonderformen der Außenwerbung; in: werbeforum, Heft 8/85, S. 28-31.

AUTORENKOLLEKTIV: Handbuch der Werbung, Berlin 1968.

BACKHAUS, Klaus: Investitionsgüter-Marketing, München 1982.

BALMER, Hans / FISCHER, Albert / TROXLER, Dieter: Corporate Identity: Systematische Kontakt-Stategie immer wichtiger; in: io Management-Zeitschrift, 54. Jg. (1985), S. 116-120.

BARNES, James G. / MC TAVISH, Ronald: Segmenting Industrial Markets by Buyer Sophistication; in: European Journal of Marketing, Vol. 17 (1983), Heft 6, S. 16-33.

BARTLSPERGER, Richard: Die Werbenutzungsverträge der Gemeinden, Stuttgart 1975.

BARTON, Roger: Media in Advertising, New York 1964.

BECKER, Helmut / ANDERSON, Ronald / ENGLEDOW, Jack: Verbrauchereinstellung zur Werbung; in: Jahrbuch der Absatz- und Verbrauchsforschung, 23. Jg. (1977), S. 266-278.

BECKER, Jochen: Grundlagen der Marketing-Konzeption, München 1983.

BECKMANN, F.-W.: Einleuchtende Wirkung; in: werbeforum, Heft 9/84, S. 44-46.

BECKMANN, F.-W.: Lichtwerbung - ein Werbemedium? in: Antonoff, Roman (Hrsg.): Das Kursbuch der Werbemedien, Grafenau 1982, S. 197-203.

BENDER, Michael: Aufgaben und Methoden der Werbeträgerforschung aus der Sicht der Werbeträgerplanung, Frankfurt 1974.

BENDER, Michael: Die Messung des Werbeerfolges in der Werbeträgerforschung, Würzburg 1976.

BEREKOVEN, Ludwig: Internationales Marketing, 2. Aufl., Herne/Berlin 1985.

BERGISCH, Gerd: Plakatanschlag - ein schwieriges aber vielfältiges Medium; in: Kernebeck, Heinrich (Hrsg.), Media Plakat, Mainz 1981, S. 34-38.

BERNHARD, Ulrich: Das Verfahren der Blickaufzeichnung, in: Forschungsgruppe Konsum und Verhalten (Hrsg.): Innovative Marktforschung, Würzburg 1983, S. 105-122.

BIDLINGMAIER, Johannes: Kategorien des Werbeerfolgs; in: Behrens, Karl Christian (Hrsg.): Handbuch der Werbung, 2. Aufl., Wiesbaden 1975, S. 699-712

BLANK, Helmut: Werbung ohne Ware - Non-profit-Marketing über Plakat; in: werben & verkaufen, Nr. 1/83, S. 15-18.

BOCHUM-GELSENKIRCHENER STRASSENBAHNEN: Geschäftsbericht für das Geschäftsjahr 1982, Bochum 1983.

BÖCKLER, Michael: Eis im Verkehr; in: werben & verkaufen, Nr. 22/82, S. II-V.

BÖHLER, Heymo: Der Beitrag von Konsumententypologien zur Marktsegmentierung; in: Die Betriebswirtschaft, 37. Jg. (1977), S. 447-463.

BORMANN, Rüdiger: Einzelhandel: Der verkannte Werberiese; in: absatzwirtschaft, 28. Jg. (1985), Heft 4, S. 48-52.

BOSS PSYCHOMETRIE: Quatitativ-psychologische Untersuchung "Postfahrzeuge als Werbeträger", Frankfurt 1979.

BRANDIS, Jost von: Der Plakatanschlag; in: Trauth, Peter J. (Hrsg.), Werbeleiter-Handbuch, München 1973, S. 993-1023.

BRAUNMÜHL, C. von / ZWECK, Klaus: Wirtschaftswerbung, Kommentar zum Gesetz vom 12.9.1933 nebst Durchführungsverordnungen und den Bekanntmachungen des Werberates der deutschen Wirtschaft, Berlin 1934.

BRAUNSCHWEIG, Ernst: Untersuchungen über den "Werbewert" des Plakatanschlages; in: Wirtschaft und Werbung, 1962, S. 772-780.

BRENNECKE, Elisabeth: Werbeträger öffentliche Nahverkehrsmittel - unterschiedliche Effekte der Werbemittel-Placierung; in: Interview und Analyse, 9. Jg. (1982), S. 308-311.

BRÖNNER, Peter: Das Plakat hat den Bogen raus; in: werbeforum, Heft 9/84, S. 39-41.

BRUHN, Jürgen: Auf dem Bus geht es los; in: Börsenblatt für den Deutschen Buchhandel, 26.03.82, zitiert nach einem Sonderdruck der DSR.

BUCHMANN, Wolf D.: Ganzbemalung jetzt auch in Bonn; in: Außenwerbung Information, Heft 2/84, S. 5.

BUNDESGERICHTSHOF: Zur rechtlichen Beurteilung von Verträgen, durch die die Verpflichtung übernommen wird, Werbeplakate für eine gewisse Zeit auszuhängen (Urteil vom 19.06.84); in: Der Betrieb, 37. Jg. (1984), S. 2402-2403.

BUNDESVERFASSUNGSGERICHT: Zum Verbot von reinen Werbefahrten im Rahmen des Straßenverkehrsrechts (Urteil vom 10.12.75), Aktenzeichen - 1 BvR 118/71 -.

BUSSE VON COLBE, Walther / HAMMANN, Peter / LASSMANN, Gert: Betriebswirtschaftstheorie, Band 2: Absatztheorie, 2. Aufl., Berlin-Heidelberg-New York 1985.

CARDOZO, Richard N.: Situational Segmentation of Industrial Markets; in: European Journal of Marketing, Vol. 14 (1980). S. 264-276.

COPLAND, Brian D.: Exposures and Communication Measures of Outdoor Advertising in Britain; in: Journal of Advertising Research, Vol. 1 (1960/61), Heft 1, S. 13-17.

COPLAND, Brian D.: Some Fundamentals of Poster Audience Measurement; in: Journal of Advertising Research, Vol. 2 (1962), Heft 2, S. 20-27.

CORSTEN, Hans: Zum Problem der Mehrstufigkeit in der Dienstleistungsproduktion; in: Jahrbuch der Absatz- und Verbrauchsforschung, 30. Jg. (1984), S. 253-272.

DICHTL, Erwin / ANDRITZKY, Klaus / SCHOBERT, Rudolf: Ein Verfahren zur Abgrenzung des "relevanten Marktes" auf der Basis von Produktperzeptionen und Präferenzurteilen; in: WiSt - Wirtschaftswissenschaftliches Studium, 6. Jg. (1977), S. 290-301.

DICHTL, Erwin / MÜLLER, Stefan: Gestaltungsbezogene Determinanten der Werbewirkung; in: WiSt - Wirtschaftswissenschaftliches Studium, 14. Jg. (1985), S. 157-163.

DOHMEN, Jochen: Kommunikationsforschung und Außenwerbung; in: Fachverband Außenwerbung (Hrsg.): faw '73, Frankfurt 1973, S. 30-49.

EISENMANN, Thomas: Werbeagentur - Leistungen für mittelständische Unternehmen; in: Meynen, Helmut (Hrsg.): Marktkommunikation - Jahrbuch der Industriewerbung 1983/84, Wiesbaden 1984, S. 136-140.

ENGELHARDT, Werner Hans / GÜNTER, Bernd: Investitionsgüter-Marketing, Stuttgart 1981.

ENGELHARDT, Werner Hans / PLINKE, Wulff: Elemente der Marketing-Strategie, Bochum 1980.

ENGELHARDT, Werner Hans / SCHWAB, Wilfried: Die Beschaffung von investiven Dienstleistungen; in: Die Betriebswirtschaft, 42. Jg. (1982), S. 503-513.

ERNST, Wolfgang: Qualität und Quantität - Neue Ergebnisse der Anschlagforschung; in: Fachverband Außenwerbung (Hrsg.), faw '75, Frankfurt 1975, S. 19-29.

FACHVERBAND AUSSENWERBUNG: Die aufsehenerregende Ausstellung des FAW, Frankfurt o.J.

FACHVERBAND AUSSENWERBUNG: Die Bedeutung der Außenwerbung bei der Sommer- und Winterschlußverkaufs-Werbung der Kauf- und Warenhäuser, Frankfurt o.J.

FACHVERBAND AUSSENWERBUNG: Betrifft Lehrstellen, Frankfurt o.J.

FACHVERBAND AUSSENWERBUNG: Plakatanschlagstellen Analyse II, Frankfurt 1975a.

FACHVERBAND AUSSENWERBUNG: Podiumsdiskussion über das Thema: "Mediamix heute"; in: FAW (Hrsg.): faw '75, Frankfurt 1975b, S. 37-68.

FACHVERBAND AUSSENWERBUNG: Verkehrsmittelwerbung - Wirksamkeitskontrolle der Verkehrsmittelwerbung, Analyse, Frankfurt 1978a.

FACHVERBAND AUSSENWERBUNG: Verkehrsmittelwerbung - Wirksamkeitskontrolle der Verkehrsmittelwerbung, Grunddaten, Frankfurt 1978b.

FACHVERBAND AUSSENWERBUNG: Verleihung der Ernst-Litfaß-Medaille an Dr. Emil Hegemann; in: FAW (Hrsg.): faw '73, S. 4-9.

FACHVERBAND AUSSENWERBUNG: Was gibt's denn da zu gucken? Werbemittel für Seitenscheibenplakate, Frankfurt o.J.

FACHVERBAND AUSSENWERBUNG: Die Werbewirkung des Plakates, Frankfurt 1975c.

FACHVERBAND AUSSENWERBUNG: Wir stehen da, wo Käufer gehen, Frankfurt o.J.

FACHVERBAND AUSSENWERBUNG: Wie wirbt man mit Plakaten?, Frankfurt o.J.

FACHVERBAND FILM- UND DIAPOSITIV-WERBUNG: Werbung im Kino, Hamburg o.J.

FACHVERBAND LICHTWERBUNG: Lichtwerbung - Leistung und Wirkung, Heidelberg 1984.

FRANK, Ronald E. / MASSY, William F. / WIND, Yoram: Market Segmentation, Englewood Cliffs (N.J.) 1972.

FRETER, Hermann: Marktsegmentierung, Stuttgart 1983.

FRETER, Hermann: Mediaselektion, Wiesbaden 1974.

FRIEDRICH, Roland O.: Brummis neue Kleider; in: Außenwerbung Information, Heft 1/81, S. 21-22.

FRIEDRICH, Roland O.: Plakat-Renaissance; in: Markenartikel, 39. Jg. (1977), S. 584-586.

FRIEDRICH, Roland O.: Verkehrsmittelwerbung - Medium im Aufwind; in: Markenartikel, 43. Jg. (1981), S. 680-682.

GÄDTKE, Horst / TEMME, Heinz-Georg: Kommentar zur Bauordnung für das Land Nordrhein-Westfalen, Landesbauordnung (BauO NW), in der Fassung der Bekanntmachung vom 27.01.1970, 6. Aufl., Düsseldorf 1979.

GRELL, Joachim: Den Rückstand aufholen; in: werbeforum, Heft 10/81, S. 34-37.

GROCHLA, Erwin / SCHÖNBOHM, Peter: Beschaffung in der Unternehmung, Stuttgart 1980.

GRÖNE, Alois: Marktsegmentierung bei Investitionsgütern, Wiesbaden 1977.

GUT, Gerhard: Handbuch der Lichtwerbung, Stuttgart 1974.

GUT, Gerhard: Licht-Jahre; in: absatzwirtschaft, 19. Jg. (1976), Heft 11, S. 74-83.

GUTENBERG, Erich: Grundlagen der Betriebswirtschaftslehre, Zweiter Band: Der Absatz, 16. Aufl., Berlin/Heidelberg 1979.

HALEY, Russell I.: Benefit Segmentation - A Decision-oriented Research Tool; in: Journal of Marketing, Vol. 32 (1968), No. 3, S. 30-35.

HALEY, Russell I.: Benefit Segments: Backwards and Forwards; in: Journal of Advertising Research, Vol. 24 (1984), No. 1, S. 19-25.

HALEY, Russell I.: Beyond Benefit Segmentation; in: Journal of Advertising Research, Vol. 11 (1971), No. 4, S. 3-8.

HAMMANN, Peter: Konsumgütermarketing, Teil 2, Hagen 1980.

HAMMANN, Peter: Marktsegmentierung, Lehrbrief für die "Projektgruppe Technischer Vertrieb" an der Freien Universität Berlin, Berlin 1985.

HAMMANN, Peter: Sekundärleistungspolitik als absatzpolitisches Instrument; in: Hammann, Peter / Kroeber-Riel, Werner / Meyer, Carl W. (Hrsg.): Neuere Ansätze der Marketingtheorie, Berlin 1974, S. 135-154.

HAMMANN, Peter: Werbebudgetplanung; in: Kaiser, Andreas (Hrsg.): Werbung, München 1980, S. 137-155.

HAMMANN,Peter / ERICHSON, Bernd: Marktforschung, Stuttgart 1978.

HAMMANN, Peter / LOHRBERG, Werner: Beschaffungsmarketing, Teil 2, Hagen 1982.

HAPPEL, Heinrich: Brummis verschenken Millionen; in: Dynamik im Handel, Zeitschrift des ISB - Institut für Selbstbedienung und Warenwirtschaft e.V., 26. Jg. (1982), Heft 9, S. 46-51.

HAPPEL, Heinrich: Die Werbewirkung ist seit dem Anzeigenrückzug aus den regionalen Tageszeitungen gestört; in: Handelsblatt, 22.04. 85, S. 13.

HARLANDER, Norbert / PLATZ, Gerhard: Beschaffungsmarketing und Materialwirtschaft, Grafenau/Stuttgart 1978.

HASEBORG, Fokko ter: Statische und dynamische Absatzreaktionsanalyse beim Werbemittel- und Mediabudgeteinsatz; in: Der Markt, Nr. 92 (1985), S. 104-117.

HEINEN, Edmund: Grundlagen betriebswirtschaftlicher Entscheidungen, 3. Aufl., Wiesbaden 1976.

HENDRY, Mike / WILDE, Klaus / RUHLAND, Johannes: Zielgruppen regional aufs Korn genommen; in: absatzwirtschaft, 27. Jg. (1984), Heft 4, S. 79-82.

HEUER, Gerd F.: Elemente der Werbeplanung, Köln/Opladen 1968.

HIGGINS, Kevin: Often overlooked outdoor advertising offers more impact and exposures than most media; in: Marketing News, Vol. 17 (1983), No. 15, S. 1 und 10.

HILL, Roy W./ HILLIER, Terry J.: Organisational Buying Behaviour, London/Basingstoke 1977.

HINTERHUBER, Hans H.: Strategische Unternehmungsführung, 2. Aufl., Berlin 1980.

HOBSON, J.W.: The Selection of Advertising Media, 5. Aufl., London 1968.

HOELTZ, Jürgen: Ein Experiment zur Überprüfung der Werbeträgerkontaktchancen an Verkehrsmitteln; in: Außenwerbung Information, Heft 3/77, S. 18-20.

HUTH, Rupert / PFLAUM, Dieter: Einführung in die Werbelehre, Stuttgart 1980.

INFRATEST: Effizienzkontrolle bei ausgewählten Kampagnen der Verkehrsmittelwerbung, München 1982.

INFRATEST: Reichweite der Verkehrsmittelwerbung in Düsseldorf, München 1964.

INSTITUT FÜR MARKTFORSCHUNG UND MARKENENTWICKLUNG: Grundlagenstudie zu den Möglichkeiten und zur Wirksamkeit der LKW's als Werbeträger, Hamburg (1979).

INTERMARKET: Der Kontakt mit Anschlagstellen in Köln, Düsseldorf 1982a.

INTERMARKET: Der Kontakt mit Anschlagstellen in Köln, Düsseldorf 1982b.

JAEKEL, Claudia: Asphalt-Keks; in: werben & verkaufen, Nr. 20/83, S. 36 (1983a).

JAEKEL, Claudia: Starker Zug für die dritte Klasse; in: werben & verkaufen, Nr. 11/83, S. 14-16 (1983b).

JUNK, Hermann: Optimale Werbeprogrammplanung, 2. Aufl., Essen 1973.

KAISER, Andreas: Die Identifikation von Marktsegmenten, Berlin 1978.

KAISER, Andreas: Werbung - Theorie und Praxis werblicher Beeinflussung, München 1980.

KAPLITZA, Gabriele: Reichweitenmessungen beim Plakat; in: Interview und Analyse, 6. Jg. (1979), S. 133-134.

KEITZ, Beate von: Wirksame Fernsehwerbung, Würzburg 1983.

KERNEBECK, Heinrich (Hrsg.): Media Plakat, Mainz 1981.

KERNEBECK, Heinrich: Plakatanschlag in Deutschland, 2. Aufl., Frankfurt 1978.

KESSLER, Karl: Mediaplanung; in: Ruland, Josef (Hrsg.): Werbeträger, 6. Aufl., Bad Homburg 1981, S. 371-405.

KESSLER, Karl: Ein Medium muß sich ein Auditorium schaffen; in: absatzwirtschaft, 26. Jg. (1983), Heft 6, S. 44-45.

KIESEWALTER, Harald: Pre-Test für Plakate; in: Kommunikation, Heft 5/85, S. 40-42.

KINTZEL, Guido von: Prismavision; in: werbeforum, Heft 9/84, S. 41.

KIRKPATRICK,C. A.: Advertising - Mass Communication in Marketing, 2. Aufl., Boston 1964.

KLEIN-BLENKERS, Fritz / ROBL, Karl: Die Werbekosten in der Bundesrepublik Deutschland 1972; in: Mitteilungen des Instituts für Handelsforschung an der Universität zu Köln, 27. Jg. (1975), S. 61-65 und 72.

KLEIN-BLENKERS, Fritz / ROBL, Karl: Die Werbekosten in der Bundesrepublik Deutschland 1978; in: Mitteilungen des Instituts für Handelsforschung an der Universität zu Köln, 32. Jg. (1980), S. 128.

KLINGSPON-MÄRZ, Ingo: Gedächtnis-Stütze; in: werben & verkaufen, Nr. 27/83, S. 11.

KNÜPPEL, Lothar: Entscheidungsorientierte Werbeträgerplanung, Essen 1975.

KOCIUBA, Heinz: AG.MA - für Werbungtreibende uninteressant? in: Markenartikel, 43. Jg. (1981), S. 663-665.

KOEPPLER, Karlfritz: Werbewirkungen definiert und gemessen, Velbert 1974.

KOPPELMANN, Udo: Produktwerbung, Stuttgart 1981.

KORNDÖRFER, Wolfgang: Die Aufstellung und Aufteilung von Werbebudgets, Stuttgart 1966.

KREUZHOF, Hans-Dieter: Und nochmal zum Thema 'Kontrolle des Plakatanschlages'; in: Kernebeck, Heinrich (Hrsg.): Media Plakat, Mainz 1981, S. 6-7.

KROEBER-RIEL, Werner: Konsumentenverhalten, 3. Aufl., München 1984a.

KROEBER-RIEL, Werner: Plakatwerbung - Kreativität ohne Kontrolle? in: Fachverband Außenwerbung (Hrsg.): faw '81, Frankfurt 1981, S. 27-43.

KROEBER-RIEL, Werner: Zentrale Probleme auf gesättigten Märkten; in: Marketing, 6. Jg. (1984b), S. 210-214.

KÜHN, Jürgen: Werbemöglichkeiten bei der Deutschen Bundespost; in: Ruland, Josef (Hrsg.), Werbeträger, 6. Aufl., Bad Homburg 1981, S. 301-304.

LANGHANS, Karl-Heinz: Außenwerbung - Was ist sie eigentlich wert; in: Fachverband Außenwerbung (Hrsg.), faw '81, Frankfurt 1981, S. 19-25.

LEHMANN, Donald R. / O'SHAUGHNESSY, John: Difference in Attribute Importance for Different Industrial Products; in: Journal of Marketing, Vol. 38 (1974), Heft 2, S. 36-42.

LEIMBACH, Willi: Chancen für Kontaktchancen; in: werbeforum, Heft 9/84, S. 42-44.

LEIMBACH, Willi: Verkehrsmittelwerbung 1985: Aktuell wie eh und jeh; in: Kommunikation, Heft 5/85, S. 34-40.

LEIMBACH, Willi: Verstehen Sie nur Bahnhof? in: werbeforum, Heft 10/81, S. 37-42, (1981a).

LEIMBACH, Willi: Werbemöglichkeiten bei der Deutschen Bundesbahn; in: Ruland, Josef (Hrsg.): Werbeträger, 6. Aufl., Bad Homburg 1981, S. 293-300, (1981b).

LERNER, Franz: Ein halbes Jahrhundert im Dienste der Außenwerbung, 50 Jahre Deutsche Städte-Reklame GmbH 1922-1972, Frankfurt 1972.

LEVITT, Theodore: Marketing myopia; in: Harvard Business Review, Vol. 53, September/October 1975, S. 26-44 und 173-181.

LUDWIG, Lutz-A.: AFF's Rekordbuch, Bericht über Plakatforschung in Schweden; in: Außenwerbung Information, Heft 1/81, S. 12-14.

MACKENROTH, Maria: Außenwerbung - Das wiederentdeckte Medium, München 1982.

MANDELL, Maurice I.: Advertising, Englewood Cliffs (N.J.) 1968.

MATAJA, Victor: Die Reklame, Leipzig 1910.

MAYER, Hans / DÄUMER, Ute / RÜHLE, Hermann: Werbepsychologie, Stuttgart 1982.

MAYER, H. / POBEL, R.: Erzeugung und Steuerung von Aufmerksamkeit auf der Basis kognitionspsychologischer Theorien; in: Jahrbuch der Absatz- und Verbrauchsforschung, 30. Jg. (1984), S. 230-240.

MAZANEC, Josef: Objekte der Wirtschaftswerbung, Stuttgart 1975.

MEFFERT, Heribert: Marketing, 3. Aufl., Wiesbaden 1978.

MEFFERT, Heribert / STEFFENHAGEN, Hartwig: Konflikte zwischen Industrie und Handel, Wiesbaden 1976.

MEIER, Wolfgang: Wendemarke; in: werbeforum, Heft 9/84, S. 32-37.

METZ, Herbert: Außenwerbung; in: Ruland, Josef (Hrsg.): Werbeträger, 6. Aufl., Bad Homburg 1981, S. 257-291.

METZ, Herbert: Plakatwerbung - Stiefkind der Mediaplanung? Düsseldorf 1969.

MEYER, Paul W. / HERMANNS, Arnold: Theorie der Wirtschaftswerbung, Stuttgart 1981.

MEYER-HENTSCHEL, Gundolf: Aktivierungswirkung von Anzeigen, Würzburg 1983.

MEYER-ROCHOW, Eddy: Plakatplanung in den 80er Jahren; in: Interview und Analyse, 6. Jg. (1979), S. 544-547.

MICHAEL, Bernd M.: Michael: Wir stehen noch am Anfang des Wandels durch neue Medien; in: Handelsblatt, 14.11.84, S. 21.

MICHLIGK, Paul: Elementare Werbekunde, 3. Aufl., Essen 1974.

MÜLLER, Robert: Außenwerbung an Verkehrsmitteln - sehr aktuell; in: Graphik - Visuelles Marketing, Heft 7/83, S. 42-45.

MÜLLER, Stefan: Zur Akzeptanz der Werbung; in: Jahrbuch der Absatz- und Verbrauchsforschung, 30. Jg. (1984), S. 319-337.

NAWROCKI, Bolko: Die Werbung, Würzburg 1975.

NELSON, James E. / DUNCAN, Calvin P. / FRONTCZAK, Nancy T.: The Distraction Hypothesis and Radio Advertising; in: Journal of Marketing, Vol. 49 (1985), Heft Winter 1985, S. 60-71.

NESKE, Fritz: Gabler Lexikon Werbung, Wiesbaden 1983.

NICKEL, Volker: Werbung in Grenzen, 9. Aufl., Bonn 1982.

NIESCHLAG, Robert / DICHTL, Erwin / HÖRSCHGEN, Hans: Marketing, 13. Aufl., Berlin 1983.

NIESCHLAG, Robert / DICHTL, Erwin / HÖRSCHGEN, Hans: Marketing, 14. Aufl., Berlin 1985.

OBERLANDESGERICHT NÜRNBERG: Werbung von Mitbewerbern an Kundenparkplätzen eines Einkaufszentrums; in: Wettbewerb in Recht und Praxis, 28. Jg. (1982), S. 289-292.

OBERPARLEITER, Karl: Funktionen und Risiken des Warenhandels, 2. Aufl., Wien 1955.

o.V.: Der Begriff "Stätte der eigenen Leistung" - Auszug aus einem Gutachten des ZAW; in: Der Markenartikel, 23. Jg. (1961), S. 922-926.

o.V.: DEGESTA gegründet; in: Außenwerbung Information, Heft 1/84, S. 34.

o.V.: Dreiklang der Werbung: seltene Harmonie; in: HandelsRundschau, 77. Jg. (1984), Heft 19, S. 42-46.

o.V.: Fachverband Lichtwerbung e.V.; in: Marketing-Journal, 17. Jg. (1984), S. 357.

o.V.: Fernseher wird im nächsten Jahr an die Wand gehängt; in: Westdeutsche Allgemeine Zeitung, 17.10.85.

o.V.: Das 500-PS-Plakat; in: absatzwirtschaft, 19. Jg. (1976), Heft 3, S. 8-16.

o.V.: 75. Geburtstag von Andreas Hansen; in: Außenwerbung Information, Heft 2/84, S. 41.

o.V.: 75 Jahre Bayerkreuz; in: Markenartikel, 41. Jg. (1979), S. 133-134.

o.V.: Für saubere Luft und gesunden Wald: "Denk-Anschläge" überall in der City; in: Westdeutsche Allgemeine Zeitung, 04.05.85, S. BO 6.

o.V.: Gemeinschaftswerbung auf der Stadtbahn; in: allgemeine fleischerzeitung, 02.01.82, zitiert nach einem Sonderdruck der DSR.

o.V.: GfK-Werbeindikator; in: Marketing Journal, 16. Jg. (1983), S. 534-535.

o.V.: Größe der Agentur und Preisstellung für die Auftraggeber nicht von vorrangiger Bedeutung; in: Handelsblatt, 12.12.84, S. 100.

o.V.: Kennen Sie Stadtfernsehen? in: absatzwirtschaft, 26. Jg. (1983), Heft 8, S. 26-33.

o.V.: Kunst auf 20 Tafeln; in: Westdeutsche Allgemeine Zeitung, 04.05.85, S. BO 4.

o.V.: Kunst erklimmt City-Werbetafeln; in: Westdeutsche Allgemeine Zeitung, 27.07.85, S. BO 5.

o.V.: Eine Litfaßsäule für 14 Mark; in: Impulse, Heft 3/84, S. 114-116.

o.V.: Mediabetreuung - durch wen? in: absatzwirtschaft, 28. Jg. (1985), Heft 1, S. 68-76.

o.V.: Medium Zug; in: absatzwirtschaft, 19. Jg. (1976), Heft 5, S. 30-34.

o.V.: Neues Image für Dosenmilch; in: absatzwirtschaft, 27. Jg. (1984), Heft 4, S. 12.

o.V.: Nürburg im Computer; in: Wirtschaftswoche, 39. Jg. (1985), Heft 38, S. 102-110.

o.V.: Plakate werben für Plakate; in: Der Spiegel, 39. Jg. (1985), Heft 2, S. 81.

o.V.: Positive Werbebilanz 1984; in: absatzwirtschaft, 28. Jg. (1985), Heft 3, S. 70.

o.V.: Publizistische Vielfalt in einer Hand; in: idee ruhr, 1. Jg. (1985), Heft 1, S. 25-30.

o.V.: Ringen um Reichweite; in: absatzwirtschaft, 27. Jg. (1984), Heft 9, S. 67-70.

o.V.: Straßenbahnen mit großflächiger Bemalung; in: Der Stadtverkehr, Heft 7-8/1976, S. 10-11.

o.V.: "Strategie-Gespräch" als reinigendes Gewitter zwischen Agentur und Kunde; in: Handelsblatt, 18.04.84, S. 18.

o.V.: Tütenwerbung nimmt neuen Anlauf; in: absatzwirtschaft, 27. Jg. (1984), Heft 2, S. 24.

o.V.: Unter dem Bahnhof flimmert täglich eine Mammut-Glotze; in: Westdeutsche Allgemeine Zeitung, 19.12.84, S. BO 2.

o.V.: Werbeaufwendungen haben sich verdoppelt; in: Westdeutsche Allgemeine Zeitung, 18.05.85.

o.V.: Die Werbepausen sind nicht auszurotten; in: Handelsblatt, 22.07.85, S. 14.

o.V.: Werber auf Plakat-Trip; in: absatzwirtschaft, 19. Jg. (1976), Heft 7, S. 28-29.

o.V.: Wettbewerb der Werbeträger; in: absatzwirtschaft, 28. Jg. (1985), Heft 8, S. 67-71.

o.V.: Wiesbaden; in: Der Stadtverkehr, Heft 6/85, S. 236.

o.V.: Zeitung per Großfläche; in: Außenwerbung Information, Heft 2/83, S. 24-26, Nachdruck aus ZV+ZV, Nr. 32/83.

o.V.: Zwei Marken - Eine Kampagne; in: werben & verkaufen, Nr. 26/83, S. 14-15.

PLANK, Richard E.: A Critical Review of Industrial Market Segmentation; in: Industrial Marketing Management, Vol. 14 (1985), S. 79-91.

PORTER, Michael E.: Competitive Advantage, New York 1985.

PORTER, Michael E.: Wettbewerbsstrategie, Frankfurt 1983.

POTTHAST, Hans: Das Plakat als Ankündigungs- und Werbemittel; in: Markenartikel, 32. Jg. (1970), S. 182-188.

POTTHAST, Hans: Die Situation der Plakatwerbung; in: Der Markenartikel, 25. Jg. (1963), S. 869-879.

PUDENZ, Wolfgang: Festsetzung und Verteilung von Werbebudgets, München 1978.

QUADBECK, Ernst-Dieter: Werbung am Point of Sale - Ein heißes Eisen für Deutschlands Markenartikler und Werbeagenturen? in: Kernebeck, Heinrich (Hrsg.): Media Plakat, Mainz 1981, S. 8-10.

RAUCH, Walter J.: Der wachsende Nachruhm des Geheimen Kommerzienrats Litfaß; in: absatzwirtschaft, 9. Jg. (1966), S. 978-987.

REDLICH, Fritz: Reklame, Geschichte - Begriff - Theorie, Stuttgart 1935.

ROBINSON, Patrick J. / FARIS, Charles W. / WIND, Yoram: Industrial Buying and Creative Marketing, Boston 1967.

ROELLECKE, Gerd: Gesetzgebung und Außenwerbung, Stuttgart 1971.

ROTH, Richard: Plakatwerbung; in: Behrens, Karl Christian (Hrsg.): Handbuch der Werbung, 2. Aufl., Wiesbaden 1975.

SAMPLE-INSTITUT: Postfahrzeuge als Werbeträger, Hamburg 1982.

SANDAGE, C. H. / FRYBURGER, Vernon: Advertising Theory and Practice, 8. Aufl., Homewood 1971.

SCHEUCH, Fritz: Investitionsgüter-Marketing, Opladen 1975.

SCHIRNER, Michael: "Das Autokino" über die Wahrnehmung und Gestaltung von Plakaten; in: werbeforum, Heft 10/81, S. 28-32.

SCHMID, Helmuth / LUGER, Wolfgang: Die "Wiener"-Geschichte - Fallstudie über Einführung und Entwicklung der Zeitschrift "Wiener"; in: Werbeforschung & Praxis, Heft 4/1986, S. 148-150.

SCHMIDT-TOPHOFF, Alfons: Das Recht der Außenwerbung, Köln 1965.

SCHÖTTELDREIER, Friedhelm: Zeitschriften sind eher über- als unterlegen; in: Handelsblatt, 18.04.84., S. 18.

SCHUMACHER, Kurt: Argumente: ein Medium - besser als sein Ruf; in: werbeforum, Heft 9/82, S. 37-41.

SCHUMACHER, Kurt: Bei Fachleuten gut angekommen: die GF-Plakatbeobachtung; in: Außenwerbung Information, Heft 2/85, S. 11-14.

SCHUMACHER, Kurt: Plakat-Beobachtung; in: werbeforum, Heft 6/83, S. 21-24.

SCHWEIGER, Günter: Mediaselektion - Daten und Modelle, Wiesbaden 1975.

SCHWEIGER, Günter / HRUSCHKA, Harald: Erklärung und Prognose der Anzeigenwirkung: Der Einfluß von Gestaltungsvariablen auf die Werbewirkung; in: Der Markt, Heft 67 (1978), S. 81-90.

SEIDL, Karl: Lassen sich Anzeigen klassifizieren oder typologisieren - ein Denkansatz; in: Interview und Analyse, 3. Jg. (1976), S. 56-59.

SEYFFERT, Rudolf: Allgemeine Werbelehre, Stuttgart 1929.

SEYFFERT, Rudolf: Werbelehre, Stuttgart 1966.

SHAPIRO, Benson P. / BONOMA, Thomas V.: How to Segment Industrial Markets; in: Harvard Business Review, Heft May-June 1984, S. 104-110.

SIHLER, Helmut: Operationale Nutzanwendung der Plakatforschung durch einen Werbungtreibenden, Referat anläßlich des "3rd World Outdoor Advertising Congress", London 18.-23. Juni 1972.

SIMON, Hermann: Gewinnsteigerung durch pulsierende Werbung; in: absatzwirtschaft, 26. Jg. (1983), Heft 5, S. 60-63.

SIMON, Hermann: Preismanagement, Wiesbaden 1982.

STEFFENHAGEN, Hartwig: Kommunikationswirkung - Kriterien und Zusammenhänge, Hamburg 1984.

STEINBORN, Peter: Verkehrsmittelwerbung: Ein unterschätzter Werbeträger; in: werbeforum, Heft 6/83, S. 28-32.

TIETZ, Bruno: Markt & Marketing für Bier, Dortmund 1979.

TIETZ, Bruno: Zur Emanzipation des Handels-Marketing vom Hersteller-Marketing; in: Hasitschka, Werner / Hruschka, Harald (Hrsg.): Handels-Marketing, Berlin 1984, S. 53-79.

TIETZ, Bruno / ZENTES, Joachim: Die Werbung der Unternehmung, Hamburg 1980.

TRAUTH, Peter J.: Werbeleiter-Handbuch, München 1973.

TRENKLER, Anton: Verkehrsmittelwerbung heute: "Oft fehlt die Kreativität, nicht die attraktive Werbemöglichkeit"; in: Fachverband Außenwerbung (Hrsg.): Verkehrsmittelwerbung im Aufwind, Frankfurt 1983, S. 34-36.

TROLL, Kurt: Bandenwerbung: Aufstiegschancen für Recallwerte; in: absatzwirtschaft, 26. Jg. (1983), Heft 8, S. 38-42, (1983a).

TROLL, Kurt: Wirkung von Bandenwerbung - Bericht über ein Pilotprojekt; in: Jahrbuch der Absatz- und Verbrauchsforschung, 29. Jg. (1983), S. 201-220, (1983b).

UEBELE, Herbert: Marktsegmentierung im Investitionsgüter-Bereich; in: zfbf - Schmalenbachs Zeitschrift für betriebswirtschaftliche Forschung, 36.Jg. (1984), S. 158-170.

VERBAND DEUTSCHER ZEITSCHRIFTENVERLEGER: Intermedia-Vergleiche Publikumszeitschriften Werbefernsehen, Bonn 1984.

VOLLMER, Dirk: Werbung vor und in Märkten; in: Kernebeck, Heinrich (Hrsg.): Media Plakat, Mainz 1981, S. 28-33.

WAGNER, Helmut: Verkaufsförderung; in: Tietz, Bruno (Hrsg.): Handwörterbuch der Absatzwirtschaft, Stuttgart 1974.

WALTER, Henry: Blickfang mit Bildplatte; in: absatzwirtschaft, 28. Jg. (1985), Heft 6, S. 80-81.

WEBSTER, Frederick E. / WIND, Yoram: Organizational Buying Behavior, Englewood Cliffs (N.J.) 1972.

WIELE, Eberhard: Wie die Tageszeitungen ihre Markenartikelkunden verärgern; in: absatzwirtschaft, 27. Jg. (1984), Sonderheft 10, S. 190-194.

WIND, Yoram / CARDOZO, Richard: Industrial Market Segmentation; in: Industrial Marketing Management, Vol. 3 (1974), S. 153-164.

WINKELGRUND, Reinhard: Produktdifferenzierung durch Werbung, Frankfurt 1984.

WITTE, Eberhard / SENNE, Joachim: Der Werbemarkt der Zukunft - Eine Delphi-Prognose; in: Zeitschrift für Betriebswirtschaft, 53. Jg. (1983), S. 1042-1051.

WÖHLER, Ernstwilhelm: Werbeerfolg hat seine Zeit; in: absatzwirtschaft, 27. Jg. (1984), Heft 10, S. 88-92.

WOLLEMANN, Horst: Die IVW - Aufgaben und Bedeutung, Bonn o.J.

WOTTKE, Ulrich: Taxi-Werbung ein aktuelles Medium mit Zukunft; in: Media-Spectrum, Heft 9/80, S. 25-30.

WÜNDRICH, Hermann: Die Außenwerbung im politischen, wirtschaftlichen und kommunikativen Umfeld; in: Fachverband Außenwerbung (Hrsg.): faw '73, Frankfurt 1973, S. 11-29.

WÜNDRICH, Hermann: Marketing in der Plakatwerbung, Düsseldorf 1967.

WÜNDRICH, Hermann: Plakatwerbung im Media-Mix; in: absatzwirtschaft, 19. Jg. (1976), Heft 7, S. 30-33.

YOUNG, Elliot: Visibility Achieved by Outdoor Advertising; in: Journal of Advertising Research, Vol. 24 (1984), No. 4, S. 19-21.

ZENTRALAUSSCHUSS DER WERBEWIRTSCHAFT: Allgemeine Geschäftsbedingungen für den Plakatanschlag, o.O., o.J.

ZENTRALAUSSCHUSS DER WERBEWIRTSCHAFT: Außenwerbung, München 1969.

ZENTRALAUSSCHUSS DER WERBEWIRTSCHAFT: Außenwerbung in der Neuordnung, o.O. 1960.

ZENTRALAUSSCHUSS DER WERBEWIRTSCHAFT: Werbung, Bonn, diverse Jahrgänge, (zitiert als "ZAW-Jahrbuch").

ZENTRALAUSSCHUSS DER WERBEWIRTSCHAFT: ZAW-Rahmenschema für Werbeträger-Analysen, 3. Aufl., Bonn 1984.

ZIELINSKI, Johannes: Die Verkehrsmittelwerbung - ein Lernprogramm, Frankfurt 1975/76.

ZINSER, Wolfgang: Der Absatz von Investitionsgütern, Berlin 1978.

2. Verkaufsunterlagen diverser Werbungdurchführender

APS: Das rollende Plakat, Verkaufsunterlage 1982.

BIBI-WERBUNG: Preisliste, gültig ab 01.04.81.

CONCEPT-TEAM: Preisliste 1/83.

CVW - COMMERCIALE VERKEHRSMITTEL-WERBUNG: Verkaufsunterlage o.J.

DSR - DEUTSCHE STÄDTE-REKLAME: Freie Fahrzeuge für Rumpfflächenwerbung, Stand August 1982.

DSR: Preisliste Essen, Nr. 13, gültig ab 01.01.80.

DSR: Münchner U-Bahn, Werbeblatt o.J.

DSR: Das "Superposter" auf Rädern, Werbeblatt o.J.

DSR: Verkehrsmittelwerbung: Werben, wo viel Menschen sind! Werbebroschüre, 4. Aufl., Frankfurt o.J.

ERG - DEUTSCHE EISENBAHN-REKLAME: Werbung mit Beilagen, Werbeblatt o.J.

GUVE - GESELLSCHAFT FÜR URBANE VERKEHRSANLAGEN: Preisliste Abribus 1985.

IVTW - INTERNATIONALE VERKEHRSMITTEL-WERBUNG THOMES: Preisliste, gültig ab 01.01.82.

MOPLAK - MONUMENTAL- UND PLAKATREKLAME: Preisliste Nr. 35, Gültig ab 01.01.84.

PAVG - PLAKAT-ANSCHLAG-VERWALTUNGS-GEMEINSCHAFT: Preisliste Nr. 21, gültig ab 01.01.83.

SCW - SHOPPING-CENTER-WERBUNG: Die SCW's. Das Basis-Medium direkt am Markt. Werbebroschüre, Stand Frühjahr 1983.

STADTREKLAME RECKLINGHAUSEN: Preisliste Nr. 21, gültig ab 01.01.83.

SUPERPOSTER-WERBEGESELLSCHAFT: Liebes 18/1, ich bin ein 40/1, Verkaufsbroschüre o.J.

UNIMEDIA - GESELLSCHAFT FÜR MEDIAWERBUNG: Standort-Beschreibungsbogen.

WDL - WESTDEUTSCHE LUFTWERBUNG: Preisliste 1982.

NAMENS- UND SACH-REGISTER